现代化的迷途

钱乘旦 刘金源/著

江苏人民出版社

图书在版编目(CIP)数据

现代化的迷途/钱乘旦,刘金源著. --南京:江苏人民出版社,2024.10(2025.2 重印)
(思库文丛.学术馆)
ISBN 978-7-214-28325-2

Ⅰ.①现… Ⅱ.①钱…②刘… Ⅲ.①现代化-社会问题-研究-世界 Ⅳ.①D588

中国国家版本馆 CIP 数据核字(2023)第 166571 号

书　　名　现代化的迷途
著　　者　钱乘旦　刘金源
责任编辑　马晓晓
装帧设计　棱角视角
责任监制　王　娟
出版发行　江苏人民出版社
地　　址　南京市湖南路 1 号 A 楼,邮编:210009
照　　排　江苏凤凰制版有限公司
印　　刷　苏州市越洋印刷有限公司
开　　本　890 毫米×1 240 毫米　1/32
印　　张　14.25　插页 4
字　　数　294 千字
版　　次　2024 年 10 月第 1 版
印　　次　2025 年 2 月第 2 次印刷
标准书号　ISBN 978-7-214-28325-2
定　　价　88.00 元

再版前言

本书1999年由浙江人民出版社出版，现由江苏人民出版社再版，再版之时希望我写几句话，作为再版说明。

初版迄今已有20多年，不过书中的主题却并未过时，本书试图说明：在世界各国现代化的过程中，失败与挫折是经常的事，书中用若干国家的经历为例，分析了那些国家受挫的原因、背景、主客观因素等，既是实证性的阐述，也带有作者的评判。书中的案例具有典型性，一方面是有一些国家在某一类挫折方面相对典型，另一方面这些挫折本身就具有典型性，其他国家很容易"触雷"。能够意识到现代化挫折是难以避免的，这就非常重要，对于任何一个追求现代化、正在努力完成现代化的国家来说，警惕"雷区"、力避弯路，也许比了解先行者的成功经验更为有益。古语说："前车之覆，后车之鉴。"先贤们的谆谆告诫，应随时记心！

关于现代化失误研究，有几个问题仍需强调：

1. 现代化是必经之路，没有任何一个国家、地区和民族可以躲避，但时至今日，顺利完成现代化的国家并不多，多数国家仍在现代化的过程中，可见现代化任务之艰巨，路途之漫长，而犯错误又在所难免，无论对于现代化的先行者还是后来者都是如此。所以，认识错误的存在而尽可能少犯错误、或一旦犯错误则迅速纠正，这是现代化能否成功的关键因素之一。

2. 现代化是全方位的变化，涉及社会的各个方面，因此在建设现代化的过程中一定要全方位推进，绝不可偏废。偏废本身就是重大失误，一旦偏废，现代化进程一定受挫。我国在现代化过程中已经意识到物质文明、精神文明、政治文明、社会文明、生态文明同步发展的必要性，并将其设定为中国现代化的总目标，这表明我国对现代化的基本认识已经深刻，因此应牢牢把握住这个大方向。

3. 各国各有国情，实行现代化的背景、环境、时空条件并不相同，文化和历史经历更不一样，由此就决定了：现代化并没有统一的模式，尽管现代化的方向是一致的，但行径和方式一定不同。在现代化过程中遭遇重大挫折甚至失败的国家，在很大程度上是因为没有认识到现代化道路的差异性，而盲目追随他国方式、尤其是西方国家的方式，结果囫囵吞枣，水土不服，形成翻车。这一类案例，本书已有列举。

4. 由此可知，探索中国自己的现代化道路是十分必要的，自19世纪中期以来，中国人一直在寻找适合本国国情的发展道路，为此付出过代价、也取得了成功，成功之处举世瞩目。不过我们仍然在全面完成现代化目标的过程中，今后的工作会更艰巨，挑战会更大。做好迎接困难的心理准备是必要的，离目标越近，越不可大意。

5. 所以,了解其他国家现代化过程的成功经验和失败教训,始终很重要。寻找本国发展道路不意味着关门独做,更不意味着自我封闭。借他山之石,可以攻玉,他国的经验和教训如镜似鉴,是无价之宝,它让我们少走弯路,随时警惕。这就是我们写这本书的目的所在,希望通过这本书,提醒人们关注曾经在其他国家发生过的事,从而把我们自己的事做得更好。

需要说明的是,对现代化来说,客观的障碍和主观的失误可以有各种表现,本书只选择了其中一些案例,借以说明一些问题,引起人们注意。本书再版时,除第十一章为新增之外,基本保持原貌,只做了少许增补。感谢江苏人民出版社为本书再版创造条件,谨此致谢。

钱乘旦

2023 年 4 月于北京

前　言

中国的现代化研究和中国确立现代化目标几乎同步，当时，国势艰难，人们满怀希望，相信现代化能够开创一个崭新的局面。中国确立现代化目标经历了很多曲折，除各种原因之外，文化和心理障碍是一个重要的因素。中国人长期不愿接受“现代化”这个概念，原因是他们害怕“现代化”等同于“西化”。中国的现代化是被迫的，这与世界上大多数后发展国家一样。对大多数后发展国家来说，现代化是一个艰难的选择，只有真正(而且往往是被迫)认识到现代化的必要性，它们才会把现代化作为一个目标来追求。中国人花了很长时间才做到这一点，因此当现代化的目标真正确立时，人们满怀憧憬。

起初，现代化研究主要关注这样一些问题：什么是现代化？为什么要现代化？现代化是不是历史的必然，任何国家都不可避免？现代化为什么在西方国家首先发生，它们如何实行了现代化？现代化应当怎样进行，别国提供了何种借鉴？总之，当时关注的主要之点是别人如何取得成功，人们希望从先行者那里汲取经验，以图为中国的现代化标示方向。这在当时是迫切需要的，因为必须向人们说明：现代化是必经之路，现代化必须成功。

然而在世界现代化进程中，失败却多于成功，挫折也多于顺利。作为一个历史的过程，现代化不可能一帆风顺，现代化道路上障碍重重。现在人们已经看到：成功的现代化也包含着许多不成功的因素，不成功的现代化则更让人掩卷深思。在那些一般认为已完成现代化的国家中，尚且还有许多问题没有解决；那些现代化起步相对较晚的国家，它们所面临的困难也就更大。一个国家的现代化是有可能失败的，关于这一点，历史已一再提供证据；至于挫折，则更是在所难免。现代化是一条艰难的路，即使有别国成功的经验，每一个国家自己的路却仍要由它自己去摸索。

现代化的实质就是这样，它把人们带向未来。这个未来虽依稀可见，但通往未来的路上却布满陷阱。许多国家在陷阱中栽下去，更多的国家却仍然在走上来。现代化不是个要不要的问题，它是个必须接受的现实。作为人类历史的一个阶段，它必须被接受；但也与历史上一切阶段一样，它不可能十全十美。现代化本身就充满了问题，等待着人们去解决。在现代化过程中，人们往往看到这种现象：旧的问题尚未解决，新的问题又出现了；旧社会的弊病尚未完全克服，新社会的弱点却已经显现。人们在越来越多的问题中奋力开拓，而解决问题的出路仍有待于不断探索。既如此，现代化过程就必然充满失误，挫折和失败是随时可见的。

尽管这样，别国的经历却仍然非常宝贵。原因是：现代化是一个"同质的"过程，在各国现代化过程中，共性仍大于个性，别国的成功可以给自己以指导，别国的失败可以给自己以教训。时至今日，我们更应该重视别国的教训，因为一旦踏上现代化的路，就必须准备面对挫折！

对于后发展国家来说，现代化更是国运攸关的事，容不得一次一次反复试验，因此，失误应越少越好。别人走错的路我们应该避免，别人掉下去的陷阱我们应该回避。尽量减少挫折是现代化成功的关键，而认识陷阱可能在何处，则是减少挫折的关键。这样，别人的经历就非常宝贵了，别人的失误更为宝贵。现代化研究发展到今天，应该对挫折问题特别加以注意，这不仅是学术问题，也是实际问题。出于这种认识，我们对不同国家失误的历程进行探讨，意在探索：现代化的陷阱究竟在哪些地方？我们希望这本书中提出的问题能够引起人们的警觉，能引起人们进一步思考：如何避免现代化进程中的失误？

本书选题在五年前就确定了，以后又得到教育部“九五”社科基金的资助。在写作过程中，我们发现选题的难度超出了预计，因为涉及面太广，包容的国家太多了，要一个个说清楚很不容易。这样，时间就拖了下来，直到现在才初步完成。浙江人民出版社的同志对本书给予巨大的支持，他们为一个选题等了五年，这是让我们感动不已的。我们希望这本书能够引起读者的共鸣，从而也就不辜负出版社的期望。现代化研究应该深入一步，这是作者的希望——我们相信，这也是读者的愿望。

钱乘旦

1999 年 4 月

目录

第一章　沉重的传统之翅

奥地利和土耳其的经历

关于传统的作用

世界现代化进程中有一个引人注目的现象，即曾经创造过古代辉煌文明、在世界不同地区和不同时期有过重大影响的国家，在现代化进程中却往往举步蹒跚，踟蹰不前。现代化过程从文明世界的最边缘开始，即欧洲西部的最西北角；一切文明程度曾经发展得更高的地区，即当时的文明的"中心区"，此后都相继落伍，有些甚至落伍很快。很难说这些地区的文明发展停滞了，甚或后退；但面临一种新的文明的挑战，它们就应验了中国一句古话：逆水行舟，不进则退。现代化基本上是一个"后来居上"的过程，古老的文明要经历痛苦的转型才能调整航向。亨廷顿曾经说过，传统的政治制度越接近"现代"，它就越难以实现现代化。[①] 一个古老的文明在转入现代化

① 塞缪尔・亨廷顿：《变动社会的政治秩序》，上海译文出版社 1989 年版，第 183 页。

轨道之前，需要付出十倍的努力。

现代化为什么在西欧的偏角处首先发生？这是一个复杂的问题，本处不拟讨论。但现代化一经发生，便有一种扩张的本性，向更广阔的地区不断推进。马克思曾说，资本主义一经产生，“由于交通的极其便利，把一切民族甚至最野蛮的民族都卷到文明中来了”[①]。这是他对现代化早期扩散的最经典论述。在现代化研究中，人们普遍承认，由于现代化体现着一种新的文明即工业文明的出现，它使原有的文明相形见绌，两种文明相互接触、相互比较，新文明必将取代旧文明，迫使实行文明的转换。[②] 按照亨廷顿的说法：现代化是一个“革命的过程”，也是“全球的过程”和“不可逆的过程”[③]。对于旧有文明来说，现代化是一种强制性的世界运动，面对现代化的顽强挺进，一切民族都没有选择的余地：它只有接受现代化，让自己的文明接受现代化改造。

原因其实很简单，接受或不接受现代化关系着民族的生存、国家的兴亡。由于现代化体现着一种更强大的生产能力和更有效的社会组织形式，因此先进入现代化的国家取得了相对其他国家的发展优势。未进入现代化的国家很快就会发现：它们在技术上的落后和制度上的陈旧使它们无法应付先行者的挑战，生存的本能将迫使它们模仿先行国家并试图追赶先行国家，而不管它们是否意识到这

---

①《马克思恩格斯选集》，第一卷，人民出版社 1972 年版，第 255 页。

② 参见罗荣渠：《现代化新论》，北京大学出版社 1993 年版，“序言”、第一章第二节等。

③ 塞缪尔·亨廷顿：《导致变化的变化：现代化、发展和政治》，载西里尔·布莱克编：《比较现代化》，上海译文出版社 1996 年版，第 44—46 页。

就是对现代化潮流的不可抗拒的承认。布莱克说:先行国家其“现代性的挑战主要来自内部”,而“在后来建设现代化的社会中,这种挑战越发来自外部”①。不进行现代化早就被证明是不可能的,抗拒现代化只能给国家带来更大的危害。我曾经在一篇文章中这样描述现代化在全球扩张的过程:当它在某一个肇始点上发生后,立刻对周围地区造成压力,迫使它们以先行者为榜样改造自己。已接受现代化的地区又对更广大地区造成压力,从而使现代化如同水的波纹一样持续向世界扩散,直至波及全球。② 时至今日,没有一个国家可以避免现代化的冲击,现代化作为一种全球性的“同质”的文明,已经在全世界站稳脚跟。

现代化过程中有一个突出的问题,就是对传统的突破。现代化在任何一个社会内部的启动,都意味着对这个社会所长久维持的传统进行重新评价。任何社会都有自己的传统,哪怕最“原始”的社会,也必然扎根在深厚的传统基础之上。这诚如希尔斯所说:无历史的文化和无历史的制度是不存在的,任何一个世纪都不可能创造出完全属于它的“新社会”③。一个有深厚传统的社会比传统相对浅的社会更能够保护自己的存在,但同时也更不容易从根本上改变自己。仍然如希尔斯所说,“传统的巩固性极为充分地体现在大部分当地文化的高度难以渗透性上”,只有在“社会非常松散居处的地域”,如西方文明渗入前的北美和澳洲,“传统才可以不经过多大的

① 布莱克:《现代化的动力》,四川人民出版社 1988 年版,第 13 页。
②《现代化理论问题》,《南京大学学报》,1995 年专辑,第 170—171 页。
③ 希尔斯:《论传统》,上海人民出版社 1991 年版,第 52 页。

变化便输入和移植”[1]。布莱克也说，在具有深厚传统的社会，“传统文化的内聚力和认同感使这个范型的社会在面对外来的强大的现代化时保持它们的完整性，但与此同时，它也以各种方式延宕了转变的过程”[2]。世界上各个国家在经受现代化挑战后表现出来的不同经历充分说明了这一点：未能实行对传统的突破，或未能对自身传统做出恰如其分的重新评价，现代化的过程就会受到严重挫折，甚至在它的起点上就被严加阻挡而难以发动。

事实上，无论是先进行现代化的国家还是后进行现代化的国家都存在一个对传统实行突破的问题，并不只在后者那里才需要突破传统。在西欧，甚至在现代化的初始发源地比如英国、法国等等，也都是在对传统的文化进行了相当长时间的改造之后才开始出现现代化过程的。不过，在现代化的先行者那里，现代化是由内部的压力造成的，内部的变化使传统的变异保持在原有文化的框架内，并不造成文化脱裂的印象。对那些后行者来说，特别是那些其传统文化与先行者并非同一渊源的社会，由于现代化对它们来说是外部压力造成的，所以现代化带来的冲击似乎就和异质文化的渗透等同起来，也就是说现代化无异于被外来文化同化。这样就把这些后行者置于这样一个尴尬的局面：不实行现代化是不行的；而现代化若等同于被外来文化同化，就立刻会受到当地文化“高度难以渗透性”的抵抗。正因为如此，人们发现在现代化的全球过程中，原先文明程

① 希尔斯：《论传统》，第 337 页。
② 布莱克：《现代化的动力》，第 169 页。

度发展很高的地区，现代化起步艰难得多，且步履蹒跚。

除此，在原先文明程度发展“不高”的地区，如非洲的部落文明区，现代化进程也很艰难。这是因为，部落文化也是一种传统深厚的文化，它的积淀也许可以数十万年计。贝拉甚至说它是“再典型不过的传统社会”①，其固有传统对现代化的抵制或阻遏作用，已在非洲许多地区表现得很清楚了。

总之，传统的阻碍作用是很明显的。尽管现代化理论的修正学派对传统的作用重新评价，认为传统甚至有可能促进现代化发展②，但一个未经改造的传统是一定会阻碍现代化的，这一点应该不会引起争议。作为对“传统”做过最系统研究并企图为其“恢复名誉”的学者，希尔斯都曾说过这样的话：“传统是不可或缺的；同时它们也很少是完美的。传统的存在本身就决定了人们要改变它们。”③问题的关键不在于有没有传统——没有传统的社会是难以想象的；问题的关键在于：人们对传统持什么态度？一个对自己的传统不断更新的社会比较容易进行现代化，因为在这样一个社会，变革本身也会成为传统。一个使自己的传统凝结起来不愿改变的社会，将很难使自己的传统适应现代化。正如现代化研究的著名学者埃森斯塔特所说：“现代化产生的最重要问题就是新出现的社会结构应付不断

---

① 贝拉：《现代日本的价值观与社会变化》(R. N. Bellah，“Values and Social Change in Modern Japan”)，载《日本现代化研究》(*Studies on Modernization of Japan*)，第 15 页。

② 在这方面最典型的是鲁道夫夫妇对印度种姓制度的研究，见其著作《传统的现代性：印度的政治发展》(Lloyd and Suzanne Rudolph，*The Modernity of Tradition：Political Development in India*)，芝加哥大学出版社 1967 年初版。

③ 希尔斯：《论传统》，第 285 页。

变化的能力问题……正是这个问题构成了现代化的中心变化和随之产生的问题。”①

下面我们举两个例子，说明传统如何对现代化产生了不利影响。

奥地利的经历

奥地利曾经是德意志东南部一个边疆马克(军事要塞)，中世纪德意志人向东推进时，将它从斯拉夫人和其他民族手中夺过来，成为德意志人的聚居地。正是这个原因，奥地利从德意志本土突出出来，周围都是其他民族的生息地。这个情况对后来奥地利的发展有很大影响，我们在下面就将看到。奥地利在中世纪十分混乱，不仅德意志贵族在这里争夺统治权，而且其他民族(比如捷克人、匈牙利人)也经常乘虚而入，将奥地利一次次变成战场。所以奥地利在中世纪是既落后又虚弱的。1273 年，一位来自瑞士的德意志小贵族鲁道夫・哈布斯堡被选为德意志皇帝。这个毫无实权的“皇帝”不是去“恢复帝国的权威，而是努力发展他自己王朝的利益以及王朝祖传的领地”②，由此就开始了哈布斯堡家族对奥地利的统治，一直到 1918 年，这个统治才算结束。

---

① 埃森斯塔特:《殖民地和传统政治制度对后传统社会和政治秩序发展的影响》，载布莱克编:《比较现代化》，上海译文出版社 1996 年版，第 201 页。

② 钱伯斯和格鲁等:《西方的历程》(Mortimer Chambers, Raymond Grew, etc., *The Western Experience*)，纽约 1987 年第 4 版，第 1 卷，第 411 页。

地处德意志领土的东南边陲，奥地利长期远离西欧发展的主流，在奥地利早期的历史上，充满了无休无止的动乱和混战，很难理出清楚的线索。然而从 15 世纪中期开始，奥地利迅速跃升为欧洲大国，维也纳成为帝国首都，奥地利则是帝国的中心，哈布斯堡家族从 1452 年起几乎不间断地占有“德意志民族的神圣罗马帝国”的皇冠；“神圣罗马帝国”消失后（1806 年），它仍然能维持一个庞大的帝国（起先是奥地利帝国，后来是奥匈帝国），直至第一次世界大战结束为止。王朝统治下的地域早已超出奥地利本土，经过几个世纪的扩张，它控制了现在的捷克、斯洛伐克、匈牙利、罗马尼亚、波兰、克罗地亚、波斯尼亚、斯洛文尼亚、意大利一部分乃至比利时等国，它的分支家族曾一度统治西班牙和尼德兰。欧洲近代史上几乎没有哪一件大事中没有哈布斯堡家族的参与。哈布斯堡家族还一度抱有吞并全欧洲的野心，当查理五世（1519—1556 年在位）担任家族首脑时，曾经有人对他说：“上帝把你放在通向世界王国的大道上”①，他对此颇有同感。事实上，在欧洲近代史上，有许多事件是为阻止奥地利在欧洲（以及在德意志）的霸权而发生的，一个强大的奥地利在中欧的坚强地位，使一个接一个的欧洲大国坐立不安。

奥地利如何从一个偏远的德意志边疆要塞发展成威震全欧的庞然大国？这归功于它很早就建立起专制王权。中世纪欧洲是一个涣散的社会，领地分封制将整个社会搞成一盘散沙。随着土地分

① 柯尼希斯贝尔格和莫斯：《16 世纪的欧洲》（H. G. Koenigsberger & George L. Morsse, *Europe in the Sixteenth Century*），伦敦 1968 年版，第 176 页。

封，行政权和司法权也一层层分下去，结果只有庄园和领地才是实实在在的社会实体，“国家”和王权都只是若有若无，社会发展水平相当低下。这时候专制王权突然崛起，就导致一些强大的国家实体随之出现。专制王权克服了中世纪的分散状态，引导国家统一，保证了社会安定。它能够调动全社会的人力物力，形成一股集中的力量。因此，在欧洲，最先发展并最先变得强大起来的，都是最早建立专制王权的国家。专制王权其实是欧洲国家现代化的准备阶段，它伴随着民族国家的出现和重商主义的实行。小巴林顿·穆尔因此说：16、17 世纪出现的专制王权，“为现代化的开端创设了一个方便的虽说是专制的契机”①。

奥地利就是这样一个较早建立了专制王权的国家。早在弗里德里希三世（1440—1493 年在位）时，奥地利的专制王权就初露端倪。他的儿子马克西米连一世（1493—1519 年在位）经过斗争制服了贵族，建立起比较完备的专制统治。在他的治理下，原先各自为政的几个奥地利邦被置于王权统一管理下，创立了枢密院和宫廷财务署，组建了全国最高法庭并召开奥地利全境的三级会议。这些都使统一的奥地利逐渐形成，克服了国家分裂的状态。他的继承人查理五世继续加强专制制度，并开始谋求“世界王国”。费迪南一世（1556—1564 年在位）1521 年取得奥地利的实际统治权，他为奥地利专制制度奠定了永久性基础，他在 1527 年颁布的《王国法规》直至

---

① 小巴林顿·穆尔：《专制与民主的社会起源》（Barrington Moore Jr., *Social Origins of Dictatorship and Democracy*），企鹅出版社 1984 年版，第 417 页。

1848年仍在生效。[①] 总之,到16世纪上半叶,奥地利的专制王权已经相当巩固了,奥地利也因而从一个不起眼的边疆领地变成了一个大帝国的政治中心,哈布斯堡家族统治的疆域不断扩大,奥地利成了中欧的强大国家,跃跃欲试地企图主宰欧洲政治。反观奥地利由弱变强的经历,人们很容易得出结论:是专制王权使奥地利强大起来。

然而就在专制王权发展到顶峰时,奥地利的衰落过程也就开始了。宗教改革运动在德意志兴起,哈布斯堡王朝成了反宗教改革的急先锋。这以后,奥地利在欧洲历次社会、政治运动中都站在保守力量一边,成为反对社会变革的大本营。为此它也付出一次又一次的代价。它首先在反对新教同盟的施马尔卡尔登战争(1546—1555年)中失利;接着又在三十年战争(1618—1648年)中一败涂地;再接着,它在18世纪的多次战争中一再显示出衰落的迹象,最后竟在奥地利帝位战争中(1740—1748年)输给了北德意志后起之邦普鲁士,从而动摇了它在德意志的盟主地位。此后,它虽然勉力中兴,经历了玛丽亚·特蕾西亚(1740—1780年在位)和约瑟夫二世(1780—1790年在位)两代君主的"开明专制",然而在拿破仑战争中(1792—1815年),它再次表现得暮气已深,活力全无,从头到尾几乎没有打过胜仗,连首都维也纳都被拿破仑占领,"神圣罗马帝国"也因此而宣告解散。1848年,奥地利受欧洲革命的沉重打击,从此后竟一蹶

① 关于奥地利专制王权的奠定,可参见埃里希·策尔纳:《奥地利史》,商务印书馆1981年版,第188—192、201—202、240—242页。

不振。1866 年它在普奥战争中大败而降，被排挤出德意志大家庭。时至此刻，它已经完全是一个被掏空的躯壳了。在 20 世纪初的第一次世界大战中，奥匈帝国土崩瓦解，烟消云散，几百年中夺得的领土一夜间全丢失了，奥地利退回到它在 1526 年开始扩张前原有的疆界之内。

什么原因使奥地利衰落？归根结底应归咎于专制传统阴魂不散。专制制度的长久保留使奥地利丧失了一切活力，在时代发生巨大变化时，它却沉湎于 16 世纪成型的专制传统中。应该说，专制制度在中世纪晚期形成，其实是对中世纪传统的一种突破，正因为有了这个突破，奥地利才能在近代早期的发展中先胜一筹，成为雄踞一方的欧洲强国。然而遗憾的是，这个新的传统一旦形成就被凝结起来了，成了不可逾越的雷池，对新传统的执着终于使因循守旧之风在奥地利愈刮愈盛，最后竟把奥地利远远地拒于现代化先行者行列之外，这是奥地利不可不深刻记取的沉痛教训。

其实，从专制王权再向前迈一步，就将揭开现代化的序幕，这当然意味着抛弃专制制度。这一步是非走不可的，欧洲现代化的先行者，比如英国、法国等等，都是在克服了专制王权后开始现代化的，因而克服专制是走向现代化的第一步。但在奥地利，这一步却无论如何也走不出去，结果专制的传统在奥地利根深蒂固，当欧洲许多国家早已越过专制的障碍向现代国家急驰时，奥地利却是专制主义最顽固的堡垒之一。

当然奥地利也不是从来不变，面对江河日下的颓势，它多次做过变革的尝试。不过，所有变革都指向一个共同的目标，即进一步加强专制制度。帝位战争后，两代君主实行改革，企图发展经济，富国强兵，约瑟夫二世甚至主动废除农奴制，以此来解放生产力。但改革的中心是加强专制制度。玛丽亚·特蕾西亚认为：奥地利衰落是由于专制程度还不够造成的，权力分散因而影响了国家力量的充分发挥；约瑟夫说得更清楚，他所颁布的命令必须"一字不漏地遵照执行"[①]。"改革"因此是沿着专制主义的方向进行的，两代君主的统治因此被称作"开明专制"。但开明专制在约瑟夫去世后也就夭折了，这以后就是赤裸裸的"专制"。拿破仑战争和1848年革命都未能动摇专制主义传统，虽说前者是来自外部的冲击，后者是人民革命的努力。所有这些反而使奥地利更加精心地维护其专制主义制度，弗朗茨二世皇帝（1792—1835年在位）当政时，一切微小的变化都是不允许的，他说奥地利就如同一个受伤的人，不能够老是用"变革"去"触摸他的伤口"[②]。这种反改革的心态使奥地利进一步衰落，1866年它败在普奥战争中，并且被驱逐出德意志大家庭。这样，弗朗茨·约瑟夫皇帝（1848—1916年在位）又匆匆忙忙实行一系列"改革"，而这一次改革被叫作"新专制"。"新专制"一直延续到第一次世界大战爆发，这以后，奥地利帝国终于被埋葬在专制主义的坟墓中。几百年来奥地利万"变"不离其宗，在专制制度的框架里摇来摆去，始终不肯抛弃这具枷锁。这使它在许多国家发生了脱胎换骨的

---

① 考伊：《18世纪的欧洲》（L. W. Cowie, *Eighteenth Century Europe*），伦敦1983年版，第202页。

② 李：《欧洲史面面观，1789—1980》（Stephen J. Lee, *Aspects of European History, 1789-1980*），伦敦和纽约1984年版，第53页。

改造时看起来竟是一成不变，在现代化道路上由一个先行人变成了令人叹惜的落伍者。

专制对奥地利发展形成巨大障碍，在专制主义统治下，只有当发展与王朝的利益一致时，王朝才会允许国家发展。仅就经济发展而言，哈布斯堡家族曾一再执行限制生产发展的措施，比如直到19世纪中期，当工业革命已经在欧洲许多国家如火如荼地展开时，奥地利所有主要的工业部门包括火车机车在内，都只以木材为燃料，而不准使用煤。原因是皇室和贵族的领地上有大量的森林资源可开发，他们不愿让其他资源与木材竞争。哈布斯堡的统治者还从别国的经历中看出工业化对专制制度是一种威胁，因此在法国大革命后，便刻意限制工业发展，弗朗茨二世曾公开说老百姓不能过得太好，否则会对政府造成危害。直到后来，工业化已是一股不可抗拒的潮流时，哈布斯堡王朝仍致力于执行“跛鸭”政策，即扶持力量虚弱的中小企业，避免造成一个健康有力的工业资产阶级。由于这些原因，奥地利一直到1900年仍有60%的劳动力从事农业劳动，而这时英国只有6%，德国为16%，法国为43%，甚至意大利都比奥地利强。奥地利的工业产值在增长最快时也未超过每年5%，连落后的俄国在19世纪都曾达到8%。[①] 19世纪上半叶，有人请费迪南一世皇帝（1835—1848年在位）批准修筑铁路，费迪南却说，他天天看见

① 参见特里比尔科克：《欧洲大陆列强的工业化》（Clive Trebilcock, *The Industrialization of the Continental Powers*），纽约1981年版，各相关章节。

皇宫门口的马拉驿车都坐不满，为什么还要修铁路呢？[①] 在这种思想指导下，奥地利铁路建筑发展极慢，到1849年全国只有148.4千米的铁路，这与普鲁士大力发展铁路形成鲜明对照，后来奥地利败给普鲁士，其工业能力远不如鲁普士是重要原因。

专制传统为什么长盛不衰？乍看之下，有这样一个原因不可忽视，那就是奥地利在近代早期变得强大，可以说完全是专制制度的功劳。这使得奥地利把专制王权视为立国之本，倾其全力去保护这个制度。不过这并不能说明专制为什么特别在奥地利维持得这么久，因为在其他一些西欧国家，专制制度也出现得很早，而且也曾经使国家强大。但那些国家后来都把专制制度丢弃了，因为在那些国家，专制制度失去了历史的合理性，不得不让位于新的政治制度。而在奥地利，专制制度在很长时间里却保持着一种虚假的合理性，这使得奥地利的专制制度长久维持，离开了专制，国家似乎就难以存在。

有三个因素促成了这种情况。首先，奥地利的专制制度有一种特殊的结构，在突破中世纪传统、建立专制国家时，奥地利并没有抛弃中世纪以家族领地为核心的基本结构。英、法这些国家在建立专制制度时，以“国家”为单位实行专制统治，因此这些国家中发生过许多王权与贵族的战争，专制制度的出现相当艰难。奥地利却把中世纪的领地结构保留下来，在建立专制制度的时候，由哈布斯堡家

---

① 普里斯特尔:《奥地利简史》，生活・读书・新知三联书店1972年版，第565页。此处的费迪南一世指“奥地利皇帝”费迪南一世，而不是前文提到的“神圣罗马帝国皇帝”费迪南一世。

族按原先的领地所有者的不同身份(如公爵、大公爵、伯爵等等)对各领地实行分别的统治。这样,奥地利国家实际上只是由各领地共同拥戴一个君主而已,哈布斯堡王朝只要求各领地服从王室,承认君主的至高地位,而它们在历史上形成的政治结构如等级会议、地方政府等等,却在很大程度上保存了下来,并没有受到根本触动。王朝向奥地利本土以外扩张,将邻近的非德意志地区如波希米亚、匈牙利等兼并进来时,也如法炮制,仍沿用家族领地的统治方法,他们以相应的头衔接管这些领地,而保留其原有的法律地位(如波希米亚王国、匈牙利王国等)。正因为这样,哈布斯堡家族建立的不是一个专制的国家,而是一个专制的王朝,这个王朝统治着由许多地区性领地集合而成的庞大地域。这种共戴一君的"君主国"使专制王权拉长了它的历史合理性:因为假如没有王权,"国家"也就没有了,专制王权是维系各领地的唯一纽带。

由此可以看出:由领地的集合形成"国家",虽然使奥地利的专制制度在建立时相对容易,避免了王权与领主间的许多冲突;但要抛弃这种传统却也不那么简单。在西欧,以专制王权为核心形成一个个"民族国家",民族成为国家的基础,而一旦"民族国家"巩固了,没有王权它也可以存在。因此这些国家很快就相继克服了专制王权,从而向现代化迈出了关键性的一步。奥地利却没有成为一个"国家",而且也不是以"民族"为基础。它由于保留了中世纪的领地传统而使得"君主国"随时处于解体的威胁下,只有靠王权的维持才能保证"国家"的存在。正因为如此,玛丽亚·特蕾西亚才认为专制制度还不够强,必须再加强;也正因为如此,奥地利才始终陷于专制主义的泥坑中不能自拔，自始至终都不愿抛弃专制主义这一早已过时的早期传统。斯特拉耶教授曾经说：哈布斯堡家族在创建近代国家时采用了最糟糕的形式，即建成“一个‘拼成的’国家，基本上是由好几个统治区的碎块组成的。这个国家作为一个整体，不可能产生民族主义，对于每个碎块而言，究竟采取何种民族主义也充满了混乱”[①]。这个在近代早期形成的失误对奥地利一直产生负面的影响，它使专制主义在奥地利非常难以被克服。

第二个因素是对土耳其的斗争。这个因素也延长了专制王权虚假的合理性。14世纪，奥斯曼土耳其人开始进入巴尔干半岛，随后节节推进，于1453年攻陷君士坦丁堡。不久它把伊斯坦布尔（君士坦丁堡）和贝尔格莱德连成一片，成了巴尔干半岛的霸主。1526年，土耳其大军横扫匈牙利，随后，又把战火烧到了维也纳城下。这样，维也纳就成了全欧洲瞩目的对象，也成了基督教世界获救的希望。人人都知道，维也纳若守不住，土耳其就可能长驱直入，踏平整个基督教世界。于是从这时候起，奥地利就承担起阻挡土耳其人入侵的重担。这时，适逢奥地利已建成专制制度。土耳其至此为止之所以能够所向披靡，是因为它的对手是一些各自为政的封建小王公，彼此间你争我夺，形不成统一的抗敌力量。匈牙利虽称“王国”，实际上是典型的封建地区，贵族林立，四分五裂，其虚弱在战争中表现得十分彻底。但是当战火烧到奥地利时，它碰到的却是一个强大

① 约瑟夫·R.斯特拉耶：《欧洲国家形成的历史经验》，载布莱克编：《比较现代化》，第166页。

的专制政权。哈布斯堡家族此时在欧洲正如日中天，它不仅控制着神圣罗马帝国的皇位，其西班牙支系的查理五世还怀抱着统治欧洲的勃勃野心。于是，专制对专制，两个专制的政权展开了长达几世纪的角逐。不可一世的土耳其旋风在维也纳城下被挡住了，1683年，土耳其对维也纳发动最后一次攻击，奥地利在全欧洲的支援下击溃土耳其。自此以后，土耳其人开始了长达200多年的缓慢退却，奥地利则紧追其后，一步步把土耳其逼到了巴尔干半岛的最南端。对土战争的胜利使哈布斯堡专制政权取得了无可争议的历史合理性：没有它的存在，欧洲似乎就要沦亡。它成了基督教世界的拯救者，弱小民族的保护人。就在1526年，土耳其发兵攻打匈牙利时，哈布斯堡家族第一次跨出奥地利本土，在波希米亚、摩拉维亚、克罗地亚和匈牙利获得了统治权。此后，随着奥地利大军在东南欧挺进，塞尔维亚人、罗马尼亚人、摩尔达维亚人、斯洛文尼亚人，甚至一部分意大利人都接受了奥地利的统治。这个过程直到最后都在延续，一直到第一次世界大战爆发前夕，奥地利的领土都在扩大。第一次世界大战的发源地波斯尼亚就是不久前才落入奥地利手中的。因此奥地利看起来仍充满活力。虚假的合理性掩盖了专制制度腐朽的本质，奥地利于是更执着于专制主义传统。

第三个因素是天主教信仰。在欧洲现代化过程中，天主教的阻遏作用相当明显。最先步入现代化的国家基本上都经历过宗教改革，产生了韦伯所说的“苦行主义的新教所固有意义上的那种‘资本主义精神’”。韦伯说：在其他宗教文化中，包括天主教文化，都没有发展出“**现代的**资本主义，也**没有**这种发展的**苗头**”；天主教坚称“教会之外不得拯救”，是新教给这种“固定的中世纪的传统”以“致命的一击”，才使人们敢于在“世俗之内的‘职业’中，去致力谋求救赎”[①]。这就是说，新教提倡通过现世努力去追求天国目标，天主教则反对这种努力，把人们束缚在纯精神的内省中，因而限制了“资本主义精神”的生长。无论人们对韦伯的理论持什么态度，宗教改革对欧洲资本主义确实起了推动作用：现代化的萌动首先在新教国家产生，这是现代化历史上的一个事实。反天主教是现代化的思想准备，然而在这方面，奥地利又令人尴尬地站到了历史的对立面。

宗教改革在欧洲兴起时，奥地利曾经是最早并最热情接受它的地区之一。三十年战争的发源地捷克（波希米亚）就在哈布斯堡家族的统治下，而捷克是新教最坚固的堡垒之一。在奥地利本土，到16世纪中叶，已经有一半以上的人口信奉新教[②]，眼见奥地利就要落入新教阵营。这种情况使王朝感受到巨大的威胁，哈布斯堡家族于是决心高举起反改革的旗帜，做天主教最坚强的卫道士。它领导天主教阵营打了一场旷日持久的三十年战争，尽管在战争中失败，新教力量在奥地利却被绞杀一空。获胜的天主教成为专制王权最坚强的支柱，从此后，天主教教权主义和奥地利皇权主义结为一体，成为奥地利文化保守主义的基本内核。正如这种保守主义的忠实代表。1821—1848年的哈布斯堡王朝首相梅特涅亲王所言：为了让人民享受“真正的而非想象中的和平状态之益”，君主应该“履行由上

① 马克斯・韦伯：《经济与社会》，商务印书馆1997年版，第626、700—701页。
② 参见策尔纳：《奥地利史》。

帝赋予他们的职责"，"公正而强悍，仁慈但严厉"①。也就是说：君主的强悍是人民的福祉，专制制度受上帝的保护。

事实证明：奥地利后来的发展确实是按照梅特涅的路线行进的。

总之，各种历史因素强化了奥地利的专制传统，使它一形成就很难消失。但专制传统严重地阻碍了奥地利的发展，到了20世纪初，一切矛盾终于总爆发。与西欧其他国家相比，奥地利此时已严重落伍，专制制度耗干了国家的一切活力，王朝却似乎有永无止境的合理性。第一次世界大战终于揭穿了这个假象，把历史的真实暴露无遗。一个早期的时代先行者沦落为现代化潮流的落伍人，专制传统恰恰是这个悲剧的始作俑者。

土耳其的经历

土耳其的情况完全不同。土耳其属于另一种文化背景，它具有与欧洲社会完全不同的文化传统。尽管土耳其很早就意识到：它的社会已不适应世界新的发展趋势，并试图进行某种变革；但对自身文化传统优越性的信念却使它长期不愿进行根本的改造，并且有意识地对抗新的世界潮流。这终于使奥斯曼土耳其不能自强自救，在第一次世界大战后落得土崩瓦解。这以后，它克服了对自身传统的盲目自大，从而造就一个新的土耳其。

---

①《梅特涅亲王回忆录，1815—1829年》，载蒂尔尼和斯科特主编：《西方社会：一部文献史》(Brian Tierney & Joan Scott, ed. *Western Societies, A Documentary History*)，第2卷，纽约1984年版，第241—242页。

土耳其人的祖先是古代突厥人，他们从古代东方逐渐西迁并接受伊斯兰教之后，其过去的历史就被忘却了，融进了伊斯兰文化的传统之中。

突厥人一度建立塞尔柱帝国，但很快这个帝国就分崩离析，加上蒙古人的入侵，西亚陷入一片混乱。在这片混乱中，小亚细亚半岛上出现一大批突厥封建主建立的军事小国，其中一个是奥斯曼（1259—1326 年在世）建立的国家，它后来成了地跨欧亚的奥斯曼帝国。

奥斯曼国家是加齐的国家，所谓“加齐”，是指伊斯兰宗教的边疆战士。小亚细亚地区曾经被拜占庭帝国长期统治，属于基督教东正教文化范畴。11 世纪下半叶突厥人进入小亚细亚，带来了他们所信奉的伊斯兰教。两种文化在小亚细亚长期冲突，每一方都有其勇武的战士。随着拜占庭帝国的衰落，基督教文化终于在小亚细亚地区退却了，奥斯曼建立的加齐国家恰巧位于小亚细亚半岛的最西北端，与正在衰落的拜占庭帝国隔海相望。这个位置使它成了伊斯兰教征服基督教的桥头堡，伊斯兰教的光荣使命于是就要集中地体现在它的身上。经过七代人的努力，奥斯曼土耳其人不仅征服了小亚细亚半岛上其他土耳其加齐国家，而且消灭了拜占庭帝国，把国土一直推进到匈牙利边界。再经过两代人，奥斯曼帝国已经是东起伊朗边界、西抵摩洛哥、南达埃及、北至奥地利的庞大帝国了，地中海几乎成为它的内湖。1526 年，苏里曼大帝（1520—1566 年在位）亲率大军征服匈牙利，三年后又打到维也纳城下。[①] 伊斯兰教一向把基

① 参见西·内·费希尔：《中东史》，商务印书馆 1979 年版。

督教看成是未臻成熟的宗教，耶稣基督只是一位略有所悟的早期先知；世界的真谛是由穆罕默德所揭示的，伊斯兰文化因此高于基督教文化。奥斯曼帝国的胜利似乎证明了这一点。在奥斯曼官方的编年史中，国家与伊斯兰精神完全等同：帝国的领土就是“伊斯兰的领土”，帝国的君主是“伊斯兰的巴底沙（国王）”，帝国的军队就是“伊斯兰的士兵”，帝国的宗教领袖是“伊斯兰的谢伊赫（教长）”[①]。1453年，也就是攻陷君士坦丁堡的那一年，伊斯兰教哈里发（意为“安拉的使者和继承者”）将其职权转让给奥斯曼的统治家族，奥斯曼国家于是成了中世纪伊斯兰传统的正宗继承者，奥斯曼苏丹（皇帝）也成为伊斯兰世界的最高精神领袖。在奥斯曼的传统中，伊斯兰成为传统的核心。

奥斯曼国家早期的辉煌，与加齐传统分不开。加齐世代生息于边疆，好战尚武和虔信献身是其生存的必要条件。加齐战士必须能吃苦耐劳，简朴勤奋，不贪图享受，经得起磨炼。奥斯曼早期几代君主的确体现了这些精神，比如每一代君主都亲自征战，后宫简朴。苏里曼大帝年逾古稀还带病出征，最后病死在征途上。作为边疆伊斯兰精神的具体表现，加齐传统中还有一些很有价值的东西，一是它的平等，二是它的宽容。在边疆传统中，加齐战士相互平等，身份上没有高贵卑下，业绩是决定地位的标准，提升不论家境出身。这种加齐传统留传给早期奥斯曼国家，使国家中等级界限松动，人人都可以通过奋斗达到成功。而在宗教政策方面，奥斯曼可说是中世

① 转引自伯纳德・刘易斯：《现代土耳其的兴起》，商务印书馆1982年版，第21页。

纪宽容的典范。一位英国历史学家曾这样评价早期奥斯曼国家的宗教政策:“奥斯曼帝国是欧洲的唯一国家,其中阶级之间没有法定的区别。其居民中也许有三分之一是土耳其人;但将统治者与被统治者分开的是宗教而不是种族。伊斯兰教并非不宽容,只要交纳贡赋,它就对自成一体的犹太教徒或基督教徒赐以宽容,但同时又把他们排斥在权力之外。然而却没有什么障碍阻止人们改变宗教,叛教者比比皆是;即使对坚持其信仰的新教徒来说,土耳其枷锁也比天主教国家宽容得多。”①因此,欧洲许多非天主教地区宁愿接受奥斯曼的统治,也不愿受所谓“正统”基督教会的迫害。奥斯曼宫廷欢迎基督教徒到奥斯曼来寻求进身之路,如果他们改变宗教信仰,甚至可以做到像宰相这样的大官。这个传统也是在加齐时期形成的,因为在一个两种宗教文化交叉的地区,过分强调信仰的忠诚就会把许多有能力的人赶到敌人方面去。奥斯曼国家的社会组织程度也比较高,军队与文官都是苏丹的奴隶,处处以苏丹为中心,正如一位历史学家所说:“这样一个高度凝聚集中于苏丹的精英层给土耳其带来极大的政治活力,在战时尤为如此。”②由此可见,在加齐传统影响下,一种边疆的、奋进的、务实的、开放的伊斯兰精神浸润着早期奥斯曼国家,使其充满活力,开拓向上。与当时拜占庭那种腐败、奢华、没落、迂腐的气氛相比,奥斯曼显然占上风;与当时西欧那种贵

① 克拉克:《十七世纪》(Sir George Clark, *The Seventeenth Century*),牛津大学出版社 1972 年版,第 172 页。

② 埃尔顿:《宗教改革时期的欧洲:1517—1559》(G. R. Elton, *Reformation Europe, 1517 - 1559*),伦敦与格拉斯哥 1963 年版,第 144 页。

族气浓厚、出身决定一切的社会相比，奥斯曼也有很大的优越性。这使得奥斯曼在早期就培植起一个坚定的信念，即奥斯曼高于欧洲，伊斯兰教优越于基督教——当然，这正符合伊斯兰先知们的教导。

然而苏里曼大帝的辉煌掩盖了帝国衰落的迹象。苏里曼在位近 50 年，他统治时期已逐渐改变了早期奥斯曼宫廷的节俭风气，开始追求奢华排场。他的大臣生活奢侈，有一个宰相病故时，人们盛传他的宅邸中一度置放 40 张育婴床，他留下的子女多达 120 个。苏里曼亲开腐败之风，为弥补日益增加的宫廷开支，他要求官员在升迁时送礼，从而为贪污行贿大开方便之门。他的宫廷还成为后妃争位和佞臣弄权的场所，其俄罗斯出身的妃子和门德内哥罗出身的妃子各为自己的儿子争夺皇位，这件事直接为后期奥斯曼宫廷中层出不穷的夺权阴谋提供了先例。他还首开任用亲信、不以功绩取人的先河。苏里曼之后，奥斯曼早期的加齐传统一点点丢失，宫廷如一切国家的封建王朝一样，日益腐朽。宫中贪污盛行，后妃干政，权臣擅权，阴谋迭起，苏丹一个比一个无能，一个比一个腐败，乃至易卜拉欣在位（1640—1648 年），竟可以奸人妻女，连伊斯兰教长老的女儿都可以被诱奸。[①] 100 多年中奥斯曼帝国迅速衰落，其最明显的标志就是自 1683 年被基督教联军击败于维也纳城下后，便开始了向土耳其本土的永久退却。这个过程中影响最深远的变化恐怕是禁卫军成分的变化。早期，禁卫军是由基督教地区征收来的男童组成

① 费希尔：《中东史》，第 309 页。

的，他们在宫中接受严格的训练，长大后成为伊斯兰军队中最凶猛的战士，被派去攻打基督教地区。后来，禁卫军成了军官与廷臣子弟世袭的职业，成为奥斯曼国家一个特殊的利益集团。从穆拉德三世（1574—1595 年在位）开始，禁卫军就经常逼宫，要求苏丹清除他们不满意的大臣，或满足他们提出的要求。到了后来，禁卫军甚至参与苏丹的废立，成了帝国政治中最不稳定的因素。禁卫军的变质是奥斯曼帝国迅速衰落的最明显的迹象，它表明奥斯曼早期的加齐传统已经完全丧失了。

奥斯曼帝国的败落与古代任何一个辉煌王朝一样，是在走盛衰兴亡的循环老路。一个王朝在早期励精图治，创建宏业；然后就越过顶峰，由盛及衰。统治者的腐朽导致王朝衰亡，最后由新的王朝取而代之。如果世界一切如旧，那么这样一个盛衰兴亡的轮回就会在土耳其重演，一个新的王朝也许会取代奥斯曼帝国。然而在奥斯曼帝国衰落的时候，世界上另一个角落却悄悄出现了新的趋势，西欧在这个时候打开了现代化大门，在以后几个世纪里，它在思想、文化、政治、社会诸方面出现一系列变化，终于后来者居上，创建了一个新的社会。面对西方的崛起，土耳其面临两难选择：它是学习西方，迎头赶上，还是固守奥斯曼的文化传统（如前所说，这个传统中的优秀部分大部分已经丢失了），不愿追赶世界潮流？显然，传统的光辉使土耳其背上了沉重的包袱，它坚信伊斯兰文化比基督教文化优越，不愿向“基督教”学习任何东西。

早在苏里曼时期就有人看出世界潮流正在变化。卢特弗帕夏曾经对苏里曼大帝说：“苏丹手下许多人都懂得如何统治陆地，但很少人知道如何统治海洋。在进行海战方面，异教徒走在我们前头，我们必须设法超过他们。”①当时正是奥斯曼帝国如日中天之时，有人能看出西欧正在发展的海权将对土耳其构成威胁，这的确是卓越的远见。但多数人却躺在帝国光辉的业绩上，自我满足，安之若素。正如历史学家刘易斯所说：“关于奥斯曼帝国技术落后的情况，它不仅没有任何发明，甚至对于别人的发明也无动于衷。当欧洲的科学技术正以破竹之势向前发展的时候，奥斯曼人却满足于使自己的农业、工业和运输业停留在中古时代他们祖先们的水平上。甚至他们的武装部队也只是慢条斯理地、缺乏效率地跟在他们欧洲敌人的先进技术的屁股后面跑。”②

这样一种态度来源于奥斯曼文化的优越感。前面已经说过，伊斯兰传统把基督教文化看成是早期的、不成熟的文化，因此对基督教世界一向鄙视。伊斯兰教创建时曾从古代西亚、波斯、印度乃至中国的文明中吸取过很多东西，但唯独不向基督教学习。一直到16世纪，才有一两部拉丁文的历史或地理著作被翻译成土耳其文，而在此之前，几乎没有任何西方作品出现过穆斯林文字的翻译本。15世纪下半叶，西方已出现一系列影响深刻的变化，但奥斯曼国家作为伊斯兰文化的继承者，它对欧洲战争的胜利更加强了这样一种信念，即伊斯兰文化高于基督教，西方没什么可学的。及至17、18世纪，战争的形势已经逆转，西方的军队已经在战场上明显占据优势

① 刘易斯：《现代土耳其的兴起》，第519页注〈7〉。“帕夏”是奥斯曼帝国的一种封号，领将军衔。

② 刘易斯：《现代土耳其的兴起》，第38—39页。

时，奥斯曼有识之士已认识到变革的必要性，但他们所希望的变革却只是回到严格的伊斯兰传统去，恢复两百年前奥斯曼的纯洁精神！①

巴耶济德二世(1481—1512 年在位)时期，西班牙来的犹太难民请求准许开办印刷所。巴耶济德仁慈地批准了这一请求，但不准用土耳其文或阿拉伯文印制任何书籍，因为根据传统，伊斯兰的经典只可用手抄录，否则就亵渎了神圣。这个禁令一直到 18 世纪才解除，土耳其就这样轻易地错过了知识革命的机遇，而让其欧洲对手在知识传播方面稳稳地走在了前面。

对伊斯兰传统的顽固坚持几乎表现在生活的每一个方面，比如不准设立公共时钟，以免使清真寺阿訇报时的传统受到危害；不能穿西式服装，穿西服似乎意味着向基督教投降；西方的建筑、绘画、家具、用品等等都被看成是异端邪物，谁企图引进就一定是背弃祖宗。在所有这些对西方文化的抗拒背后有一个深刻的思想根源，即奥斯曼对西方的优越性。这种优越感是建筑在早期土耳其军事征服的胜利之上的，然而在军事上的优势已失去之后，文化上的优越感却更加根深蒂固。一个曾经被马哈穆德二世(1808—1839 年在位)聘为军事顾问的普鲁士军官曾这样写道："在土耳其，外国人却被人瞧不起。土耳其人会毫不犹豫地承认欧洲人在科学、技术、财富、胆量和气力等方面都比他们的民族强，但是，他们从来不认为法兰克人(即欧洲人——引注)就会因此而把自己摆在同穆斯林相等

① 费希尔：《中东史》，第 331 页。

的地位上……”他注意到：越往社会下层，对欧洲的鄙视就越深刻，文化上的盲目自大与无知成正比。[①] 正是这样一种盲目的文化自大意识，阻碍了奥斯曼及时更新自己。

但变革却是不可避免的，奥斯曼已经衰落得太厉害了。就在土耳其大败于奥地利手中，开始不可逆转地向本土退却时，艾哈迈德三世（1703—1730 年在位）开始了第一次向西方学习的运动。学习内容分为两个方面：一是模仿西方宫廷的生活方式，如建筑风格、绘画、家具等等；二是按西方模式开办军校，试图建立“新军”。但禁卫军以反对“法国生活方式”为借口发动政变，逼退了苏丹，第一次向西方学习失败了。

第二次变革发生在谢里姆三世（1789—1807 年在位）时期，当时正值法国大革命，新思想也冲进了沉闷的奥斯曼帝国。谢里姆三世企图按欧洲的方式改革行政机构，并建立新军。禁卫军再次发动兵变推翻谢里姆三世，理由是“他所制定的法令违反教义原则”[②]。

18 年后，马哈穆德二世再次进行改革，这时连几百年来一直屈从于土耳其统治的希腊人也举起了武装反抗的旗帜，并且在战场上多次取得胜利。土耳其的衰落已经被所有人看得很清楚，它再也不能不进行某种变革了。为扫除改革的障碍，马哈穆德用欧式大炮彻底消灭了禁卫军，但他必须声明他的改革是要恢复苏里曼时代的伟大传统，并以此争取伊斯兰宗教界的支持。当时宗教界已经认定：

---

① 刘易斯：《现代土耳其的兴起》，第 88—89 页。

② 刘易斯：《现代土耳其的兴起》，第 77 页。

对异教进行圣战应高于一切，为此哪怕向异教徒学习先进的军事技术也无妨。这表明奥斯曼土耳其在西方强大的压力下已不得不采取一种新的态度，1838 年马哈穆德在建立欧式医学院的开幕式上这样说："你们将在这里用法语学习科学的医学……我之所以要你们学习法语，并不是要你们去受法国的教育，而是要教给你们科学的医学……"[①]从马哈穆德开始，这种"西学为用、'土学'为体"的方针就在奥斯曼改革派那里牢固地确立了，因此无论改革的幅度多么大，比如马哈穆德自己就废除了封建采邑，创建了新军并强制推行欧式军服，他的继承人阿卜杜勒・迈吉德（1839—1861 年在位）甚至还颁布了"花厅御诏"，宣布不分宗教、不分种族，在法律面前人人平等，但伊斯兰优越论的思想实质却仍然没有被触动。正如担任过奥斯曼驻维也纳公使的萨迪克・里法特帕夏 1844 年所说："宗教是我们法律的基础，是我们的政府的根本；就连苏丹陛下自己，也并不比我们任何人更能动它一动。"[②]在这样一种貌似变革、实为守成的气氛下，"花厅御诏"并未实行；马哈穆德的新军甚至在 1839 年就败给了埃及——一个自 16 世纪就隶属于奥斯曼的阿拉伯藩属。1875 年，奥斯曼国家财政破产，民众把怨恨指向改革。神学院学生首先发难，接着是好几个月的政治骚乱。近一个世纪奥斯曼帝国企图自我更新的努力立刻化为乌有。紧随着阿卜杜勒・哈米德（1876—1909 年在位）继承皇位，一切改革成果转眼间都付诸东流。此后一

---

① 刘易斯：《现代土耳其的兴起》，第 91 页。
② 刘易斯：《现代土耳其的兴起》，第 109—110 页。

直到1908年，奥斯曼进入一个全面反动的时期。在这个时期，官方已不打算图强自新了，奥斯曼只躺在过去的虚假的辉煌上，它终于用传统构筑起变革的屏障，并有意识地阻挡历史的潮流。

这以后变革就要靠革命来进行了。1908年爆发了青年土耳其党人的革命。但青年土耳其党人并不打算与奥斯曼的过去决裂，正如其最重要的领袖杰马尔帕夏所说："我们奉行的不是土耳其政策，而是奥斯曼统一的政策。"①革命虽然以捍卫立宪、反对专制为起点，结果却建立起青年土耳其党人以军事独裁，在事实上继承了奥斯曼的专制传统。青年土耳其党人以恢复帝国昔日的辉煌为己任，为此不惜把国家拉上了中欧同盟国的战车。不久后，为对抗英法，执行"帝国统一的政策"，土耳其破天荒第一次卷入了它的世敌欧洲国家之间的一场大战，并且加入了其中一个军事集团。这样一个政策终于把奥斯曼帝国推上了死路，青年土耳其党人不仅没有能恢复奥斯曼的光辉，反而使这个已经有600年历史的庞大帝国彻底解体了。

青年土耳其党人的大奥斯曼主义是有其社会基础的，这个基础就是对过去的深切怀念。在青年土耳其党人实行独裁之前，曾经有过几年的思想大讨论，占主导地位的是所谓"温和的伊斯兰派"思潮。这种思潮认为奥斯曼帝国的衰落起因于对伊斯兰真谛的背弃，他们认为到西方去寻找国家振兴的办法是没有必要的，伊斯兰的过去就隐含着对未来的启示。与此相近的另一股思潮是所谓的"西化

① 安・菲・米列尔：《土耳其现代简明史》，生活・读书・新知三联书店1973年版，第33页。

温和派”，其最重要的代言人杰拉尔·努里提出这样一个理论：文明可以分为两种——技术文明和“真正的文明”。西方虽已达到技术文明的顶峰，却永远达不到“真正的文明”；奥斯曼过去在改革中所犯的最大错误就是没有分清这两种文明，因此在模仿西方技术文明的同时也把西方看成是“真正文明”的源泉，因此便想把西方的一切都照搬过来，而事实上奥斯曼的传统本来是能够解决这些问题的。主张伊斯兰原教旨主义的人在这时其实并不多，但它的核心，即伊斯兰文化优越论，实际上是被社会上大多数人所认同的。主张“全盘西化”的在当时人数极少，他们被社会的多数所鄙夷，但正是这些人在思想上预见了大战后凯末尔主义的轮廓，他们预示着土耳其的未来。①

在变革中新生

奥地利和土耳其代表两种类型，说明传统如何对现代化造成阻碍。在奥地利，一种创新被凝结成传统，其顽固不变阻止了国家继续前进。于是，当现代化正要起步时，道路就已经被封死了。在土耳其，一道中世纪的光环把传统与现代严格地分隔开，使奥斯曼帝国无论如何都没有办法走进现代。传统的阻力在现代化起步时尤其严重，一个国家面对现代化的强力冲击，很可能用传统来对抗不可避免的变革。

奥地利和土耳其还代表两种类型，一种与现代化先行者具有相同的文化背景，另一种代表一个完全不同的文化类型。在前一种情

① 参见刘易斯：《现代土耳其的兴起》，第 245—248 页。

形下，对现代化的阻碍也许是不自觉的，传统作为一种天然的存在无形地发挥作用；在后一种情形下，文化的排他性主动地发挥作用，传统可以被自觉地用来对抗变革，在这种情形中传统的阻力可能更大。换句话说，当现代化向非西方国家推进时，它需要克服的不仅是传统的阻碍，而且还有不同文化所具有的天然排斥力。

在现代化过程中，文化间的天然排斥往往被理解为反“西化”。但正如布莱克所说：现代化不等于“西化”，因为“我们不能把17、18世纪英国和法国的转变过程称作‘西化’，也不能把20世纪日本对满洲的影响说成是‘欧化’”[①]。对一切国家来说，现代化都意味着突破传统；对西方国家来说，这意味着对曾经有过的那个“西方”进行否定，对西方的传统进行重新审视。西方从文艺复兴开始的一系列社会思想运动，都是对西方的文化传统进行改造，而只有改造最成功的国家，才可能最早进入现代化。如何对待传统是现代化过程中一个重大的课题，只有自觉地不让传统成为现代化的阻力，才有可能利用传统中的某些因素（而不是整个“传统”）为现代化服务。比如说，鲁道夫夫妇指出印度的某些传统曾有助于现代化[②]，但明显的是：这种情况发生在建设现代国家已成为印度社会一致的共识这一前提下。印度做到这一点曾经历了漫长的过程，而且显然是在经历了外力的强大冲击，传统社会结构已大大地改变后才做到的。[③] 冯

① 布莱克：《现代化的动力》，第10页。

② 鲁道夫夫妇：《传统的现代性：印度的政治发展》。

③ 参见弗朗辛·R. 弗兰克尔：《印度独立后政治经济发展史》，中国社会科学出版社1989年版。

友兰在 1940 年代曾经说："从前人常说我们要西洋化，现在人常说我们要近代化或现代化。这并不是专是名词上改变，这表示近来人的一种见解上底改变。这表示，一般人已渐觉得以前所谓西洋文化之所以是优越的，并不是因为它是西洋底，而是因为它是近代底或现代底。我们近百年之所以到处吃亏，并不是因为我们的文化是中国底，而是因为我们的文化是中古底。这一觉悟是很大底。"①——当中国人大多数都取得这一共识时，中国的现代化才会比较顺利地开展起来。

就我们所举的两个例子而言，情况也正是这样。第一次世界大战后，奥地利帝国和奥斯曼帝国全都瓦解了，这两个几百年的夙敌虽说在历史上结下世仇，其结局竟是一样的——都因为执着于某种传统而放过了自我更新的机会，在现代化的潮流中双双落伍，及至同时以同样的方式灭亡。

奥地利在"一战"后废除君主制，连同它的专制、家族领地和多民族的帝国一同丢干净。奥地利退回到 400 年前它开始扩张时的疆界以内，400 年来形成的传统便受到彻底的清算。这以后，奥地利的发展就比较顺利了，它形成一个"民族"，虽经历第二次世界大战中希特勒德国的侵占，但这个"民族"却生存下来了，奥地利国家也随之发展。"二战"后，奥地利作为一个发达国家出现在欧洲，它和哈布斯堡帝国事实上已经没有承接关系。

土耳其经历了更深刻的变化。"一战"后奥斯曼帝国被肢解，土

---

① 冯友兰：《共别殊》(1944 年)，载罗荣渠主编：《从"西化"到现代化》，北京大学出版社 1990 年版，第 338 页。

耳其几乎灭亡。在这种情况下,土耳其人才放弃其奥斯曼的思想方法,而与帝国的过去一刀两断。这是一次彻底的决裂,土耳其变成了"民族",帝国的憧憬一去不复返了。奥斯曼家族失去其统治地位,哈里发的职权也一并废除。土耳其全面接过了西方制度,不仅穿西服,吃洋饭,改用欧洲历法、计时、星期日休息制度等等,而且连政治方面也全盘改造,建立议会,实行多党制,采用西方的法律制度。国家与宗教完全分开,伊斯兰教对社会的全面控制彻底被打破。最突出的是,1929 年起开始使用新文字,不再用阿拉伯字母,而改用西欧通用的拉丁字母拼写土耳其文。这是"凯末尔革命"中最不留退路的一项决策,它"一方面是关死过去的门,同时又打开一道通向未来的门"①。十几年后,新生的一代土耳其人就将看不懂奥斯曼时期的文书了,奥斯曼对于他们来说,似乎就是象形文字时期的埃及! 1924 年,现代土耳其之父凯末尔在国民议会中宣布说:"这个民族终于决定了它将在实质上和形式上,切切实实和完完全全地采取由当代文明向所有不同民族提出保证的那种生活方式。"②在与传统的奥斯曼决裂之后,一个新生的土耳其走上了现代化之路。③当然,传统是不可能完全消灭的,土耳其后来的历史也证明了这一点。因此,如何正确处理传统与现代化变革之间的关系,就成了现代化过程中重要的问题。

---

① 刘易斯:《现代土耳其的兴起》,第 293 页。

②③ 刘易斯:《现代土耳其的兴起》,第 280 页。

第二章　追随错误的楷模

日本的经历

现代化的冲击

这一章讨论的是对现代化楷模的寻求。为什么讨论这个问题？因为对多数国家来说，它们的现代化要求主要不是来自内部，而是外力。是外部的压力促使它们致力于现代化，不进行现代化，它们就不能生存。早在1848年，马克思就对这个冷酷的现实作过如下描述，他说，“资产阶级，由于一切生产工具的迅速改进，由于交通的极其便利，把一切民族甚至最野蛮的民族都卷到文明中来了……它迫使一切民族——如果它们不想灭亡的话——采用资产阶级的生产方式；它迫使它们在自己那里推行所谓文明制度”，“它使未开化和半开化的国家从属于文明的国家，使农民的民族从属于资产阶级的民族，使东方从属于西方。”[①]100 多年后布莱克也说：“在率先建设现代化的那些社会中，由于现代性的挑战主要来自内

① 马克思、恩格斯：《共产党宣言》，见《马克思恩格斯选集》，第一卷，第 255 页。

部,因而转变过程徐徐展开,延续了几个世纪。但在后来建设现代化的社会中,这种挑战越发来自外部,因而转变来得更迅速、更突然。”[①]亨廷顿则说得比较温和。他说:“现代化起源于 15 世纪和 16 世纪的欧洲,但现在已经成为全世界的现象。这种情况的出现主要是通过现代思想和技术以欧洲为中心的传播,同时部分地通过非西方社会内部的发展。总而言之,一切社会一度都是传统社会,而现在的任何社会要么是现代社会,要么是正在成为现代社会过程中的社会。”[②]

不论怎么表达,他们陈述的思想都是一样的,这就是:现代化的冲击是巨大的,一切民族,“如果它们不想灭亡的话”,迟早都必须走现代化的路。对于这种冲击,尚未进入现代化的国家体会最深。早在 1825 年,正处在变革前夕的日本,一位儒学者就体会到西方的压力正步步逼近,日本正面临严峻的选择:“如不变彼,则为彼所变,势不相容。”[③]——这就是亲身感受到现代化冲击的后进国家由衷发出的切肤之感!一位美国学者说:像德国和日本那样的后进国家,“变化要么取自国内,要么有意识地参照国外已经发生过的变化,时常是为了增强本国的经济与军事生存力。”为此,就不得不随时参照先

---

① 布莱克:《现代化的动力》,第 13 页。

② 亨廷顿:《导致变化的变化》,载布莱克编:《比较现代化》,第 45—46 页。

③ 会泽正志斋语,转引自信夫清三郎:《日本政治史》,第一卷,上海译文出版社 1982 年版,第 146 页。

行者的经历，并不断“应付由传统和现代性共存而造成的各种问题”①。德国和日本尚且如此，比它们更迟进入现代化的国家就更是这样。

日本在19世纪就面临着“不想灭亡”的选择。还在1838年，中英鸦片战争尚未爆发时，日本就有人意识到“五大洲中，除亚细亚外，四海大抵为洋人领地”；鸦片战争爆发后，连幕府“老中”水野忠邦也认识到：鸦片战争“虽为外国之事，但足为我国之戒”②。正是在这样一种巨大的压力和深刻的民族危机感中，日本走上了明治维新之路。日本的经历是非西方国家现代化的一个突出的例子，日本现代化过程中的成功与失败，给其他非西方国家留下了值得深思的课题。

图富强必须学习西方

当日本人开始明治维新时，西方资本主义的触角已经包围全世界。欧美正全力开展工业化，其他古老的文明则在西方咄咄逼人的攻势下步步退却，面临着生死存亡的严峻挑战。然而，明治维新后二三十年，当世界上所有非西方国家几乎都屈服在西方工业化的威力之下时，唯独日本修改了强加于它的不平等条约，以唯一非白人

---

① 本迪克斯：《发展的前提：德国与日本的比较》(Reinhard Bendix, *Preconditions of Development*: *A Comparison of Japan and Germany*)，载多尔编：《现代日本社会变迁的诸方面》(R. P. Dore, *Aspects of Social Change in Modern Japan*)，普林斯顿大学出版社1967年版，第27—28页。

② 信夫清三郎：《日本政治史》，第一卷，第160、166页。“老中”是幕府最高行政官员。

国家的身份出现在强权政治的世界舞台上。对此,美国学者斯塔夫里亚诺斯教授说:“所有其他由非西方的土著居民居住的海外地区都落入欧洲列强的直接或间接统治之下,只有日本人逃脱了被征服的命运。其所以出现这种重大例外情况的原因,对于整个第三世界来说,无论是在19世纪还是今天,都具有明显的重大意义。”①

日本何以能“逃脱被征服的命运”?这的确是一个重大的课题。其中的因素也许很多,但日本面对西方的挑战采取了非常独特的应战方式,这肯定是一个基本因素。1853年,美国海军准将佩里率领四艘“黑船”驶进江户湾,把炮口对准日本的心脏地区,要求日本开国通商。1854年,日本政府在未做丝毫抵抗的情况下接受了美国的所有要求,并于当年3月签订《日美亲善条约》——日本的第一个不平等条约。此后,到1858年,日本与西方列强签订一系列不平等条约,接受了西方国家在当时可能向任何一个非白人国家提出的各种条件,包括开放口岸、自由通商、出让关税控制权、承认领事裁判权等等——看来,如其他一切非白人国家一样,在西方的逼人进攻下,日本也难逃灭亡的命运。

日本国土狭小,资源短缺,抵抗大概也无济于事。中英鸦片战争中清朝的惨败给日本留下了深刻的印象:“何故堂堂仁义之大国清国败于无礼不义之丑虏英国?”②当时日本的国力尚不及清朝,如果与西方对抗,难免重蹈鸦片战争的覆辙。后来,萨英战争(1863

① 斯塔夫里亚诺斯:《全球分裂:第三世界的历史进程》,商务印书馆1993年版,第359页。

② 小西四郎:《开国与攘夷》,转引自王家骅:《儒家思想与日本文化》,浙江人民出版社1996年版,第154页。

年)和下关战争(1864 年)的失利确实证明了日本无力与西方对阵,因此在西方列强的冲击下,日本做出了独特的反应:它不战自败,自甘受辱;但同时憋足一口气,决心迎头赶上,把自己也变成一个“西方”国家——用佐藤信渊[①]的话来说,这叫作“由皇国来和世界混同”[②];用福泽谕吉[③]的话来说,则叫作“脱亚入欧”。此后,日本便开始了向西方学习的进程,试图以“欧化”作为“保种保国”的神丹妙方。

日本以这种方式应付西方的挑战,这在当时的世界上是罕见的。面对西方的进攻,大多数非西方国家进行本能的反抗。不仅在埃及、埃塞俄比亚、土耳其、中国这样一些有悠久文明的地区是这样,连西非的阿山蒂和南非的祖鲁这些尚未完全脱离部落文化的地区,也曾掀起过轰轰烈烈的反抗。但日本却不同,它承认西方的强大,一方面忍辱接受不平等条约;另一方面却下决心向西方学习,希望用这种方法使自己强大起来,摆脱西方的羁绊,并最终能够和西方平起平坐,甚而打倒西方。看起来,这是一种“卧薪尝胆”的策略,尽管当时并没有人意识到这也是一种现代化战略,但日本人的确已感觉到盲目的排外是不行的,那样反而救不了国家。最早主张开国学西方的日本学者佐久间象山[④]在分析中国清朝的战败时说:“清朝唯知本国之善,视外国为贱物,侮为夷狄蛮貊,而不知彼之熟练于实

---

① 佐藤信渊(1767—1850),后期江户派学者,著有《农政本论》《混同秘策》等。

② 转引自盛邦和:《东亚:走向近代的精神历程》,浙江人民出版社 1995 年版,第 219 页。

③ 福泽谕吉(1834—1901),日本最重要的启蒙思想学者,著有《文明论概略》《劝学篇》等。

④ 佐久间象山(1811—1864),原为朱子学者,后提倡兰学,主张开国,著有《省諐录》《象山说》等。

事,兴国利,盛兵力,妙火技,巧航海,遥出己国之上。”[①]这是对中国自古就有的“华夷”观念和自大心理的深刻批判,中日两国在经受西方冲击时表现出的不同心态,决定了两国日后的不同经历。

日本采取这种态度对待西方的冲击,与日本文化的独特性有密切联系。一位中国学者曾说:日本对外来文化从来就采取实用主义态度,外来文化的价值往往在于它的有用性,而不在于它的原则性。文化自身的价值并不重要,重要的是它可以如何被利用。[②] 因此在日本历史上,外来文化曾多次起到推动历史前进的作用。在文明初露曦光的时候,日本就不是靠自己的力量形成文明,文明是从中国引进的,从绳文文化到弥生文化的跳跃,标志着从石器时代一步进入铁器时代,农耕文化也因此取代渔猎文化——从时间上说,这大概是在中国的秦汉之际。此后日本就受中国文化的不断影响,文明进步速度很快,佛教是从中国传入日本的,中国的文字、医药、服装、生活方式等等也无一不成为日本文化吸收的对象。日本把中国看作完美的典范,定期向中国派遣使者,并且派大量学生留学中国。6—9 世纪,日本社会再度出现一次飞跃,中国唐朝的政治制度及科学、技术、器物甚至文章诗歌等都大量传入日本,不仅使日本社会变成一个摹拟的中国社会,而且建成以皇权为中心的大一统国家,从当时来说在各方面都赶上最发达的东亚文明。[③] 但是,日本古代历

① 王家骅:《儒家思想与日本文化》,第 155 页。

② 王家骅:《儒家思想与日本文化》,第二章第一节、第四章第七节等。

③ 可参见吴廷璆编:《日本史》,南开大学出版社 1994 年版,第 2、3、4 章。日本作者山中顺雅对这个问题作了非常有趣的探讨,见《法律家眼中的日本古代一千五百年史》,中国社会科学出版社 1994 年版。

史上却从来没有产生过哲人，没有出现过属于日本的伟大思想。日本没有自己的思想体系，至少没有人用明确的文字表达过。日本的主流文化都是从外国传入的，比如说儒学、佛学，以及后来的程朱理学、阳明学等等。一位日本学者把日本文化比喻成“软体动物”，“经常变化形体，没有一个固定的形状”，不像中国和西方的文化，看起来像是“哺乳类动物，和马、狮子很相像，有骨骼而且很清楚”。他说日本文化是一种“被动型即被动文化”，它的特点，“不是依照原则来行动的，而是在其内部存在着某种东西，当它碰到各种情况时，就以其独特的适应性而显现出来，并具有一定的性格”①。熟悉日本文化的人都会注意到这样一个事实，即日本人缺乏创造性，却富有模仿性。比如说，日本人没有创造自己独特的文字，而是借用汉字加以改造以表达自己的语言；在当代世界，日本人很少能有轰动世界的科学发现，却很善于把别人的发明运用于实践。

这样一个善于吸取别国文化的民族，在近代世界对异军突起的“西方文明”作出迅速的反应便是情理中的事，而且一旦认定这种新文明既能使它亡国也能使它富强，它便毫不犹豫地接受这种文明。“软体动物”的本性在东西方文明交锋的最初一刹那就体现出来，这使它终究能“逃脱被征服的命运”。

岛国的地理条件也帮了日本不小的忙：由于四面环海，就便利于外来文化流入；由于岛国狭窄，就便利于外来文化渗透。中国的

---

① 中根千枝：《国际社会中的日本文化》，载井上靖等：《日本人与日本文化》，中国社会科学出版社 1991 年版，第 80—82 页。

广阔腹地使它很容易把外来文化限制于边缘地区，日本的狭小国土则很难做到这一点。因此，当葡萄牙人几乎在同时登上中国的澳门和日本的鹿儿岛的时候，对这两个国家产生的影响却大不相同。对中国来说，登陆的葡萄牙人只不过建立了另一个“番坊”，随他们而来的西方文化也只局限在澳门这一隅之地。[①] 但对日本来说，葡萄牙人的造访却造成50万人信仰天主教，整个西南地区似乎都要落入天主教之手。17世纪上半叶，天主教的农民在天草、岛原发动起义，这似乎预示着西方意识形态在日后将形成巨大冲击波。1633年，幕府决定铲除天主教，并连同带来天主教的海外贸易活动也一并禁止。这以后，日本进入200多年的“锁国”时期，按著名学者赖肖尔的说法：这200年使日本大大地落后于西方。[②]

不过锁国并不符合日本的文化传统，也未能阻挡住西方文化在日本的传播。锁国留下一道豁口，即允许中国与荷兰商船在长崎进行贸易。长崎于是成为西方科学文化甚至是思想意识形态的入口处，日本很快出现一批“兰学”学者，他们以学习和传播西方的学问为己任，因此在西方大举入侵日本前，日本已经对西方的科学文化有了相当的了解——这是不同于鸦片战争前的中国的。

兰学的传播使日本人认识到西方在近代已追了上来，在社会的总体发展水平上超过了东方。早在1755年，杉田玄白[③]就根据西方

---

① 吴志良：《生存之道：论澳门政治制度与政治发展》，澳门成人教育学会1998年版，第二章第二节。

② 埃德温·赖肖尔：《日本人》，上海译文出版社1989年版，第70页。

③ 杉田玄白（1733—1817），兰学最初创始者之一，译《解体新书》。

的科学知识指出“地者为一大球，万国分布于上”。这是对中国的“华夷”宇宙观的彻底否定，而“华夷”宇宙观正是阻碍中国面向世界的最大障碍。1787 年，林子平[①]在《海国兵谈》中指出西方各国的船只“牢固而巨大，如非优势之大炮，则难以挫败之”。他把正在崛起的俄国视为日本的榜样，因为俄国通过学西欧，已经从后进国变成了先进国。本多利明[②]进一步指出，欧洲的强大是因为“世界各国之物产与定货群集于欧洲”，日本只有提倡开国贸易，并进而实行“开拓制度”，即掠夺殖民地，才能“渐次富裕，并由富裕而强盛”。本多利明还认为一个不统一的国家是不可能强大也不可能发展的，从这一点出发，他也推崇俄国女皇叶卡捷琳娜二世。[③] 从以上言论可以看出，早期的兰学者不仅意识到西方的科学技术已经领先，而且其非“器物”的方面，如重商主义、专制制度等等，也在国家的强大中起重要作用。苏联学者加尔别林指出：“当时在武士阶级的知识分子中间，产生了所谓‘兰学者’的学派或团体。他们成为欧洲（首先是荷兰）科学的宣传者，主张扩大与外国的联系。”[④]统治阶级中的有识之士愿意在全世界范围内吸取有用的新知识，这使他们有可能成为现代化的领导者。反观中国，戊戌变法中不足的恰恰就是这支力量。

随着西方列强压力增加，西方舰队日益逼近，就连奉行锁国政

① 林子平（1738—1793），后期江户派学者，主张海防，著有《海国兵谈》等。

② 本多利明（1744—1821），后期江户派学者，著有《经世秘策》《西域物语》等。

③ 信夫清三郎：《日本政治史》，第一卷，第 59、73—74、76—77 页。

④ 加尔别林主编：《日本近代史纲》，生活·读书·新知三联书店 1964 年版，第 66 页。

策的幕府也开始认真研究对付的方法了。为此，老中松平定信于1792年开始搜集“红毛之书”（荷兰书籍），以便在必要时借用西方之“理”以抗拒西方。差不多同时，幕府开始组织人员学习英语、俄语，编纂字典并翻译有关两国的书籍。这些活动以后逐渐扩展到对整个西方的了解，新的“洋学”扩充为对西方一切国家的学习与研究，其中包括法国、德国、美国等等。中英鸦片战争后，幕府更命人操练西方炮术，购置西方武器。各藩大名则走得更远，比如西南诸藩，不仅铸造西式枪炮，还引进西方的纺纱织布技术，开采矿山，兴办实业，形成藩营经济。[①] 第二次鸦片战争后，日本向西方学习的决心更坚定了。1862年，幕府向欧洲派出第一批留学生，同时还派出第一个遣欧使团。各藩武士开国的愿望则更加强烈，以致多次发生偷渡出国到西方去留学的事。其中最著名的是吉田松阴[②]在老师佐久间象山支持下两次偷渡未能成功，结果师生同受幕府惩罚，在国内引起巨大震动。幕府统治者和各藩武士在向西方学习这一点上并没有本质分歧，分歧在由谁来领导学习西方的运动——是幕府还是一个以天皇为名义主体的新的“国家”？

日本统治层与中国统治层在向西方学习的态度上有明显不同，这决定了它们在面对西方的冲击时做出了不同的反应。1793年，英国政府派往清朝的使节马戛尔尼来到北京，随身带来了许多工业革命的产物，包括望远镜、天象仪、化学器械、电机产品等等。但这些

---

① 参见井上清等：《日本近代史》，商务印书馆1972年版，第42—44页。

② 吉田松阴（1830—1860），市民思想家的前驱，著有《讲孟札记》等，其思想对明治政治家有巨大影响。

表达西方最新生产力和最新科技成果的器具并没有引起清朝官员的注意，它们只被当作几千年来一如既往的“番邦”朝贡品登记在册了事。几乎就在同时，甚至还早一点，日本的兰学者杉田玄白却记载说，对于由荷兰船只“舶来之一切珍品，不论多少，闻稍有好事者无不爱搜集之”，比如“气候测验器（晴雨表）”“寒暖测验器（寒暑表）”“暗室摄影镜（暗箱摄影机）”“现妖镜（幻灯机）”“千里镜（望远镜）”“呼远筒（扩音器）”等等，都会引起日本朝野的广泛兴趣，“赞叹其穷理之微妙”，因此，“每年春天当荷兰人参谒幕府时，其居处聚会之人甚众”①。正是这样一种愿意接受新知识的开放心态帮助日本人在面对西方挑战时首先看清西方在物质和社会制度方面的巨大优势，从而感觉到要战胜西方，就应该首先使自己强大，而要使自己强大，就要向西方学习——这就是“富国强兵”思想的由来。

从会泽正志斋②提出“富国强兵”以来，日本统治层对于如何学西方又经历好几个发展阶段。“富国强兵”论希望向西方学习“巨炮大舰”，这是在中英鸦片战争发生前的初期阶段。鸦片战争发生后，佐久间象山提出“东洋道德，西洋艺（技）术”，类似于中国的“中学为体，西学为用”。日本被美国逼迫开国之后，横井小楠③认识到西方政治制度对国富民强的重要性，因此主张学习西方的政治制度，让“天下之才共理天下之政事”④。到吉田松阴时期则更发展成政治革

① 转引自信夫清三郎：《日本政治史》，第一卷，第 101—102 页。

② 会泽正志斋（1782—1863），攘夷论者，著有《新论》等。

③ 横井小楠（1809—1869），开国论者，著有《国是三论》等。

④ 转引自王家骅：《儒家思想与日本文化》，第 159 页。

命的思想,“尊王攘夷”实际上意味着用政治革命手段推翻幕府政府,为创造新日本扫除障碍。到明治维新后,福泽谕吉集数十年向西方学习思想之大成,以“文明开化”的口号为新生的日本指方向,开始了向西方全面学习的新阶段。因此,在几乎一代人的时间里,日本思想界就从有选择地学习西方的器物发展到全面学习西方的文化科学技术和政治法律制度,而且能在日本的统治阶层中形成相当大的共识。这样一种思想大飞跃,不能不说是明治维新及其后来成功之处的思想基础。日本文化传统中的“拿来主义”帮助日本在面对西方的严峻挑战时迅速改变自己,利用西方的文明追赶西方,从而在“四海大抵为洋人领地”的险恶环境中为自己争得一席空间,避免了被西方列强征服的命运。

学德国走上发展歧路

在向西方学习的问题上,日本终因为选错了榜样而走上歧途,给日本现代化造成了不可挽回的失误。

事实上,在现代化过程中,后进国家向先行者学习,这是多数国家的必经之路。但如何选择现代化楷模,却是摆在后进者面前的严峻考验。

在日本,到福泽谕吉为止,只解决了要不要向西方学习的问题,怎么学、向谁学这些都没有提上议事日程。

要不要学的问题是由思想家们解决的,怎么学和向谁学,却要由政治家们来解决。

思想家们在谈论向西方学习时，他们是以荷、美、英等国家为摹本的。这些国家与日本的接触比较早，而且资本主义制度比较发达，特别是英国和美国，无论是经济发展还是政治发展都处于相对领先的地位。在早期兰学者那里，西方的先进科学技术主要是从荷兰人那里得来的，"荷兰"在很大程度上代表西方。但鸦片战争后，英国给日本留下深刻印象，随后美国又强迫日本开国，所以，英美无形中便成了开明思想家心目中理想的榜样。比如，横井小楠曾称赞美国的"政法治术，以至于其他百般技艺、器械，尽地球上尽善尽美者，悉取为己有"；英国是"政体一本民情，官吏之所行，无论大小，必议于民，随其所便"[①]。福泽谕吉则更是把英、法、美作为文明国家的榜样，从它们的政治、经济、社会制度中得出文明就是"上下权利平等"的结论。[②] 不过当时人们更多的是笼统地谈论学习西方，并未具体考虑要以哪一个国家的做法作为日本发展的模式。

明治维新以后，以何种模式建立新国家的问题便提上政治日程，学西方不能再是抽象的原则，必须有具体的内容。一旦要具体学习西方，选择模式便刻不容缓了。现代日本学者小松左京曾说日本文化有一种"选择原理"，即对外来文明"遵循着一种'这个可以引进，那个不要'的原则"。在这个过程中，也许整个"系统几乎都引进了，但重要的部分却脱落了若干"。他举例说当日本引进中国唐代的律令制度时，却脱落了两个重要的内容，一是科举制，二是宦官

① 王家骅：《儒家思想与日本文化》，第 158 页。

② 盛邦和：《东亚：走向近代的精神历程》，第 341—343 页。

制。[①] 看来，这些“脱落”就可能造成中国大一统的皇权不能在日本长期维持，从而不能把中国文明贯彻到底。不幸的是，这种情形在明治维新时再一次出现：日本在引进“西方文明”（其实是现代文明）时故意脱落了一些重要部分，从而在决定向哪一个国家学习时选择了错误的方向。

还在明治维新之前，就有一些日本人注意到普鲁士正在欧洲崛起。1864年幕府派遣使团赴欧，回国后便建议与普、奥加强联系，因为德意志民族在“连横（统一）之际，全欧洲终无能与相匹敌之国”。1862年福泽谕吉与别人讨论日本将来的国体时，曾设想“建立像德意志联邦那样的国家”。普法战争之后，新建立的德意志帝国雄踞欧陆已成定势，这引起明治政治家的极大关注，他们认为德国作为一个后起的国家能打败法国，其中一定有奥妙。大久保利通[②]就说：德国“依靠兵力财力，与法国作战，获得大胜，我国不可不以此为鉴也”。山县有朋[③]当时正在欧美考察，他从德国的胜利中得出两点体会，认为国家第一要统一，第二要有强大的兵力。[④]

尽管如此，当时对普鲁士的注意并未超出“西方”这个总体概念，德国也未成为日本刻意模仿的榜样。转折点发生在1871—1873年间，当时新成立的明治政府正面临设计新国家的急迫任务，因此向国外派出一个庞大的使团，其任务是考察欧洲各国制度，为日本

---

① 小松左京：《日本文化的选择原理》，载井上靖等：《日本人与日本文化》，第94—101页。
② 大久保利通（1830—1878），明治“三杰”之一，曾任大藏卿、内务卿等。
③ 山县有朋（1838—1922），明治政治家，曾任首相、参谋总长、枢密院议长等。
④ 信夫清三郎：《日本政治史》，第二卷，上海译文出版社1988年版，第57、96、259、304页。

规划蓝图。他们希望通过引进西方的具体制度来使日本早日变成和欧洲一样的"文明开化"，以此达到与欧洲各国平等、修改不平等条约的目标。该使团阵容强大，团长是担任右大臣的外务卿岩仓具视[①]，副团长包括大久保利通、木户孝允[②]、伊藤博文[③]等明治重臣，随员有48人，同行的还有58名留学生，其中包括首批5名女学生。这次出访的意义在于：尽管刚刚建立不久，万端尚无头绪的明治新政权手忙脚乱地把"一切效仿欧美各国现行制度"[④]作为原则予以指示，出访的结果却是选择德国为榜样，一切效仿德国的制度。

在考察中使节团形成清晰的思路。明治政府刚成立时，参与维新的功臣——多是些30岁出头的年轻人——充满对欧美社会的美好憧憬，决心把西方的一切——从物质到精神到规章制度统统搬进日本，使日本立刻变成"文明开化"的国家，以便与欧洲列强平起平坐。正如伊藤博文在启程之初草拟《奉命使节要点》中所写：要把"超越我东洋"的"欧美各国之政治制度、风俗教育、营生守产"等"开明之风，一概移入我国，使我国民迅速进步，达到同等化域"[⑤]。但经过考察，他的思想明显起了变化，开始对普鲁士制度发生兴趣，后来他是普鲁士制度最热心的鼓吹者。1882年他再次赴欧考察时，曾在一封信中表达他的信念："……我理解由著名德国学者格奈斯特和施泰因(日译斯丁——引者)所提倡的国家组织之梗要，我对其观点

① 岩仓具视(1825—1883)，明治政治家，曾任右大臣、外务卿等。
② 木户孝允(1833—1877)，明治"三杰"之一，曾任参议、地方官会议议长等。
③ 伊藤博文(1841—1909)，明治政治家，曾任首相、枢密院议长、贵族院议长、韩国统监等。
④ 远山茂树：《日本近现代史》，第一卷，商务印书馆1983年版，第12页。
⑤ 信夫清三郎：《日本政治史》，第二卷，第329页。

知之甚深,乃足可为帝国大厦奠定基础而不致减损天皇权威。回观国情,人人皆信乎英美法自由激进之论,视其为金玉良言,以至国家几被损毁。但我已有纠正之理由,报国正是此时,我深信实现此信念至为重要。"①

大久保利通在英国见到其工业能力,得知它强大的根本原因。但他越见识英国的先进,就越感到日本不能学英国,因为英国与日本的差距太大。他说只有德国和俄国比较接近日本,因此应成为日本的榜样。他还说民主政治从理论上说符合"天理之本然",但用于"熏染旧习、固执陋习之国民"则不合适;日本只能用"君主专制",这是"一时适用之最佳统治"②。

木户孝允一路上与使节团其他成员意见不合,后来离队单独行动;但他得出的结论却与其他人一样,即日本应该学习德国。他推崇德国的"循序渐进",说"文明开化"不可急躁;他说德国对"耽迷于轻浮举动者则强使其归于深沉宽实,急躁而进者则抑之,终达今日之文明富强";他说在19世纪初,"其国尚贫弱,人民亦未成熟,毕竟在善于诱导其人也",由此他提倡"文明开化"要一步一步来,回国后便主张"独裁宪法"③。

山县有朋从1869—1870年在欧美学习8个月,适逢普法战争爆

---

① 荻原信俊(音译):《陆奥宗光在欧洲,1884—1885:寻找理念的知识分子》(Hagihara Nobutoshi, *Mutsu Munemitsu in Europe, 1884 - 85: the Intellectual in Search of an Ideology*),载康罗伊等编:《转型中的日本》(Hilary Conroy, Sandra T. W. Davis & Wayne Patterson eds. *Japan in Transition, Thought and Action in the Meiji Era*, 1868 - 1912),伦敦和多伦多1984年版,第246—247页。

② 信夫清三郎:《日本政治史》,第二卷,第366、408页。

③ 信夫清三郎:《日本政治史》,第二卷,第367、408页。

发，普鲁士的胜利给了他很大的鼓舞。这以后，他就认定日本应该走普鲁士的路，发展军备，“富国强兵”。

井上毅是一个年轻的官员，明治维新时才 24 岁，他后来在制定宪法的过程中发挥了很大作用。1872 年他奉司法省委派出国考察，回国后就十分倾心于普鲁士制度。他尤其欣赏普鲁士宪法是政府“给予人民并获得人民同意之宪法，此与其他各国内乱之后，人民逼迫，向政府要求之宪法不可同日而语也”①。他说英国的政治制度只符合英国的需要，普鲁士的政治制度却比较接近日本的国情，因此，“与其急匆匆鲁莽向前而终又悔之莫及，或将先前给出之物被迫收回，以我看，莫若学普国之样，稳步渐进，容日后有伸缩余地”②。他的这些观点深受伊藤博文赏识，并深深地影响了伊藤博文。1881 年，负责建立国家制度的岩仓具视把制宪工作交给伊藤和井上。作为当年的使节团团长，岩仓定下的基调是：“按普鲁士方式组成一个不向国会负责的内阁。”③

以上这些人就是后来创建了明治制度的人，是他们建立了日本的近代天皇制。这些人在明治维新中曾热心提倡学习西方，并且在学习西方的精神鼓舞下为维新运动建树功勋。然而一旦掌权，有机会施展自己的抱负时，他们却下意识地执行起日本文化传统中的“选择原理”，将“西方文明”中不符合“日本国情”的若干“重要部分”

---

① 信夫清三郎：《日本政治史》，第三卷，第 108 页。

② 陈彼得：《井上毅：改革的原则》（H. Peter Ch'en, *lnoue kowashi*: *The Principles of Reform*），载康罗伊等编：《转型中的日本》，第 229—230 页。

③ F. H. 欣斯利编：《新编剑桥世界近代史》，第 11 卷，中国社会科学出版社 1987 年版，第 659 页。

予以剔除，而这些很可能就是“西方文明”（实际上是现代文明）中的精髓所在。事实上，作为现代化的后起者，德意志帝国只是个发育尚未完全的“准现代”社会，而日本“向西方学习”，最终落实到以德国为榜样，这不可不说是一个巨大的失误。这样做的结果，是最终把日本也造就成像德意志帝国那样的军国主义怪物。

明治功臣中，主张学习英美的人也有，比如大隈重信①和板垣退助②，但他们阻挡不住潮流，很快被排挤出明治政府。一部分武士和下层民众掀起的“自由民权运动”虽看起来几经涨落，有时还颇有声势，但在帝国制度的防波堤面前终不得有所作为。

结局是大家所熟悉的。山县有朋在一帮赴德留学生和一位德军少校的帮助下主持“军制改革”，最主要的内容是以德国军制取代法国军制，并把军队“直接”置于天皇指挥之下，即所谓“统帅权独立”。根据这个原则，军队不受政府控制，从理论上说，有关军队的事务直接由天皇负责；但事实上，参谋本部成了掌管日本军事力量的真正机构，它不受任何约束，可以为所欲为，天皇只是名义上的“统帅”，实际上指挥不动军队。最典型的例子是1936年发生“二·二六”军事政变时，天皇虽多次指令镇压，军部却以“避免皇军相互攻击”为由按兵不动，乃至天皇多次威胁要“由朕亲率近卫师团，将其镇压”后，军部才派兵包围叛军，将其解散。③ 这样一支不受约束

① 大隈重信（1838—1922），明治政治家，政党政治的创始人之一，曾任大藏卿、外务大臣、内阁总理大臣等。

② 板垣退助（1837—1919），明治政治家，自由民权运动的主要领导人，自由党创始人，曾任内务大臣。

③ 信夫清三郎：《日本政治史》，第四卷，上海译文出版社1988年版，第325—329页。

的军队以“统帅权独立”为挡箭牌为所欲为，还在明治之初它就鼓吹“征韩论”，发动台湾战争，吞并琉球群岛；1894 年则以欺骗手段调动超出政府本意数量的军队进驻朝鲜，造成侵韩的既成事实；它挟持天皇在广岛建立临时行宫，造成天皇“躬亲督战”的假象。由此又一手发动“日清战争”(即中日甲午战争)，把侵略的矛头指向中国。到 20 世纪，日本军队一再行使“统帅权”，炸死张作霖，发动“九一八事变”，最后挑起卢沟桥事件，和德、意一起将世界推进第二次世界大战的漩涡。“统帅权独立”是日本走上军国主义道路的最直接因素，而这也正是普鲁士军队的实质所在。在德国历史上，也曾出现过“统帅权之争”。1862 年，普鲁士议会与国王发生冲突，冲突的原因是政府提出“军事改革”方案，议会则威胁要否决之。威廉一世国王对问题的实质看得很清楚，他说：“他们需要什么现在已经很清楚——军队要成为议会的军队。但他们将会看到，军队到底是属于我还是属于你舒尔策·德利奇。”①结果证明军队确实属于普鲁士国王。这次冲突的结果是政府取得彻底胜利，议会向政府彻底投降。

真是无独有偶。1894 年中日战争爆发后，帝国第七届议会在天皇行宫处的广岛开幕。尽管议会自成立起就和政府唱对台戏，并曾一再否决政府的预算，但这一次却全体一致通过了战争军费预算——相当于日本两年的收入，时间只花了 5 分钟！值得注意的是，议会中反对派此时仍占多数，而且自由党及其盟友始终占据优势。

① 引自丁建弘、陆世澄主编：《德国通史简编》，人民出版社 1991 年版，第 369 页。舒尔策·德利奇是议会自由派领袖。

看起来,向德国学习是确有成效的,连具体的历史事件都可以似曾相识。美国学者本尼迪克特曾说帝国“皇军”是“一支真正的人民军队”[①],这种说法不知根据何在。另一位著名美国学者赖肖尔则说得比较符合实际,他说:是日本军队中的“右派狂热分子”“在把国家的政策按照他们所主张的方向转变”,从而掀起了一股“军国主义的逆流”[②]。

当山县有朋创建帝国“皇军”的时候,伊藤博文负责制定宪法。为写出一部德国式的宪法,伊藤博文于1882—1883年前往德国和奥地利,请最有名的国家主义理论家为其面授机宜。伊藤回国后还不断介绍日本各界人士到那些为他授过课的德国老师们那里去亲聆教导。比如在施泰因故居,至今还保留着数不清的日本名片,记录了无数日本造访者前去瞻仰其最崇拜的精神导师的情景。伊藤一度还想请施泰因来日本担任政府顾问,因为似他这样“鼓吹君主制原则的学者并不多”。施泰因由于年事过高谢绝了聘请,但答应无论何人受伊藤推荐,他都愿为其讲授欧洲的法律与政治。后来到施泰因那里去接受熏陶的许多日本人中,就有和歌山出身的年轻武士陆奥宗光,后来他作为外相,是中日甲午战争的主要策划者。[③]

在这样一个背景下,伊藤等炮制出《大日本帝国宪法》。宪法规定:成立议会,但议会只有讨论权,没有颁布法律权,颁布法律的权力在天皇;天皇还可以不通过议会发布敕令,因而事实上有广泛的

① 本尼迪克特:《菊花与刀——日本文化的诸模式》,浙江人民出版社1987年版,第76页。
② 赖肖尔:《日本人》,第98—103页。
③ 参见荻原信俊:《陆奥宗光在欧洲》,载康罗伊等编:《转型中的日本》,第235、236页。

立法权力。议会不可以废除或削减政府的开支，而且还按照德国顾问的建议：当议会未能通过政府预算时，上一年预算便继续自动生效。议会不能任命政府大臣，也不可以罢黜政府大臣，政府人事任命由天皇决定，因此政府不对议会负责，而直接向天皇负责。此外，议会对军队也没有控制权，"统帅权"在天皇。议会无权对宪法作任何修改，修改权也属于天皇。总之，正如宪法第一条开宗明义就说清楚的：大日本帝国主权属于天皇！

了解历史的人都知道，这实际上是德意志帝国宪法的翻版，其中主权属于天皇（国王）、政府不对议会负责、议会事实上既无财权，又无军权，也无人权，只是一个清议机关等等，几乎是照搬德国宪法，与现代西方民主制度毫无共通之处。不过宪法也有名不副实之处，即虽然从理论上说天皇有莫大的权力，但他却是被架空的，做决定的是明治制度所形成的寡头集团，由他们做出决定，然后以天皇的名义颁布执行。天皇被赋予一个超人的性质，因为国家主权既然不来自人民，就只能来自神了，而天皇据说就是神的后代。日本天皇看起来似乎比德国皇帝权力更大，但事实上他始终受到别人的支配——最初支配他的是明治重臣，然后是"元老"，最后是军部。赖肖尔说："一直到第二次世界大战末，日本领导人始终能把对天皇的极度尊重与十分乐意于把决策强加到他头上而不管他的愿望如何这两者结合起来。……那种对天皇的敬畏与对他的无情摆布结合起来的做法，很难为当代人，至少是非日本人所理解。"①以"帝国宪

① 赖肖尔：《日本人》，第 266 页。

法”为载体，日本人实际上创造了一个(或毋宁说继承了一个)古代日本关于天皇的神话。在这个神话下，法西斯主义竟能够以“宪法”的名义发动战争，走完了日本向德国学习的全过程——如果我们记得希特勒也是以“合法”手段夺取政权、以“合法”手段发动战争的话，那么我们对日本向德国学习得惟妙惟肖，真是要佩服得五体投地了！

日本的教训

后进国家向先行者学习，将先进国家视为楷模，这是现代化过程中的普遍现象，一切后进国家都会经历这一阶段，问题是将谁作为现代化的楷模，选择楷模时遵循什么原则？

日本选择德国的原因也许很简单，就是德国相对落后，与日本的“国情”比较接近。大久保利通的如下一段话十分典型，他说：“英美法等国，已不仅全面考察，且数其进入开化之阶梯层次，则不可企及者，尚有万千。窃以为，应以德俄为准者必多，是以盼汝特为关心此两国之事。”木户孝允也是同样的认识，他虽意识到“文明之国”实行民主政治“此乃政治之所以完美”之处，但在“人民尚未普遍文明开化”的国家，却“不得不暂以君主之英明决断而迎合民意之一致协和”，推行“独裁宪法”。他指望一切慢慢来，“徐徐诱导，勿为无益之举，待他日人才渐出再着手推行，非其然乎？……”[①]像这样在现代

① 信夫清三郎：《日本政治史》，第二卷，第366—369页。

化初期，领导者希望借鉴国情相近者的经验，指导本国现代化的心态，在世界各国并不反常，许多国家都可能有过同样的体会。但如果像木户孝允这样既看到最后的目标，又感到事情要慢慢来，“徐徐诱导”，“待他日人才渐出再着手推进”，则问题大概不会太大。但明治领导人多数却连木户这样的认识也没有，他们在看到日本落后，因此认识到要“慢慢来”时，却把现代化的目标忘记了。他们把“学西方”具体化为“学德国”，虽说是以德国也落后为出发点，但一旦确定它为学习的榜样，落后的德国就立刻变成了完美的楷模，德国作为落后者的事实已完全被弃之脑后，学先进也就变成了学后进。

在世界现代化进程中像日本这样“后进学后进”的例子并非少见。许多国家都发生过类似情况，结果虽说使某些现代的新事物（比如说科学技术）一时较易被本国接受，但实际上却延误了现代化的总体进程，甚至还会走一段弯路。亨廷顿有一个命题是正确的，他说“现代化是一个同质化的过程”[①]，也就是说，现代化有一些基本的特质是不分国界的，否定它容易走上歧途。

第二次世界大战中日本以发动战争开始，而以彻底失败告终。它想以争夺世界“与万国对峙”[②]，结果却被万国所不齿。明治维新作为日本现代化的早期努力，其一切失误均在战争中暴露无遗。我们现在回过头去看，可以知道那是一次不彻底的现代化努力，它在向先行者学习的过程中“脱落”了太多的“重要部分”，在选择现代化

---

① 亨廷顿：《导致变化的变化》，载布莱克编：《比较现代化》，第 46 页。

② “与万国对峙”是明治时期提出的一个口号，可参见远山茂树：《日本近现代史》，第 12 页。

楷模时择取了错误的榜样。战败之后，日本在美国占领下进行民主化改造[①]，这时，它那文化“软体动物”的特性再一次显示出来，战争中的敌手很快变成模仿的样板，其态度转变之快连美国人也感到意外。[②] 总之，日本毫不反对地接受了美国人为他们制定的新宪法，并且在以后几十年里，无处不刻意模仿美国的做法。既然如此，明治维新后是否有可能不走那段弯路呢？

---

① 美军占领下的民主化改造，可参见井上清：《战后日本史》，天津人民出版社 1972 年版，第三章“民主改革的意义——国体的变革”。

② 参见本尼迪克特：《菊花与刀》，第 251—252 页。

第三章　领导力量的错位

德国的经历

现代化的领导力量

在现代化进程中，由谁来领导现代化，这个问题似乎没有引起足够的重视。但现代化的领导权问题是个相当重要的问题，在很大程度上决定一个国家现代化的道路。

在马克思主义经典作家看来，代表先进生产力的阶级领导历史的潮流：资产阶级推翻封建社会创造资本主义社会，无产阶级再推翻资本主义社会创造社会主义和共产主义社会。[①] 他们说：在现代历史的早期，“资产阶级摧毁了封建制度，并且在它的废墟上建立了资产阶级的社会制度，建立了自由竞争、自由迁徙、商品生产者平等的王国，以及资产阶级的一切美妙东西”[②]；社会变革是由生产发展

---

① 参见马克思、恩格斯：《共产党宣言》。

② 恩格斯：《反杜林论》，《马克思恩格斯选集》，第三卷，第 308 页。

的需要决定的，“问题的中心始终是社会阶级的社会和政治的统治，即旧的阶级要保持统治，新兴的阶级要争得统治”①。这样，马克思主义经典作家以清楚的语言表明新兴阶级是新社会的领导力量，新社会的基础由新社会力量来奠定。

汤因比从文化历史观出发，也得出非常近似的结论。他认为一个文明由于失去活力而陷入僵止状态，当这种僵止的社会受到内部或外来的“挑战”时，它必须被激活，才能成功地实行“应战”；而被激活的过程，“是通过内部无产者脱离了那个已经失去创造能力的文明社会的少数统治者的行为而产生的……从这个角度来看，我们就能了解，在无产者脱离了少数统治者的运动当中，一个社会从静止状态又过渡到活动状态里，因此产生了一种新的文明”②。汤因比所谓的“无产者”并不是近代意义上的无产阶级，他所说的“无产者”是指从旧社会中分离出来的一种力量，即新生力量。因此，在汤因比那里，从旧文明向新文明的过渡以新生力量脱离旧统治者为标志，新社会力量主导着历史的潮流。

这样，作为新文明取代旧文明、工业文明取代前工业文明的现代化运动，理应由“新兴阶级”或新的社会力量来领导——从理论上说，这完全符合逻辑，而且也符合现代化早期的实践，比如英国、法国就是这样。然而在现实中，这种理想的状态却有可能走形，现代化也可能由旧社会力量来领导。随着现代化在世界范围内扩张，现

① 恩格斯：《卡尔·马克思》，《马克思恩格斯选集》，第三卷，第40页。
② 汤因比：《历史研究》，上册，上海人民出版社1959年版，第62页。

代化越成为潮流，由旧统治者领导现代化的实例就越多。但旧社会力量主动推进现代化的目的是保住自己原有的地位，在一个完全不同于旧社会的新社会秩序中争取主动权。于是，从 19 世纪末开始，许多地区就出现了由旧社会力量领导的现代化运动，20 世纪以后，这种现象则越来越普遍。

但是由旧统治力量领导现代化往往不成功，这里存在着严重的角色倒置。现代社会包含的现代性因素往往与旧统治者格格不入，顺应这些现代性是很困难的。其次，这里面始终有一个领导权问题，而现代化的本质倾向于新的社会力量。只有在新的社会力量软弱而旧的社会力量能最大程度地顺应现代性的条件下，旧统治者领导的现代化才可能取得某种成功。但这种成功中潜藏着巨大的危险，角色的倒置有可能引起灾难。旧统治者领导现代化的最早例子是德国，而德国正是这种灾难的实例。

时至今日，几乎没有学者不承认德国现代化是一种“保守的现代化”①，是“自上而下的结构改造”②。应该说，“自上而下的结构改造”的基本特征，就是旧统治集团把握了现代化的领导权。旧势力如何在德国把握了现代化的领导权，这样做对国家又有什么影响？这些就是我们在这一章中试图讨论的问题。

---

① 蒂利：《从民众动员到革命》(Charles Tilly, *From Mobilization to Revolution*)，纽约 1978 年版，第 44 页。

② 斯科克波尔：《国家与社会革命》(Theda Skocpol, *States and Social Revolution*)，剑桥大学出版社 1988 年版，第 100 页。

德意志发育不全

旧势力在德国把握现代化的领导权，其基本原因是德国的新生力量太软弱。还在 1848 年欧洲革命时，马克思就对德国资产者无力领导德国现代化做过准确的判断。他说："在德国，资产阶级甚至连自己的公民自由和自己的统治所必需的起码的生存条件都没有来得及取得就卑贱地做了君主专制制度和封建制度的尾巴"，所以，"历史上没有比德国资产阶级更可耻更下贱的角色了"①。

但德国资产者怎么会"连自己的公民自由……都没有来得及取得就卑贱地做了"旧制度的尾巴？这就要在历史的过程中寻找原因了。简单地说，德国错过了历史发展的最初机遇，而一步落后就步步落后，在现代化道路上成了后来者。

在历史上，先进入现代化的国家都是先形成民族国家的国家，英国、法国等都是这样。德国形成民族国家的过程却挫折重重，这使它长期处于分裂状态。962 年，奥托一世奠定"德意志民族的神圣罗马帝国"的基础，它据说是所有德意志人的共同国家。然而事实上，帝国从来就分裂成大大小小的诸侯国，由各国"邦君"实行事实上的统治。德意志皇帝从 11 世纪起就号令不动诸侯了，相反还时常受到诸侯的挟制。

16 世纪，西欧已出现民族国家，这些国家也因此而变得强大起

① 马克思：《反革命在维也纳的胜利》，《马克思恩格斯选集》，第一卷，第 316 页。

来。民族国家的形成归功于专制王权的出现，因为正是专制王权强行“黏合”了民族，使民族统一在一个强大的政权之下。德意志也很早出现专制制度，但它是以邦国为基础形成的，统一的德意志国家却反而因此更难产生，权力更加分散。各邦国的专制制度加强了诸侯的分裂，民族统一因而遇到了巨大的阻力。

17世纪初，德意志出现一次统一的机会，德意志皇权几乎就要统一国家。然而这次机会却白白地错过了，德意志甚至变得更加分裂。这次机会就是著名的三十年战争。战争中，哈布斯堡家族的皇帝几次打败新教诸侯，非常接近于赢得战争。但战争终究还是失败了，诸侯并不愿意皇帝取得胜利，西欧各国则不愿德意志获得统一。每当皇帝在战场上获胜，更强大的敌人就会卷入战争，战争是在宗教的旗帜下进行的，但越打下去，就越具有民族战争的特色。最后，当同样也是天主教堡垒的法国站到新教同盟一边与皇帝对阵时，民族战争的性质就十分清楚。然而皇帝却对此几乎无所认识，他始终认为战争的目的是消灭新教，每次他把新教打败，就对新教徒实行不妥协的宗教政策，这就迫使新教徒不得不一再聚集到新教诸侯甚至外国侵略军的旗帜下，拼死反抗皇帝的迫害。纵观三十年战争的历史，我们发现民族主义在德意志几乎还没有萌发，因此当参战的其他国家都已经是民族国家时，被碾碎的就只能是德意志。战后，德意志土地上出现了300多个大小诸侯国、1 000多个帝国骑士领、几十个帝国自由市，它们都是各自独立的行政实体，其存在受到国际条约的保证。奥地利的皇帝再也不能统一德意志了，他现在“只是德意志君主中的一员，尽管在很长一段时间里，他是其中最强大的一员”①。

从三十年战争可以看出:德意志从一开始就没有让新社会势力登上舞台。在英、法这些国家,专制制度是王权与市民结盟的产物,在德意志却始终没有出现这种同盟,皇帝狂热的天主教情绪使他与城市始终对立,而“国家利益”在皇帝那里似乎还未曾存在。在有一些国家,新教曾经是民族认同的触媒,在德意志却被诸侯利用了,他们借宗教改革来对抗皇帝的权力,使统一的意图不可能实现。在三十年战争中,皇帝和诸侯始终都握有主动权;三十年战争后,尽管德意志更加分裂,诸侯的权势却更加增长,正如德国历史学家洛赫所说:“各邦诸侯,无论其邦土大小如何都一样地创立自己统治范围内的专制主义政权。”②这样,在跨进近代国家的门槛上,德意志一开始就发育不全:它有专制,却不能统一;它专制力量强大,统一的可能性却反而因此而更小。德意志民族国家被推迟两百年才最终出现,其落后的种子在三十年战争中就已经种了下来。

三十年战争后,奥地利皇帝失去了统一德意志的机会,越来越退回到他的家族领地上去,致力于构筑多民族的哈布斯堡君主国。但这样一个多民族的政治实体越巩固,皇帝就越不能涉足德意志的民族国家,因为君主国的多民族性是与统一德意志的民族目标相违背的,多民族的包袱使皇帝最终失去了统一德国的资格。这样,德国统一就必须由新权威来完成——但是,新权威在哪里呢?

---

① 贝洛夫:《专制主义时代》(Max Beloff, *The Age of Absolutism, 1660 -1815*), Humanities Press 1971 年版,第 104 页。

② 维纳·洛赫:《德国史》,生活·读书·新知三联书店 1959 年版,第 95 页。

我们知道，这个新权威后来出现在普鲁士。普鲁士起初只是德意志东北部一个边防马克（即要塞），后来成为勃兰登堡选帝侯领地。三十年战争中，选帝侯曾向瑞典国王请求中立，但瑞典国王说："中立是什么东西？我不懂什么叫中立。"[①]瑞典有一支13 000人的军队可以横行于德意志，勃兰登堡当然也会包括在内。这种情况使新继位的选帝侯腓特烈·威廉一世（1640—1688年在位）深受刺激，他决心按瑞典的模式建立常备军，靠军队的力量推行强权。1653年，选帝侯与庄园领主（即"容克"）达成协议，领主们取得向农民任意收取封建租役的权利，并主持庄园法庭，维持农奴制，选帝侯则在全国征收军事税，建立一支常备军。三年后，选帝侯手中掌握了一支18 000人的军队，这使他建立了邦国内的中央政权，开始实行专制统治。这样一来，普鲁士的专制就是典型的旧统治力量相互间的结盟了，具体地说，就是选帝侯与容克结盟。我们在德意志近代历史的早期一再看到旧统治力量之间的结盟，这种结盟从一开始就把德意志的新生力量扼杀在襁褓中，它对德国的命运造成致命的影响。

不过容克国家并不守旧，相反却乐意接受新事物，这对德国后来的发展至为重要。亨廷顿说：在现代化冲击下，传统的统治者认识到"传统的合法性现在较易引起责难，他们必须以良好的政绩证实自己的合法性"[②]。在世界范围内，普鲁士旧统治者最早认识到这

① 阿·米尔：《德意志皇帝列传》，东方出版社1995年版，第360页。
② 亨廷顿：《变动社会的政治秩序》，上海译文出版社1989年版，第168页。

一点，于是竭力想操纵历史的潮流。

操纵潮流的第一次努力是“开明专制”，其代表人物是腓特烈大王（1740—1786年在位）。在腓特烈时代，专制主义已濒临死亡，英国的专制已被推翻，法国则正在酝酿震惊世界的大革命。然而在德意志，专制君主的使命似乎还没有开始：没有专制王权，由谁来统一国家呢？历史学家赫夫顿说：开明专制为“被剥掉了君权神授观念的君主制度提供了新的理论基础……从而使它再度合理化”[①]。这种“新的理论基础”就是所谓“人民公仆”的理论。腓特烈大王说他是“普鲁士王国的第一仆人”，“国家的第一公仆”。但公仆的意志却必须是国家的绝对意志，公仆要主宰国家！“公仆”理论虽然只是为专制王权主张合理性，却受到德意志思想家的普遍欢迎，这些思想家据说是代表着新生的力量，包括康德和黑格尔在内，无不夸奖腓特烈的“英明”[②]。可见，“开明专制”让普鲁士的旧统治者安然度过了一次合法性危机，它居然让普鲁士的新生思想界为之欢呼！不过，“开明专制”仍旧是一种专制，它只是用新思想来支撑旧体制而已。这种乔装打扮的旧制度能够在德意志维持下去，的确是德意志旧统治势力的一大幸运！

但现代化的潮流使德意志旧统治者面临着更大的挑战，法国大革命给德意志带来巨大的冲击，拿破仑战争带给德意志无可估量的影响。随着法国大军的胜利挺进，西欧的政治制度、经济发展和意

---

① 赫夫顿：《1730—1789年的欧洲：特权与抗争》（Olwen Hufton, *Europe: Privilege and Protest 1730-1789*），格拉斯哥1980年版，第85页。

② 可参见黑格尔之《历史哲学》，康德之《什么是启蒙？》。

识形态如潮水般涌进德意志，使德意志经受着现代化的洗礼。面对生死挑战，普鲁士进行施泰因-哈登堡改革，这是又一次来自旧统治势力的主动变革，变革的结果是使旧势力再次掌握历史的主动权。当时，正如历史学家贝斯特所说："敏感的普鲁士人可能对激烈变革所取的方向有争议，但只有闭着眼睛的人才会不承认激烈变革的必要性。"[①]容克阶级显然看出了这一点，于是采取了主动变革。

既然改革由容克主导，那么就应该具有双重目标：一方面它应尽量改造旧的社会结构，使它向新社会靠拢；另一方面它必须保证容克的利益，其终极目标是使容克的统治更加巩固。这样一种看起来相互矛盾的目标后来居然是达到了，其做法是："解放"农奴，同时规定赎买政策，农民要割让 1/3—1/2 的土地给庄园主，才能赎出其余土地的使用权并赎免封建义务。这样，农奴虽然"自由"了，容克却仍旧是社会的主宰，他们通过土地占有而保留着对农民的治理权和司法权，并且通过农奴赎身取得了资金，今后便可以由他们来发展普鲁士的资本主义。对此，一位当代研究者说得很透彻："不是一场胜利的资产阶级革命给普鲁士的资本主义发展扫清了障碍，而是由古老的庄园主阶级或者说它的国家所操纵的改革给它做好了准备。"[②]

施泰因-哈登堡改革是普鲁士面对拿破仑冲击而发生的一次深刻的社会变革，它最充分地体现着所谓的"普鲁士道路"。由于德国

---

① 贝斯特：《革命欧洲的战争与社会，1770—1870 年》(Geoffrey Best, *War and Society in Revolutionary Europe, 1770－1870*)，萨福克 1982 年版，第 150 页。

② 卡尔·艾利希·博恩等：《德意志史》，第三卷，商务印书馆 1991 年版，第 503—504 页。

统一后来要由普鲁士完成，因此普鲁士道路对德国将产生深远影响。事实上，在德意志境内，各邦的反应多数是消极的，它们要么无所作为，要么顽固不化，普鲁士的变革是德意志境内最积极的事态，这让普鲁士占了历史潮流的上风。而普鲁士的变革是由旧社会力量主动推进的，这就为德意志的发展道路奠定了模式。

争夺现代化的领导权

历史发展到这一步已经可以看出：在近代德意志的每一个关键时刻，旧势力都在起主导作用，新力量似乎还没有出生，或者还没有登上历史舞台，拿破仑的冲击却使旧德意志一去不复返了：战争中，已存在一千年的神圣罗马帝国寿终正寝，原有的数百上千个大小邦国、帝国骑士领和帝国自由市合并成 38 个半独立的行政单位，德意志在统一的道路上迈进了一大步。更重要的是，战争中产生了德意志的民族主义，人们意识到：落后是由国家不统一造成的，于是，新的社会力量出现了，它以西方的民族主义和自由主义为旗帜，要求国家统一和政治自由。在它看来，自由和统一是不可分割的，但如果一定要做出孰先孰后的选择，那么按巴登自由主义政治家和思想家卡尔·冯·罗特克的说法："我宁要没有统一的自由，而不要没有自由的统一。"①这意味着新力量企图自下而上地改造德国，与迄今为止的德意志道路背道而驰。人们似乎很愿意尝试一下革命的方

① 博恩等：《德意志史》，第三卷，第 144 页。

法，这在拿破仑战争结束后的30年中，表现得越来越明显。

最后，革命果真出现了，1848年德意志爆发全面革命。革命需要完成两项任务，一是统一德国，二是推翻专制。用革命的方法解决德国问题就必须同时完成这两项任务，否则就一项也完成不了。革命从本质上说必须自下而上地进行，因此不推翻各邦国内的专制，就不可能实行革命的统一。然而遗憾的是，卷入革命的人似乎并没有意识到这一点，他们在整个革命过程中始终在期待着统治者的指引。莱茵区资产阶级领袖汉泽曼在革命前夕写给政府的一封信十分典型。他说："……我的希望，我的哀求，都寄托在我们尊贵的国王身上。靠他，靠霍亨索伦王朝，德意志才能……免于无政府状态之祸。"①在这种心态下，革命就很难进行到底。

不过更为遗憾的是，革命从一开始就分为两半。一半坐在法兰克福的国民议会中讨论"统一"，并最终把统一的帝国皇冠赠送给普鲁士国王。国王不领这个情，说他不能从贱民手中接过这顶"耻辱的皇冠"②。这使得法兰克福议会中资产阶级的"革命者"们茫然不知所措。尽管德意志西部工商业特别发达的地区发动过几次小规模起义，但终因全德意志不愿响应，统一的愿望也就因此而灰飞烟灭了。另一半在柏林和维也纳街头发动巷战，目的是推翻君主专制。两地（及其他一些地方）都流了血，并一度把王室赶出城外。但是，当革命取得这初步的胜利后，革命者就心安理得地坐进了由宫

---

① 洛赫：《德国史》，第174页。

② 帕桑特等：《德国简史》（E. J. Passant and others, *A Short History of Germany 1815–1945*），剑桥大学出版社1962年版，第35页。

廷授权召开的临时议会，并心甘情愿地等待宫廷打回来复辟。这样一种半心半意的革命在西欧国家是从来没有过的，德意志新生力量生来的软弱，在革命过程中暴露无遗。

这样，主动权又回到旧势力手中。在革命中，旧的社会力量以专制君主为核心，动用武力镇压了革命。但革命被镇压后，普鲁士却发生了戏剧性的一幕：国王颁布了一部钦定宪法，规定普鲁士成为“立宪的”国家！这在整个德意志都造成深刻的震撼：当时，多数邦国都废除了革命中制定的宪法，唯独普鲁士却颁布宪法，从而使全德意志都为之归心。自此后，德意志的自由主义者就心甘情愿地接受霍亨索伦家族的领导了，容克成了德意志自由主义的旗手！美国历史学家平森说：“1848 年革命失败后，人们普遍认为德国人天生是不适宜民主来统治，只有用强制性的纪律才能把全民族团聚在一起。”①这种心态其实是被一种阿 Q 式的自我安慰精神遮掩起来的——普鲁士不是得到宪法了吗？英明的统治者将引导人民走向未来！然而，恩格斯却对德意志的未来有过准确的预见，他说：革命的失败意味着“政治自由主义——资产阶级的统治……在德国永远不可能实现了”②。看来德意志的旧统治者又胜了一筹。

1960 年代初，自由主义与专制政府发生摊牌，触发事件是国王的“军事改革”。国王企图通过军事改革打击自由主义，于是资产阶级自由派就在议会否决政府的预算，企图切断“军事改革”的财源。

---

① 科佩尔 · S. 平森：《德国近现代史》，商务印书馆 1987 年版，第 560 页。

② 恩格斯：《德国的革命和反革命》，《马克思恩格斯选集》，第一卷，第 596 页。

当时，如果议会获胜，那么普鲁士就会像英国那样通过议会斗争，逐步向民主制度转化。威廉一世（1861—1888 年在位）显然意识到这种危险，因此他打算退位，说他“做不到按照议会中现在这个多数的意志来进行统治”[①]。正在这时，他的容克陆军大臣推荐另一位容克政治家、正在彼得堡任大使的俾斯麦回朝，拯救容克和容克的国家。

俾斯麦做的事其实很简单，就是：他要让容克来完成德意志统一的历史任务，从而让自由主义无立足之地。1848 年革命是由自由主义发动的，当时，它既想实行统一，又企图推翻专制。在革命中，这两项任务被不自觉地分开了，现在俾斯麦却要自觉地将它们分割开来。他说：“当今的大事不是靠决议和多数票来解决——那是人们在 1848 年和 1849 年的错误——当今的大事靠的是铁和血。”[②]这表明：他要用“铁和血”来解决德国的统一问题——那是“当今的大事”；而“决议”和“多数票”都是不可取的，那是一个应该纠正的“错误”。他曾说：“普鲁士王权尚未完成自己的使命，它还不够成熟，还不能当作你们宪法大厦的纯粹装饰品，还不能作为一个死的部件装入议会统治的机器中去。”[③]因此，专制制度还不能被消灭，它应该继续生存下去。为了证明专制制度的合理性，他甚至不惜借助“君权神授”的过时理论，说普鲁士国王“不是由人民而是由上帝的恩赐而掌握了实际上不受限制的王权”[④]。总之，俾斯麦设计的德意志未来

---

① 哈默罗编：《俾斯麦回忆录》，（*Otto Bismarck*, *Reflections and Reminiscences*, ed. by Theodore S. Hamerow），纽约 1968 年版，第 105 页。

② 帕桑特等：《德国简史》，第 46 页。

③ 艾伦 · 帕麦尔：《俾斯麦传》，商务印书馆 1982 年版，第 100 页。

④ 恩斯特 · 恩格尔贝格：《俾斯麦》，上册，世界知识出版社 1992 年版，第 229 页。

是:由普鲁士王权统一德国,由容克地主统治德意志。

这个任务是靠“铁和血”完成的,不过铁和血意味着对外的战争。从他上台那一刻起,他就置议会的反对于不顾,而强行征收“军事改革”税。一年多以后,他就可以凭借一支重组的军队去发动对外战争了,他先后打败了丹麦、奥地利和法国。在对外战争中,他让普鲁士的容克阶级充当德意志民族主义的先锋,从而成为无可争议的民族领导者。战争的胜利不仅剥夺了自由主义反对王朝的借口,而且使一切德意志邦国都不得不聚集到普鲁士的旗帜下,向德意志的敌人共同开战。1871 年 1 月,在打败法国仅几个月之后,俾斯麦就陪同威廉一世前往法国巴黎凡尔赛宫,从其他德意志邦君手中接过皇冠,建立起统一的德意志帝国。

其实早在此之前,德意志的自由主义就彻底投降了。普奥战争胜利后,资产者就已经对俾斯麦佩服得五体投地。一位曾经激烈地批评政府、反对国王的自由派人士博姆加尔腾 1866 年在《普鲁士年鉴》上发表长文向俾斯麦认错:“我们曾以为用我们的鼓动可以改造德国,但我们所见识的惊人事件教育我们这种前提是多么脆弱……事实证明我们的政体构想(民主方案——引注)几乎全都是错的……我们的原则(民主制度——引注)若胜利会给我们带来灾难,我们的原则失败了反给我们带来无穷的解救……”[①]后来负责编纂国家法典的戈特利普・普朗克在 1866 年 7 月说:“我心中极其难以

① 科恩:《自由主义投降了》(Hans Kohn, *Liberalism Surrenders*),载哈默罗编:《奥托・冯・俾斯麦:历史评价》(Theodore S. Hamerow, *Otto Von Bismarck, A Historical Assesment*),波士顿 1962 年版,第 34 页。

置信的是，普鲁士在容克的治理之下取得了胜利，在胜利之后自动地获得了自由主义的政府……”巴伐利亚自由党领袖布拉特说：“专制主义”能执行“我们为自由主义提出的”纲领。另一位自由党领袖济贝尔则说：“谁给俾斯麦伯爵推动德意志的事业制造困难，谁就不是为自由和议会制的宪法事业，而是完全为德意志和欧洲封建的和正统主义的党派效劳。”[①]1866 年 9 月 3 日，在打败奥地利仅一个月之后，德意志自由主义就集体向容克投降，这一天，议会通过“豁免法案”，“豁免”了俾斯麦在“宪法危机”期间未经议会同意就开征军事税的“过错”，实际上是认可俾斯麦的独断专行，从而把国家事务完全交给容克阶级去处理。在争夺现代国家领导权的斗争中，旧统治力量取得了决定性的胜利。

但俾斯麦不仅让容克领导了德意志的统一，还全面推进资本主义发展，使德国向现代国家迅速迈进。德国统一后，他立刻建立统一的市场、统一的关税、统一的货币制度、统一的司法制度等等，扫除经济发展的障碍。他还保证自由贸易、自由经商、自由的经济活动和自由开办工商企业。在容克领导下，一个“自由资本主义”制度似乎已经建立起来，无怪乎资产者感到万事大吉，于是宣布：“公民们生来是干活的，而不是去当政治家！”[②]

对工人来说，俾斯麦把帝国打扮成劳动者的祖国。从 1871 年起，帝国议会就开始制定社会立法，给工人提供社会保障。以后十

① 恩格尔贝格：《俾斯麦》，上册，第 572—573 页。
② 科恩：《自由主义投降了》，见哈默罗编：《奥托・冯・俾斯麦：历史评价》，第 33 页。

年中，国家不断提出各种措施，保护妇女、儿童、失业和工伤事故等等；到1881年，皇帝公布“大保险法”，对工人实行全面的社会保护。这使得德国成为世界上第一个实施社会保障的国家，比英国、法国都早了许多。这种政策对德国工人的影响是深刻的：早在1863年，全德国工人协会领袖拉萨尔就写信给俾斯麦，说德国工人“本能地倾向于独裁制度”，“愿意拥戴国王为社会统治的天然工具”；他希望国王能采取“一种真正革命的国家政策，把国王自身从特权阶级的君主专制变成革命人民的社会君主专制”[①]。当时正是普鲁士资产者为军事改革问题与俾斯麦闹得不可开交之时，以拉萨尔为代表的“工人领袖”们其实比资产者更早认同了容克的国家。对此，马克思曾愤怒地写下《哥达纲领批判》，批评拉萨尔主义“同专制主义者和封建主义者这些敌人结成的反资产阶级联盟”[②]。

总之，容克在俾斯麦的领导下创造了一个神话的帝国。它在资产者眼中是自由主义的，在工人眼中是社会主义的，在许多德国人眼中是民族主义和立宪主义的，但实际上它只是容克地主的军国主义国家，专制是它的本质。这以后，德国经济全速发展，很快超过法国，又超过英国，与另一个后起之秀美国并驾齐驱。德国的崛起似乎证明德意志道路是正确的，俾斯麦构筑了一个帝国的大厦，在这个大厦中，“自由”和“进步”已成为现实。但这个大厦却是这样运作的：帝国服从普鲁士，普鲁士服从皇帝，皇帝和容

① 丁建弘、李霞：《普鲁士精神和文化》，浙江人民出版社1993年版，第364页。

② 马克思：《哥达纲领批判》，《马克思恩格斯选集》，第三卷，第14页。

克结成坚强的同盟，构成了整座大厦的基础。旧统治力量在帝国的庇护下保存下来了，非但如此，它还掌握着现代化的领导权。由腓特烈大王开辟的德意志现代化道路，到俾斯麦手上可说是彻底完成了。

错位的代价

至此为止，我们已经看到德国现代化过程中发生了领导者错位，应该领导现代化的力量消失在幕后，旧社会的体现者却控制着前台，他们领导现代化，是为了避免与旧社会一同消亡。但错位会付出什么代价呢？德国的经历又是最好的说明。

1888年威廉一世去世，他的继承人威廉二世（1888—1918年在位）容不得别人分享权力，于是就把俾斯麦赶下了台。俾斯麦在设计帝国大厦时，本应该估计到这一点的。

俾斯麦虽是容克代言人，却是位有远见的政治家，他曾为帝国规定了“小德意志”界限，即帝国必须把奥地利排除在外。他知道容克力量有限，统治一个“小德意志”已经勉为其难，如若再向奥地利扩张，帝国的根基就会动摇。但是这里有一个死结：容克何以迄至此时始终能控制着德意志的领导权？这是因为它一直以德意志民族主义的旗手自居。然而若奥地利（它从来就是德意志民族的组成部分，而且长期是德意志民族的心脏）游离在德意志之外，德意志民族主义又从何谈起？因此，俾斯麦的帝国徘徊于两难之间：要么它的社会基础（容克阶级）失去领导德意志的资格，要么它突破“小德意志”界限，从而使容克无力控制局面。威廉二世选择了后者，他是一个夸大狂，不仅要“东进”到奥地利，而且要执行“世界政策”。其实，哪怕没有威廉二世，这个“大”“小”德意志的死结也是很难解开的。俾斯麦帝国要么从内部坍塌，要么向外部扩张。容克走上发动战争的道路，几乎是它必然的历史逻辑。

于是，第一次世界大战爆发了，德国在战争中彻底失败。这时，人们本应该清醒过来，认识到在旧势力领导下德国已经走上歧途。从表面上看，德国似乎已认识到这一点：1918 年 11 月，德国爆发革命，帝国被推翻了，建立了共和国，新的社会力量组成共和国政府，而且，居然是社会民主党——“工人阶级”的政党——走上了政治前台！

但再仔细推敲一下，问题就出来了：十一月革命严格说来并不是真正的“革命”，它只是在德国战败的特殊条件下，当军队被困在战场上而战胜国又不肯承认皇帝的权威时，由真空状态造成的事变。军队本来可以轻易镇压“革命”的，因为革命事实上并没有武装。但军队却采取了另一种做法：它与艾伯特、谢德曼领导的社会民主党多数派达成协议，由军队负责治安，他们则保证维护军官团即容克大本营的地位与特权。在这样一个妥协中，军队支持了“共和国”，不过按德国现代史学家埃尔德曼的说法，这是个“没有共和派的共和国”[①]。它虽然有完美的宪法，但每次选举都把一个更保守的政治派别选到前台，最后把希特勒“合法地”选上权力的宝座。它

① 卡尔·迪特利希·埃尔德曼：《德意志史》，第四卷，商务印书馆 1986 年版，第 314 页。

虽然有“民主”的议会，但各种党派总是在议会中争吵不休，结果使任何政府事实上都无法生存。它的“权力平衡”使一切权力都无法行使，最后不得不靠总统的命令来统治国家，从而为个人独裁开辟了道路。其实，这个共和国只是一种“共和缺位”，是两个帝国之间的过渡时期。社会民主党接管共和国是做了一件最蠢的事：它代表德国签订了战败和约，从此，共和国便和耻辱挂上了钩，帝国反倒变成民族光荣的象征了！旧势力在帝国的梦呓中被保留下来，兴登堡元帅终于成为第二任总统。最后，正是这个容克阶级的总代表、帝国军官团的最高统帅，把共和国交到希特勒手上，让他去创造第三帝国。

希特勒执行的是旧帝国的政策，这一点现在看应该是清楚的；希特勒是在为旧帝国复仇，这一点应该说更加清楚；连希特勒的旗帜都是旧帝国的旗帜——红、白、黑三色，而不是共和国的金、红、黑。希特勒是旧帝国在变态中的继承人，这样说似乎并不为过。然而旧帝国的容克到哪里去了呢？他们怎么会让一个前维也纳街头的流浪汉来做他们的最高领袖？容克们仍然控制着军官团，占据着德国上层的显要位置。但他们不仅接受希特勒的指挥，而且毫无怨言地追随他向全人类开战——这是容克的悲剧，也是容克精神的真正堕落。这说明：容克对国家的领导权再也不能维持下去了，旧统治者已失去了领导国家的信心，也失去了领导国家的合理性。然而被旧统治者捧出来的继承人只是一群社会渣滓，历史的错位到这时就发挥得淋漓尽致了。

汉斯·科恩说得好：“普鲁士在1860年代的胜利……为1918和

1945 年的失败打下了基础。”[①]1860 年代，普鲁士在容克领导下大获全胜；1918 年，容克的失败终酿成大祸。如果在 1918 年德国就彻底埋葬旧势力，1945 年的灾难也就不会再出现了。人们回顾德国的经历，只能得出这样的结论，即：不能让旧势力掌握现代化的领导权。旧势力终究是旧势力，他们与新社会不会相容。他们总有一天要和新社会分道扬镳的，而这一天到来之时，就是国家的灾难降临之日。

在世界现代化进程中，像德国这样走上歧途的国家，其实并不止一个，这正是德国的教训值得注意的意义所在。

① 科恩：《自由主义投降了》，载哈默罗编：《奥托·冯·俾斯麦：历史的评价》，第 35 页。

第四章　枪尖下的政治

拉丁美洲的经历

现代化中的军人干政

在现代化过程中，后发展国家相当普遍地存在着一个现象，即军人干预政权。军人干预政权在全世界各个角落几乎无处不在，这使人们感觉到：军人干政似乎是现代化进程中的一个必然现象。但问题是：军人干政在什么条件下才会发生？它对现代化产生什么影响？

从历史上看，现代军队是现代国家的伴生物，其形成的方式与现代国家形成的方式是一致的。在由革命形成的国家中，军队也是革命的产物，革命造就了一支军队，革命的胜利有赖于这支军队的胜利。因此，军队从一开始就发挥重大作用，如法国、苏俄等革命国家。在通过武装斗争取得独立的国家中，军队也扮演了类似的角色，独立战争锻造了一支民族的军队，这在许多亚非拉国家中都表现得很清楚。有一些国家是经由原来的社会上层改造成“现代”国家的，因此旧统治阶级在创建新的民族国家时也建立了一支“国家的”军队，这支军队是旧秩序的保卫者，它保证由上层发动的“现代化”不受到挑战。霍亨索伦时期的普鲁士军队就是这样，其他的例子也可以举出不少。还有些国家的军队是拼凑而成的，比如在一些未经过努力而突然独立的国家中，原来的部落兵或地方兵拼凑成一支“国家军”，这种军队往往本身就是动荡的根源，它们经常互相厮杀，与它们的国家一样，这些军队离现代化的标准还很远。

乍看之下，军队的起源似乎影响着军队的作用：在那些由革命形成的国家或靠武装斗争取得独立的国家中，军队是否更容易干预政权？但历史事实告诉我们：情况未见得如此。很多革命国家并没有出现军人政权，武装斗争获取独立也不一定意味着军队一定高于一切。军人掌权在任何历史背景中都可能出现，军队如何形成并不影响它后来是否干预政权。因此，军队干预政权的原因应该在其他方面找。

事实上，这个问题涉及现代国家的一个本性，即现代国家要求有统一的权威。现代国家就其本性来说是统一的民族国家①，没有统一的权威就谈不上是现代国家。权威的具体形式可以不同，例如君主、议会或其他形式，比如政党等等，但无论何种形式它都必须以国家的代理人自居，而且这种自居应得到社会的普遍认同。统一的、公认的权威是现代国家存在的前提，不存在权威就谈不上现

① 参见盖尔纳：《民族与民族主义》(Ernest Gellner, *Nations and Nationalism*)，牛津 1983 年版。

代化。

从另一方面说，由于军队是暴力集团，它就必须置于某个权威的控制之下，没有这种控制，暴力就会肆虐，社会就会因此成为无政府状态。在现代国家中，这个权威只能是统一的国家，不服从国家的权威就不会是现代的军队。

然而万一出现这种情况，即国家失去统一的权威，或权威的更替缺乏制度化操作时，情况会如何呢？在这种情况下，无非存在两种可能：一是国家崩溃，社会混乱，各种政治力量争夺权威的真空；二是军队直接掌管政权，形成以暴力为基础的权威。这两种情况都把军队送上前台，军队的重要性极大地提高。出现这种情况后，军队与国家的关系就发生反转，军队不再执行国家的意志，相反把自己的意志强加给国家。军队不再仅仅是一支武装力量，它同时也是一支政治力量，它与其他政治力量一样，致力于争夺国家政权。在这种情况下，军队被政治化了，干预政治成了它的日常职能。它已不再是一个专业化的社会分工集团，单纯地执行保卫国家的职责；它现在也是一个有组织的政治集团，其职能等同于一个政党，或政治化的其他任何团体——也就是说，军人干预政权。

军人干政是一个反常现象，因为它倒置了国家与军队的关系。但军人干政又有其内在的合理性，否则就不会有那么多国家出现军人干政。应该看到：军人干政一般在不发达的社会中出现，不发达国家在现代化的某个阶段上往往都有可能出现军人干政。亨廷顿说：军人干政是“不发达社会的广泛现象中的一个具体表现，即社会力量和社会体制普遍政治化的一个具体表现”。在这种社会中，一切职业集团都可能政治化，比如学生政治化，工会政治化，僧侣政治化，政府职员政治化等等。[①] 但是，军队与其他政治集团相比，其不同之处在于军队掌握着公开的暴力，因此军队一旦干预，其他政治集团都只能让路。

国家为什么会出现军人干政？军人干政会有什么后果？下面将以拉丁美洲为例，作具体探讨。

谈到拉丁美洲，有一个明显的现象不应该忘记，即拉丁美洲是继英属北美殖民地之后，全世界最早摆脱殖民统治的地区。但两个世纪过去了，当年的英属北美殖民地——现在的美国——已经是世界上最发达的国家，拉丁美洲却仍旧在发展中挣扎，似乎怎么也跳不出“欠发达”的泥潭。不应该忘记，在独立前，西班牙美洲殖民地明显比英国北美殖民地富裕，对欧洲人也有更大的吸引力。从独立时的社会经济状况及资源条件看，它的发展潜力也比北美新独立的国家强。由此可见，独立并没有为现代化提供充分的发展条件，拉丁美洲在独立中及独立后的一段时间里已经蕴含着后来发展的障碍。有些学者把不发达归咎于世界资本主义经济体系的构成，归咎于“中心”对“边缘”的剥夺。[②] 但拉丁美洲的情况却说明：它自身的因素也形成对现代化发展的强大阻力。这些阻力也许不只一端，但

---

① 亨廷顿：《变动社会的政治秩序》，第 213 页。

② 参见保罗·巴兰：《增长的政治经济学》(Paul Baran, *The Political Economy of Growth*)；安德烈·弗兰克：《资本主义与拉丁美洲的欠发达》(Andre G. Frank, *Capitalism and Underdevelopment in Latin America*)；沃勒斯坦：《现代世界体系：16 世纪的资本主义农业与欧洲世界经济的起源》(Immanuel Wallerstein, The *Modern World System*, *Capitalist Agricalture and the Origins of European World Economy in the Sixteenth Century*)等。

军人干政——拉丁美洲政治生活中最突出的现象——明显起着不可忽视的作用。

动荡的美洲南大陆

首先看看这些数字。

据统计：在拉丁美洲独立后的近 150 年时间里，总共发生过不下 550 次军事政变，"还不包括未遂事件"①。如果这个统计无误，那就意味着在当时 20 个独立的拉丁美洲国家中，平均每个国家发生过近 30 次成功的军事政变，每隔五六年就要发生一次。

在其中有些国家，军事政变的频率远比平均数高得多，比如墨西哥在 19 世纪不到 100 年的时间里出现过 72 个执政者，其中 60 个靠暴力上台。玻利维亚在 1825—1952 年的 127 年中发生过 179 次政变，平均每两年更换三次政府，最频繁时是两天出现三个总统。②

独立后 150 年中，拉美国家制定过大约 180 部宪法，其中多数是 1850 年以前制定的。委内瑞拉在这方面创最高纪录，它从 1811 年以来颁布过 22 部宪法。③ 厄瓜多尔在 115 年中也颁布过 16 部宪法，平均每 8 年就有一部新宪法。宪法在拉美国家生活中其实不起约束作用，它充其量也只是靠武力夺取政权的新政客的"私人宣言

---

① 米尔斯基：《"第三世界"：社会、政权和军队》，商务印书馆 1980 年版，第 305 页。

② 胡世建编著：《拉丁美洲——历史与现状》，旅游教育出版社 1994 年版，第 48 页。

③ E. 布拉德福德・伯恩斯：《简明拉丁美洲史》，湖南教育出版社 1989 年版，第 132 页。

书","从来不要求认真执行"①。

到20世纪,政治动荡的幅度并不亚于19世纪,有学者统计,在1923—1966年的40多年中,拉丁美洲出现过350次以上的"非宪法夺权行动",其中海地发生过58次政变,多米尼加56次,厄瓜多尔54次,秘鲁54次,玻利维亚52次,萨尔瓦多42次,巴拉圭42次,危地马拉42次。② 进入60年代,整个拉美政变成风,到70年代中叶,不包括古巴在内,所有拉丁美洲国家都建立了清一色的军人政府,无一例外。

因此有人说,在拉丁美洲,"如果军队不亲自管理,那么也要由它决定谁来管理"③。一位美国学者则这样说:"军人政治——由军人控制或接管文官政权——是拉丁美洲的一种通病。"④的确,军队干预政治是拉丁美洲社会最典型的特征之一,军事政变则是拉美政治生活中最常见的现象。军队在拉丁美洲起一种非常特殊的作用,世界上没有哪个地区会像拉丁美洲这样,出现了那么多的军事政变并经历过那么长的军人统治,因而蒙受了那么多的动荡和苦难,而且迄今为止仍时常感受到军人干政的阴影。什么原因造成拉丁美洲这样一种悲剧性的命运?这不得不从它的历史中寻找根源。

在拉丁美洲历史上,暴力的比重实在太大,从哥伦布发现新大

---

① 坦南鲍姆:《拉丁美洲精要十题》(Frank Tannenbaum, *Ten Keys to Latin America*),纽约1962年版,第147页。

② 邓肯:《拉丁美洲政治》(W. Raymond Duncan, *Latin American Politics*),纽约1976年版,第202页。

③ 米尔斯基:《"第三世界":社会、政权和军队》,第305页。

④ 邓肯:《拉丁美洲政治》,第201页。

陆起，欧洲人就对美洲南部进行武力征服，在大约一个世纪时间里，原有的土著印第安人大量被消灭，在有些地区，比如加勒比海一些岛屿上，几十万印第安人一个也没有剩下，不得不从非洲运来黑奴填补空缺。在印第安人古老文明的故土，比如墨西哥和秘鲁，原有的文明消失了，人口剧减90%以上。征服留下带血的记忆，暴力从一开始就渗透在拉丁美洲殖民地的肌肤里。有些学者指出：西班牙文化传统中有很强的尚武精神，伊比利亚半岛人（即西班牙和葡萄牙人）经过700年的“收复失地”战争才把阿拉伯人赶出半岛，因而军人在社会中具有很高的声望与地位。对美洲的征服又加强了这种传统。[①] ——不幸的是，西班牙人开始进入美洲殖民时，其收复家园的战争才刚刚结束不久，因此尚武精神相当浓厚。

在这里我们要强调的是：征服留下了一个复杂的社会。首先是人种复杂，长期的征服活动造成一个复杂的人种金字塔，在顶端的是征服者自己，即来自西班牙和葡萄牙的“半岛人”。低一等的是殖民地出生的土生白人，他们不可以担任高级官员，然而却控制着殖民地的地方社会，是地方上的豪强劣绅。再往下是欧印混血人，这些人在西班牙美洲数量庞大，在许多地方占人口多数，但他们既不被西班牙文化所认可，又不是印第安文化的继承人，他们是一种文化上的“弃儿”，在殖民时期备受欺辱，心态十分复杂。与之相似的是黑白混血人，其地位比欧印混血人更低。再往下还有纯粹的有色

① 斯托克斯：《拉丁美洲政治》（William F. Stokes, *Latin American Politics*），纽约1959年版，第106页起。

人种，包括印第安人和黑人。这样一个人种复杂的社会必然蕴含着复杂的文化内涵，人种的区别和文化的区别因此纠缠在一起，而且与社会阶层之划分交叉重叠。于是，人种、文化、社会地位、经济状况、政治权利等等所有差异都搅成一团，在拉美殖民地社会留下了一道道裂痕。

除这种社会的分割之外，又加上地域的分割，拉丁美洲社会更加分裂。美洲南部地形复杂，有太多的地理障碍，中美洲中央就有两道山脊，把狭长的地域分成大西洋沿岸和太平洋沿岸两部分。南美洲安第斯山脉纵贯南北，山势险峻，把居民点包围在一个个海拔 2 000—4 000 米高的山谷盆地中。亚马孙河流域宽广近 500 万平方公里，至今仍是人迹罕至的原始热带雨林。沙漠形成第三大障碍，使本来就复杂的地形变得更加复杂。由于地形复杂，交通就十分不便，南美洲主要河流大多无法通航，陆路交通又十分有限，直至 20 世纪 50 年代末，秘鲁仍有 30 个省城无公路与外界连通，运输工具从骡车、马背直至肩担手挑一应俱有。在这种情况下，居民的分裂状态就可想而知了。一位英国地理学家在 60 年代写的书中还这样说：拉美的居民实际上分裂成“一连串的群落，如大海隔开的岛屿，被其实是无人居住的森林与荒漠分割开”①。事实上，拉美多数人口居住在环大陆一圈的城市、集镇中，其中大多数集镇人口少于 400 人。内地则是一些极分散的居民点，庄园是其活动的中心。大庄园可以是数十万甚至上百万英亩的大牧场，牧场上的工人寥寥无几。在这样一

① 转引自邓肯：《拉丁美洲政治》，第 78 页。

种地理环境中，地方主义是显而易见的后果，而且这种地方主义极其狭隘。虽说拉丁美洲有共同的语言文化背景，但共性是想象中的，事实上并不存在。弥散于拉丁美洲的是地方文化、地方特性、地方生活方式和地方认同感，它所造成的政治后果就是——它很难形成统一的政治权威。正如一位波多黎各总督所说：拉丁美洲“要么是独裁，要么是混乱”①。

殖民时期西班牙的统治提供了一种强制性的权威。西班牙是一个专制国家，专制传统由宗主国传给殖民地，因此尽管西班牙美洲殖民地是一个在广大地域上建立起来的彼此间并没有太多联系的庞杂实体，但由于各殖民地都服从西班牙的统治，所以至少能维持着表面上的平静。19 世纪初的殖民地独立运动打破了这种平静，各地都不再服从西班牙的统治。拉丁美洲内在的矛盾立刻就暴露无遗：作为一个高度涣散的社会，它需要高度集中的权威，但高度集中的权威在高度分裂的环境下根本就无法存在。拉丁美洲独立运动因此未能提供必要的权威，拉美社会于是立刻就瓦解了。

我们不妨把拉丁美洲的独立和美国的独立作一番比较，从中可以看出不同。北美独立运动开始时，英国已是君主立宪制国家，议会掌管国家政权，权力分散在各个层面上。表现在殖民地，就是殖民地也和母国一样，有民意代表机关，因此开始产生了自治传统。独立运动开始后，英国的权威被否定了，代表机关立刻递补上来；“人民主权”这种思想本来就隐含在英国的制度中，而它的执行机构

① 引自徐文渊主编：《走向 21 世纪的拉丁美洲》，人民出版社 1993 年版，第 73 页。

又是现成的，即各殖民地议会。于是，很快就召开了各殖民地都参加的大陆会议，而大陆会议也立刻成为所有殖民地都承认的最高权威。因此在美国独立战争中没有出现权威失落的现象，相反由于一切权力转归由民选产生的代表会议，独立运动同时也就成为一场静悄悄的政治革命，最终使“人民主权”这个思想第一次在政治实践中体现出来。人民（通过代表会议）行使主权，建立起形式崭新的国家。事实上，在独立战争中，大陆会议指导战争，组建军队，任命高级指挥官，征收战争税款，召募兵员，开展外交活动，俨然是各殖民地的最高同盟政府；最后，大陆会议制定宪法，宣布了新国家的诞生。① 在这个过程中，人民主权得以确立，正如美国联邦宪法开宗明义所说：“我们，合众国的人民……为我们自己和我们的后代争取自由幸福，因而给美利坚合众国制定和确立这套宪法。”②

拉丁美洲的独立运动却不是这样。它不是一次人民的革命，而是一次军队的“解放”。由于拉美殖民地根深蒂固的分裂，人民革命很难发动起来，于是只好靠军队来“解放”人民。具体的过程是：圣马丁率领一支军队从阿根廷进入智利，再从智利挺进秘鲁；玻利瓦尔领导另一支军队先解放委内瑞拉、哥伦比亚，然后打进秘鲁，最终铲除西班牙残余势力。在整个过程中人民的被动状态使“人民主权”不可能出现，于是军队这种最显而易见的暴力权威就取代了西

① 以上情况可参见 R. C. 西蒙斯：《美国早期史——从殖民地建立到独立》，商务印书馆 1994 年版，第 6、12、13 章。

② 引自美国大使馆文化处编译：《美国政府简介》，美国驻华大使馆新闻文化处 1982 年修订版，第 2 页。

班牙君主的权威，成为主宰一切的力量。关于这一点，“解放者”玻利瓦尔早就有所预料。还在 1815 年，独立战争刚刚开始时，他就从国外对他的祖国说：“我们的同胞不具备我们北美兄弟所著称的那种能力与政治品德，完全的民众制度不会给我们带来好处……而只会把我们推向倒台。”[①]他因此主张在南美建立总统终身制（也就是独裁），以避免“解放”后的国家陷入无政府状态。

然而现实比玻利瓦尔估计的还要糟得多。在拉丁美洲独立战争中，军队成为权力的中心。军队打仗，解放国土，组建地方政府，指派自己的军官担任各地长官，征收军税，征募士兵，从军事到民政的一切事务都由军队做决定，军队就是政府，军令就是法令，独立的拉丁美洲从一开始就被置于军人掌管之下，军官的意志统治国家。然而遗憾的是，军内也未能形成真正的权威，社会的分裂太深刻了，以至于任何人都无法建立超出于狭隘的地域利益之上的权威。军队内部派系林立，军官互斗，军人们没有政治理想，他们很快就以争夺权力为能事，毫无政治原则。美国学者坦南鲍姆说：拉丁美洲独立“不是一个有中央指导机构的有组织的运动，它没有大陆会议，没有单一的公认领袖如华盛顿，它没有可以向运动提供经费或召募军队的代理机关，大陆的每一个部分都各自为战，没有中央指导，没有受承认的中央领导层，也没有大家都接受的政治理论”[②]。

---

① 西蒙・玻利瓦尔：《牙买加来信》（1815 年），载利斯夫妇主编：《拉丁美洲史上的人、国家和社会》（Sheldon B. Liss & Peggy K. Liss, *Man, State and Society in Latin American History*），伦敦（无出版日期），第 158 页。

② 坦南鲍姆：《拉丁美洲精要十题》，第 69—70 页。

从某种意义上说，拉丁美洲独立运动是一个超前的运动，人民并没有做好独立的心理准备，拿破仑对西班牙的入侵及扣押西班牙国王触发了拉丁美洲的独立情绪：由于不愿服从拿破仑，拉丁美洲才打算独立。但西班牙的权威一旦解除，权力的真空状态就立即出现。西班牙国王本来是西属拉丁美洲殖民地唯一公认的权威，一旦这个权威丧失，一切权威也就全都没有了。于是军队递补进来，“解放”了拉丁美洲，而它也立刻变成动荡的根源。权威的丧失在军队中表现为将领之间互相不买账，即使是独立运动的领袖也控制不了内讧四起的局面。对此，独立运动的最高领导人其实已经意识到了。“秘鲁护国公”圣马丁留给这个国家的最后一个忠告是：“一位幸运的军人……执政，对重新建立的国家是可怕的。”①“解放者”玻利瓦尔在为他的国家奋战了20年之后失望地说：拉丁美洲是“难以统治的”②，“一千次动乱就必定会引起一千次篡权”③。他预言：“将有许多暴君从我的坟墓上崛起……把内战打得血流成河。”④

预言很快成为现实，老一代领导人还在掌权，将军们就开始了夺权行动。圣马丁不在秘鲁，秘鲁立刻发生军事政变；他虽然平定了这次叛乱，但这已足以使他心碎。他回到智利，智利又发生推翻奥希金斯将军的政变。他回到家乡阿根廷，阿根廷正忙于打内战。

---

① 巴特洛梅·米特雷：《圣马丁传》，新华出版社1991年版，第337页。
② 托马斯·E.斯基德莫尔、彼得·H.史密斯：《现代拉丁美洲》，世界知识出版社1996年版，第40页。
③ 奥古斯托·米哈雷斯：《解放者玻利瓦尔》，中国对外翻译出版公司1984年版，第604页。
④ J.L.萨尔塞多-巴斯塔多：《博利瓦尔：一个大陆和一种前途》，商务印书馆1983年版，第260页。

他于是踏上了去欧洲的流亡之路，在悲愤与贫苦中了其余生。玻利瓦尔完成了拉丁美洲的解放事业，却面对着自己将领们的众叛亲离：派斯在委内瑞拉自立山头，桑坦德在哥伦比亚发动政变，并策划了刺杀玻利瓦尔的行动。玻利瓦尔被迫实行独裁统治却又在良心的驱使下自动放弃权力，随后走上了自我流亡的路途。不久后，这位独立运动最著名的领导人在47岁的英年之时就客死他乡。他最能干也是最有理想的将领苏克雷元帅在治理玻利维亚时被政变推翻，不久后又死于非命：他被背信弃义的部下暗杀了。

既然独立战争的最高统帅都阻止不了阴谋与政变，那么拉丁美洲的前途就必然很暗淡了。随着早期这批理想主义的领导人退出舞台，拉丁美洲的政坛就留给了独立战争中那批二流的将领：他们各占一方，专横跋扈，靠军队实行强暴的统治，彼此间又互不服气，互相讨伐。这样，拉丁美洲就彻底肢解了，权威丧失造成了社会的根本瓦解，将军们靠武力上台，然后又被有武力的其他人赶下台。一个武夫就独霸一方，对来自其他方面的任何命令不予理睬。这些人就是拉丁美洲历史上声名狼藉的“考迪罗”，按《剑桥拉丁美洲史》作者的说法，“考迪罗是使用暴力或暴力威胁来达到政治目的的人”，“他们发动他们的追随者向法定的权威挑战，或者通过暴力或暴力威胁攫取权力”①。考迪罗给国家带来无穷的灾难，军人统治的模式也因此在拉丁美洲固定下来。假如当初拉美殖民地也能像北

① 莱斯利·贝瑟尔主编：《剑桥拉丁美洲史》，第3卷，社会科学文献出版社1994年版，第373页。

美那样形成人民代表会议的权威，那么拉丁美洲也会和北美一样顺利向现代化强国方向发展；但人民的权威在拉丁美洲是不可想象的，于是就造成了独立后一切法定权威全部丧失的局面。坦南鲍姆说：拉丁美洲独立，“摧毁了合法的政治权力而没有提出同样也合法的替代物。独立战争结束后，没有人知道政治权力在哪里，谁是西班牙国王合法的继承人——谁来继承他的权威、他的影响、他的威望，还有他近乎神圣的性质？谁是人民意志的体现者，谁是穷人的卫士、正义的源泉？……拉丁美洲人把象征着合法政治权力的东西全都丢掉了，这个真空直至今日都还没有填补上”[①]。拉丁美洲的悲剧说明：权威在任何时候都是不能丧失的；对于新摆脱殖民统治（或新推翻专制统治）的国家来说，人民的权威应该立刻就递补上！

在枪尖下徘徊

这样，独立的拉丁美洲从一开始就处在刺刀的摆布下，国家的命运全靠军人来支配。拉丁美洲独立时，它是个完全的农业社会，政治方面继承着宗主国的专制传统，社会方面沿袭宗主国的等级结构，大地产是殖民地社会的基础，以庄园为基础形成的社会金字塔，俨然是欧洲封建社会的一个翻版。独立战争没有改变这种状态，它只是土生白人向半岛人夺权，除此以外没有发生任何变化。[②] 拉丁

① 坦南鲍姆：《拉丁美洲精要十题》，第 146 页。

② 邓肯：《拉丁美洲政治》，第 17、18 页。

美洲现代化就是在这种情况下起步的，军队在这个过程中扮演了特殊的角色。一方面，它确实在许多场合担当着变革的触媒；另一方面，它又不时阻碍社会进步，担任着旧社会秩序的卫护士。

从好的方面说：在像拉丁美洲这样内部极其涣散的社会，军队起了民族锻造工的角色。拉美社会在独立战争中并没有形成民族，这是它在独立后找不到共同的认同目标的原因所在。社会的混乱把军队推到前台，由它来铸造国家共同体。军官虽说争权不已，军队则用来作权威的象征。军人独裁从本质上说是强权主义的，它力图树立一个人人都必须服从的权力标志。所以拉美国家的中央权力中心就是在一连串的军人夺权中建立起来的，这种权力中心的出现，就标志着民族认同的开端。比如秘鲁，在经过独立后初期的一系列混战后，卡斯蒂利亚夺取政权(1844 年)，这以后进入一个相对稳定的时期。虽说政变在秘鲁政坛上仍旧持续不断，但民族的认同至此就算是基本形成。阿根廷的情况更加典型：独立初每个省都自行其是，有的还宣布自己是独立的“共和国”。但到 1829 年罗萨斯掌握政权后，中央的权力终于确立起来，罗萨斯一直统治到 1852 年，一个统一的阿根廷就不会再消失了。1829 年玻塔莱斯在智利掌权，标志着智利的中央政府也确立了权威，玻塔莱斯在 1833 年颁布的宪法一直实行到 1891 年，以后略作修改又沿用到 1925 年。所有这些掌权者都是标准的“考迪罗”，其统治基础无一例外都是军队。

军队还在另一方面铸造了民族。拉美社会极其分散，地域分割使地方主义特别严重，农业经济又更加重了这种互不相通的倾向。但军队却是唯一能打破这种分割状态的组织，因为士兵来自各地，他们在军队中为“国家”服务后，就产生向国家认同的情感，不再是只具有狭隘地方主义意识的人了，因此很多学者愿意把军队说成是“民族的建造师”。

军队还沟通了拉丁美洲复杂的人种集团，使他们彼此接近，甚至打破由种族差异所造成的等级隔阂，使被歧视的种族中也可以有人爬到社会的最顶层，甚至当总统。独立战争中，许多混血人参加军队，有些因战功而升任高级军官，甚至当将军。有些成为拉丁美洲第一代的“考迪罗”，比如委内瑞拉的派斯将军就是这样。中级军官中有更多的混血人甚至黑人，他们成了后来的“考迪罗”，尤其在地方一级特别多。大批受歧视种族中的人充任军官甚至“考迪罗”就必然会改变拉美国家政治权力的平衡，因此有学者说：独立战争时期发生暴力是因为土生白人向半岛人夺权；独立战争以后发生暴力则是因为混血人向土生白人夺权。[①] 确实，到 19 世纪下半叶，拉美国家普遍进入政治相对稳定的时期，这个时期的特点之一就是强大的“考迪罗”实行个人铁腕统治，而这些“考迪罗”大多数是混血人出身，最典型的如墨西哥的迪亚斯和秘鲁的卡斯蒂利亚。

军队在改变政权的阶级结构方面也起类似作用。拉美本是一个由大庄园主控制的农业社会，带有很强的准封建色彩。独立后，社会结构很少改变，但军队为社会地位低下却有野心的低等级人提供了一条进身之路。越来越多的城市中产阶级子弟进入军队并晋升为高级军官，这就使军队逐渐改变性质，中产阶级的政治愿望通

---

① 坦南鲍姆：《拉丁美洲精要十题》，第 118—120 页。

过军官得以表达。1889 年,巴西军人推翻帝国建立共和国,当时领导政变的达·丰塞卡元帅就出身普通军官家庭,他的政府中还有两名军官、一名工程师和四名律师,全都是获得大学学位的城市中产阶级子弟。可以说,拉美统治集团阶级成分的改变是通过军队来完成的,军队的变化导致了国家政权的变化。这种倾向进入 20 世纪后十分明显,比如巴西在 1941—1943 年进军官学校学习的学员中,19.8%出身于上层或中上层,76.4%出身于中间阶层;1962—1966 年这两个数字变成了 6.0%和 78.2%。这个时候巴西共和国实际上已经是一个中产阶级掌权的国家,而这一点又是通过军队来做到的。其他拉美国家军官集团也发生了相同的变化,比如在厄瓜多尔,1937—1939 年军官学校的学员中,40.1%出身上层或中上层,57.1%出身中层;1962—1966 年,这两个数字分别变为 16.6%和 59.8%,变化的幅度相当大。①

这样,独立战争中没有完成的社会变化后来就由军队来实行了:军队促成了地区融合,同时又造成阶层流通——这些对于国家现代化来说都是至关重要的。军队还在另一方面推动了现代化,即它支持工业化。一位美国学者这样总结拉美军队在工业化过程中的作用,他说:"工作性质诱使拉丁美洲军队支持技术进步,支持工业化和经济的总体发展。100 年前他们认识到有效的军事行动建立于工业与经济的基础上,运送军队需要铁路,军队需要武器和装备,

① 菲奇:《作为政治进程的政变:1948—1966 年的厄瓜多尔》(John Samuel Fitch, *The Military Coup d'Etat as a Politcal Process,Ecuador,1948 - 1966*),约翰·霍普金斯大学出版社 1977 年版,第 27 页。

武器装备最好由国内生产，而不是由国外生产。阿根廷、智利的军官首先提出要搞现代运输与通讯网，阿根廷和乌拉圭的铁路是由军人总统首创和推进的。委内瑞拉总统安东尼奥·古兹曼·布兰科将军（1870—1889 年任职）为国家现代化所做的工作，据称比独立之后一个世纪中其他所有领导人加在一起还要多；危地马拉总统胡斯托·鲁菲诺·巴里奥斯将军（1871—1885 年任职）被说成是 19 世纪的中美洲技术进步之父。帮助推翻彼得罗二世的巴西军官为他们的行动寻找理由，说皇帝没有认识到对一个现代世界来说技术进步与工业化有多么重要。20 世纪，特别是第一次世界大战以后，接受过技术训练的青年军官更强调工业的准备工作，在巴西、阿根廷这些建立了重工业基础的国家中，他们提出国家不仅应生产枪炮，还要生产坦克和飞机。”①的确，在大多数拉丁美洲国家，工业化是由军队领导人倡导的，军队成了现代化的触媒。

但拉丁美洲军队从本质上说是保守的力量。虽说它不自觉地促成过某些社会变化，如社会流动等等，但它自觉的行动却基本上是反对社会变革的。它是现存制度的自觉的卫护士。20 世纪的许许多多动荡都是由军队反对变革而引起的，枪尖所指始终投下一片阴影。下面三个例子很能说明军队在拉丁美洲的阻力作用，军队在拉丁美洲拖了现代化的后腿。

危地马拉是中美洲一个小国，独立后大约 80 年中（1839—1920）

① 约翰逊主编：《拉丁美洲的延续与变革》（John J. Johnson, *Continuity and Change in Latin America*），斯坦福大学出版社 1964 年版，第 5 章“军队”，第 140—141 页。

几乎有 3/4 时间是在三个独裁者统治下，其余时间则屡屡动乱，政变与暴动迭出不止。20 世纪初美国联合果品公司控制了该国经济，不仅占有大片良田，而且控股该国唯一的铁路和港口设施，实际上成为国中之国。独裁者与联合果品公司沆瀣一气，致使国家资源浪费，财源外流，成为拉丁美洲最贫穷的国家之一。这样，在 1944 年，危地马拉发生人民革命，政权落入一批反帝的年轻军官之手。他们让一位理想主义的大学教授阿雷瓦洛当总统，在他主持下制定了 1945 年宪法，宣布人民的政治权利和社会权利。阿雷瓦洛说他是“精神社会主义”者，致力于建立以工农为基础的权力联盟。他鼓励工人向联合果品公司开展斗争，并且对石油资源严加控制。1950 年，他把权力交给国防部长阿本斯上校，危地马拉革命由此而向更深层次发展。阿本斯决心把危地马拉建设成独立而繁荣的国家，为此，他对内铲除封建庄园主势力，对外限制外国资本的渗透。他着手进行土地改革，将大地产中闲置不用的（总共 150 万英亩）土地分配给约 10 万个贫苦农户，从而使危地马拉发生了翻天覆地的变化。但这一革命性的措施触怒了大地产所有者，也得罪了外国大资本，美国政府帮助策划推翻阿本斯政府的政变。1954 年，流亡国外的阿马斯上校指挥一小支由美国人装备的武装力量从洪都拉斯侵入危地马拉，推翻阿本斯政府，为时 10 年的危地马拉革命以失败告终，革命的一切成果则被统统取消，分到土地的农民不仅失去土地，而且还因为是“土改分子”而被捕坐牢。左翼人士遭残酷迫害，无数人被拷打、关押、流放出国，8 万多人被杀或“失踪”。军队的倒退政策引发了旷日持久的游击战争，而战争又使国家遭受更大的破坏。在军政府统治下，危地马拉经济落后，社会停滞，至70年代初70%以上的人口年收入仅仅只有83美元。①

如果说危地马拉只是一个小国，它的经历还不足以说明问题，那么阿根廷作为一个大国——南美洲最发达的国家之一，它的军队对现代化的阻碍作用就更具有普遍意义。阿根廷在历史上从来就政变频仍，军队一贯做大地产、大牧场主利益的守护人，还直接干预国家政治。20世纪20年代，中等阶级获得选举权，但军队很快又走上前台，到第二次世界大战时，还建立了亲法西斯的政权。1944年，一次政变使胡安·庇隆脱颖而出，这位起初是同情法西斯主义的上校政治家，后来成为拉丁美洲"民众主义"的旗手，他把工人阶级引上政治舞台，同时也让军队在阿根廷政治中的保守作用暴露得淋漓尽致。

1946年庇隆就任总统，很快就在国内采取了亲工人的立场，在劳资冲突中偏袒工人，有时甚至鼓动工人掀起工潮，然后作出有利于工人的裁决。对外他采取反帝立场，对外国企业实行国有化，表现出强烈的民族主义色彩。这些政策使保守力量十分不快，中等阶级也因他亲工人而表示不满。保守力量于是声称庇隆正在把国家出卖给共产主义，1955年，军队发动政变，结束了庇隆主义的第一次试验。此后军队一再发动政变，把合法政府赶下台，它对左派力量残酷打击，经常弹压罢工，拷打反对派，甚至秘密处决。左派则报以

① 有关危地马拉的情况，可参见卡尔弗特：《危地马拉：动荡的民族》(Peter Calvert, *Guatemala: A Nation in Turmoil*)，科罗拉多和伦敦1985年版，第4—6章。

城市游击战，游击队袭击军营，暗杀军官，攻打监狱，1970 年甚至绑架并处死了 1955 年政变的领导者之一、前总统阿兰布鲁将军，阿根廷陷入一场不宣而战的内战。在这种情况下，人们认为只有庇隆才能安抚左派的怨恨，于是在 1973 年把庇隆从国外请回来重新掌权。但庇隆于第二年去世，他的妻子伊莎贝尔接任总统，"民众主义"重新在阿根廷活跃起来，亲工人的政策再次得以实行，一时间，似乎一场以工人为依靠对象的社会革命正在兴起。然而 1976 年，军队再次政变，此后左派受到极其残酷的镇压，官方正式承认有 3 500 人被捕，另外有 1 万—2 万人"失踪"。"民众主义"在阿根廷受到致命的打击，阿根廷的历史发展一下子被倒退十多年。由于与英国的马尔维纳斯群岛之战失败，军政府才不得不于 1983 年把权力移交给文人。尽管如此，阿根廷政局仍时常受到军队的威胁，到 1990 年为止已发生过三次军营暴动，企图推翻民选政府。即使到今天，人们对军队的干预仍存有戒心，担心它对社会的进步再起阻碍作用。①

军队阻碍作用的最典型的例子也许是智利。70 年代，智利发生了让全世界震惊的血腥政变。智利素有"南美洲的瑞士"之称，民主政治根基很深，军队在智利很少干政，"非政治化"是智利军队最自豪的传统。但 70 年代发生变化，智利出现恐怖的军事独裁统治。

事情得从阿连德执政说起。阿连德是左派势力的领导人，1970 年他代表社会党和共产党的联盟出任总统。当时，智利的社会矛盾正

① 有关阿根廷的情况，可参见叶尔莫拉耶夫：《阿根廷史纲》，生活・读书・新知三联书店 1972 年版，第 9—14 章；威尼亚：《阿根廷》(Gray W. Wynia, *Argentina*)，纽约和伦敦 1986 年版，第 3—7 章。

在加剧,经济发展扩大了社会不公正现象,土地集中在少数人手里,工业化造成的财富得不到公平分配,城市贫穷问题日益严重,劳动人民的不满日益加剧,这些都使变革成为刻不容缓之事。阿连德上台后按照劳动人民的愿望实行改革,打算用民主的方法"和平长入"社会主义。严格地说,阿连德的措施并没有超出美国总统罗斯福在30年代或英国工党在"二战"以后的所作所为,他实行关键经济部门的国有化,对土地进行国有化并重新分配,提高工资以刺激消费,同时又控制物价,限制通货膨胀。在这个过程中,既得利益集团进行了顽强的抵抗,工人、农民则采取了许多自发行动,如占领工厂宣布"国有"、抢占土地实行"土改"等等。由于多数国会议员反对实行"社会主义"措施,阿连德政府就打算修改宪法,用"人民代表大会"制度取代国会。所有这些都使国际反共势力和国内保守力量结成紧密同盟,1973年,军队在新任陆军参谋长皮诺切特领导下发动政变,阿连德坚守总统府不肯投降,结果空军用飞机轰炸了总统府,阿连德在攻击中丧生。智利作为南美洲民主传统最深的国家竟经历了20世纪最血腥的军事政变,政变中数千人丧生,政变后有大约10万人被捕,更多的人"失踪",其恐怖气氛之浓竟使好莱坞拍摄出一部轰动一时的电影,片名就叫《失踪》。军政府手段残忍,1976年甚至在华盛顿暗杀了前阿连德政府的驻美国大使。皮诺切特虽然在1988年被迫下台,并且把权力交给文人政府,但他仍担任陆军总司令直至1998年,枪尖的阴影始终咬噬着智利的良心。[①] 在军政府

① 有关智利的情况,可参见路易斯·加尔达梅斯:《智利史》,辽宁人民出版社1975年版,第9—19章;亚历山大:《智利的悲剧》(Robert J. Alexander, *The Tragedy of Chile*),康涅狄克和伦敦1978年版,第2、3、4编。

统治下，智利经济遭到彻底破坏，其国民生产总值下降速度创拉丁美洲最高纪录，外债高达200亿美元，失业率达30%。一位智利人讽刺说：军政府摧毁的私人企业比阿连德政府梦想实行国有化的企业还要多；军政府造成的无产阶级人数比任何马克思主义教科书所能预计的还要多！①

权威丧失与军队坐大

以上三个国家的经历清楚地说明：军人干政在拉丁美洲起了一种阻碍作用。“二战”以后，当世界资本主义发生很大变化，民主化、民众化、大众福利主义与平等主义正形成潮流时，军队却在拉丁美洲阻碍社会进步。在政治方面，军队主张强权政治，压制工、农、知识分子的民主要求。在经济方面，军队主张强有力的国家干预，这样做在一段时间内可能推进经济发展，但最终却会造成经济结构的破坏，弄出不可收拾的局面。在社会方面，军队站在特权阶层一边反对社会平等化，反对对财富进行较为公正的社会分配，反对实行大众福利主义。总之，军队反对对社会进行较为合理的改造，它主张维持现有的社会秩序，维持既定的财产与经济关系，它反对变革，主张保守，从而对拉丁美洲现代化构成重大障碍。军队反对变革的手段就是暴力，拉丁美洲历史上充斥的军事政变和军人掌权，正是现代化过程受阻的一次次经历。

---

① 伯恩斯：《简明拉丁美洲史》，第371—372页。

军队何以在拉丁美洲政治与社会生活中坐大？我们在前面已经分析了它的历史根源。拉丁美洲的历史教训是：它在社会变革的过程中匆匆忙忙抛弃了旧权威，却未能让一个合理的新权威及时出现。权威的真空状态把军队推上前台，因为军队掌握着一种对任何人来说都是强制性的权威，即有组织的暴力。亚里士多德曾经说：有政府的暴政比无政府的混乱要好，无政府状态是最可怕的社会状态。无数事实表明：当一切权威都丧失时，能够由军队来填补权力的真空，对社会来说就算是幸运了！拉丁美洲独立战争中明显出现了这种军人主宰社会、政治的情况。但是，问题的严重性在于，一旦这种情况成为传统，暴力就变成权威合法性的唯一来源，军队的权威并不需要任何合乎理性的解释，强权就是公理。

这样一来政治操作就失去制度化原则了。既然暴力是权威的唯一依据，那么暴力随时都可以变更政权。军队的不同派系和不同的军事领袖间常常会争夺权力，控制了一批追随者的野心家也时常会发动政变。无论是追求进步的集团还是维护现状的集团都只有通过军队才能夺取政权，军队于是变成政治角斗场，军事政变则是改变政权（或仅仅是为了改变当权者）的最有力（也是最方便）的手段。国家政局于是始终处于不稳之中，社会秩序动荡，人心浮动，政治空气惶恐不安，这对国家来说是十分不利的，"发展"因此大受影响。拉丁美洲在独立一个半世纪后仍然是"发展中国家"，与这种不稳定的政治局面有极大关系。亨廷顿说："军人干政既违反可能存在的任何竞赛规则，又破坏政治秩序的完整和合法性的基础。”[①]当一个国家的政权合法性及正常政治秩序历经一二百年都得不到确立时，这个国家的顺利发展当然就谈不上。

许多国家都出现过“拉丁美洲现象”，甚至有些发达国家也曾有过这种经历。形成这种现象是因为旧权威突然丧失、新权威又未能培植起来，在这种情况下出现军人干政，其结果无一例外都给国家带来不同程度的损害。英国在1649年处死国王，此后就建立军人政权。这一事件的结果是在1658年克伦威尔死后，国家几乎陷入无政府状态，于是不得不把老国王的儿子请回来复辟王政，重建王朝的权威。[②] 1793年，法国也把国王处死了，并从此以后就不愿再恢复君主制度。这样做的代价是，此后近80年中法国一直在摸索建立什么样的政治体制，以及以何种方式树立政治权威。在此过程中，拿破仑发动的军事政变使整个欧洲都受到震动，它让欧洲打了十几年的仗，最后以法国的失败而告终。拿破仑失败后，人们依稀认识到：军人干政也许是在某种特定条件下一定要发生的事。1824年，拿破仑垮台还不满10年时，法国历史学家米涅就这样写道：“拿破仑在法国，同过去一个时期内克伦威尔在英国一样，建立了军事独裁统治，当一次革命被镇压下去以后，总要建立这样的政府的……”[③]稍后马克思则说：“既然兵营和露营是这样周期地重重压在法国社会头上，

---

① 亨廷顿：《变动社会的政治秩序》，第265页。

② 可参见希尔：《革命世纪》(Christopher Hill, *The Century of Revolution*)，伦敦1961年版，自第7章始。

③ 米涅：《法国革命史》，商务印书馆1983年版，第381页。

以便压制这个社会的意识并制服这个社会;既然马刀和毛瑟枪周期地受命进行审判和管理,进行监护和检查,执行警察和更夫职务;既然胡子和军服周期地被宣布为社会的最高智慧和指导者,那末兵营和露营、马刀和毛瑟枪、胡子和军服又怎么能不终于得出一个结论说:最好是宣布自己的制度是最高形式,并使资产阶级社会根本不必关心自治问题,从而一劳永逸地拯救社会!"①

马克思在这里说的,其实就是军队对民主的压制和对市民社会的全面控制。

英国和法国发生的事后来在欧洲其他一些国家也重演,比如在西班牙——前拉丁美洲殖民地的宗主国,军人干政就曾一度十分盛行。仔细观察一下就会发现,军人干政归根结底都是由权威的真空造成的,旧权威由于种种原因消失了(比如革命、独立战争等等),新权威却建立不起来,政权的合法性依据也就始终无法解决,非制度化的政权更迭方式则成为传统。在西班牙,这种局面一直延续到20世纪70年代佛朗哥去世为止,这以后才确立起以君主立宪为形式的议会民主制权威,权力的合法性和制度化问题才得以解决。

第二次世界大战后,"拉丁美洲现象"在全世界更广泛的范围内发生,许多新独立国家抛弃了原先殖民宗主国的权威,但新权威在短期内根本无法培育。事实上,战后世界兴起了一股军人干政之风,不同文化背景与宗教背景的地区都出现过军人政府,其原因无不是由于在旧权威丧失后留下的真空中唯军队可倚仗其暴力加以

① 马克思:《路易·波拿巴的雾月十八日》,《马克思恩格斯选集》,第一卷,第619页。

填充。前苏联学者米尔斯基针对这种情况写道："'第三世界'军队干预国家的政治已经成为惯例，在亚洲、非洲、拉丁美洲许多国家里，政权落入军人手中已经不是例外，几乎成为一条法则，这不是偶然的巧合，而是有规律的事实。"①

从拉丁美洲的经历我们可以认识到：在旧权威瓦解前，新的权威就应该潜在地形成(这正是英属北美殖民地的情况)。权威的现代化是至关重要的，未能培植新权威的国家将为此付出沉重的代价。

在军人干政激烈的地方，军队同时扮演两个相反的角色，它一方面是现政权的维护者，一方面又不断推翻现政权；它一方面维护现存秩序，一方面又破坏现存秩序。由于缺乏制度化的权力交接手段，非制度化的政变本身反而被制度化。这种局面一旦形成就相当可悲，合乎理性的合法权威会非常难以产生，对国家的政治现代化就形成重大障碍。政治动荡会影响到经济发展和社会进步，拉丁美洲在独立150年后仍然"欠发达"，在很大程度上就归因于这种恶性循环。

但并不是所有新独立国家都会重蹈拉丁美洲前辙，正面的例子也不少。比如埃及经由军队政变而推翻君主制后，通过组建政党迅速建立新权威并使政权交接制度化，因而在相当程度上达到了国家发生突发性变故时仍能保持相当程度的政治稳定。再如印度从英国统治下获得独立后，以议会作为新确立的政治权威并使公职选举制度化，因此印度政局相对稳定。可见，"拉丁美洲现象"并非不可避免，关键在于国家和人民是否成熟。

---

① 米尔斯基：《"第三世界"：社会、政权和军队》，第2页。

第五章　现代化＝工业化？

伊朗的经历

一个有答无解的问题

本章将触及现代化的一个基本问题，即什么是现代化。这个问题很难回答，却很难回避。对许多后发展国家来说，在这个问题上处理不当就很容易出现挫折和失误。

什么是现代化？这在先发展国家那里似乎不成问题。最早进入现代化的国家，是在不知不觉中进入现代化，又在不知不觉中完成现代化的。对它们来说，现代化是一个自然而然的过程，人们并没有刻意去追求。现代化的动力产生于社会内部，现代化是历史行程的自然结果。在它们那里，历史如水流，既不断裂，也没有预先设定目标，变化在无意中进行。只是在许多年之后，当人们回首往事时，才发现平时所不注意的细小变化已经汇集成大变，发生了质的变化，而置身在这个变化过程的人，也许还无所意识。

但对于后进行现代化的国家来说，事情就不那么轻松了。现代化的压力来自外部,外部的压力如此之大,使它们感觉到若不进行迅速的变化,便难以在现代世界立身。于是,现代化就成了既定的目标,是国家的追求方向。这样一来,一个无可回避的问题就提出来了:什么是现代化?每一个后发展国家都必须面对这个问题,而且都必须回答!但正是在这个问题上,许多后发展国家走了弯路,碰了壁。这个问题困扰着绝大多数的后发展国家,使它们百般思索而很难找到合适的答案。

之所以出现这种现象,是因为后发展国家面对着危局。它们的现代化完全是被动的,是在先发展国家强大的压力下做出的反应。对它们来说,现代化首先是物质的压力:西方国家强大的物质力量使它们意识到生存危机。但物质力量似乎就来源于工业化,因此工业化就成了大多数后发展国家最紧迫的追求目标,也是它们最早能看得见的有形的现代化标志。一个多世纪前,当西方国家向中华帝国发起攻击时,中国的第一个反应就是追求工业化。1876 年,左宗棠为重新出版的魏源《海国图志》作序时就说:"百余年来,中国承平,水陆战备少弛。适泰西火轮车舟有成,英吉利遂蹈我之瑕,构兵思逞。"这里所表达的就是对工业化的某种朦胧认识。但这种认识一旦成为思维定式,现代化就很容易置换成工业化。中国就是在"中学为体,西学为用"的口号下发动洋务运动,由此而开始中国现代化的艰难历程的。

无独有偶,大约 100 年后,伊朗国王穆罕默德·礼萨·巴列维说出了与当年左宗棠几乎相同的话。他说:"我国的科学、文化和艺术位于世界的前列,历时长达几百年。但在漫长的恺加王朝时期,伊朗的科学技术发展缓慢，几乎陷于停顿……这期间，西方国家兴起，在发展科学技术和传播文化知识方面快马加鞭，终于超过了我们。今天……伊朗不仅应该迎头赶上世界文化的先进水平，而且应该超过它。”但他说，“我们所借鉴的只能是那些符合我国需要的西方科学技术”，不符合伊朗需要的东西，应该坚决摒弃。[①] 伊朗现代化就是在这样一个方针指导下进行的：它接受西方的工业化，但不接受其他东西，以为现代化＝工业化。

现代化究竟等不等于工业化？这似乎是一个不言自明的问题，但在一些发展中国家那里却一再找不到答案，并经常为此而付出代价。毋庸置疑，工业化是现代化中最能被感受到的一个部分，但工业化并非现代化的全部目标。在这个问题上，伊朗的经历提供了一个典型的实例，它为全世界留下了深沉的思考。

伊朗寻求复兴

亨廷顿说，在 20 世纪，君主们竞相进行现代化，传统君主比现代民族主义领袖更愿意实行现代化，因为对民族主义领袖来说，他们领导独立运动取得胜利就因此得到了国家政权的合法性；传统君主则因为维护着一种过了时的政治制度，所以“必须以良好的政绩来证实自己的合法性，因此，他们便成了推行自上而下的宫廷革命的

① 穆罕默德・礼萨・巴列维：《我对祖国的职责》，商务印书馆 1977 年版，第 169—170 页。

倡导者”[1]。伊朗的情况正是这样。

伊朗在古代有辉煌的历史，2 500 多年前，居鲁士大帝建立波斯帝国，在世界历史上留下了烙印。据穆罕默德·礼萨国王说，中央集权这种制度是波斯人最早发明的，“第一个取得妥善治理幅员辽阔的大帝国经验的国家便是伊朗”[2]。后来，伊朗虽屡遭外族侵占，希腊人、帕提亚人、阿拉伯人、塞尔柱人、蒙古人、阿富汗人先后在伊朗土地上建立政权，但专制制度却始终没有变化，伊朗是世界上专制传统最深的国家之一。

从 18 世纪中叶起，伊朗进入最黑暗的时期。当时王朝败落，内乱不已，外敌纷纷入侵，境内各民族相继揭竿，反对中央政府。为争夺权力，各地枭雄举兵混战，国内一片混乱。几十年的战乱使伊朗变得贫弱不堪，而西方国家恰在此时向伊朗推进，企图将它纳入各自的势力范围之内。列强中英俄两国最先得手，它们分别从南北两个方向侵入伊朗。1907 年，英俄两国终于签订了瓜分伊朗的条约，北部归俄国，南部成为英国的势力范围。此后，伊朗虽没有变成正式的殖民地，但“独立”的伊朗其实只是外国手中的玩物，伊朗的命运糟到极点。

这样，如一切受西方冲击的国家一样，伊朗需要复兴，而复兴的途径又只能是向西方学习。一切希图振兴的国家迟早都要走这条路，伊朗也不能例外。但伊朗在走上复兴之路时，却套在传统主义的枷锁中难以自拔。

---

① 亨廷顿：《变动社会的政治秩序》，第 168、170 页。
② 巴列维：《我对祖国的职责》，第 11 页。

变革的企图从19世纪初就开始了。起初,宫廷中一些有见识的人试图进行体制内的改革以振兴伊朗,因此他们曾建立新军,整顿政府财政,模仿西方发展贸易,创办实业,推广教育,派人出国留学等等。但体制内的改革没有取得什么成果,主张改革的首相达吉汗在1851年被免职,1852年被处死。

19世纪下半叶,西方思想在伊朗的国外留学生和旅欧侨民中传播,通过他们再输入伊朗。新思想中号召力最大的是民族主义和宪政主义,是它们造成了19世纪末和20世纪初的风云变幻。1891年,伊朗爆发全国性反对烟草租让权的运动,抗议国王把烟草专卖权出让给一家英国公司。这次运动标志着伊朗民族主义的全面觉醒,运动的结果是迫使国王收回成命。但运动是在僧侣领导下进行的,僧侣们投入运动,是因为他们认为西方的影响已经太强,会瓦解传统的伊斯兰社会。伊朗的复兴运动从一开始就落在传统势力的控制之下,这显然是一个不祥的预兆。

与民族主义同时,宪政主义也迅速传播。早在19世纪下半叶,就有不少人认识到王朝的无能是导致西方入侵的内部因素,要阻止西方进一步渗透,就必须限制国王的权力。19世纪60年代一位伊斯兰教长在游历欧洲之后说:“我观察到法国与英国的进步要比俄国先进一千倍……如此不可思议的成就背后是什么原因……其诀窍只是一个词,是法律……”[①]20世纪初,一位侨居伊斯坦布尔的伊

① 阿扎尔·塔巴里:《现代伊朗政治中僧侣的作用》(Azar Tabari, *The Role of the Clergy in Modern Iranian Politics*),载尼吉·克蒂主编:《伊朗的宗教与政治》(Nikki R. Keddie ed., *Religion and Politics in Iran*),耶鲁大学出版社1983年版,第53页。

朗商人说:治国有两种方法,一种是伊朗的方法,即君主决定国家的利益;另一种是西方的方法,即人民决定国家的利益。前者让国家衰落,后者让国家富强,“只有当民族的意见付诸实施时,民族与国家的事务才能走上正轨”①。

在这种思想指导下,1905 年伊朗爆发了宪政革命。这次革命意义重大,它标志着向伊朗的专制传统发起了攻击。革命的最大成果是制定了宪法,规定在伊朗实行三权分立的君主立宪制。但宪法从来就没有被真正执行过;到 1911 年,革命也失败了,宪法虽然保留下来,专制主义的本质却丝毫也没有改变。这种结局对伊朗后来的发展影响深远,人民革命既然失败了,今后伊朗何去何从?

革命中有两个现象很值得注意,其一是僧侣在革命中起重大作用。1905 年 11 月,就在革命爆发前大约一个月时间,俄国临时代办索莫夫曾经向彼得堡报告说:“近来,在波斯的许多城市中,尤其是德黑兰,看得出人民有极端激愤和不稳定状态,而以僧侣为甚。”②一个月后,当王朝政府企图逮捕激烈批评国王的人时,正是宗教领袖带着数千名支持者避入清真寺,正式发表了要求立宪的宣言,从而引发了伊朗革命。在革命的第一阶段,是僧侣们领导着运动发展,这就使伊朗的宪政主义打上了强烈的宗教烙印。宪法中虽然确定了议会的地位,但同时又特别作出如下规定:由高级僧侣组成一个专门委员会负责对议会的立法进行审查,不符合伊斯兰教义的不得

---

① 阿扎尔·塔巴里:《现代伊朗政治中僧侣的作用》,载尼吉·克蒂主编:《伊朗的宗教与政治》,第 54 页。

② 米·谢·伊凡诺夫:《伊朗史纲》,生活·读书·新知三联书店 1973 年版,第 275 页。

成为法律。这实际上给僧侣以最高的宪法裁决权，使他们随时可以宣布法律无效。僧侣们对宪政的立场其实是矛盾的：一方面他们希望以立宪来限制国王的权力；另一方面又对宪政这种外来的东西满腹狐疑。因此当 1908 年国王发动政变时，多数僧侣站到了国王一边。僧侣们的传统主义立场使他们不可能真正支持立宪政体，这个问题在下面将会看得很清楚。

与僧侣的立场相反，宪法革命中出现了一支纯世俗的民族主义力量。这支力量的基础是受到西方影响的城市中产阶级。他们真心希望振兴伊朗，希望伊朗走向现代化。他们认为：要振兴，只有走向西方学习的路，接受西方的技术和制度体制。他们主张宪政，是真心实意想建立现代的政治制度，为建设新伊朗扫除政治障碍。他们的民族主义出自与僧侣恰好相反的立场：后者要恢复伊朗的过去，前者要创造伊朗的未来。双方在宪政革命中的合作本身就是一种同床异梦，在后来伊朗的现代化历程中，双方的关系十分微妙。

总之，革命没有给伊朗带来新生，相反伊朗却更加衰弱了。革命中英俄两国乘虚而入，在伊朗攫取更多的特权。第一次世界大战爆发后，伊朗受到进一步的削弱，尽管伊朗保持“中立”，交战的双方却肆意在伊朗的国土上彼此开战。战后，新生的苏维埃政权宣布废除对伊朗的一切不平等条约，取消一切特权和债务，但仍保持着对伊朗的影响。英国则趁机扩大了对伊朗的控制，伊朗的民族主义任务远没有完成。在这种情况下出现了礼萨・汗夺权的事件：一个行伍出身的波斯哥萨克军官在混乱中进军德黑兰，完成了推翻恺加王朝的行动。

礼萨·汗夺权几乎是独自完成的。1921年,他带领2 500名骑兵进军德黑兰,一枪不发就接管了政权,不久后建立巴列维王朝。这是现代伊朗的一个新起点,从此伊朗就踏上了振兴国家之路。这样一个历史性的转折居然既不靠体制内改革,也不靠人民革命而能取得,这与20世纪初亚洲许多国家的情况是完全不同的:在印度,一个“运动”在领导民族独立;在中国,一个“政党”在发动政治革命;在土耳其,出现了久经考验的个人权威——凯末尔;在伊朗,却在一片混乱中冒出一个行伍出身的哥萨克:他襁褓中丧父,幼年贫困,儿时在德黑兰街头流浪,14岁就参加哥萨克旅当兵吃粮。这样一个人,没有门阀,没有家族,盛行于伊朗的部落势力也无助于他。他所率领的2 500名哥萨克旅只是一支小小的队伍,这样的军队在当时的伊朗不知有多少。他所赖以夺权的其实只是他个人的胆识:在当时的伊朗,既然体制内的改革行不通,人民革命又一无所获,那么任何有可能改变现状的努力就都值得试一试,哪怕只是军人的个人夺权!礼萨的夺权改变了伊朗历史,伊朗将在巴列维领导下走向现代化。但礼萨却是个没有社会根基的人,于是一个没有根基的现代化就要在礼萨的领导下开始了!这在全世界都将是个很奇特的现象,而伊朗将为此付出什么样的代价呢?

付出的代价是巨大的,即伊朗的现代化是强制的现代化,一个具有现代倾向的领导者强迫伊朗接受现代化,而民族的主体却对此毫无兴趣。在这种局面下,礼萨唯一能动用的力量就是在伊朗已延续了2 500年的专制制度,靠它用暴力强行推动现代化。专制在伊朗社会是人人都能接受的,礼萨既已大权在手,为什么不充分利用它实行国家的振兴呢？一个没有社会根基的王朝正是在专制传统中找到根基，并企图用它去完成现代化！

这里还有一个问题没有解决：一个没有社会根基的“现代”王朝，靠什么来维持其存在呢？只有靠传统势力的不反对。这就解释了巴列维国家与伊斯兰教什叶派僧侣之间的微妙关系：国家一方面厌恶僧侣，一方面又不敢得罪，相反却必须把什叶教派作为国家的宗教保护下来。

早在建国之初，礼萨就未敢冒犯教派。礼萨本是个凯末尔主义者，主张建立像土耳其那样的世俗共和国。他曾说：“一个健全兴旺的共和政体，总要比一个衰弱腐败的君主政体优越得多。”[①]1924 年，他向议会正式提出建立共和国的主张，尽管议会没有反对，但教派却立刻发出警告：礼萨若建立共和国，教派将全力以赴加以反对。礼萨立刻让步了；这样，2 500 年的君主制度被延续下去，礼萨自己则成为国王。作为交换，礼萨在登基典礼上说了这样的话：“我一直并仍将特别注意维护宗教的原则，加强它的基础，因为我把充分强化宗教看成是实现民族团结和增强伊朗社会精神的最有效的方法之一。”[②]于是，什叶派伊斯兰教作为国家的宗教被保留下来，礼萨再也不敢像土耳其的凯末尔那样，建立一个政教分离的世俗国家。所以尽管说巴列维王朝是一个新建的王朝，而且它致力于现代化；但在巴列维王朝创建之初，它就把伊朗的两大传统都保留下来：其一

---

① 热拉德·德·维利埃：《巴列维传》，商务印书馆 1986 年版，第 43 页。

② 阿约曼德：《包裹王冠的头巾：伊朗的伊斯兰革命》(Said Amir Arjomand, *The Turban for the Crown, The Islamic Revolution in Iran*)，牛津大学出版社 1988 年版，第 81 页。

是政权的专制性质，其二是传统的宗教势力。巴列维国家从一开始就被传统的力量所把持，在政治与精神方面无所创新。这样一个传统主义的新王朝却要把伊朗引向现代化，其目标所指就非常有限了。

巴列维王朝的现代化

从以上叙述可以看出：巴列维王朝虽是新兴王朝，却不得不采取传统主义的君主手段，即用高压下的经济发展来证明自己的合法性。礼萨和他的儿子穆罕默德·礼萨只做了两件事，一是巩固政权，二是发展经济。巴列维王朝对现代化的理解只能是这样。穆罕默德·礼萨说："为保障伊朗人民巩固的和完全可靠的未来而施行的基本计划，是使国家工业化。"[①]在这方面，巴列维国家是成功的。

礼萨·汗在位时，其主要精力放在巩固政权上，但他还是致力于发展国家经济。当时，伊朗经济已经崩溃，国家千疮百孔，贫弱不堪。一位外国观察家1926年曾经说："波斯是世界上最落后的国家之一，除……阿富汗和阿比西尼亚外，没有哪个有组织的民族呈现出如此一种中世纪的惨象。"[②]面对这样的困境，礼萨采取了一系列措施稳定国家财政，包括收回关税权、取消外国银行的货币发行权、建立国家银行、实行外贸垄断等等。这些措施使国家财政持续改

---

① 穆罕默德·礼萨·巴列维：《白色革命》，中译本见维利埃：《巴列维传》附录，第475页。

② 尼吉·克蒂：《伊朗：宗教、政治与社会》(Nikki R. Keddie, *Iran: Religion, Politics and Society*)，纽约1980年版，第167页。

观,收入从 1922 年的 2.29 亿里亚尔增加到 1931 年的 4 亿里亚尔,财政出现盈余。国家用这些钱投资兴建了一批纺织厂和食品加工、原料加工等小型工厂,使伊朗第一次有了现代工业。礼萨执政十多年间,对工业的总投资达 2.6 亿美元(1 美元合 30 多里亚尔),另有 2.6 亿美元用于修筑铁路。礼萨执政前,伊朗全国只有 250 千米铁路(主要供王室出游之用),1938 年已达到 1 700 多千米,包括著名的纵贯伊朗大铁道。礼萨特别注意交通与通讯,这虽说与他调动军队、镇压部落叛乱有关,但同时也是为国家工业化奠定基础。1900 年,伊朗全国只有 1 200 千米公路,而在 1923—1938 年间修筑的公路就达 2.1 万千米,并铺设电话线 1 万多千米。①

礼萨的经济发展计划被第二次世界大战所打断。由于礼萨有亲德倾向,英苏两国派兵进驻伊朗,纵贯铁路成了西方国家向苏联提供援助的交通大动脉,礼萨也被迫退位,由他的儿子穆罕默德·礼萨继位。战后,穆罕默德·礼萨像他的父亲一样花了许多时间来巩固他的政权,把摇摇欲坠的君主制维持了下来。并且他吸取其父亲的教训,在外交上采取"一边倒"政策,与美国密切结盟,从而把美国也拖进了维护伊朗君主制的行列。这以后,穆罕默德·礼萨才重操他父亲发展伊朗经济的旧业,从 50 年代末开始,伊朗经济迅速发展。

---

① 见伊萨维:《1925—1975 年的伊朗经济》(Charles Issawi, *The Iranian Economy 1925 - 1975: Fifty Years of Economic Development*),载伦茨佐夫斯基主编:《巴列维统治下的伊朗》(George Lenczowski, *Iran Uinder the Pahlavis*),斯坦福大学出版社 1978 年版,第 130—133 页。

60 年代伊朗出现经济奇迹，这首先得益于石油美元。1959—1960 年度，伊朗石油工业的产值大约是 3.7 亿美元，1968—1969 年度达到 11 亿美元。此后石油价格扶摇直上，1972 年达 24 亿美元，1974 年达 174 亿美元，1975 年估计达到 200 亿美元。政府用这些钱大量投资工业，推动经济飞速增长。在 1959—1960 年度和 1970—1971 年度间，国民生产总值从 38 亿美元猛增到 107 亿美元，即增长 181%，年平均增长率接近 10%。此后经济发展势头更猛，1972—1973 年度国民生产总值增长 20.8%，1973—1974 年度增长 47.3%，1974—1975 年度增长 70.7%，也就是说，这三个财政年度中，国民生产总值竟增长了 3.7 倍，这是难以想象的奇迹！国民总收入增长速度也非常快，在这三个年度中分别为 20%、34%和 42%。工业是巴列维经济发展计划的支撑点，在第三个经济发展计划（1963—1967 年）期间，工业增值率达到年平均 12.7%；第四个发展计划（1968—1972 年）期间达到 15.2%；第五个发展计划（1973—1978 年）的预定指标是 20%，其完成情况超过预定数。穆罕默德·礼萨曾预计到石油开采有一天会枯竭，因此从 60 年代起就有意识地扶植新工业，调整工业结构。这样，较老的纺织、食品、建筑三个行业在工业中的比重从 1962 年的 73.6%降到 1973 年的 64.9%，化工、钢铁、机械、机动车等部门的比重则显著上升。到 1975 年，伊朗已建立了比较全面的工业体系，包括电力、采矿、冶金、炼油、汽车、水泥、造纸、化工、机械、纺织、食品加工等部门，并开始向电子、原子能发电方向发展。总之，伊朗的工业发展速度是惊人的，引起全世界的广泛关注，研究者们一致承认："1960 年以后工业在伊朗的增长速度之大，几乎在历史上举世无双。”[①]70 年代初，伊朗成了世界上第九个最富的国家，古波斯的辉煌在巴列维的统治下正在重现！在发展经济的同时，伊朗成为军事大国。穆罕默德·礼萨用数不尽的石油美元扩充军备，圆他父亲的强兵之梦。1954 年，伊朗军费开支仅 7 800 万美元，1964 年已超过 2.4 亿，1974 年跃增至 36.8 亿，三年之后，竟达到 94 亿美元！政府预算的 1/3 用于国防，军费开支占国民生产总值的 9%以上。用这些钱，国王建立了一支强大的陆军和一支现代化的空军，还准备在近海舰队基础上组建远洋海军。伊朗有最先进的雷达、最先进的中短程各式导弹、最先进的坦克和大炮，其空军的装备是世界上第一流的——刚研制出来的美制飞机还没有装备美国空军，伊朗空军却已经有了。[②] 巴列维王朝以工业化带动国家的强大，它的军事存在谁也不能无视。巴列维的现代化之路看来是走对了，一个强大的伊朗——伊朗民族主义的追求——正在世界崛起！

但所有这些成就都是在政治高压下取得的，伊朗的专制制度显然也登上世界之极。礼萨统治时期，为平定内乱，几乎杀光了原有部落的所有酋长，各部落还要提交人质，住在德黑兰，以便随时处置。为粉碎部落的反抗，礼萨强迫游牧民族定居，结果使部落人口大量死亡，农业没有上去，牧业生产反而下降了。礼萨对政治反对派和潜在的竞争对手都无情镇压，他继承波斯一贯的传统，关押和

---

① 引文见伦茨佐夫斯基主编：《巴列维统治下的伊朗》，第 150 页，数字见该书第 135—149 页。

② 参见哈里戴：《伊朗：专制与发展》(Fred Halliday, *Iran: Dictatorship and Development*)，企鹅出版公司 1979 年版，第 71—72、94—95 页。

拷打反对派，操纵司法，翦除异己，一些略有己见的高官大臣最终也不能见容于他，往往不是入狱就是被害。这种残暴的统治方式连他的儿子后来也很难为之辩解，因此他承认：当礼萨“为了事业的发展而不得不采取强制压服手段时，人们对他的爱戴逐渐变成了尊敬和屈服”①。但事实上，后一个巴列维与他的父亲是一脉相承的，他只不过更多地利用议会，让议会做他的橡皮图章而已。

专制统治有以下这些措施。首先是操纵议会，使它成为专制的工具。穆罕默德·礼萨曾说：“伊朗宪法没有规定国王承担任何具体的责任，这是非常英明而富有远见的，其用意在于让国王凌驾于议会之上，不必像内阁诸大臣那样对议会负责。”②在他统治下，一切政令出自国王，议会只是逢场作戏。1957 年以后，国王建立了一个钦定的“政党制度”，他同时组织起两个政党，一个是“执政党”，一个是“反对党”，两党领导人都由国王任命，两党成员都是国家的高官重爵。1975 年，他又取消两党制，下令组织单一政党，所有伊朗人都必须参加这个政党，以便“整顿伊朗人的队伍”。凡是支持君主、宪法和“白色革命”的，都应该参加这个政党，不参加的人就一定是反对派，他们应该流亡，或者是投入监狱。公开表明自己反对立场的人可以不被逮捕，但国王警告说：“他不应该抱任何幻想。”③

其次是控制舆论，不准自由发表意见。一切新闻媒体都在政府直接控制下，全国只有两家独立的报纸，但必须服从每月由安全部

---

① 巴列维：《我对祖国的职责》，第 55 页。
② 巴列维：《我对祖国的职责》，第 441 页。
③ 哈里戴：《伊朗：专制与发展》，第 47—48 页。

门发布的新闻审查口径。1975 年国王下令书报检查机关只审查发行量达到 3 000 份以上的出版物，而且在印出来之前不予审查。这使得出版商不敢贸然将书刊付印，一方面钳制了舆论，另一方面扼杀了学术著作，从而达到思想禁锢的目的。

三是灌输思想，控制学校教育。所有中小学都在政府控制下，进行忠君、忠于巴列维国家的教育。大学也在国家监管之下，教师随时可被解聘，校园中布满了特务，师生言行无不受监控。

四是控制群众组织，一切群众团体皆为官办，不允许独立存在。

但伊朗专制的最典型特征却是它的恐怖性，是它对反对派无情的镇压。所有人随时都在政权无所不在的监视下，哪怕他身处国外，其身边也随时可能有特务活动。反对政府的人随时处在危险之中，异议分子随时可以"失踪"，无需经过法庭审判。恐怖统治的最重要工具是"伊朗国家情报与安全组织"，简称"萨瓦克"。这个组织在 50 年代为镇压民族主义反对派而建立起来，后来成为世界上恶名最甚的镇压机关之一。1975 年，大赦国际总干事提出报告说："世界上没有哪个国家有比伊朗更坏的人权纪录"①，他主要就是指萨瓦克的镇压行动。萨瓦克在全国各地遍布监狱，对犯人使用酷刑，花样之多、手段之毒令人发指。其代理人在国内外肆意横行，随时对伊朗公民暗杀、绑架。其暗杀活动中最著名的一次就是在伊拉克刺杀了对国王威胁最大的反对派领袖巴赫蒂亚里。巴赫蒂亚里是伊朗强大的巴赫蒂亚尔部落的首领，也是萨瓦克的第一任领导人！除萨

---

① 哈里戴：《伊朗：专制与发展》，第 85 页。

瓦克外，还有一个机密机构叫“国王检查组织”，专门对高官重臣实行监视。此外，由15名上校组成的达弗塔雷·维杰赫组织是真正的情报安全核心，很少有人知道它的底细。总之，王朝用种种特务组织监视每一个伊朗人，人们略有不慎，就立刻招来杀身之祸。

政治高压使人人自危，连高官显贵也不能例外。美国驻伊朗最后一任大使沙利文在回忆录中曾记叙这样一件事：他初到伊朗，曾邀请10位高级经济官员和著名经济学家讨论伊朗经济发展计划，在场的人谁都不说话，只有经济大臣慷慨激昂地发表了一通演说，为国王的经济计划大唱赞歌。但等到送客时，这位经济大臣却悄悄把大使拉到一边，说国王的计划不切实际，隐患很多，刚才“因为有旁人在场，他不敢批评国王和国王的计划。为了给大家做榜样，他不得不说违心话”①。在这种气氛中，伊朗政治实际上失去了活力，正如一位研究伊朗问题的观察家所说：“因深感个人不安全，不相信自己又不相信别人，对一切人的动机和一切计划的后果玩世不恭，权贵们因此以糊弄这个制度为能事，并不打算彻底变革之。一般说来，糊弄的过程包括学会循规蹈矩，同时又最大限度地从中捞取好处。”②在这种气氛下，官僚无能是显著的特征。1949年，穆罕默德·礼萨在德黑兰大学主持校庆典礼，一个凶手突然向他开枪。在场的高官重臣居然都吓得抱头鼠窜，让国王一个人赤手空拳与持枪的凶手单独对阵，而在场的高官显贵中，实际上不乏身披绶带、腰挂枪支

---

① 威廉·沙利文：《出使伊朗》，世界知识出版社1984年版，第48页。

② 哈里戴：《伊朗：专制与发展》，第57页。

的将军和警卫![1]

平心而论,当国家混乱时,权威是必要的,舍此不可能有现代化,伊朗长期衰落的历史证明了这一点。但伊朗走的是欧洲国家16、17世纪的老路,即建立一个专制王权。穆罕默德·礼萨国王说:“从王国的角度看,我乃是伊朗完整、统一的体现和象征。”[2]这与法国路易十四所说“朕即国家”并没有太大区别。二三十年代,礼萨用强权统一伊朗,为伊朗发展创造了条件。但是当发展已成为现实时,强权是否仍然适用?伊朗现代化最大的失误就在于:它是专制君主一个人的现代化,经济发展只不过为专制君主存在的合理性提供证明,恰如穆罕默德·礼萨所说:“当真理的光芒像初升的太阳一般普照大地之际,我看到了伊朗的帝制是行之有效的。正如它在昔日昌盛的年代有益于伊朗人民那样,今天在原子时代它仍然保持着美妙的青春,继续造福于伊朗人民。”[3]这就是说:帝制就是真理,反对国王就是反对国家;王权是国家发展的保障,专制制度应当永存。

但事实却不是这样的。当一个国家的经济发展之后,社会就会发生重大变化,社会力量就会出现重组,新的问题会不断出现。国家在这种情况下应不断对各个方面进行调整,以适应不断出现的新变化。做不到这一点,就会造成社会整体的失衡,巴列维国家的专制性质恰恰不让它做到这一点,于是失衡出现了,终于翻船。一个雄伟的现代化计划覆灭了,它证明:工业化不等于现代化。

---

① 维利埃:《巴列维传》,第14—17页。

② 巴列维:《我对祖国的职责》,第223页。

③ 巴列维:《我对祖国的职责》,第443页。

现代化的覆灭

巴列维王朝不容别人分享权力，因此对一切潜在的社会力量严密监视，毫不留情地瓦解其政治存在。

照理说，城市中产阶级是现代化的社会基础，理应最支持伊朗现代化。城市中产阶级是巴列维王朝现代化的产物，早在礼萨时期，城市中产阶级就已具雏形。“二战”以后，随着经济发展，城市中产阶级迅速壮大：国家派许多人留学国外，他们回国后成为各部门骨干；工业化养育了现代化工商企业，造就了大批新型工商业主；国营厂矿的经管人员和现代司法制度的律师、公诉人等等都构成城市中产阶级的组成部分，日益发展的高等教育则培养出越来越多的新型知识分子，他们对现代化充满了希望。

但专制制度使他们与国家对立。作为现代化的产物，城市中产阶级要求参与政权，这本是很正常的事，但巴列维王朝无论如何也不愿意这样做。王朝的许多政策就是为防范这种情况而制定的，其暴力高压，在很大程度上也正是针对这一点。这样做的后果是：尽管城市中产阶级支持现代化，但同时又“对一个建立在个人权力基础上的政权感到厌倦，这个政权把他们排斥在决策中心之外而喜欢独断专行”[①]。哈里戴说得很尖锐：“伊朗国家是这样一个机构——它保证资本主义的再生与发展，却不直接对伊朗资产阶级的影响作

---

① 哈里戴：《伊朗：专制与发展》，第 43 页。

出反应。”[1]这使得现代化的方针虽有人支持，但巴列维王朝却无人喜欢。

50 年代初，城市中产阶级与王朝交锋，结果以惨败告终。

交锋以民族主义的形式出现，冲突在石油国有化问题上爆发。伊朗是世界上最大的储油国之一，其储油量占全世界 9.5%，在沙特阿拉伯、苏联、科威特之后排名第四。[2] 但伊朗石油一直控制在英国公司手里，英国政府从伊朗石油中获得的收入比伊朗政府还要多。这个问题在“二战”结束后变得突出了，1947 年伊朗政府从石油租让权和税收方面只得到 1 988 万美元收入，英国政府则得到 5 600 万美元，此外英国石油公司还有净利 2 688 万美元。1949 年签订新的协议，但按规定英国公司的纳税额还是不到总利润的一半，即其收入将继续高于伊朗方面。正在这时，1948 年统计数字公布，伊朗政府收入 3 780 万美元，英国政府收入 7 924 万美元，英国公司的纯利润则达到 5 208 万美元。[3] 这个消息使反英情绪迅速高涨，各地开始出现骚动，议会中出现一个以民族主义为标榜的小集团，其领导人是摩萨台。

摩萨台是恺加王朝一个公主的儿子，其父任恺加王朝财政大臣达 30 年之久。他出身大地主却成为城市中产阶级的代言人。1944 年他在议会提出不经议会同意不可再出让石油开采权的提案，矛头

① 哈里戴：《伊朗：专制与发展》，第 41 页。

② 此为至 1976 年数字。见博・黑恩贝克：《石油与安全》，商务印书馆 1976 年版，第 89—90 页。

③ 见西・内・费希尔：《中东史》，商务印书馆 1980 年版，第 671—673 页。

直指巴列维王朝。战后，石油问题出现危机，他立刻成为民族主义的旗手，他在议会慷慨陈辞，取得了民众的广泛支持。1950 年 12 月，他提出石油国有化主张；当时的首相拉兹马拉于次年 3 月拒绝这一主张，4 天后便被人刺死了。民众的激烈情绪使政局危急，一触即发，国王不得已任命摩萨台为首相，开始了石油国有化进程。

石油危机代表着民族主义的大爆发，城市中产阶级是主要的社会基础，其中除了新型知识分子、“技术精英”外，旧的“巴扎”[①]商人也卷进来，支持摩萨台的民族主义。由地主阶级多数组成的议会出于与国王权力的对抗，也站在摩萨台一边，并成为反对国王的政治指挥部。一部分僧侣也支持摩萨台。这样，几乎社会各阶层都参加进来了，组成了广泛的“民族阵线”。不久后，对抗就超出了单纯的石油问题而扩展到政治领域中来，摩萨台以“国王统而不治”为口号，要求剥夺国王的权力。1952 年 8 月，摩氏自任国防部长，并清洗保王派军官。1953 年初，他又解散议会，而根据宪法，军队统帅权和解散议会权都是属于国王的。因此，摩萨台实际上是在发动一场革命，革命的结果将是君主制垮台。在这种情形下，伊朗重复发生了政变与反政变，最终国王逃往国外。然而仅一个星期之后，国王就在无数群众高喊“国王万岁”的口号声中重新回到德黑兰。美国中央情报局插手支持保王派反攻，8 月 19 日，国王出走仅三天后，保守派军队就攻进了德黑兰。

---

① Bazaar，“集市”之意，不仅是商品交易所，也是旧式商人的松散组织形式，常卷入政治活动。

摩萨台犯了个重大的错误，即他越来越依赖人民党，而在伊朗人眼中，人民党只是苏联人的工具。英国和俄国都是伊朗的世仇，摩萨台因反英而打起民族主义大旗，人民党的亲苏倾向又使他丢掉了这面旗帜。渐渐地，僧侣中支持他的人离开了他，议会中的地主阶级多数也离开了他，“巴扎”商人开始组织反摩萨台的暴动，后来带头高喊“国王万岁”的就是这些人。西方国家出于反苏的需要，联合起来抵制伊朗石油出口，伊朗石油被堵在港口，无法运往国外。伊朗经济崩溃了，摩萨台也彻底输光了政治资本。后来人们看得很清楚，最终回到国王那边去的人全都属于传统势力，摩萨台的真正支持者是城市中产阶级。国王回国后，对“民族阵线”进行了残酷的镇压，萨瓦克就是为此而建立的。民族阵线的瓦解标志着城市中产阶级的政治存在丧失了，从此后，他们只作为社会力量，其政治力量已不复存在。值得注意的是，在镇压民族阵线之后，王朝继续执行石油国有化政策，可见在这个问题上双方并没有根本分歧。

接下来国王便开始收拾地主阶级。从某种程度上说，一个现代意义的地主阶级也是巴列维王朝创造的新现象，可说是现代化的副产品。伊朗土地制度原是一种部落所有制，部落酋长与地方豪强虽然在事实上控制土地，却没有明确的土地私有权。巴列维王朝对农业进行资本主义改造，因此需要实行完全的私有化。礼萨在位时通过一系列立法，使原先不明确的土地控制权变成了所有权，由此便产生了一个带有资本主义性质的地主集团，少数大地主占有全国绝大部分可耕地，被称为“一千家”。1935 年，新的法律又使游牧部落的头人也变成地主，从而使地主的力量更加强大。但大地主在掌握土地的同时也掌握了议会,从而对专制的王权构成重大威胁。第二次世界大战期间,议会乘礼萨退位之机成为强大的政治力量,新国王的权力则大为削减。石油危机中,摩萨台又借议会之手呼风唤雨,差一点剥夺了国王的权力。对这样一个桀骜不驯的大地主集团,国王迟早是要去收拾的。

1962年,国王发动“白色革命”。这一年,国王公布了“白色革命”的六点纲领(后来扩为12点),其中最重要的就是土地改革。国王说得很清楚,他的“白色革命”是针对地主阶级的:“权利应归全民,而不得为少数人所垄断”;他说大地主是“社会的寄生虫”,他们“作威作福的日子已经屈指可数”了。[①] 他说这些话,显然不是无的放矢。

土改分为两个阶段,第一阶段从1962年开始,目标是拿“一千家”开刀。在这一阶段上,土改执行得非常坚决,大地主的地产被分割了,其地方政治势力也随之削弱。到第二阶段(1964年开始),改革的目标是中小地主,这时政府就半心半意了,原先的方案几经修改,最后变得对地主并无不利。不管怎么说,此时大地主的政治势力已经被削弱了,议会中的地主阶级多数也已经消失,取而代之的是各种新人:教师、工会干部、社会工作者、前任政府官员、工程师、企业家等等。但这并不表明城市中产阶级政治力量的恢复,而是表明国王已完全控制了议会,大地主作为一支可以与国王抗衡的力量已退出舞台。值得注意的是,土改方案最初提出时,议会曾两次加

① 巴列维:《白色革命》,载《巴列维传》,第368页。

以否决，国王也两次解散议会，最后土改是在没有议会的情况下强制执行的。①

照理说，地主是国王的天然政治盟友，培植强大的地主阶级，就是为王朝培植社会基础。但巴列维王朝容不得任何人分享权力，因此也和对待城市中产阶级那样，王朝只容忍地主阶级的社会存在，而不允许它的政治存在。大地主集团在王朝的碾压下也同样断为碎片，无法形成整体力量。

这样，巴列维国王就可以放手实行他的现代化计划了，他感到不再有障碍。国王说："君主制是统治伊朗的唯一手段……想做事就得有权，想掌权就不能寻求别人的同意或建议，不能和任何人商量决策。"②伊朗现代化正是在这样一个奇怪的环境中进行的，它是国王一个人的事，靠国王一个人推动。正如礼萨在20年代单枪匹马创建巴列维国家一样，他的儿子在六七十年代也指望靠单枪匹马创造伊朗的现代化，当然这个现代化仅仅意味着工业化。

这样，到60年代，穆罕默德·礼萨已经制服了两支有可能对他的权力构成挑战的政治力量。但不管怎么说，这两支力量和他都还是有一点共同之处的。城市中产阶级虽说有威胁力，但同时也最支持现代化；地主集团对现代化的兴趣不大，但它至少还是一支世俗的力量，它愿意支撑国王的世俗政权。等这两支力量都被国王打下去后，所有的不满就开始向另一个方向汇聚了。这时候，一个蕴藏

---

① 土改过程可参见W.B.费舍尔主编：《伊朗》，北京人民出版社1977年版，第14章"伊朗的土地改革"。

② 哈里戴：《伊朗：专制与发展》，第58页。

在伊朗社会底层的传统势力一点一点地显露出来，这个势力代表伊朗反现代主义的最深层传统，同时又为巴列维王朝所最不敢冒犯。现在，什叶教派就要举起反巴列维的旗帜，而它反对巴列维，实在是因为这个王朝企图实行“现代化”。

巴列维王朝是个世俗的政权，现代化是个世俗的进程，一个以传统主义为基础并坚守传统的宗教势力，从维护伊斯兰传统出发，一定会反对、抗拒现代化，这一点谁都看得很清楚。早在30年代，礼萨就曾企图像土耳其那样向宗教开战，把伊朗改造成世俗国家。他命令学校不开宗教课，不讲《古兰经》，要所有僧侣都改穿西服，不得再穿传统的伊斯兰长袍。他建立世俗的司法制度，从而剥夺了僧侣的很大权力；他还下令妇女都要摘除面纱，凡不服从者，军队将用刺刀挑开她的面纱。最后这项命令使什叶教派再也不能忍受，于是在1935年爆发了流血冲突，教派公开反对王权。

但一直到60年代，教派基本上超然于政治之外，它只坚守纯正的传统主义价值观，在关键时刻还支持国王，比如帮助他度过了摩萨台危机。正如前面所说，巴列维王朝没有社会基础，为取得王朝统治的合法性依据，它不得不求助于传统主义的庇护。什叶教派正是伊斯兰传统的最深源头，因此无论王朝如何心怀疑惧，它都不敢触动教派。什叶派永远是国教，僧团也永远是特权组织，是传统主义的卫道士。但是在60年代，双方终于公开对抗了，对抗的题目当然是现代化。1962年，穆罕默德·礼萨下令给妇女选举权，并且将议员就职时向《古兰经》宣誓改为向“圣书”宣誓，从而隐含着各种宗教平等的倾向。这一下惹恼了什叶派，他们立刻召集高级僧侣会议，向国王致电要求取消成命。它派出特使到全国各地申诉观点，并警示这样做会“对伊斯兰教和伊斯兰人民造成危险”[①]。正在这时，国王开始发动“白色革命”，其中土改又涉及由宗教团体经管的捐赠土地，教派的经济来源因此也受到威胁。什叶派决定与政府公开对抗，而且以妇女选举权问题为突破口（这是伊朗传统主义最根深蒂固的偏见之一），而不提土地改革问题，以避免有世俗功利之嫌。什叶派领袖阿亚图拉[②]霍梅尼一次次发表演说，号召人民抵制为发动“白色革命”而举行的公民投票。他说政府正在把伊朗出卖给外国，“国家的独立及其经济将被外国人接管”[③]。神学院学生走上街头，与军队和警察发生冲突。巴扎商人开始罢市，大学生则冲出校园，大喊反对国王的口号。军队进行了严酷的镇压，街头发生流血，霍梅尼则被捕，在关押了一阵子之后又被流放了。值得注意的是，城市中产阶级在这次事件中开始向教派靠拢了，最典型的是原民族阵线的一个学生组织开始接受教派的领导，而在此之前，他们一直是反对教派的反现代化立场的。正如阿扎尔·塔巴里所说：“在社会主义和世俗民族主义一片混乱之际，伊斯兰教则因未受1953年灾难的危害而走上前来，填补了政治真空，让自己成为可以替代国王暴政的激进代理人。”[④]

霍梅尼就是这种忠实于伊斯兰传统而反现代主义的代言人，他从信守伊斯兰传统出发看待现实，其思想可以归纳为以下两点。首

① 尼吉·克蒂主编：《伊朗的宗教与政治》，第67页。
② 意为“神的象征”，用来称呼什叶派最高法学权威，也是教派的领袖。
③ 尼吉·克蒂主编：《伊朗的宗教与政治》，第67—68页。
④ 阿扎尔·塔巴里：《现代伊朗政治中僧侣的作用》，见尼吉·克蒂主编：《伊朗的宗教与政治》，第70页。

先，真主是唯一的立法者和执法者，伊斯兰法是唯一的法。国家的灾难起源于忽视主的法，“异邦外国伸出乞求的手，将其伪造的法律移植进来，而这些法原本出自自私自利之人的恶毒之心。”其次，伊斯兰国家应由真主来统治，而真主的统治应交由人世的权威来代行。但人世的权威并非帝王，而是有学问的法学家，也就是执行伊斯兰法的僧侣，因此，他号召僧侣直接掌权。[①] 在历史上，什叶派从来都不愿直接掌权，现在霍梅尼却提出由僧侣直接组成政府，这在当时伊朗没有世俗反对派的真空舞台上，正是恰逢其时。

霍梅尼对国王的政策深恶痛绝，他的批评涉及各个领域。比如说，他指责国王造成道德败坏，包括妇女除去面纱，男人戴帽子(而不是头巾)，男女混校读书，公开生产酒类而且出售，允许播放音乐毒害人的灵魂等等。他反对征兵政策，主张穆斯林全民皆兵，平时做老百姓，战时当兵打仗。他主张用伊斯兰的传统方法征税，反对进口税，说它破坏商业。他反对世俗司法制度，主张恢复伊斯兰法，包括其判刑标准和执法方式。他不相信现代医学，反对施行外科手术，主张传统疗法。他抨击现代传媒工具，说电视台是以色列的间谍机关，报纸广播是外国人的工具，只会毒害穆斯林的心灵。总之，他要维护伊斯兰社会的完整传统，认为一切外来之物都是蓄谋，目的是瓦解伊斯兰价值观，肢解伊朗国家。霍梅尼打算用神权政治恢复一个完整的伊斯兰社会，他认为，在其中，正义将主宰一切，穆斯林将完全平等。

霍梅尼关于平等的许诺拨动了许多伊朗人的心。70 年代，巴列

① 尼吉·克蒂主编:《伊朗的宗教与政治》，第 61、62 页。

维的现代化计划已经出现问题,经济发展太快,社会变革却太小,或者说在专制主义阴影下难以进行。1960—1970年,表示贫富差距的基尼系数从0.4188上升到0.4545,以后仍继续上升。1972—1973年度,收入最高的10%的家庭消费额占国民总消费的34%,收入最低的10%的家庭只占2%。1975—1977年,通货膨胀达30%,出现了百万人的失业大军。随着工业化的进展,德黑兰俨然成为两个世界:北部楼房依山排列,鳞次栉比,犹如仙山琼阁;南部棚户成片蔓延,肮脏混乱,恰似人间地狱。无数在"白色革命"中未能得到实惠的农民流入城市,以打工度日,眼见灯红酒绿的都市情景,心中充满不平。大不里士的农村打工仔看着满街乱跑的年轻姑娘不仅不戴面纱,而且身穿超短裙招摇过市,便觉得在清真寺祷告时才有一方净土。流放的霍梅尼则不断从伊拉克偷运回数不清的布道录音,说白色革命"企图把殖民文化传布到最遥远的城镇村庄,毒化本国青年"①。王朝现在要自食其果了:国内已听不到批评意见,从国外传来的反对之声则吸引了无数心存不满的伊朗人。一切不满者都开始向霍梅尼汇聚,霍梅尼的反现代主义倾向已无人顾及,他在人们的心目中是一个反专制主义的斗士。王朝的专制引导它自身走向灭亡,正如哈里戴所说,在专制统治下,一切过错都要由国王一个人来承担:当经济形势好时,尚不会出大问题,"但是在后来那些年份里经济恶化的情况下,这个因素就变得相当严重了"②。事实很清楚,霍梅尼反对的

① 阿约曼德:《包裹王冠的头巾》,第99页。
② 哈里戴:《伊朗:专制与发展》,第58页。

实际上是整个现代化的追求。国王最大的错误在于，他追求现代化，但把现代化的社会基础全都铲除了；他使用专制的手段改造伊朗，结果专制毁掉了他的“现代化”。

1979 年，伊朗爆发一场“伊斯兰革命”，巴列维王朝被推翻了，霍梅尼回到国内，创建了一个“伊斯兰共和国”。当时有些高级僧侣主张建立一个民主的伊斯兰共和国，但霍梅尼驳斥了这种主张，他要建立僧侣直接统治的神权国家。他还鼓励信徒们相信这种说法，即他就是伊玛目再世，或至少是马赫迪。[1] 1980—1988 年，伊朗与伊拉克打了一场旷日持久的战争，巴列维时代聚集起来的现代军火全都给打光了，最后“革命卫队”只好又拿起原始的武器作战。巴列维王朝雄伟的现代化计划结束了，伊朗抽身于世界之外，又回到它那个封闭的社会中去。

新版附记：时过 40 多年，伊朗继续寻找自己的现代化道路，当年一些人提出建立民主伊斯兰共和国的主张，在霍梅尼去世后逐渐成型，成为现在伊朗的国家制度。这套制度确实有其独到之处，它的各部分相互牵制，又彼此合作，经过一段时间的检验，被证明有相当强的可操作性，迄今为止运转顺利。尽管几十年中伊朗因美国制裁而经济困难，人民生活时有艰辛，制度却未受挑战，引起世人高度瞩目。看来，每一个国家都需要寻找自己的现代化模式，现代化过程最大的失误，莫过于拾人牙慧、东施效颦。

---

① 伊玛目是早期什叶派政教合一的领袖，最后一代伊玛目据说是隐藏起来了，将来有一天会再现。马赫迪则是伊斯兰教的救世主。

第六章　二元对峙的社会

印度的经历

价值观与发展

在发展中国家中往往出现这种现象，即人们对事物的判断同时存在着几种标准，比如对法律所禁止的行为，习俗却是准许的，这时对事件的处理就非常困难。在这种场合，法律（现代价值观的体现）和习俗（传统价值观的体现）会产生交互作用，最终产生啼笑皆非的结果。对人的判断也是这样：以亲疏关系取人还是以业绩取人，这也体现着对立的价值标准。在发展中国家两种标准往往并存，使选人的过程既神秘又复杂。这些现象涉及的就是价值观问题，价值观在国家发展中起什么作用，这是本章讨论的主题。

价值观与发展的关系从马克斯·韦伯起就被人们注意。马克斯·韦伯在他的《新教伦理与资本主义精神》中探讨了一种新的生活态度（即"新教伦理"）对早期资本主义形成的推动作用，实际上，这就是现代化的开始。根据马克斯·韦伯的观点，新教（加尔文教）

对先定论的信仰使人们相信事业的成功标志着上帝的青睐，因此商业上的扩展与财富的积累就隐含着谁是上帝选民的暗示。在这种宗教启示的指引下便发展出一种所谓“合理谋利”的精神，而这就是推动资本主义发展的价值基础。[①] 从此点出发，马克斯·韦伯认为资本主义产生在西欧是必然的，而在其他文明的价值体系下，都不可能发展出“现代的资本主义，也没有这种发展的苗头”，其原因就在于：“不管是佛教的虔诚也好，道教的虔诚也好，还是印度教的虔诚也好，都没有促进形成理性的生活方法论的推动力。”[②]

尽管马克斯·韦伯后来受到许多批评，但他关于价值观与发展之间有相关性的观点却受到普遍重视。行为主义—功能主义大师帕森斯据此提出文化模式（即价值观）的变化才造成社会的根本变化（即社会转型），而价值观变化在一切变化中费时最长且最为困难。[③] 帕森斯说，一种价值观越被普遍认同它就越难发生变化。作为举例，他说：“印度教的取向不可能使主张社会变化的任何重要运动合法化。”[④]关于这一点，马克斯·韦伯也曾得出过同样的结论。他也说：印度教的价值体系“按其前提条件，是空前的、最强大的、传统主义的势力，因为它是最彻底地在宗教上阐释‘有机的’社会的观

---

① 参见马克斯·韦伯：《新教伦理与资本主义精神》，中译本有生活·读书·新知三联书店1987年版和四川人民出版社1986年版等。

② 马克斯·韦伯：《经济与社会》，上卷，商务印书馆1997年版，第699、700页，着重号为原文所有。

③ 见阿佩尔鲍姆：《社会变化理论》（Richard P. Appelbaum, *Theories of Soial Change*），芝加哥1970年版，第70—71页。

④ 帕森斯：《社会进化》（Talcott Parsons, *The Evolution of Societies*），新泽西1977年版，第84页。

点，而且无条件地为现存的权力和幸福的分配进行辩护”①。

经济学家在谈到发展时很容易持一种乐观态度，他们认为发展的前景是无限的。因为人的欲望无限，对改善生活地位的期待也就无限，因此只要能提供满足这些欲望的社会机制，即经济理性主义，无限发展的可能性就会出现。但事实往往不是这样，经济学家显然忽视了社会价值观的阻遏作用，某些特定的价值观有可能削弱物质利益所形成的激励机制，从而破坏经济合理化造成的有利条件。例如高工资未见得能吸引人们到一个特定的行业中来，从而达到合理调整职业结构的目的。美国学者莫尔在解释这个现象时说：“某个新职业要么是不具备传统的声望，要么是人们看不起它，因为其中包含着体力劳动，或它以业绩取人而不考虑诸如年龄、亲属关系、种姓，或其他形式的‘特种’身份等问题。”②很显然，是价值观在这里起阻遏作用，阻止人们按“经济理性主义”挑选自己的职业。可见经济理性主义（其中包括“合理的”经济制度、市场机制、激励机制、运作规范等等）未见得能完全解决经济发展问题，价值观更新也许应先于经济发展本身。事实上，从世界现代化的历史来看，许多发展中国家遇到的第一个障碍就是价值取向的障碍，对新社会秩序的抗拒或对旧传统价值观的依恋都会阻碍现代化的启动。现代化学者英克尔斯对六个发展中国家的观念现代化进行了长达几年的问卷调

① 马克斯·韦伯：《经济与社会》，上卷，第 699 页。

② 莫尔：《欠发达国家中劳工对待工业化的态度》（Wilbert E. Moore，“Labour Attitudes toward Industrialization in underdeveloped Countries”），节录载埃齐奥尼夫妇编：《社会变化：原因、模式与后果》（Eva Etzioni-Halevy & Amitai Etzioni ed., *Social Change: Sources, Patterns, and Consequences*），纽约 1974 年第 2 版，第 304 页。

查，得出结论说："一个现代社会要有效地发挥作用，就必须要求公民具备某些品质、态度、价值观念、习惯和意向……一个国家有可能在工业上发展并进行大规模城市化，但若无其居民在心理上经历根本性的变化，它就只是有一个部门发达的国家，而不是真正的发达国家，更不是现代社会。"他进一步指出："这些只有某个小部门已经现代化而有大片传统主义穷乡僻壤的国家，如果想要避免可怕的全国性的分裂对它们产生影响，就必须寻找某种方法把所有公民团结起来并融合到社会的现代部门中去。"[①]英克尔斯所说的只有部分现代化而有"大片传统主义穷乡僻壤"的现象，其实在发展中国家相当普遍。人们很容易把这种现象归因于经济发展尚未到位、"现代化"尚在进行之中。然而在英克尔斯看来，贫困的原因首先在于有一种"穷"的价值体系存在，因而人们拒绝可能导致其惊慌失措的变化出现。

总之，如斯梅尔塞所说："价值对发展影响重大，尽管方式可以有许多。"[②]价值对发展的影响可以从印度的实例中看出来，印度是"只有某个小部门已经现代化而有大片传统主义穷乡僻壤"的最典型的国家。

---

① 亚历克斯·英克尔斯：《现代人的模型：理论和方法问题》，载西里尔·E. 布莱克主编：《比较现代化》，上海译文出版社 1996 年版，第 470 页，着重号为原文所有。

② 斯梅尔塞：《构筑一个现代化的理论》（Neil J. Smelser, *Toward a Theory of Modernization*），节录载埃齐奥尼夫妇编：《社会变化》，第 274 页。

印度经济——发展的二重性

就在印度独立的那一刻，贾瓦哈拉尔·尼赫鲁在印度议会大厅向全世界宣布："一个历史上罕见的时刻业已来临：当一个国家的人民告别旧世界，迈向新未来，当一个时代宣告结束，当一个长期受压抑的民族的心灵得到了解放……在这历史的黎明，印度开始了无穷无尽的求索……"在那庄严的时刻，尼赫鲁保证："我们应该建设自由印度的崇高大厦，在这座大厦中，它的所有儿女都会受到欢迎。"① 当他发表独立演说时，议会外是成千上万载歌载舞的人群，他们正沉浸在欢庆的喜悦中；但在印度和巴基斯坦的分界线上，无数人却因为两个新国家的突然出现而陷入一场惨绝人寰的种族和教派的大仇杀，预示着这两个国家独立后的道路将不平坦。圣雄甘地——那位孤寂的老人，正奔走在印度贫瘠的大地上，希图以一己之力来阻止那场丧失了理智的疯狂屠杀。

印度独立时，它的前景确实是黯淡的。它境内有 14 个语言集团，讲 850 种彼此听不懂的方言，每一个语言集团似乎都可以宣称自己是一个"民族"。它境内有 550 多个王公土邦，每一个土邦都有自己的政府和军队，根据独立时的规定，它们都有权宣布自己"独立"。印度有许多不同的宗教，除 3 000 多万穆斯林外，还有 700 万基督教

① 转引自多米尼克·拉皮埃尔和拉里·柯林斯：《圣雄甘地》，新华出版社 1986 年版，第 302—303 页。

徒、600万锡克教徒、10万袄教徒和8万犹太人。但最大的问题还是种姓问题，在当时2.75亿印度人中有3 000多个不同种姓，各种姓之间互相隔离，互相对立，每一个种姓内部又有亚种姓和亚亚种姓，整个社会因此被撕扯成一块一块的，很难说是一个整体国家。由于这些因素，印度历史上只在公元前3世纪和公元17世纪有过短暂的政治统一，其他时间都是小国林立的状态，而现代印度的统一反倒是由英国殖民统治造成的，因此许多西方人预言：一旦英国人撤出印度，印度将再次瓦解！更为糟糕的是：印度独立时是世界上最贫穷的国家之一，据1951年统计，印度平均每人年收入仅65美元，即每天不到18美分，属于世界上最低的收入水平。显然，其中有很多人的实际收入一定比这个数字低得多，比如农村的无地农民与“不可接触者”。[①] 面对这样一个局面，尼赫鲁却代表印度新的领导阶层许诺要建设繁荣、富强的新印度，而且“它的所有儿女都会受到欢迎”！

建设繁荣富强的新印度，是领导独立运动的知识分子——主要是一批受过西方教育、滋生着民族主义思想的中上层专业人员所怀抱的理想。早在1930年1月26日，印度独立前十几年，国大党就在《独立日誓言》中表达了这个理想，其中说：“我们认为享受自由，享受自己的劳动果实，并且具有生活必需品，以便有充分发展的机会，

① 卢卡斯和帕潘奈克主编：《印度经济：发展与展望》(Robert E. B. Lucas & Gustav F. Papanek ed., *The Indian Economy, Recent Development and Future Prospects*)，博尔德和伦敦1988年版，第93页。

这是印度人民(正如其他人民一样)不容侵犯的权利。”[①]印度独立后,国大党再次承诺建立“一个以机会均等,政治、经济和社会权利平等为基础的合作的联邦”[②],它既不同于资本主义,又不同于社会主义,是一个“社会主义类型的社会”。当时,许多印度人对达到目标充满信心,尼赫鲁的独立演说(被称为《命运誓言》)正反映了独立初期印度知识分子的这种乐观的情绪。

如今,半个世纪过去了,这个理想实现了多少?

确实,与独立前相比,印度已取得长足的进步,有些进步是相当惊人的。从经济发展方面说,1950/1951 年到 1984/1985 年间,印度人口增加一倍,国民生产总值(按 1970/1971 年的固定价值算)却增加了 2.41 倍,即从 1 746.9 亿卢比增加到 6 120.1 亿卢比(卢比汇率在 1981/1982 年间大约是 9 卢比兑换 1 美元),人均国民收入从 466 卢比增长到 771.5 卢比,增加了 65.56%。在这期间,国民生产总值年平均增长率为 4.4%,工业生产指数增长了 4.67 倍,农业生产指数增长了 1.31 倍,印度建成初步完善的工业体系,包括冶金、钢铁、采矿、机械、电力、原油、飞机制造等重工业部门和纺织、制糖、化纤、电子等轻工业部门。与独立初期相比,煤产量增加 4 倍,发电量增加 25 倍,原油产量增加 133 倍,钢锭产量增长 7 倍;粮食产量由 0.5 亿吨增长到 1.46 亿吨,棉花产量从 51.7 万吨增至 140 万吨,甘蔗产量从 7 049 万吨增至 1.73 亿吨,油料产量从 4 980 万吨增至 1.31 亿

---

① 《独立日誓言》,载《尼赫鲁自传》,世界知识出版社 1956 年版,附录(一),第 703 页。

② 迪利普・希罗:《今日印度内幕》,天津人民出版社 1980 年版,第 95 页。

吨，农业生产基本上实现自给自足，可以养活全国人口。尤其让人瞩目的是，印度在科学技术领域发展很快，其中如原子能、电子、高分子、空间技术等已经逼近世界水平。它能制造导弹、卫星、核电站，在70年代末就拥有一支230多万人的科学技术队伍，在人数上仅次于美苏两国，其中不乏世界一流的科学家。[①] 在国防技术方面，从80年代开始，印度就能仿制世界上最先进的武器系统，比如英法合制的“美洲虎”战斗轰炸机，苏制米格-27M歼击机、T72M中型坦克、GM-21型40管火箭炮，法制米兰Ⅱ型反坦克导弹，德制SKK1500型潜艇，瑞典制FH-77B155毫米榴弹炮，荷兰制低空防空雷达等；并研制了性能相当于德国“豹”式Ⅱ型的主战坦克，优于美国F-16鬼怪式战斗机的轻型作战飞机，空中预警系统和第三代激光导弹，建造了三艘航空母舰。[②] 1998年，它还正式引爆了五枚核装置，成为世界上第六个核国家。总之，印度独立后取得的成就是举世瞩目的，它不仅没有像有些西方人预言的那样退回到英国人统治以前的那种分裂状态，相反，它成了一个团结、稳固的南亚大国，依靠议会政党制维持着内部的政治运作，同时又不断扩大它在世界上的影响。从这些方面说，印度独立后的经历是成功的。

然而另一组数字似乎得出相反的结论。在印度前三个五年计划中，年平均增长率只有3.8%，大大低于5%的发展目标。此后三年无计划时期，国民生产反而出现倒退。第四个五年计划从1970年

---

① 以上数字见陈峰君主编：《印度社会述论》，中国社会科学出版社1991年版，第55—56页。

② 见培伦主编：《印度通史》，黑龙江人民出版社1990年版，第866—867页。

开始，年增长率只有 3％—3.5％；第五、第六个五年计划执行情况较好，但增长率也只有 5.5％左右，扣除其中夸大的成分，实际增长率大约是 4.5％。与 1951 年之前（即英国统治下）半个世纪中年经济增长率只有 1％相比，独立后的 40 多年 3.5％的发展速度已经是一个很大的进步，但是，扣除大约每年 2.3％的人口增长率，实际经济增长率只有 1.2％，这是个非常缓慢的速度。①

放在世界范围内来考察，速度之慢就更加明显。从 50 年代到 70 年代的 20 多年时间里，印度工业以每年大约 4.8％的速度增长，这比其他低收入国家在同时期的增长速度还要慢，那些国家一般都能达到 5.5％的增长水平，而且其中有许多还是非洲国家，非经济因素的影响相当大。在 50 年代初期与印度处于同一发展水平的是一批中等收入的石油进口国，那些国家后来的工业发展速度却达到了 6.2％。②

60 年代以后，随着东亚、东南亚国家的经济发展进入高潮，印度的相形见绌就更为明显。有一份关于东亚、南亚 11 国经济发展情况的统计数字，其中按人口平均的国民生产总值，1981 年印度排在倒数第三（260 美元），只比孟加拉（140 美元）和缅甸（190 美元）强，赶不上斯里兰卡（300 美元）、中国（300 美元）和巴基斯坦（350 美元）。在发展速度方面，1960—1981 年的 20 年中印度只与缅甸打平手，位居倒数第二（人均国民生产总值年增长率 1.4％），这个数字只有巴

① 卢卡斯和帕潘奈克主编：《印度经济》，第 6—11、147 页。

② 卢卡斯和帕潘奈克主编：《印度经济》，第 131 页。

基斯坦（2.8%）、菲律宾（2.8%）、泰国（2.6%）和斯里兰卡（2.5%）的大约一半，不到中国（5.0%）和马来西亚（4.3%）的 1/3，与韩国（6.9%）和日本（6.3%）相比则相去更远。在 60 年代初期，印度工业在国民生产总值中所占比例（14%），与韩国（14%）、泰国（13%）、马来西亚（9%）相差不多，但 20 年后韩国达到 28%，泰国达到 20%，马来西亚达到 18%，比例几乎都加倍，印度却只增加了 4 个百分点，达到 18%。工业发展速度方面的差距也很明显，1970—1981 年，印度工业增长率为 5%，泰国和马来西亚是它的两倍（10.3%、11.1%），韩国则是它的三倍（15.6%）。可见，在东亚经济发展的大潮流中，印度显然落后了。①

农业的落后尤为显著，1950—1975 年农村人口平均产值按不变价格计算每年只增长 0.7%，这实际上意味着没有增长。1960—1981 年，印度农业增长在亚洲 11 国中速度最慢，年平均仅 1.9%，如果考虑到人口增长的因素，这种增长不仅被抵消，而且成为负数。结果，在从 50 年代到 80 年代的 30 多年中，人均粮食消耗（包括种子、浪费等）只从每年 181.80 公斤提高到 185.18 公斤，增加了 1.86%。② 农业明显拖国民经济的后腿。据统计，从 50 年代初到 80 年代初，农业在国民经济中的比重从 58.69%下降为 37.48%，与此同时，农业人口的比例却基本不变，从 1951 年的 67.5%上升到

① 数字见乔杜里等主编：《印度独立后的经济表现》（R. A. Choudhury, Shama Gamknar & Aurobindo Ghose ed., *The Indian Economy and Its Performance since Independence*），牛津大学出版社 1990 年版，第 242—243 页。

② 乔杜里等主编：《印度独立后的经济表现》，第 242 页；卢卡斯和帕潘奈克主编：《印度经济》，第 99、130 页。

1961—1971年的69.5%，后又下降到1981年的66.5%。这意味着每一个农业劳动者的生产能力在30多年中不仅毫无进展，它与非农业劳动者的生产能力之比反而从1∶1.46下降为1∶2.93。[①] 在一个70%的劳动者从事农业生产的国家，有2/3劳动者的生产能力得不到提高，这对国家的经济发展会造成多么大的阻碍！

缓慢的经济发展造成贫穷状态的延续。印度本来就很穷，独立后也未能扭转这种局面。前面已经提到到80年代初按人口平均的国民生产总值只有260美元，在亚洲11国中排倒数第三；1985年国民人均收入771.5卢比，还不到100美元，这在整个世界都是非常低的。况且平均数还不能说明每个人的实际收入，有一半以上的人口实际收入要大大低于平均数，其贫穷程度可想而知。据估计，1985年有一半以上人口的卡路里摄入量不足；1987年，假如政府出钱把全国处于贫困线以下人口的收入水平全部提升到贫困线以上，那么所需经费就比政府财政收入的1/3还多。农村的贫穷尤为严重，据官方估计数字，1971—1972年有46.0%的农村人口处于贫困线以下，1972—1973年上升到54.9%，1977—1978年回落为49.5%，1982—1983年降至44.4%。也就是说，尽管政府做出重大努力，在11年中农村的贫困人口也仅下降1.6%，这对一个拥有8亿人口的大国来说几乎是无济于事，因为仍有两三亿农民生活在贫穷之中。假如政府在1987年动用国家资金把全部处于贫困线以下的农村人口提高到贫困线以上，那么需要动用资金826.5亿卢比，这是把包括

① 卢卡斯和帕潘奈克主编：《印度经济》，第99—100页。

非农村人口在内的全部贫困人口生活水平提到贫困线以上所需总数985亿卢比的5/6以上。[①] 由此我们看到：这里有两个印度，一个是全力拥抱现代化的印度，这个印度有先进的科学技术、高度发展的工艺水平，有豪华的城市生活和像加尔各答、孟买这样数百万人口大都市中完全国际化的商业区和金融区，也有相当出色的高科技制造工业，生产着诸如飞机、导弹、精密电子仪器和核反应堆这样尖端的产品；另一个印度却贫穷、愚昧、落后，现代化可望而不可即，其古老的价值观和生活方式几乎没有变化。事实上，当代印度是个复杂的社会现象，“从史前的轮作法，直到现代化的原子能电站”，什么都有。[②] 虽说像这样一种多重性现象在许多发展中国家都存在或曾经存在过，但像印度这样明显地表现出既发展又不发展、既奋力更新又旧貌难改的现象，在其他国家中却并不多见。印度的特色不是不发展，而是发展缓慢，无论经济和社会方面都是这样。这与古老的印度文明真是十分相称，人们常说，在印度哲学中，精神是永恒的，物质世界并不重要。[③]

印度社会——价值的二重性

由此可见，在印度，“只有某个小部门已经现代化而有大片传统

① 卢卡斯和帕潘奈克主编：《印度经济》，第98—99、104—107页。
② 迪利普·希罗：《今日印度内幕》，第9页。
③ 参见A. L. 巴沙姆主编：《印度文化史》，商务印书馆1997年版，第7章：“印度教”，尤见第117—118页。

主义穷乡僻壤”的现象多么严重！但经济二重性有其深刻的社会与思想根源，价值观方面的分裂对经济发展造成了严重阻碍，这在印度表现得相当明显。

古印度的价值标准集中体现在种姓制上。千百年来，种姓制既是一种制度，又是一种结构，而且是人与人之间的关系，同时又反映一种宗教信仰和一种人生哲学。种姓制可说是印度社会的基本特征，其他社会也出现过种姓制，但都没有像印度这样，将种姓制度变成如此完整的一个体系。

种姓制包括这样一些内容。首先，所有的人都生而属于某一种姓，这些种姓从理论上说分为五等，即吠陀经典中所说的婆罗门、刹帝利、吠舍、首陀罗和“不可接触”的贱民。五个等级从高到低，依次排列，一切种姓都依五个等级归类，而同一等级中的种姓又都有高低之分，这样，整个社会就按种姓的高低排列成上下有序的梯级，在这些梯级上，尊卑高低一目了然。每个人生下来就高低已定，不可更改，种姓决定他的地位，决定他在社会中的位置。由此可见，种姓制是一种严格的等级制，等级是由出身决定的。

但如果它仅仅是一种等级制，那它就没有什么独特之处了。种姓制的特殊之处在于：它与职业直接挂钩，种姓决定职业，代代相传，不可变更。一个人生下来其职业就已经定好了，比如说妓女，这是她所出生的种姓所继承的职业，因此母女相传。

种姓的高低就是由它所从事的职业决定的，这里体现着印度教的观念，即“洁”“污”之分。与动物有关的职业是不洁，因此是低下的职业，渔人、猎人、牧人于是就十分低下，是“不可接触者”，或者是低等种姓。皮革匠、鞋匠、屠夫等职业就更低下了，因为它们与牛有关；清理死牛则不齿于人类，牛在印度教中是最神圣的。所有的种姓都是按职业排列的，因此农人高于渔人、猎人、牧人等，商人则高于皮革匠、鞋匠；同是手工业者，木匠就比鞋匠高得多，因为他们处理木头（植物）而不是动物的皮。最高的等级是婆罗门，婆罗门负责解释经书，指导人的精神生活。在这里我们看到种姓制最不讲道理之处：既然职业决定人的"洁""污"，而"洁""污"又支配了种姓的高低，那么凭什么不准低种姓改变自己的职业，让他们走上求"洁"之路？对此，印度教是这样解释的：人们前世的"业"（即表现）决定今生进入哪一个种姓，前世"积德"则进入高种姓以取得回报，前世"造孽"则成为低种姓以接受惩罚。种姓的等级不是不可以改变，但改变等级要靠今生安分守己，到来世才见分晓！

从社会学角度说，这是统治者做出的巧妙安排，因为统治者离不开被统治者，他们需要被统治者为他们提供各种服务。种姓制正满足了这一要求：它让绝大多数社会成员安心于低下的社会地位，而且心甘情愿地接受生下来就为他安排好的哪怕是最卑贱的职业——并将其视为神圣！这样一来就排除了在社会内部发生变化的任何可能，连一个村庄中保留几个铁匠、几个木匠都几乎是永恒不变的。于是在印度几千年的历史上，人们看到的是高度的稳定性：社会变动极其缓慢，任何企图变革的运动（例如佛教），到头来都被种姓制消解了。

种姓的高低不仅表现在观念上和职业分工上，而且以宗教礼仪为载体，在生活的各个层面表现出来。比如说，高种姓不可从低种姓处接受食物，以免被“玷污”；高种姓与低种姓不可共用水源，否则就“不洁”；首陀罗不可进婆罗门的家，对其他较高种姓，则不可进其厨房……“不可接触者”受到的禁忌当然就更多，他们往往在任何公众场合都不可露面。1937 年曾有人对高低种姓间必须保持的空间距离做过调查，发现如果有一个纳姆布迪婆罗门在场，那么纳亚尔种姓必须对他保持 7 英尺距离，伊拉万种姓必须对他保持 32 英尺距离，恰鲁曼种姓应保持 64 英尺距离，纳亚第种姓应保持 74 至 124 英尺距离。这些较低种姓相互间保持的距离，则根据他们与婆罗门的距离差来计算，否则就是违背教规。[①] 每一个种姓都根据自己的职业以及历史上形成的传统来规范自己的行动，所以就形成了各种各样的生活禁忌与风俗，比如哪些食物不能吃，哪些东西不能碰，在哪里做祭祀，什么时候过节等等。这样，每一个种姓就都有自己的文化与生活方式，彼此之间不能相通。种姓因此就被赋予了文化的内涵，产生了许许多多的亚文化和亚亚文化，这使种姓制度的基础更加深厚，几千年来难以动摇。所有这些都使印度的“种族忠诚(caste patriotism)和种姓主义(casteism)比民族主义更加流行，这一事实对印度的民族整合来说是威胁也是挑战”[②]。在印度历史上，为什么国家难于统一、外族十分易于入侵？其根本原因就在这里。

以种姓为基础，古代印度社会是这样构成的：社会的基本单位

---

① 贝泰耶主编：《社会不平等》(André Béteille ed., *Social Inequality*)，企鹅出版集团 1969 年版，第 268 页。

② 辛格主编：《社会变化中的种姓、社团与冲突》(Virendra Prakash Singh ed., *Caste, Community and Conflict in Social Change*)，新德里 1992 年版，第 39 页。

是村庄，每一个村庄都由好多种姓构成。种姓间按职业形成分工与协作，每一个村庄于是都成了完整的社会，可以完全不与外界交往。村庄的基本生产方式是农业，较高的种姓占有土地，中等种姓租种土地或占有少量土地，低等种姓为地主帮工，耕种土地。其他种姓则从事各种服务性工作与辅助性工作，如做木工、铁工、石工、瓦工、捕鱼、放牧、清扫、洗衣、殡葬、看守神庙等等。这样一个村庄，职业是固定的，等级是固定的，统治与被统治是固定的，经济关系也是固定的，因此具有高度的稳定性。在印度历史上，发生过无数次改朝换代和外族入侵的事件，但都未能触动印度社会的基础，其原因就在于社会植根于村社之上，而村社又是高度稳定的，稳定的保证就是种姓制。几千年来，印度也曾发生过许多次企图改造种姓制度的运动，但最后所有这些运动要么是消失了，要么它们自己也变成特殊的“种姓”，如佛教、耆那教以及后来传入的伊斯兰教等。事实证明种姓制具有极强的消化能力，它能将各种异质文化一一消融，最后都融于它自己的框架之中。印度学者维兰德拉·辛格说：“总之，印度种姓制将亲族、地位、等级、职业、阶级、人种（文化）以及权力等等都协调地组织为一体，创造出一个强大、错综、完整的分层体系，这个体系十分适合早期国家组织治理下的农业生产，它严格地区分出主要生产资源的所有者和非所有者。”①当然，问题在于迄至英国入侵前为止，一切挑战都来自同样是农业的（虽说可能是异质的）文明的冲击，英国人带来的却是一种全新的文明即工业文明，在这种

① 辛格主编：《社会变化中的种姓、社团与冲突》，第 85 页。

文明冲击下，种姓制是否还有能力维护住印度社会的传统结构呢？现代印度的二元现象就是由这个问题所引起的。辛格认为，种姓制不适合“复杂的、技术快速变化的城市、工业的组织形式”，因此在新生产方式冲击下，它一定会发生变化。①

从理论上说应该是这样，实际情况却复杂得多。印度独立70多年，种姓的观念与做法却仍然根深蒂固。各国学者包括印度学者对种姓这种独特的现象进行了许多研究，并做过许多实地考察，最终得出的结论是：“相对严格并稳固的种姓等级仍然是20世纪中叶整个印度平原上乡村社会结构的中心特征”；种姓制尽管发生了某些变化，但它的“存在与重要性仍然举世公认”②。

下面我们摘录一些学者们所做的调查，从中可以看出种姓制在多大程度上起了变化，在多大程度上保留了下来。

英国人类学家凯思林·高夫1951—1953年在泰米尔纳巴德邦坦焦尔县的孔巴村进行调查，1976年她又回到这个村子，结果发现村中虽然发生了一些变化，但变化速度很慢，村庄里街道、神庙、神塔、洗澡池、墓地和火葬场一如既往，地界、种姓、住宅和村户人家也几乎一样。统治的种姓仍然在统治，地主都是婆罗门，自耕农多数是几个较低的非婆罗门种姓，多数雇农都是“贱民”（独立后称为“表列种姓”），“贱民”们仍住在“贱民村”，离中心村有好几百米远。每个种姓都有自己的祭司，执行自己的宗教仪式。理发匠、洗衣匠仍

---

① 辛格主编：《社会变化中的种姓、社团与冲突》，第85页。

② 富勒主编：《今日种姓》(C. J. Fuller ed. , *Caste Today*)，德里1997年版，第10、21页。

为全村服务,更夫依然守夜。搬运死牛、为非婆罗门送葬打鼓和看守火化场的,仍然是最低的种姓。从土地占有方面说,婆罗门占有土地从 1951—1952 年的大约 60%降为 30%,但他们仍是最大的土地集团,仍在村中占支配地位。“贱民”在 1952 年只有 1 人占有 1 英亩土地,现在总共占村中土地的 3%,但多数只有自己的房基,面积大约是 0.02—0.03 英亩(80—120 平方米)。对于低种姓来说,他们最大的受益是可以到村外去做工了,而且有时可以规避职业的限制。但总的说来,低种姓的经济情况比 1952 年好不了多少,得好处最大的是非婆罗门的中高等种姓。此外,种姓间互不接触的限制也有所松动,比如一个等级很低的渔夫种姓住进了婆罗门街,在公共场所如浴池、饭店、道路、公车中的回避禁忌也少了许多。不同种姓间的男女关系经常发生,一个婆罗门妇女竟公开跑到邻村去与非婆罗门的情夫同居。①

印度学者维兰德拉·辛格在其书中记载了 70 年代末对卡纳塔克邦北卡纳塔卡区一批村庄中 343 个家庭的情况调查,这些家庭分属 21 个种姓,各等级都有。调查结果表明种姓意识在各种姓中都相当明显,传统的行为规范仍在无形中指导人们的行动,比如说对职业的期待,多数家长希望自己的儿子留在本种姓传统职业中,如果需要改变,那就应进入白领阶层。大多数村民仍从事传统的种姓行业,多数从事农业,次之是服务性行业,再次之是工匠行业等。按照

① 凯思林·高夫:《坦焦尔县土地关系的变化》,载《南印度农村社会三百年》,中国社会科学出版社 1981 年版,第 156—194 页。

传统习惯，农业种姓从服务性种姓那里接受传统的服务(如理发等等)，作为回报，农业种姓则给服务性种姓某种形式的款待，如请他们吃饭，给一点食物等。在一般情况下，只有高种姓才能给低种姓食物吃，以显示种姓的高低，在作者的调查中，相反的情况只发生过7次。在庆典活动中，只有高种姓可以邀请低种姓做客吃饭，低种姓则一般只在种姓内举办庆宴，"表列种姓"更不会斗胆邀请外种姓赴宴。在交友方面，一般只存在同种姓内部相交的情况，极少数场合才会有跨种姓的交往。朋友间会互访，甚至在一起吃饭，但往往也只是高种姓留低种姓做客，而且碗具也分开保管，一洗再洗。儿童间的跨种姓交往更为罕见，互相接受食品则几乎不可能。水被看作是最易被"污染"造成"不洁"的媒介，因此在所有村庄中，"表列种姓"都不可以接近公用水井；如果水源是一条河，则必须在下游取水。遇全村活动时，烹调、取水等工作必须由高种姓承担，低种姓只能清扫、倒垃圾。遇修桥铺路等公益活动，往往是高种姓出钱，低种姓出力。所有这些都使作者指出："现代化的潮流及人们对它的卷入是被许多堤坝阻挡的，这些堤坝由文化传统、世界观、价值、态度及社会认可的习惯与实践所筑成。"①

从澳大利亚学者艾德里安·迈耶的调查中，我们发现到90年代初，种姓间在交往方面的限制比以前已有松动。迈耶曾于1954—1956、1983、1992年三次在中央邦的兰科里村做实地考察，结果发现在诸如共同进餐、参加村社活动、使用水源以及寻找职业方面已经

① 辛格主编：《社会变化中的种姓、社团与冲突》，第157—160页，引文见第152页。

发生不小变化。但变化并非朝着消灭种姓制的方向发展，而是用一些变通的办法来缓解最明显的种姓隔离标志。比如不同种姓在一起吃饭，过去高低种姓要分桌、分时而食，现在则在相邻而坐的不同种姓间留出大约 6 英寸的空隙，表示种姓隔离。在水源短缺时，“表列种姓”也可以到村中公用水井取水，但这时公用水井已使用电泵，只要打开龙头就可以放水，因此不会因为使用了“不洁”的舀器而“污染”水源。人们对职业的选择也比以前自由，许多人开始修理自行车、半导体收音机、水泵等；他们可以做文书，还可以到附近城镇去做工，而不受种姓限制。但这些都是新出现的职业，本来就没有种姓限制；在原来有限制的职业中，打破种姓界限仍然是很困难的。高种姓尤其不愿做低种姓的工作，比如他们愿意在餐馆做侍者，但不愿到皮鞋厂去做工人，因为“皮匠”是个低贱的职业。婚姻方面的变化最小，村民们常向作者提出这样的问题：假如不按种姓原则结婚，婚姻将如何进行呢？早在 1954 年，作者做初次调查时人们就说“种姓已经没有了”；时至 1992 年人们更坚称种姓制早已不存在。但在作者看来，尽管发生了许多变化，但在“最与其相关紧要的问题上，人们却仍坚持基本上是传统的做法”①。

安德烈·贝泰伊从对印度城市的调查发现，在城市中，人们的种姓观念比较淡薄，至少从表面上看是如此。实际上，城市中庞大的人口使种姓间隔离的成规很难操作，比如在饭店吃饭，你很难知

① 艾德里安·迈耶：《变化与延续：一个印度村庄的种姓制，1954—1992 年》(Adrian Mayer, “Caste in an Indian Village: Change and Continuity 1954 - 1992”)，载富勒主编：《今日种姓》，第 32—64 页。

道邻座的顾客属于哪个种姓，也就很难执行种姓的隔离，因此种姓制似乎已经消失了。然而这种“种姓消失”的表象一旦走进私人生活就立刻原形毕露。比如，在一切问题上都表现为态度鲜明地反对种姓制度的人，在儿女婚姻上却会顽强地坚持种姓原则；勇敢地背叛了种姓制、娶了本种姓外的女子为妻的人，却会在一切公开场合郑重其事地告诉其他人：在印度千万不可在种姓外娶妻。哪怕在公共生活方面，比如找工作，种姓背景仍然是存在的：某个种姓开办的企业往往雇用同种姓的人就职，种姓的商店、场馆甚至学校，事实上到处存在。当然，在这些场合，种姓已不是唯一的用人标准了，人们还会考虑求职者的能力、教育水平、工作经历以及业绩等等。① 从这篇报告中人们会突然意识到当代印度的一个深层分裂，即取向完全相反的两种价值观可以同时发挥作用，一种以平等与成就为判断标准，另一种以等级与出身为判断标准，两种价值观在同一时间对同一事物作出不同的判断，就把这一事物分成两半。这是一种深刻的思想意识的分裂，它使社会在根基处断裂。比如，我们看到一个印度人在城里饭馆里吃饭时并不追究坐在他旁边的是谁，但他在乡下参加庆典时就一定要在他与邻座间划开一道 6 英寸的空隙；另一个印度人在办公室里热情地欢迎某位“表列种姓”做他的下属，并宣称他是新思想的拥护者，在家中他却坚决反对未来的女婿是个非婆罗门——在这时，我们发现：印度人在使用两种价值观，一种把印度引

① 安德烈·贝泰伊：《当代印度种姓》(André Béteille, “Caste in Contemporary India”)，载富勒主编：《今日种姓》，第 150—179 页。

向现代，另一种把印度保留在传统的社会中。两种价值观指向两个不同的方向，两个方向相互之间又彼此抵消。这样就使印度一方面奋力前进，另一方面手脚被缚，于是只好在前进与停滞中艰难地挣扎。美国学者弗兰克尔指出：种姓制造成的价值分裂，“使得印度这个新的民主共和国的大多数公民不可能有效地参与经济的或政治的发展进程”①，独立后印度的社会和经济发展表现得相当缓慢，这与社会在价值基础上的彻底断裂有密切联系。

谁之过？

种姓制在印度长期延续，当然与深厚的文化传统有关。印度是世界上最古老的文明源泉之一，种姓制又是这种文明最显著的特征，根除种姓制（尤其是它的思想根源），决不是一朝一夕的事。

但种姓制的延续也有人为的原因。

英国入侵带来新的文化，其中包括新的价值观。英国人主张个人平等，从而对种姓制提出尖锐挑战。但英国的统治却并不平等，英国人与印度人之间并无平等可言。这就把印度的知识分子推到一个尴尬的局面：他们希望摆脱英国的不平等统治，但为此就不能再为种姓制辩护。但是，种姓制中是否蕴藏着某种“印度精神”？丢弃种姓制是否会丢弃“印度文化”？印度知识分子在这里遇到的是

① 弗朗辛·R. 弗兰克尔：《印度独立后政治经济发展史》，中国社会科学出版社 1989 年版，第 7 页。

一切民族主义运动所不可避免的困境：在现代化冲击下，如何处理民族文化的积淀？甘地的思想便充满了这样的矛盾，他对印度的农村公社充满希望，认为“未经损害”的印度古代文明具有比西方先进的道德规范，村庄共同体的分工合作体现着“集体主义”价值取向，种姓制在剔除了等级内容之后，是可以为这种合作提供制度性保障的。[①] 尼赫鲁对种姓制持一种比较反对的态度，但他也说过：“在印度人们保持着种姓制的条件下，印度终归是印度；但是从他们与这个制度脱离关系的那一天起，印度就不复存在了。”[②]由此可见，在印度民族主义的深层意识中，种姓制始终是一个难解的情结。

英国人并不彻底反对种姓制，尽管他们不喜欢种姓制，认定它是“野蛮”的表现，但他们很快就认识到，种姓制对他们的统治有利，因为它使印度人分裂，产生种姓主义，而不是民族主义。所以他们一方面在法律上执行“人人平等”的原则，使王公与庶民同罪（以利于他们的统治）；另一方面在社会的层面上默认种姓制存在，因此有些学者认为：种姓制即使不是英国人发明的，至少也因为英国的统治而成了一种“特别严格的社会现象”，一种“独属于印度的文明社会的形式”[③]。

独立后，印度政府采取了反种姓主义立场。独立不久，1948 年 4 月，议会就通过一项决议：“本院认为，任何根据其章程或行使自由的权利而以宗教、种族或种姓为基础组织起来的社会团体，都不可

① 弗兰克尔：《印度独立后政治经济发展史》，第 9—11 页。

② 尼赫鲁：《印度的发现》，世界知识出版社 1956 年版，第 315 页。

③ 富勒主编：《今日种姓》，第 6 页。

以从事除对其社团之真正需要及文化需要有直接关系的活动以外的任何活动。”[①]1950年颁布的印度宪法对种姓问题作了特别规定，其中第17款禁止一切形式的“不可接触”制度，并规定相关的惩罚办法；第15款规定任何公民“都不得仅以宗教、种族、种姓、性别、出生地点等等为理由”，而被排斥于公共场所的使用范围之外，比如商店、旅社、饭馆、娱乐场所等等。宪法中还专列条文，责成政府对所谓的“落后阶级”给予文化、教育、经济方面的优惠，并在联邦议会和邦议会中为其保留席位。1955年，政府又颁布“不可接触犯罪法”，进一步禁止对“不可接触者”的歧视。由此可见，印度政府在法律上以及一切政府行为中，都严格反对种姓不平等，并尽力提升低种姓的社会地位。以致有人评论道：“世界上也许没有什么地方有如此庞大的一个下层少数阶层像印度的下等人那样受到政府如此特殊的照顾。”[②]

既然政府如此坚定地反对种姓制，为什么独立50年之后，种姓思想与种姓实践仍如此明显？是否文化与社会传统是唯一的因素呢？情况并非如此。实际上，政府有许多政策有意无意地助长了种姓意识，延长了种姓制的存在。

首先，由于给“表列种姓”许多特殊的待遇，身为“表列种姓”反而成了一种特权。尽管向“表列种性”倾斜明显提高了受歧视集团的自我意识，使其组织起来争取自己的权益；但这些组织都是以种

① 高什：《印度的社会秩序》(S. K. Ghosh, *Social Order in India*)，新德里1990年版，第45页。

② 辛格主编：《社会变化中的种姓、社团与冲突》，第47—48页。

姓为基础的，所以种姓的意识反而加强了。1955 年中央邦基里亚地区最低贱的种姓查码（皮革匠）曾召开一次种姓会议，其中除提出他们对受剥削受歧视的抱怨之外，并作如下表示："谁不为自己的荣誉和种姓感到骄傲，谁就不是人，而是畜牲、是死人。"[①]现在，不少"落后"种姓都成立了种姓组织，时间一久竟成为某种既得利益者，政府的特殊照顾成了他们获益的手段。以致有的评论家说："总是以落后或先进种姓的名义来考虑问题的倾向正在造成新的紧张和困难，在可见的未来将更难解决问题。事实上，许多强大的种姓在落后中得到既得利益，它们将抗拒任何把它们从落后的行列中转移出来的企图。"[②]较高种姓为维护自己的地位，也会加强相互间的联络。这样一来，各等级都按种姓原则动员起来，这不仅无利于消除种姓隔阂，反而使种姓的区别更加明显。所以，扶助落后种姓无意中造成种姓意识大增强，种姓由此而找到新的社会功能，即假如它不能再作为社会等级存在，它仍可以作为利益集团维持下去。富勒因此说：独立后印度的种姓制确实有所变化，但并没有向种姓消失的方向发展，而是将其改变为"文化差异"。[③] ——这是政府的政策所始料不及的。

同时，政府又有意识地利用种姓意识。印度独立时，国大党曾坚决反对种姓政治，尼赫鲁曾针对比哈尔邦的种姓冲突提出警告：谁若按种姓原则开展政治活动，就将被开除出国大党。但 1952 年第

---

① 辛格主编：《社会变化中的种姓、社团与冲突》，第 49—50 页。

② 辛格主编：《社会变化中的种姓、社团与冲突》，第 50 页。

③ 富勒主编：《今日种姓》，第 16—22 页。

一次大选中国大党恰恰是因为动员了占优势地位的种姓才取得比哈尔邦的胜利的，这是印度种姓政治的开始，尼赫鲁也因此修正了他的立场。此后，国大党有意识地与各地占优势的种姓结盟，在种姓领导人中发展党员、提拔干部、推举候选人。占优势的种姓多数是高等种姓，因此国大党事实上依靠着传统的地方统治阶层，这个阶层在农村占有土地，同时又是种姓制天生的维护者。他们对地方的影响力既出自高种姓对低种姓、"洁"对"污"的宗教-道德关系，又出自有地者对无地者、雇主对雇工的经济-社会关系，因此具有传统的权威性。国大党由此而能够在独立后的大部分时间里掌权，因此对"种姓"这个工具的作用就知之甚深。当然国大党也因此而改变了性质，"从争取自由的运动中产生出来的具有远见和代表更广大群众利益的领袖，让位于那些具有狭隘地方主义、种姓色彩很浓的政治上的新人"①。其他政党也不甘落后，都争先恐后地搞种姓政治。时至今日，印度一切大小选举中都离不开种姓的因素，情况往往是：如果一个政党从这个种姓（例如是占优势的种姓）中推举候选人，另一个政党就要从另一个种姓（或多种姓的联盟）中推举候选人；如果几个党都从同一个种姓中推举候选人，那么候选人个人的财产、势力、家族力量就要起作用。独立后最初30年中，种姓政治尚不公开，没有哪个党敢公然提倡种姓选举。但1977年第一届非国大党政府上台后，就公开宣称要执行"低种姓"的政治，理由是低种姓

① 转引自陈峰君主编：《印度社会述论》，第174页。

几千年来一直受压制，现在应该是还其公道的时候了！[①] 这以后，种姓政治就一发不可收拾，在“文化种姓主义”之外又形成“政治种姓主义”，种姓制取得了更大的生存空间。

国大党奉行的“非冲突方式”和“第三条道路”也延长了种姓的寿命。依据这种战略，印度宣称它将建成既非资本主义、又非社会主义的“社会主义类型的社会”，方法是“和平革命”。尼赫鲁说：“我们正是以这种方式来改造我们的国家，用和平的方式，把坏的东西去掉，把好的秩序建立起来。”[②]但这种“和平革命”就其实质来说就是要不触动旧的秩序，包括种姓制。因此印度宪法仅规定禁止“不可接触”，即最明显的种姓歧视，而不取消种姓与种姓制，相反还允许种姓区别以宗教和文化的形式保留下来。由此，种姓制只要不以公开的等级区分或种姓歧视的方式表现出来，其社会与经济的存在其实是合法的。思想中的种姓偏见更是根深蒂固，虽因舆论的压力与政府的反歧视政策它不可公开表露，但在私人场合与无形场合却随时可见，在农村特别是偏僻的地区则更是以公开的形式表现出来。英国学者麦迪逊说：印度发展缓慢是因为其受碍于“制度性约束”太多，其中包括“用宗教眼光而不是实用的态度看待工作，将体力劳动视为不洁，职业变换中有种姓限制，妇女、表列种姓和表列部族处于落后状态，耕地分配不均，分成制负担太重，禁止杀牛从而阻

① 贝泰伊：《当代印度种姓》，载富勒主编：《今日种姓》，第 167—169 页。

② 弗兰克尔：《印度独立后政治经济发展史》，第 127 页。

碍了有效的耕作，语言分裂与地区偏见"等等。[1] 这些"制度性约束"在印度独立后本来是有机会清除或至少缓解的，但国大党的"非冲突方式"却使旧的社会秩序延续下来。因此弗兰克尔问道："除了向那些使严格的社会等级成为制度化(而且神圣化)的信念和结构发动正面进攻外，还能不能有任何方法可以改变既定的财产、地位和权力状况?"[2]

最后，国大党的土地政策为延续种姓制提供了经济前提。平心而论，国大党高层领导对解决土地问题并不是没有诚意，尼赫鲁在1928年就说："柴明达尔制度是过时的、陈腐的封建残余，必须废除它。"1949年尼赫鲁为新独立的印度设计发展前景时更明确指出："历史证明，当一个国家解决了土地问题，国家的困难就会减少，而其他问题就开始迎刃而解了。"[3]当时，印度的土地问题极其严重，独立时全国有1/5以上的农户无地，25%的农户只有不到1英亩土地，14%的农户占地不到2.5英亩(即1公顷)——也就是说，总数61%的农户无地或只有小块土地，他们的土地加在一起只达到全国土地总面积的8%；另一方面，13%的农户是"大农户"，占全国土地总面积的64%，其中最大的5%的地主占全国土地的41%，他们是农村真正的豪强。[4] 无地或少地农民为地主做工，收入极其微薄。分成

① 麦迪逊:《阶级结构与经济增长:莫卧儿王朝以来的印度与巴基斯坦》(Angus Maddison, *Class Structure and Economic Growth, India and Pakistan since the Moghuls*),伦敦1971年版,第81页。

② 弗兰克尔:《印度独立后政治经济发展史》,第3页。

③ 培伦主编:《印度通史》,第744页。

④ 参见弗兰克尔:《印度独立后政治经济发展史》,第112—113页。

制农民要把60%—70%的收成交给地主，扣除种子等等所剩无几。无地少地农民基本上是低种姓，所以种姓等级关系往往与经济剥削关系重叠，低种姓不得不依附于高种姓，而这就是种姓制的经济基础。印度独立后，国大党力图改变这种情况，于是着手进行土改。土改包括三个方面，首先是消灭柴明达尔制，其次是制定土地最高限额，最后是减租减息，改变分成制。但实施的结果，只有消灭柴明达尔制是成功的。从40年代到50年代，各邦制定了65个法案，赎买土地约1.7亿英亩，占当时耕地总面积3.6亿英亩的近一半，使2 000万佃农直接与政府建立租佃关系，取消了柴明达尔地主的中间剥削地位。从1961年起，各邦政府根据中央指示开始制定土地最高限额，试图摧毁大土地所有制，强制性地把所谓“剩余土地”从大土地所有者那里赎买出来，再以优惠价格转让给无地少地农民，实际上是一种“平均地权”的企图。但这一措施遭到大土地所有者的普遍抵制，到1977年7月，全国只有404万英亩土地被确认为超限额土地，其中已征购210万英亩，已分配129万英亩，占全国耕地总面积的0.4%，而在1955年，国大党曾估计应该有6 000万英亩的“剩余土地”。[①] 事实上，国大党在执行土地最高限额时三心二意，这个党现在已经把它的命运与有土地的种姓联系在一起，许多土地被地主转移，在名义上转到了地主的妻子、儿女、亲朋、仆役的名下，从而躲避了最高限额。同时，国大党的地方党组织已掌握在有土地的优势种姓手中，因此在制定法律时，总是要让土地所有者有机可乘。

① 培伦主编：《印度通史》，第786页。

最后，国大党奉行“非冲突方式”，不向旧利益集团和旧制度发动“正面进攻”。凡此种种终使土改运动雷声大雨点小，最后也就无声无息地过去了。虽然最大的柴明达尔地主被消灭了，但他们只是极少数人，地主集团的整体地位并未受到动摇，旧的社会经济关系仍在农村延续，旧的种姓结构也就保留了下来。种姓制的经济基础虽不能说一点都没有受到触动，比如工业经济的扩大、城市生活的传播等都在动摇种姓制，但乡村社会中经济关系的缓慢变化恰恰是造成严重的二元对立现象的基本原因。人们在两种对立的价值体系间被分裂了，正如印度经济学家阿肖克·米特拉所说：“在印度，你可以全面地博览从田园生活，封建主义，重商主义，杂乱无章的资本主义到点滴的社会主义热忱的整个系列。”[①]确实，印度现代化就是在这样一个极其复杂的多元的环境中艰难地行进的，多元对峙沉重地拖着它的后腿。

① 转引自迪利普·希罗：《今日印度内幕》，第 9 页。

第七章　宗教与国家的互动

埃及的经历

伊斯兰教对现代化的回应

当现代化潮流冲向世界时，伊斯兰教也面临挑战。伊斯兰教7世纪初产生在阿拉伯半岛。阿拉伯人在伊斯兰的旗帜下走向统一，他们服从真主，“伊斯兰”这个词在阿拉伯语中就是“服从”的意思。伊斯兰把阿拉伯人组成“乌玛”，即不分氏族、部落和地区的教众社会。社会的领导人是先知穆罕默德，他既是宗教领袖，也是行政和军事长官，并且是最高的执法者。穆罕默德死后由他的继承人哈里发们代行这些职责，但他们比不上先知，他们只能代理先知的职权。

对穆斯林（意为“服从者”）而言，伊斯兰意味着一切。它既是宗教，又是政治制度，同时也是道德、伦理、生活方式，并且是法律和司法制度。“伊斯兰以一种社会秩序的蓝图呈现出来，它是一种生活方式，建立在一套规程与法则的基础上，这些规程法则是永恒的，出自神授，不以信徒的意志为转移。”①伊斯兰教被看成是一种完美的宗教，它不仅规定人与神的关系，而且规定人与人的关系，规定一切生活的准则，并且对违反这些准则的行为提出惩罚的办法。因此，社会生活的一切方面都归属于伊斯兰，大到政治、经济、军事、法律，小到人们的衣食住行、言谈举止。总之，伊斯兰就是社会，它不仅是宗教，而且是社会的一种存在方式。既如此，专职神职人员就没有必要了，每个“乌玛”成员都是伊斯兰的一员，伊斯兰社会中没有僧侣，它只有对宗教经典知之甚深的饱学之士——“乌里玛”，即法学家们。同时，“与基督教不同”（其实几乎与其他所有的宗教都不同），“它不把属于帝王的东西交给帝王，伊斯兰不分世俗和宗教，而是将二者都置于自己的控制下”②。这就是说，在伊斯兰世界，政教不分，政教合一，社会与宗教之间没有界限，宗教包容社会。这种文明与其他文明方式有很大不同，在其他文明中，宗教可以说是附属于社会的，而在伊斯兰社会，则由伊斯兰规范一切，它既规范政治与经济，又规范人们的日常生活。政治的统治和精神的统治于是合二为一，其人格的化身是哈里发，法的化身是“沙里亚”，即伊斯兰教法。

这就是“乌玛”社会——伊斯兰世界的最高理想。但“乌玛”只存在于伊斯兰教的初创期，当时穆罕默德和他的弟子怀抱着平等的

---

① 巴加德：《阿拉伯世界的当代伊斯兰运动》（Abubaker A. Bagader, *Comtemporary Islamic Movements in the Arab World*），载阿赫迈德和唐南编：《伊斯兰、全球化和后现代》（Akbar S. Ahmed & Hastings Donnan ed., *Islam, Globalization and Postmodernity*），伦敦和纽约1994年版，第114页。

② 巴加德：《阿拉伯世界的当代伊斯兰运动》，载《伊斯兰、全球化和后现代》，第114页。

愿望，把阿拉伯人团结在尚未摆脱部落痕迹的精神旗帜下。一位学者说：伊斯兰教是“带一副部落面孔的一神教”①，这是“乌玛”理想之所以出现的历史背景。但随着伊斯兰的壮大，阿拉伯人靠征服造就了一个多民族的跨地区的大帝国，在这个帝国里，民族的多样性、文化的多元性使“乌玛”理想已不可能实行，教民的平等互爱也不可能存在，帝王一定要高出于“乌玛”，把社会置于他自己的权威下。与世界其他地方一样，哈里发大帝国充满了争权夺利、荒淫腐败。穆罕默德去世仅 20 多年，“乌玛”内部就兵戎相见了。此后数百年中阿拉伯世界战乱不已，贫与富的对比也非常明显。后世穆斯林因此哀叹早期“乌玛”的丧失，认为这一切都起源于对伊斯兰精神的背离。这种心态成为伊斯兰文化的一个特征，以后每当挫折，人们就把责任归之于现世统治者背离主的指引，把希望存之于“乌玛”理想的重新恢复上。比如对 13 世纪蒙古人横扫伊斯兰世界的事件，人们解释说这是对穆斯林背离伊斯兰的惩罚；后来蒙古人又皈依伊斯兰，这证明伊斯兰精神又得到恢复了。人们对十字军侵略的解释也是这样：每当穆斯林追随主，主就让他们胜利；每当穆斯林违背伊斯兰，主就要让他们失败。一位西方学者曾经说：“无论过去或现在穆斯林之间的社会关系如何，信徒们总是在祈求一个理想的社会秩序……不管出现什么社会问题……他们在寻找答案时总是遵循一

① 萨多夫斯基：《新东方学派及关于民主的讨论》(Yahya Sadowski, *The New Orientalism and the Democracy Debate*)，载拜宁和斯托克编：《政治伊斯兰教》(Joel Beinin & Joe Stork ed., *Political Islam, Essays from Middle East Report*)，加利福尼亚大学出版社 1997 年版，第 39 页。

个固定的模式，即到伊斯兰教法中去进行分析，去查查 7 世纪阿拉伯半岛上最早的伊斯兰社会是怎么做的，再看看是否顺应 19 世纪和 20 世纪的现代风格。由于得不到准确的答案，他们就总是用下面这种假定来解释，即社会的实际行为在不同时间、不同地点总会有细微的差别。”①文化中的这种特征使伊斯兰社会深藏着一种追随先辈的倾向，而当 19 世纪欧洲人携其先进的科学技术和武器装备冲击伊斯兰社会时，伊斯兰的反应就很容易理解了。

面对冲击，伊斯兰面临变革或抗拒的选择。乌里玛集团反对变革，结果使伊斯兰的危机不断加深。但变革是否会动摇伊斯兰的基础，甚至将伊斯兰社会彻底否定呢？土耳其的经历似乎证实了这种可能性。如本书第一章所述，这个国家从 19 世纪中期开始改革，结果世俗化趋向一发不可收拾，及至第一次世界大战结束后新成立的土耳其共和国竟把已实行近 1 300 年的哈里发制度给废除了，并宣布自己是一个世俗国家。这对伊斯兰来说是一个根本的打击，因为它否定了“乌玛”原则。于是伊斯兰世界面临两难困境：面对西方冲击，变也不是，不变也不是。许多人因此思考会不会有第三条道路，它使伊斯兰既可以变，又不至于触动它的基础。在这种背景下，出现了伊斯兰内部的变革运动，即所谓的“伊斯兰现代主义”。

伊斯兰现代主义有三个代表人物，相互间是师承关系。第一代

---

① 布利特：《伊斯兰社会中的个人》（Richard W. Bulliet, *The Individual in Islamic Society*），载布鲁姆等编：《宗教差别与人权》（Irene Bloom, J. Paul Martin &. Wayne L. Proudfoot ed., *Religious Diversity and Human Rights*），哥伦比亚大学出版社 1996 年版，第 175—176 页。

宗师是哲马鲁丁·阿富汗尼(1839—1897),他是个传奇式人物,一生致力于伊斯兰的复兴,为此走遍了大半个伊斯兰世界,其中包括伊朗、阿富汗、埃及、印度等等,并且在伦敦、巴黎、圣彼得堡留下过足迹。广博的阅历使他意识到伊斯兰必须变革,只有变革才有出路。但他认为变革的基础必须是伊斯兰教义,《古兰经》和穆罕默德先知的《圣训》是改革的向导。他认为伊斯兰本身是富于科学和理性传统的,只是后来被乌里玛弄坏了,这才导致传统的丢失。他提出:向西方学习只不过是恢复科学和理性的传统而已,并不值得大惊小怪。他甚至说议会共和制与君主立宪制是世界上最理想的政治制度,而这些与伊斯兰传统也不相悖。总之,在他看来,改革就是回到伊斯兰正确的传统上去,纠正现代人对伊斯兰的背叛。他的思想发展成后来的“沙拉菲叶”(即追随先辈)运动,认为只有追随伊斯兰早期先辈的理想,才能拯救伊斯兰。一位西方学者说:他的思想包含着“穆斯林对西方的三种反应:号召防御,找寻西方强大的秘密,以及对西方世俗思维的本体化反思”①。

阿富汗尼的学生穆罕默德·阿布杜(1849—1905)继承了老师的思想,即伊斯兰要想振兴,就必须学习西方。他把伊斯兰传统中一些公认的原则比附于某些现代的西方思想,比如把“舒拉”(协商)解释为议会民主,把“伊智玛”(共识)解释为公众舆论,把“马斯拉赫”(按最佳利益原则对沙里亚法进行诠释)解释为功利主义,等

① 希罗:《伊斯兰原教旨主义》(Dilip Hiro, *Islamic Fundamentalism*),伦敦和格拉斯哥 1988 年版,第 53 页。

等。[①] 如此，他试图把西方的现代原则与伊斯兰的传统价值结合起来，并声称二者之间完全吻合。但他与阿富汗尼不同，阿富汗尼主张依靠奥斯曼宫廷领导伊斯兰的武装抵抗，阿布杜则把希望寄托在教育与立法改革上，认为一切法律都必须符合时代的需要，因此任何伊斯兰法规只要对现实造成伤害，就必须加以改造。但改造又必须以《古兰经》及早期先辈的言行为依据，由此他正式启动了"沙拉菲叶"运动。作为埃及的大穆夫提（司法官），他开创了沙里亚法现代化的先河。

阿布杜的学生拉希德·里达（1865—1935），把"早期先辈的正确传统"局限于先知和最初四个哈里发时期（大约从穆罕默德传教起到公元661年第四位哈里发阿里被刺为止）。他继承阿布杜的立法改革思想，但特别强调立法应以《古兰经》和《圣训》为依据，而不是后世乌里玛们做出的解释。如果在过去的先例中对问题有不同的解决办法，那么最早的先辈最正确。因此他的改革就是回归最早的传统，后世人的做法都会使伊斯兰受到损害。他生时适逢土耳其革命，1922年土耳其废除苏丹，1924年又废除哈里发制。1923年他出版了《论哈里发制》一书，为一种新型的伊斯兰国家设计了蓝图。他在书中主张建立一种以哈里发为政教元首的咨议制国家，哈里发由法学家代表选举产生，咨议会可以立法，也为哈里发提供咨议意见。但立法的依据必须是沙里亚法，历代遗留的先例也可作为参

① 希罗：《伊斯兰原教旨主义》，第54页。

考。① 这种国家的蓝图后来成为伊斯兰原教旨主义的行动纲领，伊斯兰现代主义发展到里达，已经形成了完整的政治思想。

从以上介绍可以看出，伊斯兰现代主义有以下几个特点。第一，它主张变革伊斯兰，主张学习西方。学习的内容不仅包括科学技术，也包括制度层面的某些内容，比如政治结构和法律等等。但变革绝不能脱离伊斯兰基础，这个基础是沙里亚法。第二，变革是为了回归伊斯兰真谛，回归早期的“乌玛”理想。近代伊斯兰的衰落都是由背离先辈而引起的，要振兴伊斯兰，就要恢复这些传统。由此可见，伊斯兰现代主义是对现代化冲击的一种回应，它不同于乌里玛集团，因为它主张变革；但它又相同于乌里玛集团，因为它坚持传统。作为伊斯兰内部的改革运动，它在坚信“乌玛”理想方面更甚于乌里玛，而“乌玛”的最本质的特征就是社会从属于宗教。可以想见，伊斯兰在回应现代化挑战时将强调宗教对社会的包容性，宗教与政治将更难以分离。在这样一个背景下我们来考察埃及的现代化过程。在埃及，宗教与国家的冲突十分典型。

世俗主义与国家振兴

在西方冲击下如何拯救国家，这是埃及现代化面临的第一大问题。

1798 年 7 月 1 日拿破仑率一支法国舰队在亚历山大港登陆，从此把埃及拉进了世界资本主义体系。逐渐地，埃及成为欧洲、主要

---

① 希罗：《伊斯兰原教旨主义》，第 56—57 页。

是英国的原料产地，埃及棉花是英国纺织业的主要原料来源，英国对此十分重视。苏伊士运河的开凿使埃及具有无可比拟的战略地位，因此也就无法避免殖民化的命运。于是，埃及刚刚被拉进近代世界，它就面临着这样一个难题：如何在殖民主义侵略中生存下来，如何实现国家的振兴？近代以来的埃及史就是一部振兴史，在振兴的过程中追求现代化。

尽管埃及是一个伊斯兰国家，并且是阿拉伯地区的宗教中心，但振兴从一开始就是世俗主义的，宗教并没有发挥什么作用。

振兴可以分成三个阶段。第一阶段是王朝的自强阶段。1805年，一个马其顿出生的阿尔巴尼亚族军官穆罕默德·阿里取得对埃及的统治权，从此开始了阿里家族对埃及的统治。出于统治的需要，阿里有意识地引进西方技术和制度，在无意中把现代化进程带进了埃及。他用欧洲的方法改进农业，发展工业，建立欧式军队，使用西方武器。在他的统治下，埃及成为欧洲以外第一个企图发动工业革命的国家，西方的科学技术被引进埃及。在阿里及其继承人的努力下，埃及成为中东地区最繁荣的国家，它经济发展，人口增加，到19世纪70年代，开罗、亚历山大等城市已有“东方马赛”之称，俨然是欧洲的城市搬到了地中海南岸。当时的统治者伊斯迈尔（1863—1879年在位）曾得意地说：“我的国家已不在非洲，我们现在是欧洲的一部分。”[①]很显然，埃及正努力向西方学习，一时间似乎充

① 戈德施密特：《现代埃及：一个民族国家的形成》（Arthur Goldschmidt, *Modern Egypt, The Formation of a Nation-State*），科罗拉多和伦敦1988年版，第29页。

满了希望。

埃及学西方还不仅是学习西方的器物，一些律法制度也被引进来。19世纪下半叶埃及开始召开代表会议，这成为后来议会的雏形。不久埃及又颁布宪法，成立内阁，似乎正在建立一种西方的政治制度。在司法方面，埃及以法国为摹本制定法典，并建立沙里亚法庭之外的“国家法院”。这方面的变化是对“乌玛”原则的根本否定，因为在“乌玛”社会，法律与宗教不可分，宗教圣典就是法律，不需要圣典之外的任何立法，也不需要沙里亚法庭之外的任何法院。埃及政府还对原有的宗教学校进行改革，并建立以国立学校为基础的世俗教育体系。西式教育培养了一大批新型知识分子，他们开始传播国家主义、民族主义等世俗主义理论。莱法特・塔塔维说：“民族之亲高于宗教之亲”；布特鲁斯・布斯塔尼说：“人民若不分宗教与民政……那他们在这两方面就都不能取得成功”；拉赫曼・卡瓦吉比号召人们关心自己的“人世事务”，而让宗教去规范死后的世界，他还高呼：“让我们团结在这个口号下：民族万岁，祖国万岁！”①所有这些都说明，埃及的变化正在向世俗化方向发展，世俗主义在图强运动中占了上风，而这种趋势与伊斯兰现代主义是背道而驰的。

但就在埃及按西方的模式改造自己时，西方列强却加紧侵略，强化了对埃及的殖民过程。早在阿里时期，英俄奥普就曾联手打击

① 巴拉卡特：《阿拉伯世界：社会、文化与国家》(Halim Barakat, *The Arab World, Society, Culture and State*)，加利福尼亚大学出版社1993年版，第140页。

阿里，不让他成为中东地区最强的力量。19世纪下半叶，英法争夺埃及，争夺对苏伊士运河的控制权。最后，埃及落入英国之手，成了英国的附属国。第一次世界大战爆发，英国干脆宣布埃及是它的保护国，从而完成了对埃及的殖民化过程。殖民主义侵略终于使王朝的自强之梦彻底破灭了，这样，埃及便产生出一种更彻底的世俗主义力量，即政党的力量。政党以民族独立为纲领，试图以政党政治拯救埃及。

政党在1906年开始组建，当时，在丁沙维小村庄发生了英军枪杀村民的事件，事后英国殖民当局对52名村民进行审讯、判刑，分别处死和监禁。这件事使埃及人反英情绪大爆发，到处发生反对英国的示威活动。在运动中，一批由旧统治阶级组建的政党出现了，由他们举起民族主义的大旗。这以后，埃及振兴就进入第二个阶段，即“自由宪政”的阶段。

在“自由宪政”阶段，华夫脱党脱颖而出，担当起民族主义旗手的角色。华夫脱党是在第一次世界大战后出现的，当时，埃及民众要求向巴黎和会派出埃及自己的代表团，向和会申诉独立的愿望。英国对此百般阻挠，由此便产生了华夫脱党（意即“代表团”）。党的领袖扎格卢勒面对高压毫不妥协，结果被英国当局逮捕，并且流放。在他的影响下，埃及人民进行了长达四年的反英大起义，其中且不乏游击式的暴力活动和民众大规模的抗议示威。在强大的民族运动压力下，英国终于在1922年允许埃及独立，建立以政党为主导的君主立宪制度。但独立却附加了四项保留条件，其中包括英国在埃及驻军。这使埃及实际上只获得半独立地位，此后，为获得完全的独立便成为埃及民族的迫切愿望。

但华夫脱党却在这个过程中腐败了。它的社会阶级地位使它与民众完全脱离，它自己成了旧统治秩序的化身。渐渐地，它对权力的关心胜过对独立的关心，为自己掌权甚于为埃及掌权。在这种氛围中，各政党都以“自由宪政”为口号，实际上却争权夺利，卖官鬻爵，争相与宫廷做政治交易。1936 年，英埃签订条约，承认埃及的完全独立。但“二战”中发生的事却证明真正的独立并没有到来，而华夫脱党则失去了民族旗手的地位。

“二战”中埃及人亲德倾向严重，这实际上是反英情绪的一种表现。为阻止亲德倾向，巩固盟军后方，英军于 1942 年 2 月 4 日动用坦克包围王宫，迫使国王起用亲英的华夫脱党组建政府。此举虽对战争有利，却把埃及的“自由宪政”彻底摧毁了。在埃及人眼中，“自由宪政”只是英国殖民主义的一种伎俩，华夫脱党不过是英国人的走狗而已。用“自由宪政”来振兴埃及显然已经失败，因为“自由宪政”无法使埃及摆脱英国的控制。这样，到战后，王国政权事实上已摇摇欲坠，国王没有威望，政党失去信誉。1948 年，埃及投入阿拉伯国家对以色列的第一次战争，政府本想通过战争重新树立民族捍卫者的形象，结果却以惨败告终。埃及人承受不了如此沉重的民族耻辱，就把怨气一股脑儿全都发泄到王国政府头上。在这种情况下，发生了 1952 年 7 月 23 日的军事政变，即“七月革命”。“自由军官组织”夺取政权，由此开始了图强振兴的第三个阶段，即纳赛尔主义阶段。

纳赛尔主义是一种更强烈的世俗主义，它最大的特点就是对民众的巨大号召力。它把民众的日常要求与民族主义紧密地结合，把民众带进了有组织的民族主义目标。在纳赛尔时代，政治不再局限于上层，民众直接卷入政治，现代化也不再仅仅是精英们的愿望，它化成千百万人民的直接行动。亨廷顿把纳赛尔归入“具有超凡魅力的领袖人物”一类，说“在传统政治体制衰弱、崩溃或已被废除的地方，树立权威常常要靠这些领袖，他们想凭个人的高度号召力，在传统社会和现代社会之间起桥梁作用”[①]。在纳赛尔执政时期(1954—1970 年)，埃及掀起群众性的反帝、反殖和建设“民主、合作的社会主义”的大高潮，整个国家仿佛是个大火炉。埃及发生了翻天覆地的变化，国际地位前所未有地提高。虽说纳赛尔主义最终把国家带入了困境，但它把埃及带向彻底的独立，也是不容否定的事实。

纳赛尔主义的第一个内容是民族主义。在纳赛尔眼中，民族主义是全体阿拉伯人的共同事业，而不仅仅是埃及人的单独事业。因此他的民族主义带有泛阿拉伯主义的色彩。他掌权后不久就在 1956 年的临时宪法中声称：“埃及是阿拉伯民族的一部分”[②]，这与 19 世纪 90 年代以来就盛行的“埃及的民族主义”有所不同。在这种民族主义指导下，纳赛尔把埃及与其他阿拉伯国家的事业联系在一起，1956 年和 1967 年两次中东战争、1958 和 1963 年两次与叙利亚联合、1962—1967 年 5 年对也门内战的干预，以及在国际反帝运动中以阿拉伯旗手自居的立场，都出自这种思想。阿拉伯民族主义把

① 亨廷顿：《变动社会中的政治秩序》，第 261 页。
② 杨灏城、江淳：《纳赛尔和萨达特时代的埃及》，商务印书馆 1997 年版，第 71 页。

埃及推向国际声望的顶峰，但最终也把纳赛尔主义葬送了。这种悲剧性的结果说明在向现代国家转化的过程中，只能以民族的认同为载体，跨越民族的普世主义理想是很难实行的。但纳赛尔的民族主义比旧的自由宪政主义高出一筹，对自由宪政主义来说，民族主义仅仅意味着政治独立，纳赛尔却说："没有经济独立的政治独立是没有价值的，而经济独立又使得政治独立完全。"①出于这种认识，他才在阿斯旺水坝问题上与西方国家闹翻，使埃及外交发生了180度的大转变，埃及也从此向苏联集团靠拢。他的亲苏外交政策并不是意识形态的产物，而是民族利益的产物，民族主义是一切政策的出发点。

纳赛尔主义的第二个内容是"社会主义"。在纳赛尔制定的最后一部宪法即1964年临时宪法中明确宣布：埃及的政治制度是"以劳动的人民力量的联盟为基础的……民主社会主义"，国有经济是经济的基础；埃及禁止剥削，富足和正义是社会的理想。② 纳赛尔的社会主义包括土地改革，要害经济部门收归国有，限制个人最高收入，征收高额所得税，建立国家计划部门、实行"计划经济"等等。社会主义政策集中体现在1961年的《七月法令》中，其结果是摧毁了地主阶级，削弱了资产阶级，工人生活得到改善，部分农民获得土地，工资劳动者的生活得到了一些保障，埃及的社会阶级力量发生了变

① 国际关系研究所编：《中东问题文件汇编——1945—1958年》，世界知识出版社1958年版，第171页。

② 转引自瓦蒂吉约蒂斯：《埃及史》(P. J. Vatikiotis, *The History of Egypt*)，约翰·霍普金斯大学出版社1985年第三版，第401页。

化。因此有学者指出:《七月法令》才是“真正的七月革命”①。

但纳赛尔的“社会主义”实质是一种民族主义。1957年他提出“民主、合作的社会主义”时,把民主解释为“让每一个人参与政权”,把社会主义解释为“解放所有人,使之免遭剥削”,把合作解释为“齐心协力地进行劳动,建设和增加生产”②,核心内容是“劳动、建设和增加生产”。纳赛尔曾经说:“我们已远远落后于世界,和其他民族的差距日益增大。若不以最快速度前进,将成为历史上最凶恶的殖民主义的猎获物。”③所以从纳赛尔主义的本质来说,其目标仍然是国家振兴。阿拉伯社会主义复兴党的理论家阿夫拉克曾这样解释“社会主义”与民族主义的关系:“阿拉伯民族主义者认识到社会主义是唤醒民族主义和民族的最成功的手段,因为他知道:没有全体阿拉伯人的合作,阿拉伯现在的斗争是无法进行的,而只要阿拉伯人受剥削并分成主人和奴隶,他们就无法加入到这个斗争中来。”④社会主义复兴党虽是叙利亚和伊拉克的政党,但它对“社会主义”为民族主义服务的看法,却与纳赛尔主义如出一辙。

由此我们知道:纳赛尔主义与自阿里以来的世俗主义趋向一脉相承。自阿里以来,埃及为摆脱被西方奴役的厄运已做出奋发图强的不懈努力,为此它不得不接过西方的思想,以作为对抗西方的有效武器。在这个过程中,世俗主义便不可阻挡地涌进埃及了,无论是早

① 戈德施密特:《现代埃及:一个民族国家的形成》,第118页。
② 杨灏城、江淳:《纳赛尔和萨达特时代的埃及》,第91页。
③ 杨灏城、江淳:《纳赛尔和萨达特时代的埃及》,第90页。
④ 巴拉卡特:《阿拉伯世界:社会、文化与国家》,第167页。

期阿里的王朝自强，还是后来的“自由宪政”，再到后来纳赛尔的“民主、合作的社会主义”，所有这些都有一个共同之点，即其出发点是世俗化。近几十年来，研究现代化的学者一般都认为：现代社会的共同趋势之一是世俗化，看来埃及的发展也没有超出这一断言。埃及现代化一直在沿着世俗化的方向发展，这与传统的伊斯兰精神显然不符。但在西方殖民主义的冲击下，埃及又不得不走这条路，这正是所有非西方国家现代化过程中很容易出现的一种悖论。

但纳赛尔主义仍然以失败告终了。纳赛尔提出平等的口号，结果却“产生一个由行政与军队特权分子及高级官员组成的‘新阶级’”[1]，一旦民众意识到这一点，他们就立刻会心灰意懒。纳赛尔提出要高速发展，但在他“计划经济”的控制下，经济的活力被官僚政治扼杀了，发展目标并没有达到。纳赛尔高举反帝反殖的大旗，把埃及视为阿拉伯民族主义的旗手。但正是在这一点上埃及受到最大的挫败：埃叙联合的计划（即建立“阿联”的计划）以失败告终，干预也门的内战几乎把埃及拖垮。1967 年，纳赛尔把埃及拉进了另一场阿拉伯—以色列战争，结果和 1948 年一样，埃及在战争中惨败，不仅军队被打垮，还丢掉了西奈半岛和加沙地带。纳赛尔主义的民族旗手形象在旦夕之间就灰飞烟灭了，于是也和 1948 年以后的王国政府一样，埃及那根最敏感的神经即民族主义神经被触痛了。人们不再相信纳赛尔主义万能，开始对国家振兴的问题重新思考，这就是宗教激进主义突然盛行的历史背景。

---

① 巴拉卡特：《阿拉伯世界：社会、文化与国家》，第 168 页。

宗教激进主义与国家

迄至纳赛尔主义，埃及振兴的路都是世俗的路。埃及以世俗主义的方法图强振兴，取得了伟大的成就，也经历了沉重的失败。

前面已经说过，在伊斯兰意识中人们这样认为：胜利是追随伊斯兰的结果，失败意味着背离伊斯兰精神。从阿里以来，每当遇到挫折，人们就把责任归罪于当权者，说他们的迷误导致埃及失败，而世俗主义是失败的思想根源。每一次失败似乎都为伊斯兰精神提供了新的证据：如果遵从主训，何以遭受失败？然而在埃及振兴的过程中，现实却遵循着世俗主义的方向发展，掌权者可以有不同的指导思想和发展战略，但世俗主义倾向却始终如一。不仅如此，世俗主义在每一次失败后反而更加强了，从阿里到"自由宪政"，再到纳赛尔都是这样。

然而在纳赛尔主义受挫后，出路又何在呢？激进主义在这种情况下形成了高潮，并且促使人们思考宗教与国家之间的关系。

研究者普遍指出：激进主义虽说有其自身的动力，即伊斯兰从来就把它最"原本"的状态看成是最理想的状态，因而时刻准备返回"原教"；但当权者的失败却是激进主义兴盛的推动器："国家在满足经济的需要、在创造和传播一个神奇的民族国家（而不是超国家）方面做得越差，（宗教）复兴的机会就越大。"[①]中东地区的伊斯兰激进

---

① 赛万：《伊斯兰复兴：市民社会回马枪》（Emmanuel Sivan, *The Islamic Resurgence: Civil Society Strikes Back*），载卡普兰编：《比较视野中的原教旨主义》（Lawrence Kaplan, *Fundamentalism in Comparative Perspective*），马萨诸塞大学出版社 1992 年，第 101 页。

主义就是在各世俗政府失败的基础上发展起来的，对埃及来说，国家的失败正是激进主义勃起的温床。

伊斯兰现代主义曾是一把双面剑，它既反对因循守旧的正统法学家，说他们造成伊斯兰的陈旧和衰落；又反对西方化倾向，说这会导致宗教精神丧失，造成社会规范沦落。随着时间的推移，前一种倾向渐趋消退，后一种倾向渐趋加强。现代派与传统乌里玛之间的分歧逐渐缩小，他们意识到西方的冲击既包括物质层面又包括精神层面，既带有政治含义又带有文化内涵，世俗思想已渗透到社会，这对伊斯兰来说是最大的威胁。如一位学者所说：现代主义变成一个"双轨运动"，其重点"从清除中世纪的苏菲派学说和书院唯法主义转向清除新的异端邪说，即以现代主义面目偷运进来的西方世俗思想"①。

激进主义并不反对现代化，只是想用伊斯兰的意志来"重新表述和调节它"；激进主义并不试图恢复古老的伊斯兰社会，只是想使"当代伊斯兰社会重新获得活力，再度伊斯兰化"②。激进主义反对在现代化过程中丧失宗教的指导地位，这正如阿富汗尼所说：民族只有通过信仰宗教，才能产生追求科学的愿望。③ 激进主义不反对建立现代国家，但现代国家的灵魂应该是伊斯兰教，章程应该是沙里亚法，这正如里达所说：伊斯兰国家允许"积极立法"（即现代人的

---

① 希罗：《伊斯兰原教旨主义》，第 58—59 页。

② 拜宁和斯托克：《政治伊斯兰教的现代性、历史特殊性和国际大环境》(Joel Beinin & Joe Stork, *On the Modernity, Historical Specificity, and International Context of Political Islam*)，载同作者编：《政治伊斯兰教》，第 3、4 页。

③ 吴云贵：《近代伊斯兰运动》，中国社会科学出版社 1994 年版，第 82 页。

立法)存在,但根本大法却是伊斯兰法。[1] 一位中国学者曾这样说:“如果说现代主义是一种以适应为主的潮流,主张对外部环境、外来文化采取与之协调、适应的态度,那么激进主义就是一种回应潮流,认为伊斯兰教是一个自足的体系,它无需向外来文化借用什么,而完全有能力发掘自身的潜力,弘扬自身的宗教文化传统来迎接时代和外部环境的挑战。”[2]激进主义与现代主义的区别也许就在这里:现代主义温和,取守势;激进主义凶猛,取攻势。但他们在以伊斯兰的宗教精神应付现代化挑战方面却是一脉相承的,都坚持宗教对社会的包容,并将其作为国家的指导纲领。

当然,在现代主义流行时,伊斯兰国家还是个现实的存在;而激进主义兴起时,多数国家已经世俗化了。这能够说明激进主义为什么充满了战斗精神,以建立“伊斯兰国家”为己任。

激进主义的早期代表是哈桑·班纳(1905—1949),他是里达的信徒,他把激进主义带进了埃及政治。班纳年轻时局势动荡:第一次世界大战爆发,埃及被英国吞并,战后埃及民众反抗,争取到半独立地位;几乎同时,土耳其废除哈里发,对伊斯兰造成了巨大冲击。这个时候,阿拉伯世界灾难重重,苦难深重。班纳将这些归罪于当权者的腐败,伊斯兰的衰落,尤其是土耳其的世俗主义冲击,把伊斯兰精神击垮了。有感于此,他决心承担起拯救信仰的重任,在1928年创建了穆斯林兄弟会,取《古兰经》中“穆斯林皆兄弟”之义。起

① 希罗:《伊斯兰原教旨主义》,第58页。
② 吴云贵:《伊斯兰教法》,中国社会科学出版社1994年版,第106页。

初，兄弟会是一个非暴力宗教团体，只在伊斯梅利亚一带活动。后来它扩大了影响，1933 年迁往开罗，已有约 500 个分会。1936 年，埃及掀起反对英埃条约的民众斗争，暴力活动开始出现。同一年，爆发了反抗英国统治、反对犹太移民的武装起义。班纳的政治立场在这一年骤然激进，兄弟会也逐步转变成一个政治组织。1938 年班纳在兄弟会刊物《向导》上发表文章写道："伊斯兰是崇拜和领导、宗教和国家、精神和行动、祈祷和奋斗、服从和政治、《古兰经》和利剑。两个方面是互相不可分开的。"[①]可见他已经把行动的战斗性提上日程。几年后兄弟会明确提出了自己的口号："《古兰经》是我们的宪法，先知是我们的向导，为真主而光荣献身是我们最崇高的理想。"[②]这两段话应该说明确表达了兄弟会的纲领、目标和斗争手段，即它把回归伊斯兰作为理想，以建立伊斯兰国家作为目标，以政治斗争为手段，必要时使用暴力。这些思想就是兄弟会在以后几十年中所奋斗的目标，并且被后来一切激进组织奉为圭臬。

兄弟会成立后，很快就卷入政治活动，到 1946 年已号称有 50 万会员，5 000 个分部，外加 50 万同情者。1948 年阿以战争中其成员以志愿兵形式参战，战败后它深深地卷入推翻国王的密谋活动，特别是与自由军官组织接触。后来在"七月革命"中组成的 18 人革命指导委员会中，有 4 人接近兄弟会核心。由于兄弟会公开指称王国政府应对战争失败负责，所以政府在 1948 年年底取缔了它；三个星

---

① 肖宪：《当代国际伊斯兰潮》，世界知识出版社 1997 年版，第 18 页。

② 肖宪：《当代国际伊斯兰潮》，第 19 页。

期后，政府首相就被兄弟会的一个成员暗杀了。政府立刻做出强烈反应，不仅加强了公开的压制，而且于次年年初派人刺杀了班纳。

兄弟会在这一时期从形成到壮大，活动加剧并产生重大影响，有其社会原因。埃及独立后，社会结构并无变化，原先的统治者仍盘踞在政治、经济领域，是新国家的领导集团。1.3万名地主在全国600万费丹可耕地中占有250万费丹，皇家又占去50万—60万费丹，总人口中6%的地主占土地比例达到65%。工业虽有发展，但到1950年其产值仅占国民总产值的10%—15%。农业发展赶不上人口增长，物价上涨很快，尤其在“二战”中盟军大量进驻，刺激了物价飞涨，人民的平均收入反而下降了。同时，统治集团则日益腐败，贪污腐化，巧取豪夺，一派“歌舞几时休”的景象。这使兄弟会的指责很有说服力，即腐败的世俗政府造成灾难。王国政府的失误使兄弟会得到一次迅速发展的机会，所以说，兄弟会的壮大从一开始就建立在世俗政府失败的基础上。

这时发生了“七月革命”，兄弟会曾深深地卷入到“七月革命”的准备工作中去。“七月革命”后兄弟会与军政府有过一段蜜月，但很快就过去了。这个趋势是必然的，因为纳赛尔的意识形态更加“世俗化”，他不仅主张民族主义，而且推行“社会主义”。但只要纳赛尔有所成功，兄弟会就拿他无可奈何；而一旦纳赛尔遇到麻烦，兄弟会就会向他挑战。最初革命政府解散一切政治组织，唯独保留了兄弟会，因为兄弟会毕竟在“七月革命”中出过力。不久后，纳赛尔开始进行土改、改变妇女地位、改革教育等等，其“世俗主义”真面目日趋显露。这样一来兄弟会就与他分道扬镳了，而且采用了极为暴烈的手段。1954 年 10 月，在暗杀行动失败后，纳赛尔就对兄弟会进行严厉的镇压，成千上万人流亡国外。1956 年苏伊士运河事件后纳赛尔威望大增，正统的乌里玛集团表态支持政府，包括它的土改、国有化、没收流亡者财产等等。兄弟会的影响在纳赛尔的成功中缩小到最低点，这时，它的铁杆分子要么在监狱，要么流亡在外，埃及的世俗化倾向也发展到顶峰。

1967 年，纳赛尔在 1967 年的阿以战争中大败而归。这给激进主义提供了一个很好的机会，许多人声称：战争失败是世俗主义的失败，埃及背离了伊斯兰精神，因此要受到主的惩罚！在许多人眼里，世俗主义的一切尝试都失败了：埃及已经历了王朝的自强，经历了"自由宪政"的试验，经历了纳赛尔的"社会主义"，这些都没有使埃及完成振兴。相反，埃及得到的是一次次的失败，世俗政府对此无能为力。现在，只有回到伊斯兰，才有可能振兴家园。这样，激进主义突然在埃及形成高潮，随着萨达特的上台，宗教和国家之间的关系进入到新阶段。

萨达特上台曾经让伊斯兰力量大为振奋，因为他是虔诚的教徒，曾与班纳见过面，听过他的讲课。在革命前他作为自由军官组织的领导成员与兄弟会过从甚密，革命后又是军政府与伊斯兰世界联络的正式代表。在日常生活中他恪守教规，每日祈祷，俨然是模范教徒的形象。他上台不久就立刻提出"信仰与科学"的口号，使人们回想起阿富汗尼、阿布杜等人的教导。他还指示国家电台一日播放五次祈祷词，允诺以沙里亚法作为国家立法的基础。宗教界相信他是一位"信仰总统"，在他的引导下，"伊斯兰国家"指日可待。作为一位民族主义者、民族国家的领导人，萨达特的政治决策首先是世俗的，宗教原则往往会让位于现实需要。在这种背景下，萨达特与激进主义的分裂就不可避免了，到头来终于酿成国家与萨达特个人的悲剧。

萨达特对宗教采取分而治之的政策，对“正统”神学家——爱资哈尔大学[①]的学者、乌里玛们，争取他们的支持，并允以宗教方面的承诺，如遵守沙里亚法等等。后来这些乌里玛成为萨达特政策的辩护人，为他的每一个行动寻找宗教依据。对穆斯林兄弟会，他分化其温和派，把他们吸收到政府方面来，纳入正常的政治渠道。1976年萨达特恢复多党制，随后就允许兄弟会以个人身份参加竞选，兄弟会主流于是逐步修正斗争方式，用合法手段争取政治目标。但这也使兄弟会中的激进派采取更不妥协的立场，许多人脱离兄弟会另立山头，一时间小组织林立，采用暴力甚至恐怖主义手段反对政府。1977年“赎罪与迁徙”组织大闹开罗商业区，烧毁一切有西方色彩的夜总会、大商店、电影院等等。他们要求清除西方影响，恢复严格的伊斯兰戒律。事后政府逮捕了60名闹事者，该组织为解救这些人就绑架政府的宗教事务部长并最终将其杀害。政府则报以更大的镇压，620人被捕，其中465人受军法审判，5名领导人被处死。这是萨达特与激进主义的第一次正面交锋，表明国家的世俗目标与宗教原则之间的对立。当时萨达特已背弃了纳赛尔的“社会主义”，企图以

① 988年建立，阿拉伯世界上最古老的宗教大学，是培养乌里玛的中心，也是“正统”伊斯兰的根据地。

私有经济与引进外资刺激经济。这种“开放”政策的结果之一就是繁华的大商业中心和西方化娱乐消费设施的出现,而这些在激进主义看来,正是西方没落的体现。

国家目标与宗教原则往往并不一致。1977 年,伊斯兰各宗教组织召开一次会议,要求正式宣布沙里亚法是一切立法的依据。萨达特接受了这个要求,说政府将按照伊斯兰的教规,对酗酒、通奸、改信其他宗教等行为制定出惩罚办法。这一声明立刻引起占人口10%的基督教徒的骚乱,抗议活动持续了四天,萨达特不得不收回成命。这样一来,政府几面不讨好:伊斯兰正统派说他背弃原则,宗教改革派说他要恢复传统,基督教徒说他要实行宗教歧视,激进主义则说他讨好世俗主义。事实上,国家的政策是不能以宗教为出发点的,尤其在有不同宗教或不同教派的国家更是如此。

国家目标与宗教原则的不一致在萨达特的对外政策上更明显地表现出来。1973 年 10 月,萨达特发动“斋月战争”,埃及军队口诵《古兰经》,越过苏伊士运河,在阿拉伯的历史上第一次战胜了以色列。然而就在阿拉伯人欢呼“真主伟大”、感谢伊斯兰真谛又回到人间时,萨达特却出人意料地于 1977 年 11 月访问以色列,开辟了阿拉伯世界与以色列谈判的和平进程!从国家的角度看这是十分合理的,埃及在与以色列的对峙中损失巨大,经济发展受阻,国际地位下降,只有甩掉这个包袱,才能致力于现代化目标。事过 20 年后的今日,人们认识到和谈对国家、对民族、对整个国际社会都是幸事。但萨达特的当时之举却使阿拉伯世界大为震怒,许多人谴责他是叛徒,背叛了伊斯兰的神圣事业。多数阿拉伯国家与埃及断交,普通民众也对此难以理解。激进主义更是对他恨之入骨，欲将他置于死地而后快。1981 年 10 月 6 日，正当“斋月战争”8 周年纪念日之际，萨达特在阅兵式上被 4 名手持自动武器的兵士杀死，领头的是一名中尉，他们都属于“圣战者组织”——一个激进主义的极端派团体。暗杀之后，该组织号召人民发动起义，推翻政府，建立伊斯兰共和国。不过多数人没有响应这个号召，只在远离开罗的阿斯尤特发生了暴动，188 人丧生，包括 54 名保安警察。尽管如此，人民对萨达特的死却保持沉默，他们在为萨达特举行葬礼时待在家中，与纳赛尔死时举国哀恸的场面形成鲜明的对照。

萨达特之死标志着他的政策的失败，而政策失败又造成激进主义的更大发展。“开放”政策一方面造成经济快速发展，经济增长率达到年平均 8.4%，国内收入总值增加了 4 倍多；另一方面却又引起贫富差距骤大，1964 到 1976 年，占人口 60%的下层收入者，其总收入从占国民收入的 28.7%下降到 19.93%；占人口 30%的中间收入者，其总收入从 40.2%下降到 21.52%；而占人口 10%的上层收入者，其总收入则从 31.9%上升为 58.55%。[①] 这对于经历过纳赛尔时期“社会主义”的埃及人来说，当然难以接受。1977—1978 年财政年度国家赤字达 13 亿埃镑，通货膨胀率高达 40%。尽管是和平时期，军费开支却仍然很大，从 1978—1979 年度的 25 亿埃镑上升到 5 年后的将近 40 亿埃镑，其中 20 亿靠美国援助度日。裁军需要花很多钱，同时又使 10 万—20 万人退役，造成就业压力。大学毕业生得

① 希罗：《伊斯兰原教旨主义》，第 75 页。

不到国家许诺的工作分配，或分配了工作过不了几年又被解雇。知识分子中普遍存在不满情绪，他们人数不多，但通晓天下事，知道财富分配不均。纳赛尔培植了一个新的特权阶层，萨达特又使特权分子从“开放”政策中大捞油水，国有资产通过各种途径流入了他们的口袋。正是这些通晓天下事的知识分子构成了激进主义的中坚力量，而从农村流入城市的“边缘”民众，则构成原教旨主义的社会基础。一位历史学家说：“开放”政策“只是一段幕间插曲——一个失败的试验”，“埃及现在需要的是这样一种政治秩序，它能把这样一个经济政策容纳其间：让超过 4 000 万，在2 000 年将达到 6 000 万—7 000 万的人口生活在糊口的水平上”[①]。萨达特似乎解决不了这个问题，激进主义者则开出药方，他们希望建立一个“伊斯兰国家”。

现代化与世俗化

一位研究伊斯兰法的专家曾这样说：伊斯兰法的特点是把传统理想化，“认为自麦地那的哈里发们即‘遵循正确路线的哈里发们’这个时代之后就不断衰败，故把当代条件的恶化视为理所当然”[②]。在伊斯兰的历史上，每当遇到挫折，人们就说这是伊斯兰精神被背弃了，因此回归“乌玛”是唯一的出路。在当代伊斯兰世

① 瓦蒂吉约蒂斯：《埃及史》，第 431 页。

② 约瑟夫·莎赫：《伊斯兰法的性质》，载高鸿钧：《伊斯兰法：传统与现代化》，附录，社会科学文献出版社 1996 年版，第 254 页。

界，接受现代化潮流似乎不可避免，而现代化又不可避免地要造成许多问题；既然国家要干预现代化，国家当权者又不可避免地要犯许多错误，并很难不为谋取私利而损害公众的利益，那么受到损害的人民——普通的穆斯林就会求助于“乌玛”，希望理想状态的复归将改变现世的不公，制止人间的罪恶。这种心态，应该是可以理解的。

但问题在于现代化离不开世俗化。前面已经说过，国家的世俗目标与宗教理想一定会产生不一致，“乌玛”不具备操作性，即使“伊斯兰国家”建立起来，它仍然要在世俗目标和完美的理想之间进行选择。把伊斯兰“原教”作为立国宗旨的沙特阿拉伯、伊朗等国的经历就说明了这一点。

激进主义在埃及的发展，虽说国家政策的失败是直接的原因，但政治与宗教始终没分开也是重要原因。伊斯兰传统中政教不分，“乌玛”包容一切。这一文化传统影响到埃及的现代化，使其颇多周折。

在伊斯兰世界，埃及的世俗化程度是比较高的，然而仍旧不彻底。尤其在政治领域，宗教始终没有完全分离出去。从当权者这方面说，他们虽然有强烈的世俗化倾向，但始终没有明确宣布世俗化——在强劲的伊斯兰文化氛围中，这样做需要冒很大的风险。相反，他们很愿意利用宗教，常常把宗教引入政治，以维护其统治。埃及近代史上有两个领导人世俗化倾向最强，那就是阿里和纳赛尔。但阿里夺取政权时依靠了乌里玛，因此给乌里玛保留了特殊的地位；纳赛尔竭力表白自己的宗教本性，强调他的“社会主义”是真正的伊斯兰理想，曾说自己“始终是一个忠诚的穆斯林”。他声称“社会主义源于伊斯兰教，世界上第一个社会主义国家建于伊斯兰教初期”。[①] 他还在1964年临时宪法中规定埃及的国教是伊斯兰教，从而给宗教以正式的政治地位。政治人物的表白有可能言不由衷，在一个把宗教看作社会本身的环境里，他们可能不得不屈服于现实的压力，把宗教视为一个重要的政治因素。据外界介绍，埃及的社会生活带有浓厚的宗教气息，每逢做礼拜，所有人会放下手头工作进行祈祷，警察会就地铺一张毛毯当街跪下，空中乘务员则在飞机客舱过道上垫一块毛巾进行祷告。[②] 葛兰西曾说每天的文化是最重要的，假如每天的文化中“有着浓厚的积淀，无头无源”的话，那么它随时随地都要表现出来。[③] 在埃及，宗教的习俗显然强于世俗的习俗，例如尽管有国家规定的各种节假日，宗教的仪典却明显更受到民众的遵从。在这种气氛中，当权者被动地接受环境的支配，让宗教发挥作用，也不无道理。

萨达特对伊斯兰力量的借助最大，结果受激进主义的影响也最大。萨达特企图全面利用宗教势力，他向“正统”宗教示好，给它以种种特权，比如建立更多的清真寺，让爱资哈尔大学在外省办分校，让宗教领袖在国营企业、金融机构兼任职务等等，以此换取“正统”宗教对他的无条件支持。当所有人甚至整个伊斯兰世界都指责他与以色列签订和约时，爱资哈尔的教长们却称赞和约“给穆斯林带

① 杨灏城、江淳：《纳赛尔和萨达特时代的埃及》，第89、98页。

② 肖宪：《当代国际伊斯兰潮》，第47页。

③ 转引自卡普兰编：《比较视野中的原教旨主义》，第101—102页。

来确凿的好处，它把伊斯兰的土地还给其人民，为巴勒斯坦人保留了自决的权利，且没有破坏耶路撒冷的阿拉伯地位”；当萨达特企图修改婚姻法以控制伊斯兰社会传统的多妻制时，又是这些教长出面说这样做并不有违伊斯兰教规。[①] 同时，他又努力借用兄弟会，比如让流亡在外10年甚至20年的兄弟会首领回国，让他们参与政治生活，让他们抗衡左派，或对抗正在复苏的新华夫脱党。这样做实际上是把激进主义重新引进埃及，虽然把兄弟会中温和的一派纳入了正常的政治渠道，却也为宗教政治化正式开了绿灯。

另一方面，从宗教这方面说，它的参政意识也十分强烈。伊斯兰从来就是个政治宗教，它从来就把政治看成是它广阔内涵中的一个组成部分。斯普林博格说，“中东伊斯兰教必然是政治的，因为能与它抗衡的世俗组织与意识形态都很弱。在埃及、叙利亚和伊拉克这些尚未整合的政治实体中，任何自诩能取得某种民众支持的个人、组织或信仰系统，无论其看起来是政治的还是非政治的，都必然被那些追求政治权势和合法性的人所慎重对待。”伊斯兰由于它对民众日常生活的巨大影响及其历史传统，它就一定要被当权者所看重。[②] 在中东，伊斯兰是最能动员民众参与政治的一支力量，这是不容忽视的事实。但问题在于，当一切世俗力量都缺乏动员民众的持久号召力时，宗教的政治性就显得尤为突出，它一定企图在政治中发挥作用，而如何处理宗教与世俗的关系，就成了现代化过程中不

---

① 阿尤布编：《伊斯兰的政治再申张》(Mohammed Ayoob, *The Politics of Islamic Reassertion*)，第三章“埃及、叙利亚和伊拉克”(作者 Robert Spring Borg)，第36页。

② 阿尤布编：《伊斯兰的政治再申张》，第30页。

可回避的问题。

现代化就要经历世俗化，但世俗化不意味着取消宗教，也不意味着否定宗教的社会功能。世俗化仅仅意味着尘世生活与精神生活分开，意味着宗教与政治脱离。萨达特在其统治后期曾说过这样的话，“想从事伊斯兰教的人应该进清真寺，想从事政治的人应通过合适的机构”①，也就是说政治与宗教应该各司其职。但为什么在他自己的政治活动中不断把宗教引进来，他的敌手则在更大程度上使用宗教？埃及的经历一再说明处理好宗教与世俗的关系非常重要。

① 阿尤布编：《伊斯兰的政治再申张》，第 38—39 页。

第八章　部族冲突的震荡

非洲的经历

苦难的非洲

1957 年 3 月 5 日，夜半，黄金海岸首都阿克拉的英国总督府，一面飘扬了近百年的米字旗在众人注目下静悄悄地落下，一面缀有一颗黑星的红黄绿三色旗随之升起。就在这一天，一个新独立的国家在非洲诞生了，它的新国名叫“加纳”。

加纳独立是一个里程碑，表明非洲的殖民史已走到尽头。一位英国记者评论说：“十年前印度的独立标志着一个过程的结束，现在加纳的独立却是一次突然的前跃造成的，它把全非洲大陆引向了更加迅速的独立过程。”①事实确实如此，加纳独立时，非洲的独立国家寥寥无几，撒哈拉以南几乎全都在殖民主义统治下。加纳独立以后仅 10 年时间，非洲就已经有 30 个国家获得独立。时至 90 年代，非

① 布赖恩·拉平：《帝国斜阳》，香港三联书店 1994 年版，第 490 页。

洲大陆已完全摆脱殖民主义统治,最后一个大块的殖民地纳米比亚也在1990年取得独立。1960年,英国首相麦克米伦在南非发表讲话说:"变革之风正吹遍这块大陆,无论我们喜欢还是不喜欢,民族意识的增长是一个政治事实。我们大家都必须接受这个事实,我们的国家政策必须考虑到这一点。"①这篇叫作《变革之风》的讲话,成了殖民主义在非洲大陆寿终正寝的见证书。

40年过去了,非洲情况如何呢?非洲独立时,许多人心中充满了希望。人们期待新独立的国家能调动丰富的人力和物力资源,迅速改变非洲的面貌。人们期待非洲能迅速走向现代化,弥补由殖民主义造成的损失。人们指望独立给非洲人带来机遇,为自己创造美好的前途。领导加纳走向独立的民族领袖恩克鲁玛这样说:"从来没有哪一个人民自己掌握着如此伟大的机会,可以发展天生就有这么多财富的一个大陆。非洲国家虽有些是潜在的富裕,另一些则是贫穷,但单独一国都很难为人民做什么事;合在一起,互相帮助,它们能取得很大的成就。"②恩克鲁玛的说法代表着当时的一种乐观情绪:独立的非洲能顺利地发展。

但事实却使人们失望,今日的非洲步履蹒跚。非洲独立后经历着长期的冲突与动荡,它给非洲人民带来了巨大的苦难。

据统计,1960年以来,非洲已爆发20场以上的内战,有些内战

---

① 转引自皮尔斯和斯图尔特:《1867—1990年的英国政治史》(Malcolm Pearce & Geoffrey Stewart, *British Political History 1867 - 1990*),伦敦与纽约1992年版,第569页。

② 转引自蒂尔尼和斯科特主编:《西方社会:历史文献集》(Brian Tierney & Joan Scott, eds., *Western Societies, a Documentary History*),第2卷,纽约1984年版,第557页。

规模之大、为时之久，在整个世界都属罕见。20世纪80年代据说有200万—400万非洲人死于内战，而有一项研究认为，全世界自1500年以来死于战争者总数是14 190万。[①] 如果这个数字可信，那么在一个人口大约是5亿—6亿的非洲大陆上，10年中就有三四百万人死于战争，这个比例就实在惊人了！

从60年代初到80年代末，非洲共发生241次军事政变，其中大约有70次获得成功。全非洲52个独立国家中，有将近30个在独立后至少发生过一次政变，11个国家发生过10次以上的政变，最多的一个国家在独立后大约30年时间里共发生过21次政变。政变使好几位国家元首被杀，大批政界人物被消灭。有一项统计说，到80年代初，独立时执政的首批非洲国家领导人中只有7人仍在执政，其他都被推翻了。1963年在非洲统一组织宪章上签字的29个独立非洲国家的元首中，到80年代初仅有6人仍在位，其他因自然死亡的4人，政变中死亡的2人，17人被政变推翻但保全了性命。[②]

战争与政变造成巨大的社会动荡，到1993年，非洲有520万人逃离祖国成为难民，1 300万人流离失所，离开自己的家园。1994年卢旺达发生内乱，仅数周之内就有50万人死亡，300万人逃往邻国

① 科普森：《非洲的战争与和平的希望》(Raymond W. Copson, *Africa's Wars and Prospects for Peace*)，纽约和伦敦1994年版，第4页。

② 陆庭恩、宁骚、赵淑慧编著：《非洲的过去和现在》，北京师范学院出版社1989年版，第343页；中国社会科学院西亚非洲研究所编写组：《非洲概况》，世界知识出版社1981年版，第225—226页。

扎伊尔或坦桑尼亚。①

战争与冲突造成饥荒，大量农田荒芜，农民背井离乡，农业生产停顿，粮食来源枯竭。在发生内战的国家，往往伴随着严重的饥荒。比如在1988年春季，埃塞俄比亚北部有300万人因战乱而挨饿；1991年索马里爆发内战，几个月内就有35万南方人死于动乱或饥馑，5岁以下儿童有1/4死亡。1991年，国际救援组织说苏丹内战中有800万—1 100万人濒临饥饿，而实际情况则很难准确了解，因为政府把该地区完全封锁了。1980—1988年安哥拉和莫桑比克两国内战中，有85万儿童死于战乱，活下来的儿童则营养不良，缺医少药，无法上学。在通常情况下，一个地区的灾荒往往可以依靠其他地区的力量甚至国际救援来缓解；但在内战情况下，战争双方都封锁敌区，阻挠救援，人为地加剧饥荒。1967—1970年尼日利亚内战中，政府对“比夫拉共和国”实行封锁，有上百万伊博族平民死于饥饿。

战争对经济造成巨大冲击，工、农、交通、运输业都受到破坏，国民经济随时都可能崩溃。埃塞俄比亚政府1988年说其一半的预算用于战争，有人估计每年达到7.5亿—10亿美元，这比1987年美国用于撒哈拉以南整个非洲的援助款项还要多。由于战争，苏丹政府在80年代末的国际负债已达121亿美元，此外还有30亿美元的到期借贷。南部非洲发展合作会议曾估计，1980—1988年安哥拉与莫

① 莱克和罗斯柴尔德主编：《种族冲突的国际扩散》(David A. Lake & Donald Rothchild, eds., *The International Spread of Ethnic Conflict*)，普林斯顿大学出版社1998年版，第275页。

桑比克内战造成 440 亿—470 亿美元的损失。有一位研究者据此推测：60 年代以来非洲最大的 5 场内战（包括安哥拉、莫桑比克内战）总共造成了 1 000 亿美元的损失；如果把这些钱用于发展经济，情况将如何？[①] 由于战争，把赞比亚和扎伊尔丰富的矿产运送到安哥拉港口城市本格拉的国际铁路大动脉一度关闭，马拉维到莫桑比克的国际铁路也时常不通。莫桑比克的国民经济在 1981—1987 年间萎缩了 1/3，出口创汇缩减到 35%。苏丹的南尼罗河运河开凿工程和油田开采计划不得不停止，而在 70 年代，人们普遍预测苏丹将出现经济"起飞"。莫桑比克的卡波拉·巴萨水电工程也因为战争而成泡影，而它本来是可以对南部非洲的发展做出贡献的。安哥拉原是大西洋沿岸一个富裕的国家，但战争把它带到了崩溃的边缘。非洲许多国家本来是有相当好的发展机会的，比如乌干达、利比里亚、苏丹等等，但战争把一切都毁了，有些国家甚至比刚独立时还不如。据联合国非洲经济委员会的统计，撒哈拉以南的 46 个非洲国家中，有 30 个国家的经济自从独立以后反而倒退了。[②]

在战争与内乱中，社会文化的发展是不可能的。80 年代初，非洲的婴儿死亡率是 137‰，居世界最高。在欧洲，每 580 人就有一名医生；肯尼亚是非洲发展水平较高的国家，但它也仅每 25 600 人中有一名医生。非洲只有 11% 的适龄儿童可以上学，而在亚洲是 35%，在南美洲是 45%。20—24 岁年龄段中，非洲每 100 人只有

① 科普森：《非洲的战争与和平的希望》，第 14—16、17—18 页。

② 戴维·拉姆：《非洲人》，上海译文出版社 1998 年版，第 31 页。

1.4 人上大学，亚洲是 5.7 人，拉美是 6.7 人。非洲的文盲率高达 75%，是世界上文盲率最高的地区。最严重的是许多国家人民的生活水平实际上下降了，1960 年非洲尚能生产其所需粮食的 95%，到 80 年代初，几乎每一个非洲国家都要进口粮食。[①] 在这个本来就以农业为基本生产部门的非洲大陆，现在却连粮食生产也问题严重，其命运终究会如何呢？

总之，独立后的非洲并没有像人们所期待的那样迅速走向现代化，相反，它在发展的道路上遇到了严重的障碍。

那么，非洲究竟出了什么事，导致它面临着如此重大的危机？是什么造成它战乱不断、动荡不已？是什么造成它根深蒂固的内部分裂，竟然在国家独立后反而比过去更加混乱？

美国记者拉姆写道："部族主义是最难掌握的一个非洲概念，但要了解非洲，它又是一个最基本的概念。……在非洲的日常生活中，部族主义也许仍然是最强大的力量，它是战争和权力斗争的一个因素。"[②]正是部族主义在独立后的非洲兴风作浪，使它在独立之后难得太平。

人们普遍认为：部族主义在非洲表现得最强烈。据两位研究者统计，至 80 年代，全世界有 233 个种族集团政治性地组织起来，其中非洲有 74 个（亚洲 43 个，中东 31 个，拉美 29 个，西方国家 24 个，苏联东欧 32 个）。这 233 个种族集团中有 200 个以上发生过反对政府

① 戴维·拉姆：《非洲人》，第 32 页。
② 戴维·拉姆：《非洲人》，第 17 页。

或反对其他族群的政治性活动，其中 49 个发展成长时期的种族冲突，而非洲占 12 个（亚洲 16 个，中东 11 个，拉美 1 个，西方国家 8 个，苏联东欧 1 个）。1993 年初，全世界因种族迫害或种族冲突造成的 2 640 万难民中，非洲占 1 600 万（亚洲 220 万，中东 390 万，拉美 20 万，原苏联和东欧国家 410 万）；由种族政治造成迫害与冲突最严重的地区，在撒哈拉以南的非洲。①

现代非洲面临的最大问题就是种族（部族）冲突，正是在部族主义这道高墙下，非洲的现代化受到了严重障碍。

仇恨的血河

下面我们以实例来说明部族冲突对非洲国家造成的危害。

由于部族主义作祟，非洲有些国家在刚独立时就陷入内战，因此从一开始就遭受挫折。这方面最早的例子是刚果（扎伊尔）。

刚果 1960 年摆脱比利时统治获得独立，但独立后第 6 天就发生动乱，国家很快卷入内战。在刚果内战中，旧殖民主义势力起了很坏的作用，它的干预引发了混乱。但混乱的社会基础还是部族主义，殖民主义正是利用了这一点，才在新独立的国家里挑起了内战。内战中各派都有其部族基础，比如冲伯集团的基础在加丹加，冲伯是加丹加部族联盟党主席和加丹加省省长。卢蒙巴-基赞加政府的

① 格尔和哈尔夫：《世界政治中的种族冲突》（Ted Robert Gurr & Barbara Harff, *Ethnic Conflict in World Politics*），科罗拉多和牛津 1994 年版，第 6—8 页。

力量主要是班加拉部族,后来以铁腕手段统治扎伊尔30多年的蒙博托将军也是班加拉人。开赛省的分裂集团以巴卢巴部族为基础,他们成立了所谓的"开赛矿业国"。长达5年的混战反映了扎伊尔的一个政治现实,即这个国家有250多个部族,一旦殖民主义撤离,如何使这些部族整合在一个新国家里,是新独立的刚果所面临的严峻挑战。刚果的混战给所有新独立的非洲国家敲响了警钟,即殖民时代的结束不一定意味着美好时代的来临。新国家面临着艰巨的任务,即它怎样才能完成全民族的整合。蒙博托后来靠军事独裁手段解决这个问题,强制性地维护了表面的平静。但反政府力量仍然以部族为依托进行活动,包括最终推翻蒙博托统治的卡比拉。蒙博托垮台后,新的部族矛盾又在刚果酝酿。①

如果说刚果的例子还不够典型,因为在刚果事件中外国的干预十分明显,而且混战的时间也相对较短;那么安哥拉和莫桑比克的情况就非常典型了,表明部族主义可以给新独立的国家带来多么大的损害。安哥拉和莫桑比克都曾是葡萄牙的殖民地,都经历过长期的武装斗争才取得独立。但独立后两国都很快爆发内战,其为时之长,给国家带来的损失之大,都足以说明问题。

安哥拉1975年独立,但几乎立即就卷入内战。内战在三个政治派别间展开,三个派别都曾是反葡武装斗争的参加者。其中安哥拉人民解放运动成立于50年代,1961年开始武装斗争。同年巴刚果

---

① 参见马兹卢伊和泰迪:《非洲的民族主义和新国家》(Ali A. Mazrui & Michael Tidy, *Nationalism and New States in Africa*),牛津1989年版,第12章第4节,第13章第2、3节。

部族也发动起义，从起义中产生了安哥拉民族解放阵线。1966 年争取安哥拉彻底独立全国联盟从民族解放阵线中分裂出来，开展自己的武装斗争。此后，安哥拉独立运动中三支主要力量就都各自采取行动，互不支持，虽共同反对葡萄牙的殖民统治，却不能形成统一的力量。三个组织意识形态不同，“人运”自称信奉马克思主义，“安盟”主张社会主义和改良主义，“解阵”则更加强调市场资本主义。尽管如此，三个组织的主要分歧与其说是意识形态的，不如说是部族主义的。三方面都以部族势力为基础，“解阵”的基础是巴刚果人，这个部族占全国人口总数的 14％左右；“安盟”的基础是奥温本杜人，其人口占全国总数的 40％；“人运”有比较广泛的种族和社会基础，但其领袖有不少是姆本杜人。这种比例关系也许能部分地解释安哥拉内战迄今为止的结果：“人运”占据首都，组建中央政府；“安盟”占据中、南方，是最大的反政府力量；“解阵”一度占据北方，但在内战开始后不久就事实上被击垮了。安哥拉内战爆发到现在已 40 多年，其中几次和谈，试图组建民族团结政府，但又几次失败。内战中双方都引入外国军队借以打击对方，比如“人运”公开引进古巴军队，“安盟”则得到南非军队的支持。安哥拉内战已造成数十万人丧生，有一个联合国机构估计在 1980—1988 年间就有 50 万人死亡。内战给安哥拉带来巨大的损失，至今为止，安哥拉无法致力于国家的发展。①

莫桑比克的情况有所不同。领导独立的是莫桑比克解放阵线，它自称是马克思主义组织，领导人是马谢尔。1975 年莫桑比克独立

① 马兹卢伊和泰迪：《非洲的民族主义和新国家》，第 9 章第 2 节，第 12 章第 7 节。

后，立即采取激进的社会革命措施，包括实行国有化，组建集体农庄，把异己分子投入“再教育营”，实行社会主义改造等等。这些措施导致许多人不满，有些人逃到邻近的罗得西亚（独立后成为津巴布韦），在那里组建莫桑比克全国抵抗运动，并得到罗得西亚殖民主义当局（以后是南非政府）的支持。1976 年“抵抗运动”打进莫桑比克，内战就此爆发，为时长达 16 年。到 80 年代，“抵抗运动”的活动已扩展到全国各地，在有些地方，政府只能控制城市，农村地区则全都丢给“抵抗运动”了。政府在强大的压力下修改政策，实行经济自由化和政治多元化，这使它与“抵抗运动”之间的分歧缩小了。1992 年双方经过谈判终于停止了内战，但战争已造成数十万人死亡，最高的估计数字是 100 万。莫桑比克内战中虽然有较强的政策与意识形态色彩，但双方的阵线却仍有很清楚的部族分野：抵抗运动的力量主要来自绍纳部族，政府方面则以戈安人为基础。①

如果说新独立的国家由于建国伊始，立足不稳，因此很容易被各种离心力量所分解，造成长时间的冲突与战争的话，一些历来相当稳定的国家也由于部族矛盾而引发内战，并由此濒临瓦解。在这方面最典型的例子是埃塞俄比亚、利比里亚和索马里。

埃塞俄比亚是一个古老的国家，它在几千年时间里始终维护着自己的独立，是非洲所有国家中一直没有丧失独立地位的仅有的两个国家之一。但从 60 年代起，埃塞俄比亚爆发了内战，起因是厄立特里亚的种族冲突，最终竟差一点导致整个国家的解体。60 年代，

① 参见科普森：《非洲的战争与和平的希望》，第 38—42、82 页。

北部沿海的厄立特里亚开始要求政治独立，70年代出现武装反抗运动，并逐渐发展成对抗中央政府的大规模战争。厄立特里亚的事态发展鼓舞了埃塞俄比亚其他地区的部族反抗运动，到80年代，战争已遍布全国，冲突四起，提雷格人、奥罗莫人、西索马里人、阿法尔人等纷纷从本地区发难反对中央政府，实际上是反对控制着首都、控制着中央政权的阿姆哈拉人。1991年，各部族的联军攻占首都，推翻政府，厄立特里亚也在不久后分离出去成为独立国家。埃塞俄比亚的内战表明，一个古老而坚固的国家也会在部族冲突的震撼下动摇，种族（部族）冲突是非洲社会动荡的最大根源。迄今为止，埃塞俄比亚的部族紧张关系并没有完全消除，它在一定的条件下仍会激化。内战使埃塞俄比亚丧失近100万人口，这个非洲最穷的国家，现在就变得更穷了。

利比里亚属于另一种类型。利比里亚位于西非，原是土著居民的居住地。1824年，一批美国黑人释奴移居到此，建立了利比里亚国家，由美国黑人移民的后代执掌政权。这个国家长期以来按美国的模式建立自己的政治制度，政权相当稳固，除埃塞俄比亚之外，它是全非洲另一个始终维持独立地位的国家。如果说在这里有什么“殖民主义”的痕迹的话，那就是从美国移民过来的前黑人奴隶的后代组成了这个国家的上流社会，他们按美国白人的方式生活，而把当地黑人称为“土著”，当地黑人在社会地位上低人一等。尽管如此，这个国家并没有出现过尖锐的冲突，到1980年，它已经维持了133年的和平稳定，其间没有发生过一次政变或一次战争，与非洲其他国家的动荡相比，它是一个世外桃源，显得格外宁静。1971年，威廉・塔布曼总统死在任上，政权和平移交给当了20年副总统的托尔伯特。当时非洲正经历着前所未有的动荡，这位新总统自豪地说："我们可以为这个国家今天已成为稳定的真正标兵而自豪。"①

但部族主义最终还是把利比里亚吞噬了。事情是从多伊军士的政变开始的。多伊军士代表土著黑人中既无文化、又对现实不满的狂热的冒险分子，他只和 20 名同伙就一起发动了一场政变，并且把托尔伯特总统残酷地杀害了。这以后，利比里亚就陷入和其他非洲国家一样的部族冲突的漩涡，往日的宁静和社会行为准则在一个晚上就被破坏。士兵公开在大街上抢劫，多伊（现在是将军）则公开以部族主义的方式行事。他只任用他自己的部族克兰人，而克兰人是一个小族，这就必然导致部族关系的紧张。1985 年发生一次政变，多伊迁怒于吉奥族和马诺族，于是对这两个部族大开杀戒。1989 年，流亡在外的吉奥族领袖泰勒，率一支军队从象牙海岸攻入利比里亚，几个星期后就攻占首都。这以后内战就一直未停。泰勒军对克兰人及其亲族曼丁戈人实行报复，这又导致克兰人在约翰逊的指挥下集结起来进行反抗，冤冤相报而永无休止。内战爆发后，利比里亚经济水平迅速下降，1990 年被联合国列为第 42 个最不发达的国家。②

索马里属第三种类型，表明相对稳定的非洲国家，可以被种族冲突破坏到何等程度。索马里位于"非洲之角"，由于其居民讲同一种语言，信同一种宗教，相信自己是由同一个祖先所传，所以被看作是非洲唯一的单一种族的国家，不存在其他地方的部族差异。但索

① 拉姆：《非洲人》，第 164 页。

② 参见莱克和罗斯柴尔德主编：《种族冲突的国际扩散》，第 284—285 页。

马里人分为六大家系，每个家系下又分氏族、亚氏族、亚亚氏族等，社会即以氏族—亚氏族的结构组成，相互间联系比较松散，当然冲突也比较少。1969 年西亚德发动政变，从这时候起社会关系就开始紧张了。西亚德一方面声称他要以“科学社会主义”为指导，对“部落主义”进行斗争；另一方面又依靠他自己的马勒汗氏族和亲近的马杰丁氏族组成权力核心，清洗和扼杀其他氏族可能出现的竞争对手。80 年代末，全面的武装冲突终于爆发，各氏族武装力量纷纷出现，其中包括南方的达罗德氏族，北方的伊萨克索马里氏族，中部的哈维耶氏族，西部边境地区的欧加登人等等。1991 年，各氏族联合力量攻占首都，推翻西亚德政府。这以后索马里就陷入完全的无政府状态：北方的伊萨克索马里人要求独立，但其他较小的氏族害怕伊萨克人的力量，就不愿独立；南方的索马里联合大会内部发生分裂，马赫迪和阿迪德各占首都的一半地盘。各派都以氏族或亚氏族为基础进行混战，中央政府根本建立不起来。此时索马里大旱，数百万人面临饥荒，国际社会组织救援，各派武装力量却阻挠救援工作，他们抢劫救援物资，枪击运送救济品的飞机，炮击国际救援船只等。这些活动使救援工作根本无法进行，结果导致在 1991 年底至 1992 年初，有 35 万索马里人饿死。1992 年联合国向索马里派驻维和部队，后来却完全不能执行任务。现在，索马里的内乱和饥荒仍在继续，一个“单一民族”的国家已经被“部落主义”分解得支离破碎了。[1]

① 参见科普森：《非洲的战争与和平的希望》，第 49—54、82—83 页。

从以上事例已经可以看出:部族(种族)冲突给非洲带来了何等灾难!如果说这些例子还不足以说明问题的严重性,那么在卢旺达和布隆迪发生的事,就的确让国际社会震惊不已。

卢旺达是东非的一个小国,面积只有2.63万平方公里,人口是753万(1992年)。人口中绝大多数是胡图人,约占85%,其他是图西人(14%)和特瓦人(1%)。在殖民化以前,卢旺达社会结构相当特殊:图西人占有土地和生产资料,胡图人为图西人服劳役,换取生活资料。整个社会按金字塔形状组织起来,颇类似西欧的封建社会。但这个金字塔又是按部族来分层的,这就相当特殊了,它使得阶级关系与种族关系奇妙地结合在一起,情况极为复杂。卢旺达起先是德国的殖民地,1922年又归属比利时。殖民统治时期,图西人受到殖民者的特殊优待,在政府和军队中都占有优势。这使封建关系、殖民统治和种族冲突全都纠缠在一起,很难加以解决。临独立之前,比利时人突然改变方向,给胡图人许多特权,声称要实行"多数人的统治"。这不仅没有解决卢旺达的社会问题,反而加剧了部族间的紧张关系。此后,胡图人就在卢旺达掌权,并排挤图西人。图西人不服气,由此引发严重的冲突。1959—1973年之间发生过四次严重的冲突,每次冲突少则死数千人,多则死几万、十几万,并造成数十万人流亡国外。冲突一次比一次激烈,手段也越来越残忍。在这些冲突中,正义与非正义的界限并不存在,无论是在朝还是在野,一有机会,就企图给对方来一个种族灭绝。1990年,图西族难民组成的"卢旺达爱国阵线"武装进攻卢旺达,开始了三年内战,双方都执行部族主义路线。1993年,爱国阵线和政府达成协议,同意结束内战，组织民族团结政府。但就在此时，一起蓄意策划的谋杀事件却把种族仇恨的火焰煽动到疯狂的地步。1994年4月6日，卢旺达和布隆迪两国总统（都是胡图人）乘坐同一架飞机从坦桑尼亚参加地区性和平会议回来，在卢旺达首都基加利降落时遭导弹袭击，机上人员全部身亡。事发之后，胡图族极端分子控制的官方电台立即号召胡图人报复（实际上此事究竟是何人所为，始终没有作过公正的调查），一时间屠杀的浪潮席卷全国，屠杀的手段则令人发指。经常出现的场面是：胡图族军队和武装暴民集体屠杀图西族居民，一次屠杀几百、上千甚至几千人。有一些报道说：在与布隆迪交界的阿坎耶鲁河上，大屠杀将河水染红，先漂过来的是男人的尸体，接着是女人的尸体，再接着是童尸。邻国乌干达的内政部长说，从卢旺达漂来的尸体每5分钟一具，每天要漂来300多具。在扎伊尔的难民营，人们报道说："尸体太多了，那么多的尸体陈尸路边，那么多的尸体与活人睡在一起，那么多的尸体散落在香蕉树丛中，或躺在戈玛镇的火山尘埃上……"①1994年7月23日的《经济学家》杂志报道说："一个750万人口的国家，减去3个月的屠杀被杀死的50万人，再减去向北向东逃跑的100万，现在又有正在向西逃跑的100万或更多，可能很快还会有另外100万人加入他们的队伍——而且时时刻刻看着他们死亡；就算这些数字是夸大其辞，但卢旺达所遭受的苦难也还是太大了，大得让人难以理解。"②在屠杀高潮中，以图西

① 方林：《卢旺达部族大灾难》，载《民族》杂志，1994年第11期，第11—14页。英国《经济学家》（*The Economist*）杂志，1994年7月30日，第36页。

②《经济学家》杂志，1994年7月23日，第11页。

族为主的爱国阵线恢复战争，向政府发动猛攻，三个月后占领首都基加利，组成以图西族为主导的新政府，这又导致大量胡图人逃亡。事件过去后最终的统计数字是：80 万人死亡，200 万人逃往国外，另有 200 万人背井离乡，流离失所。对一个仅有 750 万人口的小国来说，这确实是不可思议！

布隆迪的情况与卢旺达不同，布隆迪是由图西人掌权，胡图人则受到压制和排挤，这导致胡图人在独立后发动过 4 次武装反抗。1972 年起义中大约有 1 000 名图西人被杀，以图西族为主的军队以此为借口进行报复，对胡图人实行“选择性灭绝”，凡一切高中以上文化水平的胡图人抓住就被杀害，胡图族由此损失大约 20 万精英，另有 7 万人出逃。1992 年，图西族中温和的领导人试图实行民族和解，通过一次大选选出胡图人领袖恩达达耶出任总统。但一年后这个政府就被图西族军队推翻了，恩达达耶也被杀害。随即爆发的部族冲突至少又使 10 万人丧生，70 万人流亡，100 万人离乡背井。在联合国和非洲统一组织调停下，1994 年再次恢复以胡图人为主导的民选政府，但新总统在 6 月 4 日的基加利总统座机事件中又成了陪葬品。这一年，布隆迪虽没有发生像卢旺达那样的种族大屠杀，但冲突与仇杀仍然不断，国家始终处在动荡之中。1996 年，图西族军队再次发动政变，仇恨的种子仍深深埋藏在布隆迪的土壤中。①

① 参见《布隆迪：下一次大屠杀？》(*Burundi—the Next Bloodbath?*)，载《经济学家》杂志，1995 年 10 月 14 日；贺文萍：《布隆迪会成为第二个卢旺达吗？》，载《世界知识》，1996 年第 16 期。

追根求源

是什么造成非洲的部族冲突持续不断，使整个大陆时常在流血的冲突中痛苦地痉挛？事实上，部族冲突已成为撒哈拉以南非洲最显著的标志，它严重地阻碍着非洲的发展。

首先，责任可归咎于殖民主义统治。在刚果（扎伊尔）的事例中，这一点表现得非常明显。刚果对比利时来说极为重要，它国土230多万平方千米，是比利时国土的70多倍。刚果矿产丰富，铜、铀、钻石、黄金等产量都在世界上名列前茅。1920—1936年，刚果钻石产量增长20多倍，铜产量也增长4倍多。钻石是刚果的重要矿产，1913年占世界总产量的1/3，1929年又比1913年增长3.5倍。加丹加省是最重要的矿产集中地，仅在1929年，比利时联合矿业公司就从该地获纯利近158万英镑。① 刚果独立使比利时殖民者很不甘心，因此在独立时就蓄意制造事端，给新成立的刚果政府制造麻烦。当时比籍陆军司令不肯承认刚果籍军官的身份，从而在独立后的第6天就引起了刚果士兵的哗变；哗变中一些比利时军官被杀，这使得比利时找到了派驻军队的理由。随后，比军炮轰马塔迪港造成人员伤亡，引起了刚果各阶层普遍的愤怒，从而在全国各地引发了攻击白种人的风潮，而这又给比利时提供了进一步干涉的借口。在

① 陆庭恩、彭坤元主编：《非洲通史·现代卷》，华东师范大学出版社1995年版，第81—82页。

比利时鼓动下，加丹加和开赛两省先后宣布“独立”，从而引发了刚果内战。当内战愈演愈烈，联合国要求比利时撤军后，比利时武装人员仍然以非正式身份留在刚果，尤其是留在加丹加和开赛两地，充当雇佣军。有一种说法是，卢蒙巴总理就是当着冲伯的面，被比利时雇佣军杀害的。比利时对刚果内战负有不可推卸的责任，殖民主义挑动非洲国家的内乱，在这个事例中表现得最为明显。

类似的情况还可以在安哥拉和莫桑比克看到，比如南非在安哥拉内战中插一手，莫桑比克反政府武装得到罗得西亚殖民主义政权的支持。但殖民主义对非洲国家部族冲突的负面影响还表现在一个无形的方面，即 19 世纪，当帝国主义列强瓜分非洲时，他们按统治的方便随心所欲地在地图上划线，把部族交错的非洲大陆划分成一个个“国家”，完全不考虑历史的因素和人种的分布。非洲许多国家的边界线是几何直线，其中的原因就在于此。这样就使“国界”与现实严重不符，在历史上形成的一个部族被划分到好几个国家，而一个国家又包含了不止一个部族。这种人为划定的“国家”在独立后就面临巨大的难题：按现代国家的本质，它应该是“民族”的国家；但人为的划定却使这种“民族国家”不可能存在，于是为了造就一个“民族国家”，非洲发生了无数次冲突，在这方面，乌干达和苏丹的例子堪称典型。

乌干达位于东非，曾经是英国殖民地。它的南部原有一个布干达王国，是巴干达人建立的国家。巴干达人发展出比较高的文明，影响到周围地区，使乌干达南部出现过好几个类似的国家，种族也比较接近，都属于班图人种。但乌干达的北部是半开化地区，人种上属尼罗特人，与苏丹南部相似。英国统治时期把这两个地区合在一起成为乌干达，其文化、历史和人种的差异引起的矛盾都只因为英国的强力统治才没有暴露。独立后，这些差异很快就发展成剧烈的种族冲突，使乌干达成为灾难最深重的国家之一。①

苏丹的情况大体相似。苏丹北部是阿拉伯人，信伊斯兰教；南部是尼罗特人，信原始宗教，殖民化以后基督教教义广为传播。这两个地区在文化和历史方面都极为不同，社会经济发展水平也差异太大。北方的阿拉伯人曾把南方作为黑奴猎取地，南北之间的矛盾本来就很深。英国人入侵后，曾把南北分开治理，南方恢复部落统治方式，被视为撒哈拉以南，等同于“黑非洲”，在一段时间里北方人甚至不可以到南方经商。英国撤离前曾一度考虑把苏丹分成两个国家，或把南苏丹和北乌干达合并成一个国家，但最终它满足了北方的要求维持南北统一，使苏丹成为一个国家。独立后，南北间的矛盾终于没有能得到妥善的解决，内战很快在苏丹爆发，迄今都没有能够找到出路。②

类似乌干达和苏丹的情况在全非洲到处都可以看到，比如苏丹的邻国乍得，其种族冲突在很大程度上与法国殖民者划定的疆界有关。然而除殖民者的罪过外，独立后非洲领导人自己所犯的错误，也许在更大程度上导致部族间冲突不可收拾。我们仍以苏丹为例。

---

① 参见马兹卢伊：《乌干达的种族紧张关系和政治分层》(Ali A. Mazrui, “Ethnic Tensions and Political Stratification in Uganda”)，见托伊特主编：《现代非洲的种族性质》(Brian M. du Toit, ed., *Ethnicity in Modern Africa*)，科罗拉多 1978 年版，第 3 章。

② 参见莱克和罗斯柴尔德主编：《种族冲突的国际扩散》，第 279—281 页。

苏丹是1956年独立的,但在独立前的1955年就发生兵变,原因是南方人对北方人的优势感到担忧。北方人公开歧视南方人(尽管此时尚未独立),比如在用苏丹人接替英国人担任的行政职务时,总共800人的文官队伍只有6人是南方人,并且用阿拉伯语取代英语成为学校的教学语言(许多南方人不会讲阿拉伯语)。兵变被北方所镇压,但北方也做出许诺,答应在独立后充分考虑南方的自治要求。但独立后的事态发展却使南方彻底失望了,在1956年成立的制宪委员会中,46名委员仅3名南方人;1958—1964年执政的阿布德将军用强制手段推行阿拉伯化政策,比如强迫南方人改用阿拉伯姓名,行政与司法活动必须使用阿拉伯语,军队与警察不吸收南方人(1959—1964年进苏丹军事学院学习的仅4名南方人),并且还驱逐基督教传教士。这样,南方人终于忍无可忍,开始了大规模的武装反抗。在战争中南方建立了自己的政权,中央政府往往只能够控制城镇。战争打了十年,1969年尼迈里将军上台,开始修改对南方的政策,允许南方实行自治,不再以伊斯兰教作为国教,这样,到1972年,双方实现了和平,第一次内战总算结束了,迎来了下一个十年的和平发展时机。然而到1982年,尼迈里突然改变政策,重新推行阿拉伯化,强制实行沙里亚法,①并且在1983年停止南方自治,恢复中央集权。这样,南方的武装反抗又开始了,战争从1985年打到现在,似乎仍遥遥无尽期。战争中据说有上百万人死亡,仅1988年一年,死亡数就可能达到25万—50万。1991年,国际救援机构说有800

① 参见本书第十章。

万—1 100 万南方人遭受饥饿，而救援物资却运不进去，因为政府实行全面封锁，而且对南方实行焦土政策，不加区别地进行轰炸。苏丹内战是非洲国家中为时最长的一次内战，而且损失也最大。由北方人控制的苏丹政府显然可以采取更为灵活的方针，假如尼迈里能将他早期的和解政策贯彻到底，今日的苏丹也许完全是另一个样。①

埃塞俄比亚的海尔·塞拉西皇帝显然也犯了同样的错误。厄立特里亚对埃塞俄比亚来说是一个特殊的地区，由于它靠在海边，自古以来就易受外部影响，阿拉伯人、土耳其人和埃及人先后都在这个地区留下过足迹。19 世纪 80 年代厄立特里亚成为意大利殖民地，1941 年以后又由英国占领，其经济、政治都发生了与埃塞俄比亚不同的转变。1952 年厄立特里亚并入埃塞俄比亚，但海尔·塞拉西却要它恢复埃塞俄比亚制度，而这个制度在当时仍是个封建专制的制度。这使厄立特里亚出现了分离倾向，最终导致埃塞俄比亚内战。海尔·塞拉西被推翻后，执政的门格斯图虽然标榜马克思主义，却并没有改变旧政策，以至于有许多人指责他是旧帝国的继承人。正是在这种情况下才爆发全面的内战，最终导致门格斯图的垮台。②

掌权者对挑起内战的责任之大，莫过于利比里亚的多伊军士，这在前面我们已经谈过。但乌干达的阿明也是个突出的例子。阿明是北方尼罗特人，属卡克瓦部族。阿明从外表看天真率直，朴实

① 参见马兹卢伊和泰迪：《非洲的民族主义和新国家》，第 12 章第 1 节。

② 参见科普森：《非洲的战争与和平的希望》，第 34—38 页。

勇敢，很能得到别人的喜欢，但骨子里却是个危险人物。如美国记者拉姆所说，阿明具备“成为非洲的一个危险的领导人的一切气质：他的本能是原始的，他的忠诚是部族主义的，他的倾向是好战的”①。阿明掌权后在很多场合的表现曾引起全世界的讪笑：他在外交活动中穿着衣服跳进游泳池；他把他的女外交部长解职，指控她在巴黎机场的厕所里与人通奸；他对英国女王之妹玛格丽特公主的婚姻破裂发表评论说：男人们应该吸取教训，千万不要和地位太高的女人结婚；他把素有“东非哈佛”之称的麦克勒里大学搞得一团糟，却给自己封了个“哲学博士”，还自任校长，等等。这些笑话似乎是体现了他的低能，但实质上他还是个十分残酷的人。

在英国统治时，巴干达人享受特权，他们在殖民政府里做官，控制商业，主宰国家的经济活动，在文化和教育方面也占有优势。他们保留着自己的国王，可以处理自己的内部事务，但有一项重要的权力却被英国人剥夺了，即控制军队的权力。英国人在乌干达北方半开化的地区征募兵员，这样可以达到互相牵制的目的。北方人剽悍，没有文化，很适合当兵。独立时，巴干达人得到保证，说他们可以保持原有的自治，卡巴卡（巴干达人的国王）还可以当乌干达总统。但几年以后（1966 年）北方出身的部族人奥博特总理就废黜国王并自任总统。当时，奉命去攻打王宫的就是另一个北方出身的部落人陆军司令阿明。独立后，政权事实上掌握在北方部族人手里，巴干达人受排挤。但直到阿明夺

① 拉姆：《非洲人》，第 105 页。

权之前国内的部族关系都是比较平和的，阿明上台才引起部族冲突爆发。

北方部族并不一致，只是因为反对巴干达人，他们才暂时团结在一起。相反，北方是部族主义盛行之地，部族间从来就矛盾重重。1971 年阿明发动政变推翻奥博特，从此后部族政治就在乌干达畅行无阻。阿明依靠他自己的部族卡克瓦族，但卡克瓦族是个小族，于是他从扎伊尔和苏丹招募亲近的部族人充当雇佣兵，对乌干达实行血腥统治。除他自己的部族外，其他部族人都受到迫害，奥博特的兰戈部族及其亲族阿乔利人尤其首当其冲，他们的村庄被捣毁，村民被成批杀害。监狱里关满了各种各样的人，犯人们被迫用 10 磅重的大锤互相锤打至死，最后一个人则被枪毙。许多重要人物，比如陆军参谋长、乌干达首席法官、麦克勒里大学校长、英国圣公会大主教、阿明自己的私人医生，还有阿明 5 个妻子中的一个等等，都被莫名其妙地杀害了。在阿明统治的 8 年中，有 30 万乌干达人遇害，每 40 人中就有一人死于非命。乌干达曾经是东非最发达的地区之一，丘吉尔把它叫作“东非明珠”。但在阿明统治下通货膨胀率达到 1000％，每个月拿到的最低工资只够买 10 个面包。阿明被推翻后，部族政治并没有停止，奥博特从坦桑尼亚回国第二次掌权，继续以部族划线进行统治。新的迫害开始了，新冲突与老冲突纠缠在一起。作为一个国家，乌干达事实上已经崩溃了。在首都坎帕拉，大白天就公然抢劫，出门就可能被杀害。不久后，一支主要由巴干达人组成的游击队开始向政府发动攻击，经过 6 年内战（1980—1986），游击队推翻奥博特政权，这才使局面稳定下来。据现任总统、当年的游击队领导人穆塞韦尼估计，乌干达内战中死了50万人。[①] 一个素有“东非明珠”之称的国家在阿明手中被弄得一塌糊涂，而搞垮这个国家的毒素，其实就是部族主义。

综上所述，殖民者和新独立国家的领导人对盛行于当今非洲的部族和种族冲突都负有责任，另一方面，非洲文化中固有的缺陷却使这些冲突具有广泛的社会基础。非洲（尤其是撒哈拉以南）的社会经济发展比较缓慢，在西方殖民主义入侵之前，基本上保留着部落社会的结构，部落和氏族的价值观念根深蒂固。个人若不融于部族之中，则失去其生存的前提。正如一位西方学者在研究一个非洲部族的情况时所说：“权利、特权和义务都是由亲族关系决定的，一个人若不是本族人（无论是真实的族人还是想象中的族人），那么这个人和你就没有相互的义务关系，你就要把他当作潜在的敌人来对待。”[②]在多数情况下，部族是人们所能理解的唯一社会实体，部族的利益也是人们所能认同的唯一利益。国家和民族这一类概念是殖民主义带进非洲的新东西，它虽然最终被非洲人用来作为摆脱殖民主义的武器，但它仅仅是用来对付欧洲人的。就非洲人自己的相互关系而言，他们只认部族，而不认民族。在非洲，民族仍然在形成之中，而部族则早已长期存在。因此当殖民主义者随随便便地在地图上划出一条条“国界”，并且为非洲人制造出一个个“祖国”时，很少有非洲人能理解它们的真实含义。尤其是在那些不甚开化的地区，

---

① 参见马兹卢伊：《乌干达的种族紧张关系和政治分层》，载托伊特主编：《现代非洲的种族性质》。

② 托伊特主编：《现代非洲的种族性质》，第48页。

在那些基本上无文化的人们中间情况更是如此，因此，“在非洲，对部族的忠诚通常超过对国家的忠诚”①。政治家只有用部族的语言说话才能找到听众，否则他就丧失了社会基础；人民也首先作为部族的成员而拥戴自己的领袖，除部族主义外，他不理解其他任何主义。在这种政治氛围中，无论是政府还是反对派，都把自己的部族作为权力基础，超部族的领袖很难存在，纯洁的意识形态相当难以生根。于是人们看到，独立运动涂上了部族色彩，解放运动和抵抗运动往往变成部族运动。各种主义的政治家都必须在部族的舞台上活动，政党是部族的党，不同政治派别其实就是不同的部族，党争也就是部族之争，权力在部族之间争夺，战争也在部族之间进行。非洲人用他们所熟悉的行为方式从事政治活动，这个方式就是部族政治。但悲剧的色彩正表现在这里：政治活动现在要求在一个“民族国家”的范围内进行，而这些国家却是欧洲人随随便便地制造出来的。非洲人对他们所必须认同的“民族”还相当生疏，他们所熟悉的，还是古老的部族！因此从这个意义上说，殖民主义对当代非洲造成的最大伤害是他们以特殊的方式激化了部族冲突，非洲人不得不在欧洲人所划定的疆界内，艰难地经历民族认同的痛苦过程。

出路何在？

我们已经讨论了非洲国家种族（部族）冲突的巨大灾难，也讨论

① 拉姆：《非洲人》，第 17 页。

了造成冲突的原因，现在我们要提出的是：出路何在？我们以两个例子说明这个问题。

第一个例子是尼日利亚，尼日利亚提供的一半是教训，一半是警告。尼日利亚是一个西非国家，境内有 250 多个部族、200 多种语言，人种组成极为复杂。尼日利亚部族中最大的是三个，即北方的豪萨-富拉尼族，西方的约鲁巴族，东方的伊博族。英国在尼日利亚分而治之，它依靠当地的统治集团实行“间接统治”，这种方法在多数英国殖民地都是如此，但在尼日利亚造成的后果也许最严重，即它一方面在尼日利亚造成三个各自为政的行政区，一方面又把这三个地区人为地合成一个国家。这样，到独立之前，尼日利亚存在着三个地方政府，分别以豪萨-富拉尼人、约鲁巴人和伊博人为主，这就为尼日利亚独立后的种族冲突种下了祸根。

1959 年（独立的前一年）尼日利亚举行联邦政府大选，在选举中豪萨-富拉尼族与伊博族结盟，共同排挤约鲁巴族。约鲁巴族政治家于是就拉拢北方和东方的小部族，让他们在各自的地方政府中捣乱。联邦政府以逮捕约鲁巴人的领袖作答，同时让西方的小部族组成独立的行政区。此举使约鲁巴人中分裂出一支力量与北方人结盟，北方人则立即分成两派，一派主张接受约鲁巴人的联盟，另一派则主张形成三大部族的大联合，维护统一的国家。但后一种主张在 1964—1965 年的大选中失败了，这对尼日利亚是一个致命的打击，伊博人被排除在政权之外，种族猜疑开始滋生。这时，军中传播谣言，说北方人已接到命令要清洗南方军官，于是在 1966 年 1 月，南方的年轻军官（主要是伊博人）就先下手为强，发动了军事政变。政变中联邦政府总理、北方政府首脑和一大批高级军官被打死，死者多数是北方人，伊博人则无一受害。随后政变被镇压下去，而且领导镇压的是伊博族出身的陆军司令伊龙西，但人们仍认为政变是伊博人针对豪萨-富拉尼人发动的，于是在7月份，北方人又发动一个新的政变，推翻了伊龙西，随即就对伊博族军官进行清洗，伊龙西在政变中被打死，被杀的还有43名伊博族军官，和171名其他军人。这以后，豪萨-富拉尼人与伊博人的敌对情绪就迅速升温，各地都发生杀害伊博人事件；伊博人居住的东部地区则出现杀害北方人事件。仇杀的气氛愈演愈烈，好几万人死于非命，大量伊博人开始向东部地区逃跑，通往东部的大道上据说挤满了难民，人数多达200万。1967年5月，东部军事长官奥朱古代表伊博人宣布成立一个"比夫拉共和国"，内战开始了。联邦军队与"比夫拉"军队进行了三年血战，其间造成大量的人员伤亡和数不清的物质损失。伊博人有200万人死于战争，多数是由联邦封锁引起的饥荒造成的。战争给尼日利亚带来巨大的灾难，当然也使尼日利亚人接受了深刻的教训：在尼日利亚这个拥有众多部族的国家，不处理好部族之间的关系，就不能让国家太平。战争结束后，以戈翁将军为首的联邦政府下决心挽回伊博人的民心，它对伊博人采取怀柔政策，不追究他们在内战中的表现，相反给伊博地区提供援助，解救灾荒，并恢复了许多伊博人原先担任的职务。被捕的人本来就不多，后来又都释放了。戈翁政府还改革联邦体制，取消原来的三大区行政格局，把国家划分成若干州，目的是打破三大族鼎立的局面。这些措施维护了一个完整的尼日利亚，同时也巩固了一个联邦的尼日利亚。从比夫拉战争到现在，尽管尼日利亚多次出现军事政变，政权已几易其手，也尽管不断发生种族或宗教的冲突，有时还造成重大伤亡，但内战的时代已经过去了，人们不得不面对一个现实，即在尼日利亚这个多部族社会里，人们必须学会在同一个国家中生活。①

第二个例子是南非。南非最早由荷兰人侵占，后来成为英国殖民地。1910 年，南非以英国自治领的身份取得独立，但政权由白人独占，占人口 75％以上的黑人不仅毫无权利，而且受到全面的歧视。从 1911 年开始，南非政府就颁布法令，对黑人的生存权利作出种种限制；第二次世界大战以后，以荷兰人后裔为主组成的白人政党南非国民党长期掌握政权，开始全面推行种族隔离政策，将种族歧视这种违背现代文明准则的思想行为制度化、公开化、法律化。在这种制度下，黑人不仅被剥夺一切公民权利，而且一举一动、一言一行都受到种族歧视法律的严格限制，他们在一切场合下被强行隔离，黑人白人不许接触，黑人被圈围在黑人居住区内，建立所谓的“黑人家园”。公开的种族歧视导致黑人激烈的反抗，罢工、闹事、公开的种族冲突不断出现。60 年代黑人的政治组织非洲人国民大会开始组织武装斗争，武装冲突在南非逐步蔓延。同时，南非的经济状况恶化，国际压力增大，白人政权感受到威胁。他们意识到有两条路可以选择：要么坚持种族隔离，从而使黑白人种间的冲突越来越尖锐，最终引发内战，如同邻国安哥拉、莫桑比克、津巴布韦那样，而内

① 参见马兹卢伊和泰迪：《非洲的民族主义和新国家》，第 12 章第 5 节，第 14 章第 7、8、9 节；拉姆：《非洲人》，第 15 章“尼日利亚：前途在望”。

战的结果一定是白人种族主义社会的整体崩溃；要么进行改革，停止种族隔离，把黑人大多数逐渐接纳进主流社会，实行不同人种间的共处，建立和谐的种族关系，共建南非国家。南非白人政权权衡利弊，选择了后者。从 70 年代开始南非国民党进行改革，开始逐步改变种族歧视。1989 年德克勒克接任总理职务后加大改革步伐，他无条件地释放了被关押近 30 年的黑人领袖曼德拉，与非国大进行取消种族隔离、实行民族和解的谈判。1993 年双方达成协议，建立民族团结政府，次年举行南非历史上首次多种族民主选举，曼德拉出任南非总统。谈判期间，南非曾出现严重的暴力冲突，白人极端派团体甚至威胁要发动内战，黑人不同部族之间也因为利益不同而出现严重的分歧，部族冲突时常发生，有时造成重大的伤亡。但这一切最终都成为过去，南非顺利地度过了危机。各方都在危机中理智地行动，妥协精神最终占了上风。曼德拉上任后不仅妥善地解决了黑白人种间的冲突，一方面清算种族主义的罪行，一方面又有效地抑制黑人的复仇心理，将白种人引入到新南非的社会中来。而且他巧妙地化解了黑人部族之间的矛盾，特别是处理好他自己的部族（及其他较小部族）与黑人最大的部族祖鲁人之间的关系（其政治代表是因卡塔自由党）。这样，由于德克勒克和曼德拉的巨大努力，也由于各种族、各部族政治上的成熟，南非顺利地走过了过渡时期最危险的一段路。1999 年，南非举行第二次多种族大选，在大选中局势稳定，人民表现出高度的责任感，曼德拉退出政坛，顺利地完成了政权交接。时至今日，一个民主、稳定、多元、多种族的新南非已基本成形。新南非避免了许多非洲国家一独立就内战不已的悲剧命运,南非的经验是一个成功的经验,其成功之根本原因就在于它认识到:只有共存才能共生。①

从以上两个例子可以看出,无论是尼日利亚的教训还是南非的经验,还是众多非洲国家喜和悲的经历,所有这些都说明:在一个以多元化为特色的现代社会,只有承认别人的生存权利,自己才能生存,企图消灭别人无异于消灭自己。部族主义是阻碍非洲现代化的最危险的敌人之一(其他还有贪污腐败、政治独裁等等,这些一般都和部族政治纠缠在一起),在价值观上它与现代化要求格格不入。非洲国家只有承认现实,努力发展多种族文化和融合的社会,才能克服部族主义的不良传统和殖民统治的消极影响,在创建民族国家的基础上,全面推进现代化。

① 参见潘兴明:《南非:在黑白文化的撞击中》,四川人民出版社2000年版。

第九章　探寻工业化模式

英国与苏联的对比

工业化模式概述

现代化的一个重要方面是发展经济，任何国家和地区要实现经济发展，必然要经历一个工业化过程。然而，不同国家或地区由于历史背景和现实的不同，它们完成工业化也可能采取不同的方式。可以说，有多少国家或地区，就可能有多少条经济发展道路。各国不同的工业化历程构成一幅五彩斑斓的图画。但是，从总体上说，世界各国工业化道路可以归纳为以下三种。

第一种是“自由放任”模式，以英、法、美等第一批工业化国家为代表，后来有不少发展中国家也相继模仿。这是西方国家普遍采用的一种模式，其思想来源是亚当·斯密和大卫·李嘉图所创的“自由放任”理论。“自由放任”模式的主要特点是：经济在一种完全“自由”的状态中运行，市场、价值规律等经济杠杆充分发挥作用，劳动力、资本等资源的配置完全靠市场来调节，“自由竞争，优胜劣汰”原则在经济运作中得到充分体现;在经济活动中,国家是作为保护人而非指导者出现的,国家既不参与、也不干涉具体的经济活动,它在经济运作中的职能是创造和保证经济自由发展的宽松环境,不让其受到国内外异己因素的干扰。

第二种是“计划经济”模式,以原苏联为代表,其他社会主义国家也先后效仿。这种模式以斯大林提出的“有计划,按比例发展”的理论为指导,其基本特征是:经济活动完全在计划指导下运作,资金、劳动力等生产要素的配置完全靠计划调拨,市场、价值规律等经济杠杆几乎不发生作用,国家直接干预经济生活,是经济活动的实际操作者而非监护人。国家通过制定和实行计划掌握经济的全部命脉,其计划不仅涉及发展全局,而且具体到各级生产部门乃至生产单位,计划渗透到国民经济的每一个细胞中。

第三种是介于“自由放任”与“计划经济”之间的另一种发展模式,可以称之为“统制主义”模式,以德意志帝国和沙皇俄国为代表,意大利、西班牙、奥匈帝国以及其他一些发展中国家也多少带有这种特色。“统制主义”模式的特点是:国家在经济发展过程中起指导甚至是推动作用,工业化作为一种国家政策来执行;为实现工业化,国家可以采用强制方法指导经济活动,因此国家在经济发展中起重大作用;但经济规律仍旧发挥作用,市场调节明显,“资本主义”的色彩很浓厚,是一种中间形态的发展模式。

以上三种模式都能使一个国家走向工业化,完成经济转型;但另一方面,三种模式均有利弊,特别是前两种模式处在经济发展方式的两端,更容易产生许多消极后果,甚至会严重影响到这些国家经济的正常发展。对于新兴的发展中国家来说，工业化道路的选择，是现代化进程中一个极为重要的经济问题。因此，考察这两种极端形式的工业化模式，了解其消极后果，就能对正在进行工业化的国家提供前车之鉴，从而具有重大的现实意义。

本章我们将以英国和原苏联为例，对经济发展模式进行具体分析。

英国模式——自由放任

在人类历史上，英国第一个完成工业革命，实现了经济起飞。英国工业化的巨大成就曾令世人惊叹，而由英国所开创的以“自由放任”为特征的工业化模式也一度倍受各国青睐。“自由放任”的工业化模式虽形成于19世纪上半叶工业革命的高潮之中，但其思想根源却可追溯到工业革命初始时出现的“自由放任”的经济理论。

最早提出“自由放任”理论的是英国古典政治经济学家亚当·斯密。在1776年出版的《国民财富的性质和原因的研究》一书中，亚当·斯密提出了自由竞争和自由贸易是发展经济的唯一途径的主张。

亚当·斯密认为：资本的“唯一目的”在于“牟取暴利”，当资本家使用资本时，“既不打算促进公共的利益，也不知道他自己是在什么程度上促进那种利益……在这场合，象在其他许多场合一样，他受着一只看不见的手的指导，去尽力达到一个并非他本意想要达到的目的”；换言之，“他追求自己的利益，往往使他能比在真正出乎本意的情况下更有效地促进社会的利益”[①]。这只“看不见的手”，实际上是指一种“自由放任”的市场机制，这种机制要求生产在自由竞争中求生存，经济在自然状态下发展。

在亚当·斯密看来，国家对经济活动的干预不仅不必要，甚至是有害的。为此，他极力主张消除限制经济发展的一切障碍，以创造一个自由、宽松的经济环境。这些措施包括：废除地方性关税和其他一些税收，实现国内商品的自由流通；废除关税和出口补贴，解除对商业的禁令，取消政府特许的商业垄断，实现对外贸易自由。[②]只有做到了这些，经济的发展与国家的富强才能真正实现。

到19世纪初，大卫·李嘉图发展了亚当·斯密的“自由放任”思想。李嘉图认为，资本主义经济具有自行调节的功能，因此应该实行自由竞争，发展自由经济。他认为，劳动力与资本的自由流动能取得最好的经济效益，而国家对经济事务的干预则有害无益，因为“在没有政府的干预时，农业、商业和制造业最为繁荣”[③]。李嘉图还极力推崇自由贸易政策，认为应该使进出口贸易尽可能处于自由状态，他指出：如果“可以自由出口或进口而不加限制，那么国家……所享受到的将是举世无双和简直难以想象的繁荣和幸福”[④]。

应该说，“自由放任”理论是对传统重商主义的否定，是对因国家

① 亚当·斯密：《国民财富的性质和原因的研究》，下卷，商务印书馆1981年版，第27页。

② 欧文·索贝尔：《亚当·斯密是怎样的一个制度主义者?》，载《国外经济学论文选》，第4集，商务印书馆1982年版，第95页。

③ 大卫·李嘉图、彼罗·斯拉法：《李嘉图著作和通信集》，第八卷，商务印书馆1987年版，第123页。

④ 大卫·李嘉图、彼罗·斯拉法：《李嘉图著作和通信集》，第五卷，商务印书馆1983年版，第75页。

无端插手经济活动而造成经济阻碍的现状的批判，也是当时英国经济发展的客观需要。此前几个世纪中，重商主义在欧洲国家广为流行，并一直主导着各国的经济政策。重商主义虽对确立民族市场、发展民族工商业起过一定的推动作用，但各国王室也都曾利用重商主义为自己谋私利，例如出卖商品垄断权、颁发特许状等；或仅凭几个人的兴趣扶持某些行业、打击另一些行业等等，致使经济发展受到严重的阻碍。

18 世纪中叶以后，从工场手工业向机器大工业转变的英国工业革命开始了。在工业经济迅猛发展过程中，政府早年所颁布的对商品生产和流通的限制性法令已严重地束缚着经济的自由发展；同时，随着英国产品在国际市场上竞争力的增强，关税保护制度已成为扩大海外市场的障碍。取消经济生活中的人为限制，为经济发展“松绑”，这已成为形势的需要。“自由放任”经济理论在此时出现，正可谓是应运而生！

“自由放任”理论出现后逐渐为英国大众所接受，亚当·斯密和大卫·李嘉图也成为家喻户晓的人物。19 世纪初开始，英国政府也开始接受“自由放任”思想，这一思想在英国的内外经济政策中得到了具体体现。

从国内政策来看，1803 年和 1809 年，议会先后通过法令，破除了关于学徒身份的行会法规，允许劳动力在各行业之间自由流动。1813 年，新的议会法令规定，工人和雇主可以自由地签订劳动协议，而不受其他因素的干扰。对于资本流向，国家也采取了顺其自然的不干涉政策。这样，在完全自由的市场机制下，资本可以为实现最大利润而迅速流向那些高效率高产出部门。比如起先是流向棉纺织业,然后又流向煤炭、冶金、交通运输等部门。到 40 年代,铁路投资的回报率急剧上升,大量私人资本涌入铁路部门。1841—1843 年间铁路每年吸收资本约为 500 万英镑,而 1844—1846 年间猛增到每年 1 670 万英镑。①

在对外经济政策方面,从 18 世纪末开始,英国就开始向“自由贸易”方向迈进。1786 年英国同法国签约相互降低关税,从而使对法贸易额大增。比如 1785 年,英国出口到法国的陶瓷一项仅 641 英镑,而在协议签订后的 1789 年就猛增到 7 920 英镑。② 1813 年,英国东印度公司对印度贸易的垄断权被取消,英国商人可以在印度自由开展贸易。1846 年,政府废除了“谷物法”,从而宣告农业保护主义的终结。1849 年,英国又取消了实施近 200 年的“航海条例”。从此,英国商人无论是在殖民地,还是在其他地方开展贸易,都不再受到政府的特别保护。这样,到 1850 年代时,“自由贸易已成为一则适合社会状况和经济政策并由政府确认的不可动摇的信条”③。60 年代以后,英国同法国、比利时、德意志关税同盟等签订一系列商约,进一步肃清了关税壁垒和贸易保护主义残余,英国完全走上了“自由贸易”的轨道。

英国经济史学家切尼曾说:“到 19 世纪中叶,16、17 世纪建立起

---

① 菲利斯·迪恩和科尔:《英国的经济增长 1688—1959》(Phyllis Deane and Cole, *British Economic Growth 1688-1959*),剑桥 1967 年版,第 231 页。

② 里夫:《工业革命 1750—1850》(R. M. Reeve, *The Industrial Revolution 1750-1850*),伦敦 1971 年版,第 157 页。

③ 埃文斯:《现代国家的形成》(E. J. Evans, *The Forging of the Modern State*),埃塞克斯 1983 年版,第 37 页。

来的或是中世纪延续下来的对工业部门的各种限制被无情地摧毁了；此前，对于商品买卖、劳动雇佣、产品制造、农业生产、对外贸易等经济活动的开展方式，人们普遍认为国家有必要进行规范；可是现在，这种想法被彻底抛弃了，自由放任已成为政府制定各行各业经济政策的主导思想了。"[①]英国工业化就是在这种环境下展开的，英国也因此而一跃登上"世界工厂"的宝座。

1801 年时，农业在国民生产总值中占 35.9%，工业只占 29.7%；1831 年，农业的比重下降到 23%，工业比重上升到 34%；到 1841 年，农业比重下降到 22.2%，工业比重上升为 40.5%，经济实力大为增强。[②]

经济的发展是通过各部门工业生产的增长而实现的。从 18 世纪下半叶到 19 世纪中叶的几十年间，英国的纺织、钢铁、煤炭等行业的生产实现了几十倍乃至上百倍的增长。我们不妨看看以下这组数字：1750 年至 1800 年间，英国的原煤产量翻了一番，1800 年至 1830 年间又翻了一番，1830 年至 1845 年间再翻一番，在整个 19 世纪，英国的原煤产量竟增加了 4 倍，而在随后的 20 年间又增加了 4 倍，在 19 世纪增加了 30 倍。棉纺织业的发展使得原棉进口大幅度增加，1780 年至 1800 年间增加 5 倍，整个 19 世纪增加了 30 倍。[③]

---

① 切尼：《英国工业与社会史》(E. P. Cheyney, *Industrial and Social History of England*)，伦敦 1912 年版，第 231—232 页。

② 查尔斯·莫尔：《工业时代》(Charles More, *The Industrial Age*)，埃塞克斯 1989 年版，第 68 页；克拉夫特：《工业革命时期的英国经济增长》(N. F. R. Crafts, *British Economic Growth During the Industrial Revolution*)，牛津 1986 年版，第 15 页。

③ 布里格斯：《英国社会史》(Asa Briggs, *A Social History of Britain*)，伦敦 1987 年版，第 186 页。

这样，到 1848 年时，英国的棉布产量占世界总产量的一半以上，煤产量占全世界的 2/3，生铁产量甚至高于世界其他国家的总和，英国的“世界工厂”地位由此而正式确立。

在“自由贸易”的旗帜下，英国工业品开始行销全世界，外贸出口连续翻番。1784—1786 年间，英国的年外贸出口额为 1 361.4 万英镑，1804—1806 年间增长到 4 124.1 万英镑，1834—1836 年间为 4 619.3万英镑，到 1854—1856 年间又达到了 10 250.1 万英镑。[①] 国家经济实力大大增强。

工业化强劲地推动着生产力的发展，国民生产总值迅速上升。1781—1785 年间，英国国内社会生产总值年平均为 1 369.3 万英镑，1801—1805 年就猛增到 4 089.7 万英镑，1856—1860 年达 6 864 万英镑，1866—1870 年更达到 6 924 万英镑。[②] 英国已成为当时世界上最富裕的国家。

可见，在“自由放任”政策的指引下，英国顺利完成了工业革命，实现了经济的“起飞”。对这种经济发展模式，英国经济史学家考特教授评论说：1793—1815 年英法“战争的胜利不仅是不列颠军队的胜利，也是自由市场经济的胜利……（而且）在滑铁卢战役以后的一个世纪里，自由经济为不列颠国力提供了物质基础”[③]。这种评价并不为过，“自由放任”模式显然促成了英国经济的迅猛发展。

任何一种事物都有两重性，作为一种经济发展模式，“自由放

---

① 埃文斯：《现代国家的形成》，第 394 页。

② 埃文斯：《现代国家的形成》，第 389 页。

③ 考特：《简明英国经济史》，商务印书馆 1992 年版，第 173 页。

任”也是如此。工业化初期,“自由放任”其实是为经济发展“松绑”,以创造一个良好的社会环境。但任何政策推行到极端就会走向反面,“自由放任”在英国后来发展成“放任自流”,于是不可避免地引发许多问题,最终对经济发展产生不良影响。

从经济发展方面看,“自由放任”的最大弊病是社会生产完全无序,从而造成资源和劳动的浪费。这表现在,一方面产品大量积压,一方面销路严重受阻,从而形成马克思所说的以周期性循环为特征的资本主义经济危机。

在经济危机中,生产大大超过消费。生产的产品卖不出去了,商品大量积压,最终不得不被迫销毁;工厂因此倒闭,工人因此失业,生产下降了,生产力遭到严重破坏,整个社会因此而陷入混乱和瘫痪的状态。人心浮动,社会不安,要经过很长时间才能恢复平衡,“看不见的手”好不容易才能把生产恢复到正常状态。但是,产品积压并非是因为物质已经太丰富了,而是因为劳动人民手里没有钱而买不起商品。这样,在危机期间,我们看到资本主义社会惊人的矛盾现象:一方面商品堆积如山,粮食被毁掉,牛奶被倒掉,衣服被烧掉;另一方面,劳动人民水深火热,饥寒交迫,挣扎于贫困之中。人们都知道有这样一则小故事:严冬岁月,一个煤矿工的儿子问母亲:“家里为什么不生火?”母亲回答:“因为我们没有煤。”“为什么没有煤?”“因为我们买不起。”“为什么买不起?”“因为你父亲失业了。”“为什么失业?”“因为煤太多了。”这则小故事生动地揭露了资本主义经济危机的实质。

经济危机是在机器大工业发展起来后才出现的,英国在世界上率先进行工业革命，建立了机器大工业，因而也成为第一个受经济危机打击的国家。1825 年，英国发生了世界上第一次经济危机，此后每隔十年左右，经济危机就周期性地重复一次，如 1836 年、1847 年、1857 年、1866 年、1873 年、1882 年、1890 年和 1900 年等。危机对英国经济造成极大的破坏，正如马克思和恩格斯在《共产党宣言》中所说的那样：

“在商业危机期间，发生一种在过去一切时代看来都好象是荒唐现象的社会瘟疫，即生产过剩的瘟疫。社会突然发现自己回到了一时的野蛮状态；仿佛是一次饥荒、一场普遍的毁灭性战争，吞噬了社会的全部生活资料；仿佛是工业和商业全被毁灭了……”①

“自由放任”导致经济危机，经济危机造成严重后果，这种后果主要包括以下几个方面：

首先，经济危机极大地破坏社会生产力，造成工业生产的急剧下降。比如 1857 年危机中，英国煤产量下降 2.4%，生铁产量下降 5.5%，造船吨位下降 25.6%；1882 年开始的危机中，生铁产量下降 18.4%，棉花消费量下降 19.7%，造船吨位下降 62.8%；1890 年危机期间，煤产量下降 11.4%，生铁产量下降 19.4%，钢产量下降 18.4%，造船吨位下降 31.6%。② 工业生产的下降带动了外贸出口的锐减，如 1824—1826 年危机期间，英国年平均外贸出口额为

① 马克思和恩格斯：《共产党宣言》，载《马克思恩格斯选集》，第一卷，人民出版社 1972 年版，第 257 页。

② 尤·瓦尔加：《世界经济危机（1848—1935）》，世界知识出版社 1961 年版，第 124—125、174、197 页。

3 990.6万英镑，而十年前的1814—1816年间，这一数字为4 800.2万英镑，下降幅度达16.9%。①

其次，经济危机期间，企业大量倒闭，导致失业率急剧上升。历史学家哈里森指出，“在1837、1847—1848年危机期间，失业是英国的一个普遍现象”②。事实也正是如此，1847—1848年经济萧条期间，曼彻斯特4万名纺织工人中，有1.2万人因工厂停工而失业，失业率高达30%。③ 1887年危机期间对伦敦某区的一项调查表明：被调查的工人中失业率达27%，个别行业中失业现象更为严重，如油漆工失业率为33%，木匠和石匠为37%，造船工为44%，锻工为55%等等。④

第三，经济危机期间，人民群众的生活水平急剧恶化，许多人陷入贫困之中。可见，经济危机不仅对社会生产造成极大破坏，而且给劳动人民带来无穷灾难。危机使英国经济遭受一次又一次严重打击，经济发展也出现“走走停停”的局面。这正如列宁所说的那样：“资本主义的生产，只能跳跃式发展，即进两步退一步，有时甚至两步都退回来。”⑤经济危机越来越成为英国经济发展的严重障碍。

经济危机的根源在于社会化大生产与生产资料私人占有之间的矛盾，而这种矛盾又是“自由放任”发展模式的必然结果。因此，

---

① 埃文斯：《现代国家的形成》，第394页。

② 哈里森：《早期维多利亚时代的英国　1832—1851》(J. F. C. Harrison, *Early Victoria Britain 1832－1851*)，丰塔纳1979年版，第73页。

③ 克拉潘：《现代英国经济史》，中卷，商务印书馆1975年版，第575页。

④ 韦伯夫妇：《英国工联史》(Webb S. and B., *The History of Trade Union*)，伦敦1894年版，第367页。

⑤ 列宁：《列宁全集》，第五卷，人民出版社1986年版，第71页。

要避免经济危机,消除其对经济发展所造成的恶果,就必须打破“自由放任”模式,让国家政权在经济活动中发挥适当作用。

对于这一点,维多利亚时代末期,英国不少有识之士开始意识到了。1882年,经济学家斯坦利·杰文斯就对“自由放任”的发展模式提出质疑。他在当年出版的一本书中写道:“有一点是最重要的,即在总体上我们坚持自由放任的规律,可在各种各样的具体事例中,有时却不得不借助地方或中央政府的干预,对此我们做何解释呢?”①这种质问的出现,标志着“对前一代人认为人们普遍反对一切干预、赞成无限制竞争的看法的明显放松”。

如果说杰文斯是在理论上对“自由放任”提出质疑的话,那么到19世纪末期,著名政治家、激进派运动领袖约瑟夫·张伯伦则以实际行动向“自由放任”发出了挑战。张伯伦所提出的教育改革、市政改革、财政改革以及关税改革的理论及其实践,实际上是对“自由放任”原则的彻底否定。正如理查德·杰伊所说的那样:张伯伦思想的中心是“他对集体主义和一个主张干预的国家之成长的认同,主张干预的国家之成长是对统治维多利亚时期公共政策的古典放任意识形态的反叛……这明确表明他是20世纪而非19世纪的政治家”②。

第一次世界大战期间,由于战争的需要,英国加强了对各经济部门的控制,国家第一次被迫对经济进行全面干预。结果表明:用

① 斯坦利·杰文斯:《国家和劳动者关系》序言,转引自考特:《简明英国经济史》,第292页。

② 理查德·杰伊:《约瑟夫·张伯伦:政治学研究》(Richard Jay, *Joseph Chamberlain, A Political Study*),牛津1981年版,第381页。

国家的力量管理经济不仅行得通，而且在某些情况下比不干预更好。

1929—1933年，资本主义世界爆发了一次全面的经济大危机，危机使本已走下坡路的英国经济再一次受到重创。这次危机使许多人认识到，仅仅靠"自由放任"原则所倡导的"看不见的手"和"自由竞争"并不能保证经济健康有序地发展，在相当大的程度上，国家对经济活动的适当干预是十分必要的。正是在这样的背景下，出现了凯恩斯主义的经济学说。

凯恩斯主义认为：市场经济不可能自动达到均衡，为此必须借助国家的调节力量，国家需要对经济生活加以干预。他指出：国家干预虽然被"认为是对个人主义的侵犯"，但"这一唯一切实办法，可以避免现行经济形态的全部毁灭"①。凯恩斯主义对"自由放任"的经济政策进行了全面的否定，并且对"自由放任"所造成的社会恶果提出了许多补救方法。到第二次世界大战结束后，英国的工党政府全面实行凯恩斯主义，一个多世纪以来被奉为圭臬的"自由放任"原则到此终止。

作为一种经济发展模式，"自由放任"原则指导英国顺利完成了工业化，但与此同时，它对英国经济发展造成的消极后果也是极为严重的。英国人花了很长时间才认识到这一点，并开始突破这种模式。"福利国家"的出现标志着这种突破的最终完成，而"自由放任"造成的消极后果也逐步得到克服。时至今日，人们已普遍认识到

① 凯恩斯：《就业、利息和货币通论》，三联书店1957年版，第323页。

“自由放任”不是一种理想的经济发展模式，对其造成的社会后果更是心有余悸。许多国家在探寻工业化道路时，都不得不对英国的教训引以为戒，自觉或不自觉地避免重犯英国的错误，并希望能找到一条更好的发展道路。然而，工业化道路的寻找仍不是一帆风顺的，人们在避免一个极端之后，很容易走向另一个极端。完全的“自由放任”发展成完全的国家控制，苏联就是这种极端的典型。

苏联模式——计划经济

苏联提出的是“计划经济”模式，这一模式是对“自由放任”的彻底否定。但从思想根源来看，它最早可以追溯到马克思和恩格斯的论述。

英国是世界上第一个工业化国家，“自由放任”的模式使英国成功地实现了经济的“起飞”，但这种模式造成的社会后果也是十分严重的。马克思和恩格斯在对其进行深刻的批判以后，最早提出了有计划发展社会经济的思想。他们说：“一旦社会占有了生产资料，商品生产就将被消除，而产品对生产者的统治也将随之消除。社会生产内部的无政府状态将为有计划的自觉的组织所代替。”①

列宁继承并发展了这种思想，他明确指出：要“把全部国家经济机构变成一整架大机器，变成一个使几百万人都遵照一个计划工作

① 恩格斯：《反杜林论》，载《马克思恩格斯选集》，第三卷，人民出版社1972年版，第323页。

的经济实体。”[1]后来，斯大林把这种思想发展成为国家全面控制经济的具体做法，从而为苏联的经济发展模式规定了范式。

斯大林指出：“商品流通是和从社会主义过渡到共产主义的前途不相容的”，因此要用“产品交换”来代替“商品交换”，在苏联消灭“商品经济”，取而代之的将是国家全面干预经济生活的“计划经济”。对于“计划经济”，斯大林做了如下论述：“我们的计划原则与资本主义诸国不同，它的范围，并不仅以各托拉斯和辛迪加为限，而是要扩及整个工业的。此外，国家计划还应当包括工业和农业、财政、运输、国内外贸易之间的相互关系。”[2]他还说：“我们的计划不是臆想的计划，不是想当然的计划，而是指令性计划。这种计划各领导机关都必须执行。这种计划能决定我国经济在全国范围内将来发展的方向。”[3]斯大林的思想后来成为苏联发展经济的指导思想。

十月革命后，迫于国内外形势，苏联曾先后实施过“战时共产主义”和“新经济政策”。“战时共产主义”完全是一种军营式的配给制度，是国内外战争的严酷形势所造成的一种特殊政策；“新经济政策”是列宁所设想的苏联在相当长一段时间内应该遵循的经济政策，它承认商品的存在，但主张国家对商品生产和流通实行调控。例如，针对建国后流行的将商品生产看作“历史的倒退”的观点，列宁曾严厉批判道：“我们应当认识到，我们还退得不够，必须再退，再后退，从国家资本主义转到由国家调节的买卖和货币流通。商品交

①《列宁全集》，第三卷，人民出版社 1984 年版，第 455 页。
②《联共(布)关于经济建设问题的决议》，上册，人民出版社 1950 年版，第 52 页。
③《斯大林全集》，第十卷，人民出版社 1958 年版，第 280 页。

换没有丝毫结果……(要)用通常的买卖、贸易代替商品交换。"①这段话的实质是主张利用商品货币关系来建设社会主义。

然而,斯大林取得领导权以后,很快放弃了列宁所倡导的"新经济政策",他把苏联引上了全面执行"计划经济"的道路。此后直到苏联解体,70 年时间中,苏联一直实行"计划经济"模式。

作为一种全新的经济发展模式,"计划经济"模式是对西方资本主义国家所崇尚的"自由放任"模式的彻底否定,它在执行过程中表现出以下几方面的特点:

一、由于产出的都是"产品"而不是"商品",因此经济运行过程排斥市场与价值规律的作用。

在商品经济中,资源的配置、产品的生产与流通等完全通过市场来调节,但在苏联,市场的作用微乎其微。苏联的生产资料不允许进入市场,只有日常消费品可以进入"有组织的市场"(即国家调控下的市场),可市场不起调节作用,商品价格由国家确定。价值规律在苏联也不发挥作用。官方始终认为,"在苏联价值规律已经消灭,如果在苏联的经济中还有价值规律,那就意味着自流和商品资本主义还占统治地位"②。因此,尽管苏联的"产品"也有价格,但不一定反映其真实的价值。以农产品为例,1952—1953 年间,国家收购谷物的价格为每公担 8 卢布 25 戈比,仅为生产成本的 12%多一点;牛肉的收购价格仅为成本的 5%,猪肉的收购价为成本的 6%,牛

①《列宁全集》,第四十二卷,人民出版社 1990 年版,第 335 页。

②《沃兹涅辛斯基经济论文选》,人民出版社 1983 年版,第 361 页。

奶的收购价为成本的22%。[①] 价格与价值脱节，短期来说也许有利于工业发展，但从长期来看，却一直是苏联经济的一个隐患。

二、国家通过计划的制定和贯彻，来实现对经济生活的全面参与和控制。

苏联有一个编制计划的最高职能机关——国家计划委员会，下设各级政府分支机构。计划委员会不仅制定经济发展的宏观计划，而且还为成千上万的国营农场、集体农庄制定具体生产计划，以实现对社会生产和消费的控制。在这种机制下，企业的人、财、物和产、供、销完全由国家计划确定，“企业的年度、季度、甚至月度计划都要由中央审批，甚至每一千块砖头、每一双皮鞋或每一件内衣，都要由中央调配”[②]。计划在国家经济中无处不在、无所不包，正如苏联领导人古比雪夫所说：“在我们计划制度中，我们已经走得这样远，这样深，以至于我们确实没有任何经济、文化或科学研究部门还在计划之外和在计划工作范围之外。”[③]

计划不仅繁多，而且是“指令性”的。什么是“指令性”？根据担任过国家计划委员会主席的沃兹涅辛斯基的解释：“计划作为经济政治指令，具有法律效力。”[④]也就是说，国家计划必须得到强制执行，否则将追究行政甚至法律责任。1947年9月2日苏联部长会议

---

① 马拉菲耶夫：《苏联价格形成史（1917—1963年）》，人民出版社1983年版，第218页。

② 刘克明等主编：《苏联政治经济体制七十年》，中国社会科学出版社1990年版，第352页。

③《古比雪夫言论选集》，第226页，转引自刘克明等：《苏联政治经济体制七十年》，第354页。

④ 沃兹涅辛斯基：《建设社会主义和三个斯大林五年计划》，载[苏]《布尔什维克》杂志，1940年第1期，转引自刘克明等主编：《苏联政治经济体制七十年》，第353页。

通过的一项决议就曾这样规定："如屡次完不成计划供货任务，要对企业领导人以及其他对完成协作供货负责任的人员追究刑事责任，以渎职罪论处。"[①]可见，指令性计划的执行方式就是行政命令，是一种类似于军队的指导方式，它在短时期内有利于集中全国的人力、物力和财力来实现工业化并促成经济的飞跃，苏联工业化发展的巨大成就充分说明了这一点。

十月革命前，俄国只是欧洲一个落后的农业国。十月革命后，苏联共产党开始领导国家实行工业化。在"社会主义工业化"目标提出后，通过几个五年计划的实施，苏联很快完成了从农业国向工业国的转变。1913 年，俄国工业产值在国民生产总值中的比重仅为 42.1%，到"一五"计划结束时的 1932 年，这一比重上升为 70.7%；"二五"计划结束时的 1937 年上升到 77.4%；到"二战"爆发前的 1940 年达到了 85.7%。[②] 与此相对应，苏联工业生产在世界工业生产中的地位也迅速上升。1913 年，俄国工业产值占世界工业总产值的 2.6%，当时仅居世界第五位和欧洲第四位；1937 年，这一比重上升为 10%，其地位已跃居世界第二和欧洲第一；1950 年，比重又上升到 12.6%，1957 年更达到了 20%。[③] 这些数字表明，苏联在短短的

---

① 《苏共和苏联政府关于经济问题的指示汇编》，第 3 卷，第 233—234 页，转引自刘克明等：《苏联政治经济体制七十年》，第 353 页。

② 周尚文等：《新编苏联史（1917—1985）》，上海人民出版社 1990 年版，第 225 页；苏联科学院经济研究所：《苏联社会主义经济史》，第四卷，生活·读书·新知三联书店 1982 年版，第 142 页；江流等主编：《苏联演变的历史思考》，中国社会科学出版社 1994 年版，第 26 页。

③ 《苏联国民经济六十年》，生活·读书·新知三联书店 1979 年版，第 28 页；《世界经济统计简编》，生活·读书·新知三联书店 1979 年版，第 62 页。

几十年间已发展成一个强大的工业化国家。

随着工业生产的增长，门类齐全的工业体系也开始建立起来。沙俄时期的工业残缺不全，许多部门还是空白。1937 年以后，工业面貌焕然一新，除原有的煤炭、钢铁等部门得到加强外，还创立了过去从未有过的石油、化工、机械制造、仪表、合成纤维以及航空、国防等工业部门。特别是由于备战的需要，苏联国防工业发展尤为迅速。比如在卫国战争期间，国防工业年增长率达 39%，其中仅在 1941 年上半年，产值就比 1937 年增长了 3 倍。①

经济的发展带来了国民财富的增加。从国民生产总值来看，1913 年仅为 210 亿卢布，1937 年就达到 963 亿卢布，1960 年为 3 040 亿卢布，1965 年为 4 202 亿卢布，1970 年为 6 435 亿卢布，1975 年为 8 626 亿卢布，1980 年为 10 785 亿卢布，而 1985 年达到 13 825 亿卢布。② 从国民生产总值的增长速度来看，1951—1980 年间，年平均增长率为 7.4%，仅低于日本，而大大高于美国和西欧等发达资本主义国家的增长速度。

不难发现，“计划经济”模式使苏联在短期内完成了工业化，实现了经济的“起飞”，当资本主义世界屡次发生经济危机、经济发展陷入“走走停停”的局面时，苏联经济却保持了相对稳定的增长势头，并取得了很大的成就，这无疑是苏联模式的成功之处。

苏联经济发展的巨大成就充分体现了“计划经济”模式的优越性；然而，国家通过计划全面控制经济活动的做法，也暴露出其固有

---

① 苏联科学院经济研究所：《苏联社会主义经济史》，第五卷，生活·读书·新知三联书店 1984 年版，第 116 页。

② 陆南泉等编：《苏联国民经济发展七十年》，机械工业出版社 1988 年版，第 29 页。

的弊端,这些弊端对苏联的经济发展产生了严重的消极后果,并成为苏联解体的原因之一。“计划经济”的弊端主要表现在以下几个方面:

一、苏联经济表现为一种“缺乏再生产能力”“为生产而生产”的“自我消耗型经济”,重工业产品大量堆积,资源严重浪费,经济效益低下。

苏联工业化的一个重要方针是优先发展重工业,斯大林指出:“不是发展任何一种工业都算工业化,工业化的中心,工业化的基础,就是发展重工业。”①这样,在指令性计划的指导下,各种资源都优先流向生产资料(重工业)部门,从而促进了生产资料生产的高速发展。比如从1913年到1937年,生产资料生产增长9倍,其中机器制造业和金属加工业增长将近19倍,化学工业增长14.2倍,大大高于工业生产的平均增长水平。② 此后几十年间,苏联生产资料的增长一直很快,在工业生产总值中的比重相当大,而且很大一部分属于军工生产。以占全部工业产值近30%的机器制造业为例,该行业拥有职工1 650万人,其中仅有1/3职工在民用企业工作,其余2/3的职工是在军工企业或与军工有关的企业工作。③

这样一来,苏联经济的增长就主要表现为生产资料的增长,工业生产总值是增加了,国民总收入也增加了,但很少能提高人民的

---

①《斯大林全集》,第八卷,人民出版社1958年版,第112—113页。

②《苏联工业统计资料汇编》,统计出版社1957年版,第9页。

③ 洛吉诺夫:《有无摆脱危机的出路?》,载[苏]《经济问题》,1990年第4期,转引自刘克明:《苏联军事化经济的形成、发展及其主要历史教训》,载《东欧中亚研究》,1992年第5期。

生活水平。经济增长带来的是大批燃料、矿产、机器设备以及军工产品，这些产品在苏联大大超出需求，既不能消费，又因为苏联封闭的经济体系而不能拿到国际市场上去交换，结果出现重工业产品大量积压、闲置浪费的局面。比如 80 年代苏联制造出大批实际上已没有需求的拖拉机、联合收割机和机床等等，而在机器制造业的主要车间里，有 45％的机器是闲置的。①

按照马克思的理论，生产资料的生产只是扩大再生产的条件，而不是再生产的目的，归根结底，它是为发展消费资料生产服务的。苏联的实践恰恰相反，它是为生产而生产，而不是为提高人民的生活水平而生产。苏联重工业生产长期以来处于一种“自我服务状态”，重工业生产虽然增长了，但缺乏再生产能力，因此生产的增长只会造成资源的消耗以及未来生产增长的减缓，苏联学者称这是一种“自我消耗型经济”，并认为它的延续只会“使一个国家逐步衰败、灭亡”②。

二、消费品生产严重不足，人民生活水平难以真正得到提高。

马克思指出：“没有生产，就没有消费，但是，没有消费，也就没有生产，因为如果这样，生产就没有目的。”③但在苏联理论界，重视生产、忽视消费的观点十分流行。为保证重工业的优先高速发展，

① 谢柳宁：《用消费衡量增长速度》，载[苏]《社会主义工业报》，1988 年 1 月 5 日，转引自刘克明：《苏联军事化经济的形成、发展及其主要历史教训》，载《东欧中亚研究》，1992 年第 5 期。

② 转引自刘克明：《苏联军事化经济的形成、发展及其主要历史教训》，载《东欧中亚研究》，1992 年第 5 期。

③ 马克思：《1857—1858 年经济学手稿导言》，载《马克思恩格斯全集》，第十二卷，人民出版社 1958 年版，第 741 页。

苏联从轻工业即消费品行业部门抽调出大量资源，结果造成消费品生产不足、市场匮乏的状况。比如在1929—1934年间，为缓解市场上的供需矛盾，苏联在粮食、肉类、布匹等食品和消费品方面实行配给制；此后几十年间，由于与人民日常生活相关的轻工业生产始终得不到重视，致使消费品供应紧张的状况一直持续下去。在苏联，服装、鞋类、纺织品、家具、家电以及肥皂、洗衣粉、牙刷、药品等商品经常缺少货源，因此，尽管苏联人均收入增长数字并不慢，可市场商品供应不足严重地制约着消费水平的增长。1966—1970年间，苏联人均消费年增长率为5.1％，1971—1975年间则下降为2.8％，1976—1980年间又下降为2.4％。从70年代末苏联的人均消费水平来看，它仅达到美国的1/3，不及法国和德国的一半，约为意大利的2/3。①

进入80和90年代后，苏联日用消费品供应紧张的局面进一步恶化，如洗衣粉、香皂、卫生纸、练习本等商品严重脱销，自行车、电视机、冰箱、收录机等耐用消费品时有时无，偶尔一上柜台，立即被抢购一空。商店里时常货架空空，居民买不到所需商品。抽样调查结果表明：苏联1985年不脱销的食品仅占16％，不脱销的布料、鞋类、服装占18％，不脱销的家用电器占22％。到1989年，这一数字相应下降为6％、9％和5％；到1990年，日用消费品不脱销的仅剩2％。② 另有一项调查表明，1989年苏联居民“消费品篮子”里的

① 施罗德：《苏联的生活水平：成就和前景》，载时事出版社选编：《八十年代苏联经济问题》，时事出版社1985年版，第125—126页。

② 刘洪潮等主编：《苏联1985—1991年的演变》，新华出版社1992年版，第64页。

1 200多种商品中，有 1 050 多种商品是短缺的，短缺率达 90%以上。①

消费品的长期短缺常常使苏联居民有钱买不到东西，生活水平的提高也就是一句空话。这种状况的持续与苏联作为一个政治、经济大国的地位是极不相称的。

三、在“计划经济”体制下，苏联对经济采取行政命令的管理手段，管得又太多、太死，造成劳动者在生产过程中缺乏积极性，劳动生产率低下。

在农业方面，自 20 年代末起，苏联过早推行了全盘农业集体化，这不但妨碍了农村经济的正常发展，而且极大地挫伤了农民的生产积极性。在集体农庄内，由于“吃大锅饭”，干好干坏一个样，所以在相当长的一段时期内，农民消极怠工、纪律涣散的情况十分普遍，对此苏联官方文件也承认道：“集体农庄的劳动还组织得不好，劳动纪律松弛……常有这样的时候，懒汉竟比埋头苦干不要滑的庄员分的粮食还要多……庄员们对工作的切身利害感降低了，许多人甚至在大忙季节也不出工，一部分集体农庄庄稼直到下雪时还没有收割，并且收也收得不细，糟蹋得很厉害。”②

工业生产部门的状况也大致如此。由于管得太死，一切指标与措施都由指令性计划确定，加上生产过程中缺乏奖励机制，劳动与报酬脱钩，因此企业中劳动者缺少积极性与主动性。1938 年联共

① 王仲田等：《历史剧变：社会主义的挫折及其教训》，山东人民出版社 1993 年版，第 206—207 页。

②《联共（布）党史简明教程》，人民出版社 1975 年版，第 348 页。

(布)中央通过的《关于整顿劳动纪律的决议》就指出,"企业中不安心工作者、懒汉、旷工者和贪图私利的人……给工业、运输业和整个国民经济带来巨大的损失","他们常常只工作 4—5 小时,白白浪费了其余 2—3 小时的工作时间,国家和人民因此常常每年损失几百万个工作日和几十亿卢布"①。

高度集中的计划体制还束缚了劳动者的创造性,不利于新科技在生产中的应用。国营企业的产品不进入市场,没有竞争压力,因而企业不会为降低生产成本或提高生产率而冒采用新技术的风险,产品规格几十年如一日,技术水平长期落后。所有这些因素,造成苏联经济中劳动生产率低下。比如在 1966—1970 年,苏联的年平均社会劳动生产率增长率为 6.8%,1971—1975 年为 4.5%,1976—1980 年和 1981—1985 年分别为 3.3%和 2.7%,1990 年同 1989 年相比还下降了 4%。无论在工业还是在农业方面,苏联的劳动生产率都远低于西方发达国家,根据苏联《论据与事实》1991 年第 26 期的披露,苏联的工业劳动生产率为美国的 25%,农业劳动生产率仅为美国的 9%。②

四、经济结构呈现"超重型"特点(即和平时期重工业的高比重与战时相当,甚至高于战时;重工业同农业、轻工业相比,居于绝对优势地位;重工业在工业中的比重远高于西方发达国家),致使其运转笨拙,转型困难,"二战"后西方经济因新技术革命而出现大飞跃,

---

①《苏共和苏联政府关于经济问题的指示汇编》,第 2 卷,第 655—672 页,转引自刘克明等主编:《苏联政治经济体制七十年》,第 405 页。

② 江流等主编:《苏联演变的历史思考》,第 95 页。

苏联则因模式僵化而赶不上发展势头，造成经济增长由高速转为低速，进而走向停滞和衰落。

五六十年代，世界兴起了以电子化、信息化为特征的新技术革命，电子计算机、生物工程、光纤通讯、新能源等新兴产业突飞猛进，带动了整个经济的发展，一些发达国家的经济增长率甚至超过15％。但苏联的“超重型”经济结构使它错过了这次契机，苏联与西方发达国家的差距反而拉大了。

在1928—1937年的工业化时期，苏联经济曾以16％的高速度增长；50年代，经济增长速度虽有所放慢，但仍保持在10％以上；可是从60年代后期起，经济增长明显放慢。拿国民收入来说，1966—1970年年平均增长7.7％，1971—1975年降为5.7％，1976—1980年为3.7％，1981—1985年与前一阶段持平，1986—1990年再降为2.5％；1990年首次出现负增长，为－2％；1991年解体前增长率为－17％。①

经济形势的恶化使居民生活水平大幅度下降，并出现了数量上可观的贫民，人们的不满情绪很快迸发出来，进而引发了政治、信仰和民族危机。各种危机交织在一起，最终把苏联推向解体的悲剧。

“计划经济”模式是一种极端形式的经济发展模式，它强调国家和政府在经济生活中的作用，并把它推向了极端，从而不可避免地产生一些消极影响，这就是“计划经济”的弊端。对于这一点，在苏

① 刘克明：《苏联军事化经济的形成、发展及其主要历史教训》，载《东欧中亚研究》，1992年第5期；刘洪潮等主编：《苏联1985—1991年的演变》，第56页。

联早就有人认识到了。

30年代，苏联领导人布哈林就对否定“商品经济”“重工轻农”等错误做法提出过批评，并提出了不少正确的主张。可在当时，却遭到斯大林和苏联理论界的严厉批判，布哈林也由此葬送了前程。

到60年代中期，“计划经济”模式的弊端已经表现得明显起来。此时，苏联理论界开始有人对计划体制排斥市场的做法进行公开批判。经济学家基里诺夫就曾指出：“社会主义条件下不仅存在市场，而且这种市场还执行着同资本主义市场一样的任务，只是条件不同而已。因此，社会主义条件下的市场不是假市场，而是真正的市场。”①这种观点后来逐步为苏联领导层所接受。这样，从赫鲁晓夫开始，到勃列日涅夫、安德罗波夫、契尔年科，再到戈尔巴乔夫，他们在突破单一计划体制、逐步扩大市场机制方面进行了一系列改革。然而，尽管取得了一定的成就，但总体而言，没有哪位领导人能够从根本上打破这种极端形式的“计划经济”模式，即国家全面控制社会经济活动的固有模式，他们所做的只是对原有模式的小修小补，结果未能使苏联摆脱解体的厄运。

1991年苏联解体以后，俄罗斯在叶利钦的领导下，进行了彻底否定原有模式的改革，但由于操作失误而使国家经济跌入深谷，今天的俄罗斯人正在市场经济的道路上摸索前进。在选择经济发展模式方面，苏联的经历及其教训是非常深刻的，它值得正在寻求经

① 陆南泉、高中毅等编著：《苏联经济建设和经济体制改革理论的发展》，中国社会科学出版社1988年版，第319页。

济发展的每一个国家认真地思考。

寻求中间点

“自由放任”与“计划经济”是两种相反的经济发展模式，英国和苏联的经历表明，它们都能使一个国家实现工业化，完成经济转型。但这两种模式的弊端也十分严重，两国各自为此付出了沉重的代价。

“自由放任”模式旨在充分发挥市场的作用，使经济发展既有效率又有活力，但国家对于经济活动的完全不干预不可避免地带来一系列经济社会问题。英国人对“自由放任”执行得太彻底了，把它推向了极端。英国人后来意识到这一点，对“自由放任”模式进行了部分否定。他们既保留了“自由放任”模式中所强调的市场机制作用，同时又让国家作为一种超社会的力量，从宏观上对经济运行进行调控，从而走上一条现代市场经济的发展道路。

苏联接受了英国的教训，企图改变生产的无政府状态。但它把“计划经济”模式又推向了另一个极端，使国家在经济活动中无所不在，无所不能，完全扼杀了经济发展的活力。这使得苏联出现另外形式的社会经济问题，同样阻碍着经济的发展与人民生活水平的提高。苏联人企图纠正这些失误，但在他们尚未取得成功时，国家已经解体了。

看来，任何一个极端都是不足取的，平衡点应该在中间。但中间这一点并不容易找到。纵观世界各国的工业化历程，它们或者采纳英国模式,或者采纳苏联模式,结果许多国家重蹈英国的覆辙,又有许多国家重犯苏联式错误。越是把模式推向极端,就越容易重蹈覆辙。中间状态的发展模式往往是比较成功的——说它们成功,是指其代价比较小,造成的社会危害比较少。不过,中间状态的模式是在工业化先行者许多教训的基础上才逐渐被人们认识到的,时至今日,仍坚持极端模式的国家已越来越少了,多数国家愿意采取并积极探索一种中间模式。但由于每个国家的国情不同,中间模式选择在哪一点上,仍是一件颇费周折的事。理顺国家干预与市场调节的关系,始终是追求现代化的国家所面临的重大课题。不过由于有"先行者"的覆辙所在,人们已经认识到这二者缺一不可,任何极端都会造成重大问题。有了这种认识,处理好关系就是一种操作上的困难了,相对于对问题的认识而言,它终究要容易解决一点。

在这一章中,我们只提出两种模式进行讨论,并不意味着只要是中间模式就能够成功,我们只想让人们关注这样一点:任何模式的极端化都是会出现问题的,人们在追求某一方面的优越性时,千万不可忘记它在另一方面可能隐藏着重大的不足或弊端,若不设法消除这些弊端,工业化就难免会走弯路。

第十章　富足与贫困的悖论

以英国和巴西为例

现代化与贫富差距

现代化的一个重要内容是工业化，工业化意味着经济的飞速发展和社会财富的巨大积累。早在19世纪中期，马克思和恩格斯就已对英国工业革命所引发的巨大生产力无比赞叹，他们说："资产阶级在它的不到一百年的阶级统治中所创造的生产力，比过去一切世代创造的全部生产力还要多，还要大。自然力的征服，机器的采用，化学在工业和农业中的应用，轮船的行驶，铁路的通行，电报的使用，整个整个的大陆的开垦，河川的通航，仿佛用法术从地下呼唤出来的大量人口，——过去哪一个世纪能够料想到有这样的生产力潜伏在社会劳动里呢？"①

按理说，财富的巨大增加给每个社会成员享受工业化成果并过

① 马克思和恩格斯：《共产党宣言》，载《马克思恩格斯选集》，第一卷，第256页。

上幸福生活开创了可能性,并且为创建一个美好的社会提供了物质基础。但现实与理想之间却存在着巨大的差距,许多国家现代化的经历表明:工业化虽带来巨大的财富增加,但财富的分配却不一定合理,并非每一个社会成员都能得到工业化带来的好处。人们经常见到的情况是:在财富积累的同时,工业化的成果却为社会上一小部分人所占有,多数人很少或几乎分享不到经济发展的果实,贫富之间的差距反而因工业化而拉大了。正如美国经济学家亨利·乔治在《进步与贫困》一书中所指出的那样:在很多情况下,"物质进步不仅仅不能解脱贫困,实际上它产生贫困。"①

这是一种财富与贫困的悖论,它不仅在欧美较早进行工业化的国家中出现过,在正进行现代化的新兴发展中国家,它也不断重复出现。财富与贫困的悖论是现代化过程中最容易出现的问题之一,它从一开始就引起了许多人的密切关注。

应该说,自从人类社会形成以来,贫困就是一个永恒的现象。社会从来就没有摆脱过贫穷的困扰,这似乎恰如《圣经》所说:"你必汗流满面,才得糊口,直到你归了土。"②但在工业化以前,社会中的贫困一般是由于生产得不到发展、社会产品不够丰富而产生的,从某种意义上说,消除这种贫困,让每个人都过上富足的生活,恰恰是工业化的终极目标。然而,许多国家在现代化过程的一定时期内,这种目标是被忘却的。工业化迅猛发展,它所带来的巨大财富却被

---

① 亨利·乔治:《进步与贫困》,商务印书馆1995年版,第16页。

②《旧约全书·创世记》。

少数人所鲸吞，多数人仍生活在贫穷中，甚至比工业化之前更贫穷。当贫困出现在一个产品极为丰富的现代化社会中时，它所引起的鲜明对比和巨大反差使人触目惊心，这是以富足为一方和以匮乏为一方的鲜明对比，因此在人们心头投下了难以磨灭的阴影。恩格斯在谈到英国工业革命时财富与贫困的对比时说过这样的话：

“在集中了财富、欢乐和光彩的、邻近圣詹姆斯王府、紧靠着华丽的贝斯华特宫的地区，在新旧贵族区碰了头而现代精美的建筑艺术消灭了一切穷人茅屋的地区，在似乎是专门给阔佬们享乐的地方，——在这里存在着贫穷和饥饿、疾病和各种各样的恶习，以及这些东西所产生的一切惨状和一切既摧残身体又摧残灵魂的东西，——这确实是骇人听闻的！”①

恩格斯是最早对财富与贫困的悖论作出最尖锐批评的智者之一。

但财富与贫困的悖论却不是工业化的必然结果，它是工业化的一种实行方式造成的。这种方式把经济增长作为唯一的目标，社会公正与幸福被抛置一边。这种方式一方面释放出追求人类幸福的无穷能量，一方面又在这种追求中造成人类社会的无穷不幸。财富与贫困的悖论是工业化所造成的最伤感的悲剧，它在人们的心灵上打下了无数个问号与惊叹号！遗憾的是，这一出悲剧从工业化开场的时候就不断上演，时至今日，仍有不少国家会不同程度地陷入这一困境之中。

---

① 恩格斯：《英国工人阶级状况》，人民出版社 1956 年版，第 68 页。

本章我们将以英国和巴西为例，对现代化进程中的财富与贫困的悖论进行具体分析。

英国的经历

由于进行了人类历史上第一次工业革命，英国成为世界上第一个工业化国家。因为没有先例可循，英国人几乎是“摸着石头过河”，走完了近百年的工业化历程。在工业化过程中，英国人既留下许多成功经验，也留下一些深刻的教训。其中最严厉的教训之一，是在工业化带来社会财富空前增长的同时，英国却没有解决好财富的合理分配问题，即没有顾及社会的公正，由贫富悬殊而导致的两极分化现象，对英国的现代化产生了不可低估的消极后果。

在工业化来临之前，同其他欧洲国家一样，英国属于典型的传统农业社会。生产力水平低下，社会生产只能维持人的基本需求，社会财富的总量极其有限，“富裕”无论对社会还是对个人都只是一种幻想。然而，从 18 世纪下半叶开始，隆隆的机器声打破了宁静的田园生活，工业革命彻底改变了传统的农业社会，英国人率先叩响了现代文明的大门。近百年的工业革命，使英国人几个世纪以来追求财富的理想变为现实，生产力迅速解放，经济迅猛增长，社会产品极大丰富，英国人首先步入了似乎只在神话中才有的富裕社会。

工业化为人类创造出惊人的社会财富，这一点在英国得到了充分的证实。从工业生产来看，18 世纪中期至 19 世纪的中后期的百余年间，英国的煤炭、钢铁、棉纺织业从无到有地发展起来，各种工业品产量大幅度上升。工业生产的增长推动了外贸出口的增长。1816年至1842年间,英国的外贸出口以每年7%的速度增长。1842年至1873年间,增长率高达11%。[①] 从出口额来看,1815年仅为100万镑,1848年为5 300万镑,1857年为1.22亿镑,到1860年达到1.36亿镑。在随后的十年内,这个数字又翻了一番。[②] 工业生产及外贸的增长带动了经济的发展。从1782年至1852年间,英国经济的年平均增长率达到3%至4%。这一数字在今天的世界上似乎算不了什么,但对于当时的世界来说,这样的发展速度已经是惊人的了,因为据估计,在农业社会中,欧洲生产力每过700年才能增长一倍,年平均增长率只有0.1%[③]。这样,到19世纪中叶,英国已奠定了"世界工厂"的地位。

经济的发展带来了国民收入的空前增长。1801—1850年,英国国民总收入增长125.6%,1851—1901年又增长了213.9%。与此相对应的是英国的年人均收入也有了显著的提高。根据菲利斯·迪恩的统计,1700年英国的人均收入大约只有8到9英镑,1750年前后就增长到20英镑,而到1860年时又增加了一倍。[④] 如果扣除人口增长的因素,人均收入的增长还会更快。

工业化不仅意味着经济的迅速增长,还意味着社会财富的大量

① 西曼:《维多利亚时代的英国》(L. C. B. Seaman, *Victorian England*),伦敦1977年版,第26页。

② 特里弗·梅:《英国经济社会史 1760—1970》(Trevor May, *An Economic and Social History of Britain 1760–1970*),埃塞克斯1987年版,第149页。

③ 罗荣渠:《现代化新论续篇》,北京大学出版社1997年版,第5页。

④ 布里格斯:《英国社会史》,第189页。

涌现以及社会产品的极大丰富。作为当时世界上唯一的工业国家，英国的工厂日夜开工，它的车船四处奔忙，庞大的远洋舰队把大量原料运回英国，同时又把生产出来的工业品运往世界各个角落。在国内，产品的日益丰富使英国人的总体生活水平有了很大提高。一些过去只为贵族阶层所特有的奢侈品，现在因为批量生产及价格下降而进入寻常人家。比如像以前较为珍贵的棉织品、毛织品、长袜、床单、毯子、水壶、烹饪器、火炉以及铁制壁炉等等，现在几乎被所有的社会阶层享用。商品丰富及其大众化发展到如此高的程度，以至于一位到过英国的法国人颇为感慨地说："像英国这样一个贵族的国家却成功地为人民提供物品，而法国这样一个民主国家，却只会为贵族而生产。"①这一切，无疑都是工业化的成果。

1851 年，已成为"世界工厂"的英国终于可以向全世界炫耀它的财富了。在女王丈夫阿尔伯特亲王的主持下，英国举办了第一次世界博览会。为办博览会，英国专门花了 22 周时间建造了世界上第一座完全由玻璃及金属建成的大厦——"水晶宫"。水晶宫本身就是财富的标志，它的造价为 8 万英镑，这在当时是一个巨大的数字。宫内陈列着一万余种世界各地的产品，其中英国的产品超过一半。在这些展览品中，英国以工业品和机器为主，外国则以农产品和手工艺品为主。展厅门口放着一个 24 吨重的巨大煤块，使人一进门就感受到大工业的巨大威力。英国展厅中那飞旋的机器以及数不尽的工业品，都向参观者展示了英国的财富和力量。在为期 140 天的展

---

① 布里格斯：《英国社会史》，第 222—223 页。

览中，有来自全国乃至全世界的600万人参观。[①] 英国的富足之名由此传遍全球，“水晶宫”已成为一个繁荣与富裕的最重要标志。

毫无疑问，经济的迅速增长，社会财富的急剧增加，使英国人进入一个名副其实的富裕社会。按道理，英国社会的每一分子都应该分享到工业化的优越成果而过上幸福安宁的生活，物质的丰富为全体社会成员改善生活水平提供了可能性。但在工业革命时期，英国的情况却不是这样，财富的总量的确迅速增长，可由于社会忽视了公平分配的问题，从而使财富在各阶层或社会成员中的分配极不合理。社会财富的大部分被极少数人所垄断，多数人没有分享到应得的成果，甚至有一些人还受到工业化的危害，生活状况反而恶化了。工业革命时期的英国，贫富差距越拉越大；而且由于工业化带来的财富太多，这种差距比世界上其他任何地方都更为鲜明。

英国工业革命时期的财富分配极不合理，从而导致贫富差距日益加大。1801年，1.1%最富有的人获得国民总收入的25%；到1848年，1.2%最富有的人就获得35%的国民总收入；到工业革命已完成时的1867年，2%最富有的人所聚敛的财富占国民总收入的40%。相比之下，体力劳动者在国民总收入中所占的比例却从1803年的42%下降到1867年的39%。可见，随着工业革命的进行，财富分配不均使富人愈富、穷人愈穷，贫富悬殊如此之大，以至于后来成为保守党首相的迪斯雷利也说：“英国可以分为两个民族——穷人

① 杰克逊：《工业革命以来的英国　1815—1948》(Hampden Jackson, *England Since the Industrial Revolution 1815 - 1948*)，伦敦1975年版，第145页。

和富人，他们之间有一条巨大的鸿沟。”[①]贫富悬殊在当时的英国社会是极为普遍的，在一些新兴的工业化城镇尤为显著，19 世纪中叶一位社会学家曾对曼彻斯特这个工业革命的心脏城市做过评价：“世界上没有其他哪座城市，其贫富悬殊是如此之大，贫富之间的鸿沟是如此难以逾越。”[②]

贫富差距的拉大使英国社会出现了严重的两极分化。一方面，贵族与新兴的中产阶级垄断了大部分财富，他们变得更加富有，过上了极为豪华的生活；另一方面，在工业革命中创造财富的大多数劳动者却丧失机会，其生活水平没有提高，其中一些人的状况反而恶化，他们构成了富裕社会中一支庞大的贫困大军。

贵族受工业革命之益匪浅，他们有的直接经营厂矿而成为大资本家，有的把土地矿山出租给厂主、矿主以及铁路公司而获得利润，还有的成为公司的董事或股东，他们仍旧拥有贵族头衔，所不同的是比以前更加富有了。贵族们居住在远离喧嚣城市的花丛掩映的庄园或乡村别墅中，一幢别墅似乎就是一座宫殿，有几十间住房以及花园、猎场。住房装修奢华，不仅有装配考究的家具，还有名贵的壁画、地毯……他们每天的食品十分丰富，山珍海味、法国葡萄酒、瑞士甜食……贵族的生活方式可以用“悠闲”二字来概括，他们或坐着豪华的马车出门会客，或三五成群骑马出外打猎，或在家中打牌、闲聊，举行舞会。贵族的生活方式是英国社会上层的生活方式，与

① 杰克逊：《工业革命以来的英国　1815—1948》，第 76 页。

② 布里格斯：《维多利亚时代的城市》（Asa Briggs, *Victorian Cities*），伦敦 1963 年版，第 110 页。

此形成鲜明对照的是农业工人的艰苦生活，当时有人就作过如下描述：

“当我们走进一所劳工的小茅房时，我们为他们与我们有天壤之别的生活境遇而感到震惊。小茅屋往往只有一两间房子。光秃秃的墙壁，裸露的石砖，地上铺些石块，或者干脆是泥土；几张用木头或草藤做的椅子，一张松木或橡木桌，一个简陋的壁炉，里面冒着热气……几只罐子和铁锅——这就是他的住所和所有的动产。他在外面劳累了一天后，疲惫不堪地回到家中，在篱笆或树下草草吃完晚饭后，又陪着他的妻子儿女闲坐几小时，然后上床睡觉，第二天天不亮又开始干活……”①

尽管一天到晚辛勤劳作，但农业工人的工资极为低廉。据估计，在 19 世纪中期，他们每周的工资大约是 10 至 15 先令，仅相当于城市工人工资的一半。因此，农业工人生活十分艰苦，他们的主食是面包和土豆，一般要两周才能吃上一次肉类。②

贫富差距形成的鲜明对比在城市中表现得更为明显。城市中拥有巨大财富的是一些在工业革命中起家的新生的中产阶级，其中包括发明家、工厂主、矿主以及商界和金融界巨头等等。据统计，到 1851 年时，英国的中产阶级人数达 300 万之多。③ 中产阶级的生活方式虽然谈不上豪华，但用舒适来形容却毫不过分。一套漂亮的住

① 哈里森：《早期维多利亚时代的英国　1832—1851》，第 114 页。

② 明盖伊：《维多利亚时代的乡村》(G. E. Mingay, *The Victorian Countryside*)，伦敦 1981 年版，第 597 页。

③ 里夫：《工业革命 1750—1850》，第 82 页。

宅或别墅是一般中产阶级所不可缺少的，这既是生活中一个重要部分，也是中产阶级身份与地位的象征。19 世纪中叶皮克威克在达尔维奇拥有的一套住宅就具有典型的代表性，当时有人对它曾作如下描述：

“一切都是那么完美！前面的草地，后面的花园，小型温室、餐厅、画室、卧室、吸烟室。最主要的是书房，里面有壁画、安乐椅、各种柜子以及奇形怪状的桌子，还有那数不清的藏书，紧挨着宜人的草地的墙上开了一扇大窗子，所有的美景尽收眼底，尤其是几乎掩映在绿树丛中的小屋；此外还有窗帘、地毯、椅子、沙发。所有的一切都那么完美，如此精致，如此整洁！在这样一种幽雅的气氛中，每个人都会说，确实没有什么更令人羡慕了。”①

在工业革命中发家致富的工厂主住着宽敞舒适的房子，让他们发家致富的工人，却住在工厂周围的棚户区。这里的房屋不仅质量差，而且采光、通风及卫生条件都很恶劣，房子一排连着一排，两排住房背靠背，各自面对一条泥泞的小巷。据 19 世纪中叶的一项统计，在格拉斯哥，有 1/3 的工人家庭挤在一个房间内生活，而人数可以多达 10 至 15 人。有的家庭住在没有窗户的房间里，睡在稻草上。在利物浦，有 1/3 的家庭住在地窖里。在首都伦敦东区的贫民窟中，工人阶级的居住条件更是糟糕。1883 年，有人曾这样描述伦敦的贫民窟：

---

① 哈里森：《工业英格兰的诞生及成长　1714—1867》(J. F. C. Harrison, *The Birth and Growth of Industrial England 1714 - 1867*)，纽约 1973 年版，第 127 页。

“想走进贫民窟，就必须穿过有毒的臭气，这种气从一堆堆垃圾和乱七八糟的臭水沟里冒出来，有时脏水就在你脚下流。许多院子永远照不到阳光，永远没有新鲜空气，也不知干净的雨水为何物。你必须爬上摇摇欲坠的楼梯……在又黑又脏的过道里摸索前进，这里到处是小虫子。这时，假如你没有被恶臭赶走，你就来到那成千上万的生灵的巢穴了……八英尺见方，这就是一般房间的大小，墙和天花板积满灰尘，因成年累月无人打扫而变得漆黑……至于家具，你有时会看到一把破椅子，一张旧床架的残骸，或一张旧桌子的框。但更经常地是看到一些简陋的代用品，比如在砖头上架一块粗木板，一个盆子反扣在地上，或干脆什么都没有，只有破布烂棉花。”①

如果将上层阶级的住房条件与贫苦工人的安身之所加以对比，那么一个可以是“天堂”，另一个则不啻于“地狱”。不仅如此，在生活条件的其他方面，二者间的差异也同样惊人。

19 世纪下叶，人们把年收入 300 英镑作为界定中产阶级的最低线，但很多人年收入在 1 000 镑以上，甚至达上万乃至几十万英镑。上、中阶级在饮食方面的开销很大，一般要占他们总收入的 30％至 40％。他们每餐都有好几道菜，包括蔬菜、肉类、甜点等，每逢周末或有客人，更是大排宴席。质地上乘的服装和豪华的车马是地位的象征，这方面的花费也不少。为使生活气派，所有的上、中阶级家庭

① 格雷格：《近代英国：1760 年以来的社会经济史》(Pauline Gregg, *Modern Britain: A Social and Economic History Since 1760*)，纽约 1967 年版，第 479—480 页。

都雇有仆佣，越是有钱，雇有的仆佣数就越多。1851年，全国的仆佣人数已达100万之多，并已发展成为一个相对独立的职业阶层。①因此，从某种意义上说，上、中阶级的确过着一种衣来伸手、饭来张口的舒适生活。

与此形成对照的是，工业革命时期，许许多多普通工人生活在贫困线之下。由于收入微薄，他们只能艰难地维持生活，服装与娱乐成为一种奢想。有时候，他们的收入甚至难以维持家庭生存，1834年一项调查表明：在35个棉、毛、丝纺中心城镇里，占总人数1/4的49 294人中，平均每人每周收入只有1先令9 $\frac{5}{8}$便士，其中扣除房租、燃料、照明等共6 $\frac{1}{2}$便士，剩下1先令3 $\frac{1}{8}$便士供衣食之用。② 1844年对全国织袜工所作的抽样调查更令人震惊，在接受调查的154户织袜工中，平均每台织机每周收入10先令，扣除租机费后只有6先令或平均每人每周生活费1先令，而且衣食住行统统包括在内！③

在贫困的队伍中，相当一部分是手工工人。他们曾经有过相当不错的生活，但工业化突然剥夺了他们的生计，他们曾长期赖以生存的手艺一下子变得无用了，机器取代了他们的劳动。这些人在工

① 哈里森：《工业英格兰的诞生及成长　1714—1867》，第127页。

②《机器与手工劳动的对抗》(*Manual Labour Vs. Machinery*)，伦敦1834年版，第31页，转引自钱乘旦：《工业革命与英国工人阶级》，南京出版社1992年版，第30页。

③ 费尔金：《一份关于机织袜业的描述》(W. Felkin, *An Account of the Machine-Wrought Hosiery Trade*)，伦敦1845年版，第24—29页，转引自钱乘旦：《工业革命与英国工人阶级》，第30页。

业革命中所经历的苦难是难以言表的，试举数例：

1833 年有一封信说：艾尔莱德有个手织工，一家 7 口人，妻子和两个大孩子都在工作，全部收入扣除房租、工具等只剩下每星期 2 先令，却要供 7 口人吃穿。写信者曾问这家人："你怎么能靠这么点钱过日子呢，那不是太离奇了吗？"回答说："过日子是过不下去的，假如你这么叫的话，不过我们只有挨下去吧。""那你们吃什么呢？""早上喝粥，中午土豆拌盐，晚上也是一样，要不然就来一点麦片稀饭。"①

1842 年一个制钉工写信给报纸，申诉其工资微薄，入不敷出。他们"一家 7 口人，4 个人工作，每周工资却只有 1 镑零 6 便士。但最起码的生活费用也要 1 镑 3 先令 9 $\frac{1}{2}$ 便士，这还不包括家用器具、衣着和其他必需品，不包括肉类、医疗费和送货到批发库去的来回运费……"②

1850 年一个在成品帽店做活的女工说："我们每天干 18 个钟头，我得活下去，想活下去就别想拿公平的工资，因为我反正拿不到。我吃得很少，只靠粗茶淡饭度日，冷天才吃烤面包，涂一点油滴。但吃得少是一回事，房租就要付 1 先令 6 便士。有时我觉得非进济贫院不可了，否则就活不下去。"③

① 《机器与手工劳动的对抗》，第 42 页，转引自钱乘旦：《工业革命与英国工人阶级》，第 32 页。

② 霍普金斯：《英国工人阶级的社会史 1815—1945》（Eric Hopkins, *A Social History of the English Working Class 1815 - 1945*），伦敦 1979 年版，第 25—26 页。

③ 《梅休在〈晨报〉上发表的信件》（*Henry Mayhew's Letters in Morning Chronicle*），第 6 卷，苏塞克斯 1980 年版，第 158 页。

以上涉及的还是些有工作的人，他们的境况尚且如此，那些受工业革命排挤而失去工作或没有正常职业的人，其境遇就不堪设想了。在1841年曼彻斯特布道团的报告中，有这样的记录：

“萨福德市靠近伯里街的区域据称有一半人抱怨工作不正常，一大批人已完全失业了。”

萨福德市另一传教士说：“我的地域内有许多人家无米下锅，这是由失业造成的……”

圣玛丽街区传教士称：“在我的区域内约一半人因没有工作而处境凄苦……”

另一传教士报告说：

“R·卡恩，一家5口，3个孩子，全都失业，丈夫有病，一个孩子也病了。病孩躺在地下室潮湿的角落里，身下只铺一层刨花，没有一点破烂可遮身。地下室空无所有，丈夫说失业16周了。”[1]

1826年，在兰开夏郡与约克郡，有30%到75%的工人失业，1842年在波尔顿，有60%的人找不到工作。另据19世纪中叶英国记者亨利·梅休的调查，在工业化时期的英国，仅有1/3的工人完全就业，另1/3的工人半就业，剩下1/3的工人则完全失业。[2] 那些半就业失业者时刻面临着饥饿、疾病与死亡的威胁，他们构成了贫困队伍中的一支大军。

---

① 阿谢德：《曼彻斯特的阴影：1840—1842年工人阶级状况的见证》(Joseph Adshead, *Distress in Manchester, Evidence of the State of The Labouring Classes in 1840 - 42*)，伦敦1842年版，第31—32页，转引自钱乘旦、陈晓律：《传统与变革——英国文化模式溯源》，浙江人民出版社1991年版，第117页。

② 哈里森：《早期维多利亚时代的英国　1832—1851》，第73页。

财富分配不均使贫困现象特别刺目。据估计，在整个工业革命时期，有1/3左右的工人家庭始终处于贫困，这是一个何等惊人的数字！无怪乎英国历史学家哈里森会说："无需过多地想象我们就可以理解，为什么在1840年代，中产阶级会觉得他们生活在一座被贫困的海洋所环绕的小岛上。无论是在工厂里，在大街上，还是在自己家中，他们总能意识到自己所依赖的穷苦劳工的存在。正如他们自己不止一次所说的，穷人随时都在你的身边。"①

分配不均引起贫富悬殊，贫富悬殊又加强两极分化，富人越来越富，穷人越来越穷，这种状况的持续在英国造成了极为严重的社会后果，在此仅提出以下两个方面：

一、贫困必然使得社会下层特别是工人阶级对现实产生不满，他们会通过个体犯罪及集体反抗将这种不满表达出来，由此而导致激烈的社会冲突。工业革命时期是英国近代历史上社会冲突和社会矛盾最尖锐的时期之一，这与经济发展需要稳定的社会秩序显然不符。

19世纪上半叶英国犯罪记录特别高，我们很容易设想，当一个人因失去工作而无以为生时，求生的本能会驱使他去偷窃、去抢劫，而这就是工业革命时期最为常见的两种犯罪类型。根据内务部每年公布的犯罪统计，仅在英格兰和威尔士，所发生的刑事犯罪数字为：1805年4 605起，1815年7 898起，1825年14 437起，1835年

① 哈里森：《早期维多利亚时代的英国　1832—1851》，第44页。

20 731起，1842 年达到 31 309 起。[1] 不难发现，在短短的 37 年中，犯罪数字竟增加了近 6 倍。难怪有的史学家会指出："人们说 19 世纪上半叶在英格兰是一个盗匪肆虐的黄金时代，是一个因无法控制犯罪及暴力事件而威胁到现政权的时代，一个犯罪及暴力冲突四处蔓延并难以遏制的时代。"[2]尽管这种描述可能不无夸张之处，但至少表明当时的社会秩序是何等的混乱。

如果说犯罪只是一种个人行为，那么工人阶级对现存社会制度的有意识反抗却是集体性的，或者说是有组织的。工人是社会财富的创造者，但财富分配的不公却使他们处于贫困之中。他们意识到不公正的分配使他们受苦，因而滋生出对社会的反叛情绪，并汇合成一场声势浩大的群众运动。在这场运动中，工人阶级以政治要求为目标，实质上表达的却是对经济平等的强烈渴望。早期"卢德运动"的发生，其直接原因就是使用机器导致大批工人失业，生活状况恶化。19 世纪上半叶，工人运动的主体是手工工人，他们是工业化的受害者，也是受贫困化打击最大的阶层。从 18 世纪下半叶到 19 世纪中期，工人激进运动一直很活跃，法国大革命时期的人民运动，拿破仑战争之后的议会改革运动，1832 年改革时期的工人阶级活动，乃至轰轰烈烈的人民大宪章运动，所有这些斗争都表达了工人阶级对财富分配不公的强烈不满，他们希望改变国家政权形式以便做出对工人阶级有利的变革。可以想象，在国家全力推进工业化的时刻，

① 恩格斯：《英国工人阶级状况》，第 175 页。

② 米德温特：《维多利亚时代的社会改革》(E. C. Midwinter, *Victorian Social Reform*)，埃塞克斯 1968 年版，第 14 页。

社会冲突加剧将如何影响国家的发展，如果当时英国能考虑到社会财富的分配应该比较合理一些，并采取一些相应行动，那么社会冲突也许就不会这样激烈，工业化的速度也许会更加快一点。

二、社会的两极分化，特别是工人阶级贫困化，使英国整个国家遭受其害，其表现形式是英国的国民体质受到影响，工人们生活在贫困中，他们的生存条件不断恶化，健康状况持续下降，从而在整体上降低了国民体质，引起了卫生与健康的重大问题。

工业革命时期，工人的生活十分艰苦，这不仅表现在劳动强度上，也表现在他们的生存环境上。为维持基本生存，工人不得不从事高强度的劳动，收入却极低，又很少能得到休息与调整的机会，长此以往，便造成普遍性的营养不良，体质下降，疾病蔓延，健康状况十分糟糕。

工人们住在城市贫民窟中，生存空间十分拥挤，一间房子住十几个人，甚至一张床由六七个人轮流睡觉的情况十分普遍。贫民窟里不但拥挤、黑暗和潮湿，而且卫生条件差。很多房间没有窗子，常年不通风，也没有干净的水源。再加上工厂排放的废气，污水污染，环境之脏、乱、差几乎到了极点。这样，贫民窟便成了疾病流行的滋生地，一有疾病发生，便迅速蔓延，威胁工人的健康。正如恩格斯所痛斥的那样："在这种情况下，这个最贫穷的阶级怎么能够健康而长寿呢？在这种情况下，除了工人的死亡率极高，除了流行病在他们中间不断流行，除了他们的体力越来越弱，还能指望什么呢？"[①]当时，在伦敦，在曼彻斯特等工业城市，人们随处可见脸色苍白、身体

① 恩格斯：《英国工人阶级状况》，第 140 页。

瘦弱、胸部窄小、眼睛凹陷的贫苦工人，他们是一副虚弱无力、萎靡不振相。究其原因，无非是由营养不良以及肺结核、伤寒、霍乱、热病等等引起的。疾病的蔓延不仅危及工人的健康，而且危及其生命安全，使他们的平均寿命大大降低。在19世纪上半叶的曼彻斯特，社会下层的工匠、农业工人及其家庭成员的平均寿命只有17岁。在工业城市格拉斯哥，1821年工人因疾病而死亡的比例为2.8%，1838年上升为3.8%，1843年达到了4%。[①] 在兰开斯特郡1841年死亡的102 025名工人中，有83 216人不到20岁，他们的平均寿命只有22.1岁。[②] 这些人大部分因可以医治的疾病而死，只是由于贫困而无法得到治疗。

然而健康问题并不仅仅是影响工人，一旦疾病发生，它就不分阶级，不分贫富地传播。尽管富人的生活条件较好，但传染病却不给他们特权，19世纪三四十年代霍乱在全国蔓延就是一个很好的例子。1831年10月，在桑德兰的工人贫民窟中开始流行霍乱，并迅速向周围地区扩散。12月霍乱就传播到了泰恩河畔，随即又传播到赫尔、约克及利物浦等城市。在利物浦，有1 500人因霍乱而死。1832年，这场瘟疫降临伦敦，致使伦敦当年就有5 300人死亡。[③] 1849年霍乱再度流行，当年全国有53 293人感染了霍乱，这一次仅在利物浦一地就死亡5 000人。[④] 虽然因病而死的大部分是穷人，但也不乏

① 安东尼·伍德：《19世纪的英国　1815—1914》(Anthony Wood, *Nineteenth Century Britain 1815 - 1914*)，埃塞克斯1982年版，第119页。

② 米德温特：《维多利亚时代的社会改革》，第11页。

③ 特里弗·梅：《英国经济社会史1760—1970》，第127页。

④ 米德温特：《维多利亚时代的社会改革》，第12页。

有一些富人，富人们为此大惊失色。国民体质下降，到 19 世纪末已成为关系到全民族命运的大事。布尔战争爆发后，人们突然发现堂堂英国居然难以征召到足够的合格士兵，1899 年 10 月至 1900 年 7 月，在曼彻斯特自愿参军的 11 000 人中，居然有 8 000 人体检不合格，在 3 000 名入伍者中也只有 1 200 人勉强能背负全部的武器装备。换句话说，在曼彻斯特这个工业区的自愿入伍者中，有 2/3 以上人不合格；弗雷德里克·莫里斯则进一步对应征入伍的士兵状况进行调查，结果发现 5 名入伍士兵中，两年之后只剩下两名尚能“有效率”地工作，其余三人已不合格了。①

国民体质如此之差，在当时引起不少人担忧，因为这关系到民族的生存与发展问题，国民体质的下降，从长远来看，对国家的发展是极不利的。

著名历史学家哈孟德夫妇曾说过：“工业革命带来了物质力量的极大发展，也带来了与物质力量相伴随的无穷机遇。……然而，这次变革并没有能建立起一个更幸福、更富有自尊心的社会。相反，工业革命使千百万群众身价倍落，而迅速发展出一种一切都为利润牺牲的城市生活方式。”②这段话生动地概括出工业革命引起的社会两极分化并使广大人民陷入贫困的事实。社会两极化在英国产生严重的社会后果，给劳动者带来无穷的灾难。但两极分化并不是工业化的必然结果，经济发展不一定非得伴随贫困化。贫富不均

① 陈晓律：《英国福利制度的由来与发展》，南京大学出版社 1996 年版，第 85 页。

② 哈孟德夫妇：《城镇劳工　1760—1832》(J. L. & Barbara Hammond, *The Town Labourer 1760 - 1832*)，纽约 1978 年版，第 43 页。

是由发展的道路决定的,“自由放任”造成了英国在现代化过程中这一重大失误。

工业革命时期,“自由放任”是全社会的指导方针,人们相信,个人利益与社会利益能够通过市场的自动调节而达到尽善尽美,亚当·斯密是这一学说的奠基人。他认为个人对私利的追求会促使整个社会利益的实现。这就是著名的“看不见的手”的理论,根据这一理论,斯密认为应该让每一个社会成员放开双手去追求利益,政府则不应该作任何干涉。

斯密的原则不仅应用在经济发展领域,而且在财富分配过程中也得到贯彻。如果说在前工业时代,社会的领导者还觉得有义务以家长式的姿态保护一下“子民们”的生存,那么到了工业革命时期,统治者开始以赤裸裸的方式统治人民,而不关心老百姓的死活。马克思主义历史学家E. P. 汤普森对此曾这样评述道:

“确实在此之前的很长一段时间内,政府一直在干预工资的分配;但亚当·斯密的著作改变了社会上层对这一问题的看法。此后,通过议会的影响来规范工资分配的努力,就变得如同人为地改变风向一样荒唐了。”①

的确,国家对经济生活中的一切都任其发展,一切都在竞争中自生自灭,当财富总量急剧增加时,没有人意识到分配问题的重要性,也没有人试图对社会分配进行调节。统治阶层中普遍流行的看

① 汤普森:《英国工人阶级的形成》(E. P. Thompson, *The Making of the English Working Class*),纽约1966年版,第536页。

法是，谁拥有财富就证明谁有能力；谁处于贫困状态，只说明他懒惰无能。有人就曾这样说：“就是应该让社会下层尝尝贫穷的滋味，否则他们永远不会变得勤快起来。”[1]贫穷被看成是个人的事，国家和社会与此无关。

可见，当财富猛增的时候，“自由放任”充当了贫富不均的护身符。由新生产力创造出来的社会财富似乎理所当然地要集中在少数人之手；直接创造财富的广大劳动者，仿佛本来就应该被排斥在财富之外。这种思潮一定会导致社会的两极分化，而最终造成工业革命中的重大失误。

对这种现象，早在工业革命时期，就有人提出过尖锐的批评。著名政治家托马斯·卡莱尔 1834 年在《过去与现在》一书中，将“自由放任”谴责为“财富主义的真理”，他说：

“我们的生活中没有互助；相反，在名为‘自由竞争’的战争法则的掩盖下，它成为互相敌对的状态。金钱关系不是人与人之间的唯一关系，对此我们可能忘得一干二净。毫无疑问，我们都认为，金钱能够赦免罪恶，能够解除人与人之间的一些约定。”[2]

小说家狄更斯在《博兹特写集》一书中，也对“自由放任”所导致的贫困与人情关系冷漠进行控诉：

“很奇怪，一个人在伦敦是死是活，会如此不引起人们的关注，人们会如此地冷漠。他的遭遇几乎不会博得任何人的同情，除了他

---

① 哈里森：《早期维多利亚时代的英国　1832—1851》，第 43 页。

② 杰克逊：《工业革命以来的英国　1815—1948》，第 77 页。

本人以外，他的存在对任何人都毫无意义；当他死的时候，人们谈不上会忘记他；因为在他活着的时候，就没有人知道他。”①

当然，对工业化的资本主义方式作出最激烈批评的是马克思和恩格斯，他们在1848年就明确提出：“现代的工人……并不是随着工业的进步而上升，而是愈来愈降到本阶级的生存条件以下。工人变成赤贫者，贫困比人口和财富增长得还要快。由此可以明显地看出，资产阶级再不能做社会的统治阶级了，再不能把自己阶级的生存条件当做支配一切的规律强加于社会了。”②

正是对这种资本主义的“自由放任”方式进行彻底的反思，使他们提出取代资本主义的社会主义生产方式。可以说，没有英国在工业化过程中的重大失误，也就不会有后来的马克思主义。至于英国，直到20世纪初它才认识到“自由放任”造成的恶果，因而在财富分配领域中逐步实行国家干预，国家作为一种超社会力量对分配加以调节，这才使绝对贫困化问题逐渐得到解决。在开始工业化一百多年以后，英国才认识到社会公正原则的重要性，并当真去纠正以前的失误。尽管说“亡羊补牢，犹为未晚”，但英国的教训还是深刻的。后来开始工业化的国家在寻找工业化的道路时，都不得不引以为戒。虽说如此，贫富不均现象仍然在后发展国家中频频出现，有时还表现得十分剧烈。这说明英国的失误仍然具有普遍意义，一不当心就会走上英国的老路。巴西的例子就充分说明了这一点。

---

① 特里弗·梅：《英国经济社会史 1760—1970》，第113页。

② 马克思和恩格斯：《共产党宣言》，载《马克思恩格斯选集》，第一卷，第263页。

巴西的经历

巴西是南美一个幅员辽阔的大国，也是南美最早成功实现经济起飞的国家。“二战”以后，特别是从 50 年代开始，巴西仅用了 30 多年时间就基本实现了工业化，并成为西方世界中居第八位的经济强国。[①] 但与此同时，巴西又是当今世界贫富差距最大的国家之一，以至于巴西本国学者都指出：“巴西可以划分为两个世界——不仅是富裕与贫困两个世界，而且是内部的第一世界和第三世界。”[②]贫富差距是巴西现代化进程中所面临的一个最为严峻的社会问题，下面我们将对此进行具体分析。

“二战”之前，巴西是典型的农业社会。尽管从 30 年代瓦加斯当政时起，巴西政府已初步实施了一些保护与发展工业的政策，但农业仍是最基本的生产部门。战后，巴西历届政府把工业化作为积极追求的目标，力图以工业化来改变巴西的国际地位，加速民族经济的发展。在巴西领导人看来，“工业化是变革巴西经济的唯一道路”，“没有工业化，巴西经济发展是不可能的”[③]。为此，从 50 年代至 60 年代初，库比契克政府就推行“进口替代”的发展战略，以发展消费品工业为主，满足国内市场需求，并逐步创建生产资料部门，使

① 肖海泉等：《发展中国家经济发展战略研究》，南京大学出版社 1988 年版，第 125 页。

② 麦克唐纳：《巴西：进步的假面》(Neil MacDonald, *Brazil, A Mask Called Progress*)，牛津 1991 年版，第 100 页。

③ 苏振兴等主编：《拉丁美洲国家经济发展战略研究》，北京大学出版社 1987 年版，第 76 页。

工业结构趋向多样化。此时的重点发展方向是能源、基础材料、交通运输以及食品、农机、化肥等工业。这期间，巴西国内生产总值年平均增长 28.3%，工业生产增长了 10.7%，其中机器设备生产在 1955—1960 年增长了 100%，电子材料生产增长了 200%。① 可见其发展速度之快。

60 年代中期至 70 年代中期，巴西采取"高增长战略"，工业化进程由"内向型"转向外部市场，加强耐用消费品工业和资本信贷工业部门的发展，并实施全国一体化开发计划，推动国民经济全面发展。"高增长战略"的推行极为成功。1962—1967 年间，巴西经济增长指数为 3.7%；1968—1974 年的七年间，实际年平均增长率达到 10.1%，创造了举世瞩目的"巴西奇迹"。事实上，这七年中，巴西的经济增长相当于它历史上前几百年经济增长的总指数。这样的成就，无论在发达国家，还是在不发达国家，几乎都是绝无仅有的特例。

巴西的发展可以说是相当成功的。经过几十年努力，巴西已由传统的农业国步入新兴工业国之列。正如一位美国学者指出的那样："巴西的发展进步，使它有机会成为第一批跨越分隔不发达国家和发达国家的鸿沟的主要国家之一。"②然而，在现代化过程中，巴西的分配模式过于集中，造成了社会上巨大的贫富悬殊。巴西经济增

---

① 西钦克：《思想与制度：巴西与阿根廷的发展主义》（Kathryn Sikkink, *Ideals and Institutions, Developmentalism in Brazil and Argentina*），康奈尔大学出版社 1991 年版，第 153 页。

② 斯·罗博克：《巴西经济发展研究》，上海译文出版社 1980 年版，第 6 页。

长虽然迅速，但广大劳动人民的生活水平相对来说仍然很低，巴西的两极化闻名于世。据90年代最新资料显示，巴西10%的富有阶层占有49.8%的国民总收入，而40%的贫困阶层仅占有10%的国民总收入。[①] 这种趋向在经济发展的整个过程中都十分明显，1960年巴西10%的富有阶层的收入占国民收入总数的39.6%，1970年已上升到46.7%，1980年达到47.9%。同一时期，40%的贫困阶层收入所占的比例分别是11.3%、10%和9.8%。以两个10年为单位，10%的富有阶层收入占国民总收入的比重分别上升了17.9%和3%，而40%的贫困阶层收入占国民总收入的比重分别下降11.5%和2%。[②] 在80年代初，1981年，10%的富有阶层收入占国民总收入的比重为45.3%，到1983年上升为46.2%；而40%的贫困阶层收入占国民总收入的比重在1981年为9.3%，到1983年下降为8.1%。[③] 与此前的20年相比，尽管10%的富有阶层占国民总收入的比重略有下降，但40%的贫困阶层占国民总收入的比重并没有相应提高，反而下降了，贫富差距因而也进一步拉大。

国际上通常采用基尼系数来衡量贫富差距，系数值越大，表明贫富悬殊越大，但以0.4为"警戒线"。现在可以看看1960—1985年巴西基尼系数的变化情况：1960年0.500，1970年0.608，1980年

---

① 巴西全国讨论会文选：《巴西社会问题》，巴西圣保罗诺贝尔出版社1991年版，第24页；转引自吕银春：《巴西的贫困和两极分化浅析》，载《拉丁美洲研究》，1996年第6期。

② 查尔斯·伍德：《巴西人口差异》，里约热内卢1994年版，第89页，转自吕银春：《巴西的贫困和两极分化浅析》，载《拉丁美洲研究》，1996年第6期。

③ 格雷厄姆和威尔逊：《巴西的政治经济：转变时期的公共政策》(L. Graham and R. Wilson, *The Political Economy of Brazil, Public Policies in an Era of Transition*)，德克萨斯1990年版，第46页。

0.588,1981 年 0.584,1982 年 0.587,1983 年 0.589,1984 年 0.588,1985 年达到 0.592。① 可见,巴西的基尼系数从一开始就超过了“警戒线”,而且总体而言,一直呈缓慢增长趋势,而同时期,巴西经济一直在增长,尤其是 1968—1974 年间还出现过令世人瞩目的发展“奇迹”。这表明,随着巴西经济发展的增速,社会两极化的趋势也同时在加剧,并逐步成为一个日益严重的社会问题。

贫富差距加大使得巴西的贫困问题特别突出,这主要表现在工人工资极低。巴西职工收入以“最低工资”作为单位衡量标准,据统计,1984 年,巴西全国领取 2 个“最低工资”以下者有 3 381.5 万人,占经济自立人口的 62.4%,其收入占国民总收入的 33.9%。② 在巴西,高收入者与低收入者之间的差距几乎难以填补。在高收入者中,不乏月收入为 50、60、100 个“最低工资”的人。据巴西报纸透露,最大的 14 个企业经理月薪达 1 万美元。《圣保罗州报》说,巴西高级职员工资甚至超过瑞士、日本和英国同行而仅仅低于美国同行。与此形成鲜明对照的是,巴西数千万劳动者收入微薄,生活贫困。据 1990 年 10 月 3 日巴西《这就是》周刊说,1985 年巴西有 1 100 万个家庭(共约 5 200 万人)的年收入仅在 150—300 美元之间。1991 年《四月年鉴》说,1989 年巴西有 200 万人失业,就业者中 48.8%的人月收入为 5 个“最低工资”以下,其中不足 1 个最低工资的占 19.6%,另

① 威廉森:《拉美的调整:进展如何?》(John Williamson, *Latin American Adjustment*, *How Much Has Happened?*),华盛顿 1990 年版,第 148 页。

②《巴西日报》,1987 年 10 月 1 日,转引自郭元增:《巴西社会的两极分化》,载《拉丁美洲研究》,1993 年第 3 期。

有 39.9％的人几乎没有工资收入。[①]

贫富差距也表现在农村，这主要反映在土地占有方面。据有关资料显示，巴西全国有可耕地约 37 628.6 万公顷。1984 年，占人口 4％的地主却占有 67％的可耕地，而占总人口 71％的穷困农户却只占有耕地的 10.9％，但恰恰是这些小农养活了巴西，他们每年生产的大米占全国的 28％，谷物占 55％，大豆占 66％，木薯占 78％。[②] 尽管如此，他们中 2/3 以上的人生活在贫困线下，只能得到半个“最低工资”或者更少。

曾任巴西计划部部长的德尔芬·内托有句名言：“把馅饼做大，分而食之。”[③]通过经济发展，巴西的“馅饼”确实做大了，可由于种种原因，“馅饼”并没有“分而食之”，极少数人拥有“馅饼”的大部分，多数人只能吃些“粉屑”，或者根本尝不到。这使得巴西社会面临一种前所未有的紧张状态，严重阻碍着现代化的顺利发展。

巴西现代化进程中为什么产生如此巨大的贫富差距？这是巴西学者以及其他各国学者们极为关注的一个问题。究其根源，贫富差距加大有以下两方面原因：

一、政府的发展战略与经济指导思想方面。

为实现经济现代化，巴西政府一直大力扶持民族工业，制定了一系列有利于工业发展的方针，并成功地使国民生产总值迅速增长。然而，在经济增长的同时，政府不愿将收入进行分配，而采取向

① 郭元增：《巴西社会的两极分化》，载《拉丁美洲研究》，1993 年第 3 期。

② 麦克唐纳：《巴西：进步的假面》，第 3 页。

③ 苏振兴等主编：《拉丁美洲国家经济发展战略研究》，第 122 页。

工业家倾斜的政策。曾担任过军政府财政部长的巴西著名经济学家马里奥·西蒙森指出:“由衰退和半衰退经济向经济快速发展的转变时期,通常需要做出牺牲,这包括收入集中,即将收入集中在某些人或国家手中,增加企业利润,使企业家和管理人员的收入增加,使他们拥有消费积累。”①可见,决策者的指导思想决定了分配的倾向,带有明显偏颇的政策必然造成社会两极分化的加剧。

二、通货膨胀造成社会各阶层财富的转移,其中受害最大的是低收入阶层。

通货膨胀长期困扰巴西经济,从60年代末开始,巴西的通货膨胀就愈演愈烈。当时,政府放弃货币主义,采取实用主义的经济政策,即用赤字来刺激消费,从而促进工业生产的增长。尽管这可能引发通货膨胀,但政府智囊团认为,经济发展应优先于通货膨胀。结果,1968—1974年间,巴西经济年平均增长率达到10.1%,而同期的通货膨胀率达21.7%。② 70年代中期以后,巴西历届政府为稳定经济、降低通货膨胀率而采取了一系列措施。在降低通货膨胀率方面取得一定成绩,但经济增长的势头被遏制住了。这样,巴西政府开始面临困境:要么让经济保持快速增长,以较高的通货膨胀率为代价;要么以阻止经济快速增长为代价,来降低通货膨胀率。权衡之下,政府选择了前者。这样,1982—1988年,巴西在经济高速增长的同时,通货膨胀率达到惊人的地步,1982年为97.9%,1984年

① 塞尔吉奥·戈尔登特:《巴西外债1964—1984》,巴西瓜拉巴出版社1986年版,第73页,转引自郭元增:《巴西社会的两极分化》,载《拉丁美洲研究》,1993第3期。

② 格雷厄姆和威尔逊:《巴西的政治经济:转变时期的公共政策》,第45页。

203.3%,1985 年 228.0%,1987 年 365.9%,1988 年高达 981.0%![1]

居高不下的通货膨胀率,使劳工阶层深受其害。不可否认,随着经济高速增长,工人的工资也有了一定的提高,但工资的增长很快就被通货膨胀抵消了,在很多情况下,还出现实际工资下降的情况。比如在 1985 年,工人工资收入比前一年增长 30%,而同期的通货膨胀率却高达 228.0%,这使得提高工人的生活水平成为一句空话。

通货膨胀使社会各阶层的贫富对比发生变化。一般来说,在通货膨胀指数中,生活必需品的上涨幅度最大,低收入者在这方面开支的比例也恰恰最大,因此受通货膨胀的影响最深。比如在 1987 年,通货膨胀率高达 365.9%,食品价格猛升。当时,买一升饮料和两块面包就会花去一个工人"最低工资"的 1/3,工资收入已难以维持基本生存。与此相比,对那些收入较高的人来说,生活必需品的开支占总收入的比例并不算高。1974—1975 年对全国家庭抽样调查表明,月收入在 3.5 个"最低工资"以下的家庭,用于食品的开支约占收入的 50%;而月收入为 10 至 15 个"最低工资"的家庭,这项开支占 20%;月收入在 30 个"最低工资"以上的家庭,这项开支仅占 0.6%。如果食品价格上涨 30%,那么第一组人的食品开支将增加 15%,第二组将增加 6%,第三组仅增加 1.8%。[2] 由此可见,居高不下的通货膨胀率拉大了巴西的贫富差距。

---

① 威廉森:《拉美的调整:进展如何?》,第 131 页。

② 查尔斯・伍德:《巴西人口差异》,第 89 页,转自吕银春:《巴西的贫困和两极分化浅析》,载《拉丁美洲研究》,1996 年第 6 期。

贫富差距问题越来越引起社会的关注。近几十年中，巴西经济已有了快速的增长，但贫困问题依然突出，贫富差距还在日益加大。巴西政府已意识到了这一点，在消除贫困、缩小贫富差距方面做了一些努力。其一是政府职能由经济转向社会，开始实施社会保障与社会福利措施，使贫困阶层的教育、卫生和住房条件有所改善。其二是严格控制通货膨胀，减少它对贫困阶层的危害。从 80 年代开始，政府先后采取了冻结物价与工资的措施，试图控制通货膨胀的速度，并取得了一定成效。此外，政府还实行工资与物价挂钩的政策，即每当物价上涨 20%，工人的工资相应调整一次，这对保持和提高工人的生活水平无疑是有益的。然而从总体来看，政府的努力并不成功。时至今日，巴西仍是世界上贫富差距最大的国家之一。

贫富差距以及由此产生的贫困问题已经对巴西经济发展产生了极为不利的影响，这主要表现在以下两个方面：

一、国民收入和社会财富集中在少数人手里，一方面使巴西国内市场总体购买力下降，另一方面又使高档消费品需求增加，对于经济的全面发展并不有利。当社会上绝大多数人的收入水平仅能维持最低生活需要而无力购买其他消费品时，需求的减少必然导致市场萎缩，从而使工业发展丧失市场。在没有充足国际市场的情况下，国内市场的萎缩只会阻滞工业生产力，例如在 1981 年和 1983 年，巴西工业生产两次出现负增长，其指数分别为 －5.3% 与 －6.8%，这与国内市场萎缩不无关系。① 另外，由于财富集中在少

① 苏振兴等主编：《拉丁美洲国家经济发展战略研究》，第 122 页。

数富有阶层手中，他们的高消费生活刺激了对汽车、家电、通讯设备等耐用消费品的需求。由于技术原因，巴西国内耐用消费品的生产还远远达不到世界先进水平，因此大量的外汇花在进口高档消费品上，这又必然阻碍国内基础工业投资。对于正在进行现代化的国家来说，这是不利于经济发展的。

二、严重的贫富差距与劳动人民生活贫困化，使社会矛盾日益加剧，由此引发社会动荡，破坏了经济发展必需的相对稳定的社会环境。在巴西，无论是城市还是农村，由贫富悬殊和社会不平等引起的矛盾和斗争日益激烈。在城市，为争取就业和提高工资水平，工人的罢工连续不断。据巴西报纸统计，1989 年共发生了 3 708 起罢工，参加人次达 1 281 万；1990 年发生 2 029 起罢工，参加人次达 931.6 万。在农村，农场主和农业工人以及小农之间的冲突更为激烈，据 1989 年 12 月 10 日《巴西日报》报道，在最近的 25 年中，巴西农村发生的暴力冲突不断，造成的死亡人数达 1 200 人，受伤人数更多，不少农场被焚毁。

由于贫困问题普遍存在，暴力犯罪事件与日俱增，社会深感不安。以巴西第三大城市洛奥里藏特市为例，1960—1968 年，平均每年发生 1 515 起大案，1970—1978 年增至 2 020 起，其中偷窃和抢劫案占 1/4 以上；1979—1984 年，全市有 34％的家庭遭受过抢劫或偷盗。另据 1991 年 9 月 25 日《这就是》周刊报道，1990 年巴西有 1 万多人被谋杀，而 1991 年上半年，仅在南里约格朗德州、巴伊亚州和首都巴西利亚，就有 5 190 人被杀。① 巴西的治安之混乱，已经到令人

① 郭元增：《巴西社会的两极分化》，载《拉丁美洲研究》，1993 年第 3 期。

发指的地步。总之,两极分化加剧是巴西现代化的一个深刻教训,它已经引起了社会矛盾的激化,一旦结构性经济危机到来,就很容易引发大规模的社会冲突,因为巴西社会已是一个有深刻裂痕的社会。

寻求社会公正

从英国与巴西的经历可以知道,工业化进程中财富与贫困的悖论是一个危险的误区,任何国家在发展中陷入这个误区,都可能对几代人造成重大伤害;同时,国家的发展也会受到负面影响,严重的甚至会影响到社会的安宁和国家的发展道路。然而自工业革命发生以来,英国的失误虽然为后来的各国提供了前车之鉴,但仍有国家不断地陷入这个误区,这不是说它们未听说过英国的教训,而是说它们出于各种原因置其后果于不顾,自觉或不自觉地又径直走向这个悖论,其中一个最主要的理由,就是总想把经济先搞上去,社会公正似乎可以置于第二位——巴西就是一个很好的例子。

然而,差错不仅仅出现在巴西。在一些发展中国家,财富与贫困的悖论相当严重。拉美的墨西哥、阿根廷等国,由财富分配不均而导致的两极分化都相当突出。非洲的一些国家,如埃及、南非等等,少数人攫取工业化成果,多数人的生活水平却没有多少提高。对此,美国著名学者亨廷顿曾指出:“在近期看来,经济增长的直接影响常常是扩大收入的不平等。经济迅速增长的集中受益者往往是少数人，而大多数人却蒙受损失；结果是，社会上日益穷困的人便会增加。”①

经济增长与社会财富的增加为什么不能清除贫困，反而会拉大贫富差距以及产生新的贫困呢？换言之，这些富裕社会中的穷人是如何产生的？尽管有些人将现代社会中的贫困归结为个人方面的原因，但最根本的一点是不容否认的，即现代化过程中政府对社会公正问题的忽视而导致的不公平的利益分配模式促使了贫困现象的产生。

从社会学的角度来说，每一种相对稳定的社会结构都具有一种分配社会利益的功能，即通过各种强制性的或非强制性的、合法的或非法的以及由各种文化传统所制约的方式，使各个社会集团能够按照某种固定的渠道得到自己的一份利益。不同的社会有不同的利益分配模式，它总是与一定的社会发展水平相适应，在一定时期内保持不变。但如果发生了社会变革，就意味着原有的模式失去效能，需要建立一种新的利益分配模式。

现代化打破了原有的社会结构，传统社会向现代社会转型，原有的利益分配模式遭到破坏，社会财富的流向也发生新的变化。在一种新的利益分配模式形成之前，社会财富很容易控制在一些新兴的社会集团手中，这时，如果国家不对社会财富和利益分配进行干预，而像英国那样“自由放任”或者像巴西那样为追求效率而放弃公正，那么贫富差距问题就会变得特别严重，以致影响甚至阻碍现代

① 亨廷顿：《变化社会中的政治秩序》，第 53 页。

化进程。特别是在现代社会，财富与贫困的巨大反差难以为社会道德所接受，正如亨利·乔治所比喻的那样："塔楼在基础上倾斜了，每增加一层只能加速它的崩塌……把理论上人人平等的政治制度建筑在非常显著的社会不平等状况之上，等于把金字塔尖顶朝下竖立在地上。"①的确，现代化带给人们一种人人平等、幸福的理想，假如在现实中只看到处处不平等，尤其在财富分配方面反差巨大，那么人们对现实会产生一种什么样的态度呢？这是导致现代化翻车的又一危险禁区。

美国经济学家托达罗在谈到第三世界现代化发展战略时指出："发展战略不仅需要考虑到不断加速的经济增长，而且还需要直接考虑到……被经济增长所忽略的第三世界很大部分的人口的物质生活水平的改善。"②对于发展中国家来说，如何在现代化进程中建立公正的财富分配模式，以达到避免贫困、共同富裕的目标，这正是走向现代化国家所面临的一大难题。做到这一点并非易事，但不做到这一点又事关成败，英国与巴西的经历就充分说明了这一点，它促使人们深刻地反思财富与贫困的悖论。

---

① 亨利·乔治：《进步与贫困》，第17页。

② 迈克尔·托达罗：《经济发展与第三世界》，中国经济出版社1992年版，第139页。

第十一章　国民健康的“杀手”

英国的环境污染问题

现代化与国民健康

现代化是一个社会整体转型过程。政治民主化、工业化以及社会保障制度等，既是现代化的重要内涵，也是现代化的基本目标。不过，无论在哪个历史发展阶段，社会的基本构成单元是人本身。这也就意味着，现代化在打破传统基础上所谋求的政治、经济与社会变革，从根本上来说，就是要追求以人为中心的发展以及人与自然之间的和谐发展。尽管这一点在21世纪的今天已经成为共识，但在19世纪的先行现代化国家，在追求经济发展优先、谋取利润优先的潮流中，侵害国民健康的现象不断涌现。这些国民健康“杀手”的肆虐，成为现代化进程中的“陷阱”，值得现代化后来者警惕。

人类社会的主体是人，社会的发展与变革，最终是要提升人的生活水平与生活质量。传统社会中，生产力水平低下，在农牧业以及手工业等生产中，人力成为最主要的动力来源。人类整天劳作，只是为了解决基本的温饱问题，实现自给自足，完成人类生命的延续与自身的繁殖。工业革命后，工厂的兴起，机器动力的使用，彻底改变了原有的生产组织形式，人力由此得到解放，经济得以迅速发展。

工业化改变了人类的生产与生活，在很大程度上促成了人们生活质量的提升。机器生产提高了劳动生产率，打破了生产自给自足的局面，这为人们的衣食住行提供了更多的保障。工农业生产的发展，带来了物质财富的空前繁荣，进而缓解了前工业化社会常见的贫困现象；交通运输方式的革新，食品存储与保鲜技术的进步，也促成了人们饮食结构趋于科学化；机器生产对人力的取代，中产阶级的崛起，使得旅游与休闲成为人们追求的全新生活方式。

不过，工业化在推动社会发展、提升人类生活质量的同时，也不可避免地带来一些副产品。在先行工业化国家，工业化是一个新鲜事物，是在自由放任模式指导下不断探究社会变革的过程。在“摸着石头过河”过程中，很多国家秉承经济效益优先、经济利益优先原则，忽视了生产第一、利益第一而给作为工业化主宰的人所带来的伤害。在工业化进程中涌现出来的环境污染问题、疾病与公共卫生问题、食品安全问题等，成为威胁国民健康的“杀手”，进而对相关国家的现代化产生负面影响。本章将以第一个工业化国家英国为例，探讨工业化进程中英国的环境污染以及牛奶掺假问题，总结英国式经历所带来的经验与教训。

环境污染的滋生及表现

作为世界上第一个工业化国家，英国不仅率先享受到工业革命带来的繁荣与富足，而且也首次尝到环境污染的苦果。工业化迅速改变原有社会面貌，山静林幽、碧水蓝天的乡村社会成为过去，工厂林立、烟尘滚滚的工业社会走入现实。工业化阶段也是英国环境污染的滋生时期，由于人口与工厂多集中于城市之中，因而城市环境污染问题日益突出。具体来看，城市环境问题表现在以下几个方面：

第一，伴随着城市人口增长而出现的恶劣的居住环境。

工业化同时也是一个城市化过程，农村人口大量涌入城市，有资料显示，19 世纪 20 年代，利物浦、曼彻斯特、伯明翰、设菲尔德、布拉福德、萨福德、利兹等，城市人口所占比重均在 40％以上，最高的超过 45％。[①] 到 1851 年时，英国城市人口总和已首次超过农村人口，达到 50.2％，英国初步完成了城市化。[②] 在英国城市化进程中，由于缺乏规划及住房奇缺，为此引发一系列环境问题，这尤其体现在城市人口，特别是工人阶级恶劣的居住环境上。

工业化时期，由于缺乏统一市政规划，在工人阶级住房问题上，一般有两种解决方案：一是在原有老城镇基础上发展起来的工业城

① S. G. 查克兰：《英国工业社会的兴起　1881—1885》(S. G. Checkland, *The Rise of Industrial Society in England 1881 - 1885*)，埃塞克斯 1964 年版，第 238 页。

② 刘笑盈：《推动历史进程的工业革命》，中国青年出版社 1994 年版，第 252 页。

市，往往将原来一家一户的旧住宅，改造成兵营式住宅，这些改装过的房屋，基本上是每间房屋要住上全家人，而无论一家人口有多少；二是根据需要在厂房附近或者临街而建的两三层的质地很差的楼房，无论从平面布置还是建筑材料、外观来看，都远不如改造的旧平房。[①] 有人对 19 世纪中叶英国工业城市的住房状况进行统计，结果表明：在曼彻斯特，3 个人睡一张床的地下室有 1 500 个，4 个人睡一张床的地下室有 738 个；在布里斯托，2 800 户家庭中有 46％的家庭只有一间屋子。[②] 在格拉斯哥，有 1/3 的工人家庭挤在一个房间内生活，而人数可以多达 10 至 15 人；有的家庭住在没有窗户的房间里，睡在稻草上；在利物浦，有 1/3 的家庭住在地窖里。如此恶劣的居住条件，实在令人咋舌。

与拥挤的住房相伴随的，是极其恶劣的卫生环境。工人阶级住房，不仅通风条件差，而且常年不见阳光，潮湿阴暗，非常肮脏。恩格斯对 19 世纪上半叶伯明翰的住宅环境这样描述道：“在旧市区，有不少地方到处是臭水沟和垃圾堆，肮脏而无人照管。伯明翰的大杂院很多，有两千多个，工人大部分住在这种大杂院里。这种大杂院通常都很狭窄、肮脏、空气不流通，污水沟很坏；每一个大杂院四周有 8—20 幢房子，它们只有一面透空气，因为它们的后墙是和其他房子共用的，而在院子最里面的地方通常是一个公共垃圾堆或类似的

① 刘易斯·芒福德：《城市发展史：起源、演变和前景》，中国建筑工业出版社 1989 年版，第 341 页。

② 乔治·罗森：《公共卫生史》（George Rosen, *A History of Public Health*），巴尔的摩 1993 年版，第 182 页。

东西，其肮脏是无法形容的。”[①]其他城市情况也大致类似，许多城市街道都没有铺设完好路面，“在众多的地面大坑洞中几乎都覆盖着污浊的水，居民将各种动植物垃圾随意扔到街上，这些东西腐烂后，散发出恶臭的气味，到处充斥着最肮脏、最腐败的东西，看着恶心，闻着刺鼻”[②]。

公共卫生设施的缺乏更是加剧了恶劣的卫生环境。据 1845 年的调查，曼彻斯特某个街区的 7 000 个居民，仅有公共厕所 33 个，平均每 212 人共用一个厕所，不少厕所连排污沟也没有，即便有的话，也是露天的，它排出的臭味一直弥漫在城市的空气中。排污管道的缺乏是一种普遍现象，在利兹，工人阶级住宅区普遍缺乏生活污水排放设施，厕所少且前后无遮无盖，空气污染严重，造成大批人体弱多病，养成依赖烈酒和麻醉剂的嗜好。[③] 居民供水设施也严重缺乏，到 1809 年，在伦敦的一些地区，一星期只有三天有水；那些没有供水设施的街区，居民只好到露天水井或河流去取水，而这些水源往往遭到污染，“饮水中充满霍乱、伤寒及白喉的病菌”[④]。

城市人口，尤其是社会下层恶劣的居住环境造成严重的后果，最主要表现在疾病的蔓延以及人们体质的恶化上。由于缺少阳光，骨头的结构和器官变得畸形，孩童得了佝偻病；恶劣的伙食使得内

---

① 恩格斯：《英国工人阶级状况》，人民出版社 1956 年版，第 73 页。

② 凯瑟琳·琼斯：《英国公共政策的形成　1830—1900》（Kathleen Jones, *The Making of Social Policy in Britain 1830 - 1900*），伦敦 1996 年版，第 30—31 页。

③ 罗伊斯顿·派克：《被遗忘的苦难——英国工业革命的人文实录》，福建人民出版社 1983 年版，第 293 页。

④ 罗伯兹：《英国史》，下册，中国台湾五南图书出版公司 1986 年版，第 645 页。

分泌功能失调；因为缺少最起码的用水和卫生，皮肤病很多；污物和粪便随处都是，造成天花、伤寒、猩红热、化脓性喉炎流行；饮食恶劣，缺少阳光，加上住房拥挤，使肺病蔓延，更不用说各种职业病了。正如恩格斯所痛斥的那样："在这种情况下，这个最贫穷的阶级怎么能够健康而长寿呢？在这种情况下，除了工人死亡率极高，除了流行病在他们中间不断流行，除了他们体力越来越弱，还能指望什么呢？"[①]疾病的蔓延不仅危及工人的健康，而且危及其生命安全，使他们平均寿命大大降低。在19世纪上半叶的曼彻斯特，社会下层的工匠、农业工人及其家庭成员的平均寿命只有17岁[②]；在格拉斯哥，1821年工人因疾病而死亡的比例为2.8%，1838年上升为3.8%，1843年达到了4%。[③] 在兰开夏郡1841年死亡的102 025名工人中，有83 216人不到20岁，他们的平均寿命只有22.1岁。[④] 这正是恶劣的居住环境所造成的恶果。

第二，伴随着工厂兴起而出现的大气污染。

工业化时期，由于煤炭的大量使用而造成的大气污染也是不容忽视的。进入蒸汽时代后，煤炭成为最主要的燃料，其需求的增长推动了开采量的增加。据统计，工业化时期，英国每隔十年的煤炭产量分别是：1816年1 600万吨，1826年2 100万吨，1836年3 000万吨，1846年4 400万吨，1856年6 500万吨。[⑤] 随着煤炭产量的增

① 恩格斯：《英国工人阶级状况》，第140页。
② 钱乘旦：《第一个工业化社会》，四川人民出版社1987年版，第113页。
③ 安东尼·伍德：《十九世纪的英国　1815—1914》，第119页。
④ 米德温特：《维多利亚时代的社会改革》，第11页。
⑤ 克拉潘：《现代英国经济史》，上卷，商务印书馆1997年版，第531—532页。

长，英国煤炭消费量也急剧上升：1800 年英国煤炭消费量还只有 1 000万吨，1856 年增长到 6 000 万吨，1869 年达到 16 700 万吨，1900 年则高达 18 900 万吨。[①] 煤炭燃烧过程中，往往产生大量烟尘、二氧化硫、一氧化碳等各种有毒气体，这些气体排放到空气中后往往造成大气污染。

英国的煤炭消费大致分为两类，首先是“住宅取暖及家庭其他用途”[②]。工业化时期，英国家庭的壁炉、火炉等取暖设备以及烤炉等烹饪设施，大多使用煤炭为燃料，煤炭燃烧后产生的烟尘则通过烟囱排到室外，由此造成空气污染。比较而言，越是富裕的家庭，取暖及烹饪设备越多，煤炭消耗量越大，产生污染越严重。19 世纪上半叶，有人对威灵顿公爵豪宅排出的煤烟这样描述道：“在我看来，威灵顿公爵的房子早上就像一座工厂的大烟囱，事实上，一些工厂所排放的烟尘还比不上他的房子。”[③]在家庭中以煤炭为燃料不仅限于工业化时期，而且一直持续到 20 世纪中叶以后。据估计，1948 年，98％英国家庭的客厅仍装有取暖用的火炉，20 世纪 50 年代初有 1/4 家庭以煤炭为燃料来烹饪食物。[④]

与家庭生活消费相比，工厂成为煤炭的主要消费者。煤炭消费量的增加是与蒸汽机的发明与使用分不开的。蒸汽机的使用可以

① B. W. 克拉普：《工业革命以来的英国环境史》（B. W. Clapp, *An Environmental History of Britain Since the Industrial Revolution*），纽约 1994 年版，第 16 页。

② 保尔·芒图：《十八世纪产业革命》，商务印书馆 1997 年版，第 226 页。

③ B. W. 克拉普：《工业革命以来的英国环境史》，第 17—18 页。

④ 全国消除烟尘协会：《年度会议记录》（*National Smoke Abatement Society, Proceedings of the Annual Conference*），格拉斯哥 1953 年版，第 53 页。

不受时间、地域等条件限制，因此作为一种动力装置很快在全国推广。1826 年，英国已拥有 1 500 台蒸汽机；到 19 世纪中后期，蒸汽机则完全取代水力机械，成为英国工业生产的最主要动力。① 由于使用煤炭为燃料，蒸汽机在带来技术进步的同时，也“使无穷的烟云飞翔在这些城市的上空”②，从而形成严重的大气污染。19 世纪的英国社会，是一个烟囱林立、浓烟滚滚的工业化社会，这是以煤炭为燃料的蒸汽机推广使用的必然结果。以曼彻斯特为例，工业化之前，这只是一个不起眼的小镇；1786 年，居民看到了第一根烟囱，即高耸在屋顶的阿克莱特纱厂的烟囱；仅过 15 年，这里已有 50 多个纱厂，大多数都拥有蒸汽机，成排的烟囱日夜不停地将滚滚浓烟吐向天空。③

与曼彻斯特一样，工业化时期绝大多数城市，到处是高耸的烟囱，空气中始终弥漫着煤烟，以至于把鲜红的建筑都熏黑了，给人一种阴沉沉的感觉。“煤烟曾折磨不列颠……100 多年之久，以烟煤为燃料的城市，包括伦敦、曼彻斯特、格拉斯哥等，在未能找到可替代的燃料之前，无不饱受过数十年严重的大气污染之苦。”④大文豪狄更斯用自己手中的笔，生动地描绘了兰开夏郡的焦煤镇：在这座城镇里，由于煤烟的污染，到处呈现出“一片不自然的红色与黑色，像生番所涂抹的花脸一般”；镇上“到处都是机器和高耸的烟囱，无穷

① 刘成、刘金源、吴庆宏：《英国：从称霸世界到回归欧洲》，三秦出版社 2005 年版，第 125 页。

② 保尔·芒图：《十八世纪产业革命》，第 270 页。

③ 李宏图等：《工业文明的兴盛——16—19 世纪的世界史》，华东师范大学出版社 2001 年版，第 108 页。

④ 梅雪芹：《环境史学与环境问题》，人民出版社 2004 年版，第 102 页。

无尽长蛇似的浓烟，一直不停地从烟囱冒出来”，这座焦煤镇，“时常把煤烟不仅吹在自己头上，并且吹到邻近地区”①。在其他工业城市，大气或烟尘污染也较为严重。在利兹，烟煤的油污像雨点般地溅落在各处，甚至那些人在脸盆里洗过手之后，脸盆也留下一圈油渍。除此之外，从苏打厂里排出的氯气，从水泥厂里喷出来的腐蚀性的烟尘，以及其他化工厂的副产品，无不对空气造成污染。

日益严峻的大气污染，造成的负面影响是多方面的。到 19 世纪下半叶，一些重要工业城市上空尘埃越来越多，使得日照时间大大缩短。有人统计，1881—1885 年，伦敦冬天的两个月间（12 月和 1 月），其日照时间仅相当于牛津、剑桥、马尔博罗、加迪斯顿四个小镇的 1/6 左右；即便在炎炎夏日，伦敦也会出现阳光不足的状况。② 我们知道，充足的日照和阳光，不仅能杀灭空气中的各种病菌，而且有利于植物的光合作用，而日照和阳光的缺乏对于各类生物的成长极为不利。不仅如此，当空气污染达到一定程度时，必然会危及人类自身的健康。据专家考证，工业化时期大多数城市，空气中始终充满着氯气、一氧化碳、硫酸、氟、甲烷和其他大约 200 多种致癌物质，这些致命气体常常不流通，集中在一起，刺激着人们的眼睛、喉咙和肺，增加了气管炎和肺炎的发病率，造成英国国民体质的恶化，并导致很多人死亡。首都伦敦在工业化之后，滚滚烟尘与大雾搅和在一起，形成“雾都”，这不仅影响到城市交通和居民生活，而且还直接致

① 狄更斯：《艰难时世》，上海译文出版社 1987 年版，第 27 页。

② B. W. 克拉普：《工业革命以来的英国环境史》，第 14 页。

命。据统计，在整个 18 世纪，伦敦共发生 25 次毒雾事件，19 世纪前 40 年毒雾事件不下 14 次，每次毒雾事件发生后，气管炎等呼吸道疾病发病率及死亡率大大提高。在 1880 年、1891 年和 1892 年毒雾事件中，伦敦死于支气管炎的人数分别比正常年份高出 130%、160% 和 90%，这一状况一直延续到 20 世纪，1935 年，因毒雾诱发支气管炎的死亡人数仍超出正常年份的 40%。① 由大气污染引发的毒雾杀人事件，在 1952 年达到高潮。在这年冬季为期四天的毒雾事件中，伦敦有 4 700 人丧生，雾散以后又有 8 000 多人死于非命，这就是震惊世界的“雾都劫难”。

第三，伴随着工厂大量排污带来的河流污染。

河流污染及其造成的后果也是城市环境问题的表现之一。河流污染其实并不是新问题，早在工业化之前，河流就成为理想的排污场所，只不过到工业化时期，随着日益增多的工业污水与生活污水直接排入河流，从而造成严重的河流污染。蒸汽机发明后，以前依靠水力机械、依河而建的工厂逐渐转移到城市中，但对那些流经城市的河流而言，其负担并没有减轻，反而日益加重。这是因为：一方面，在人们有意识地制造与使用各类污水净化设备之前，河流依然是工业污水最理想的排放场所；另一方面，城市人口的急剧增加，产生大量而集中的生活污水，它们往往直接排入河流；此外，由于缺少科学知识或利用废弃物的经验，人们更是将大批的煤渣、烟灰、废铁、乱七八糟的废料，甚至垃圾，都往河里倾倒，堆积如山，有时甚至

① B. W. 克拉普：《工业革命以来的英国环境史》，第 43—44 页。

堵死河道，高出河面。曾经哺育了人类文明的河流，如今却成为工业化的受害者。

在河流污染方面，泰晤士河的例子非常典型。工业化之前，泰晤士河两岸绿树成荫，景色优美，不仅盛产各类水果，而且是众多禽鸟的天然栖息场所；河中的水产品，如鲜嫩的鲑鱼、肥大的牡蛎，是豪门盛宴的必备之佳肴，泰晤士河因此赢得“皇家之河”的美誉。[①]工业化的来临彻底改变了泰晤士河的命运。随着河流两岸无数工厂以及居民区的建立，工业污水与生活污水开始源源不断地汇入这条古老的河流，泰晤士河水质逐渐恶化，到工业化高潮阶段时，“皇家之河”简直成为一条臭水沟，河中水生生物基本绝迹。1836 年时，有人对遭到污染的泰晤士河这样描述道：“上帝为了我们的健康、娱乐和利益而赐予我们的高贵河流，已变成伦敦的公共污水沟。每天，大量令人作呕的混合物随水而入，而这水就是欧洲最文明之都的居民的日常饮料。”[②]

除泰晤士河以外，其他河流，只要是流经工业城市的，在遭受污染方面几乎无一幸免。在曼彻斯特，几乎所有的厂房都是沿着贯穿全城的三条河流和各种运河建立起来的，而其中之一的艾威尔河遭受的污染最为严重，当时有人这样评述道：“没有别的东西似乎能像艾威尔河那样最能代表这个制造业大城市，它流经这个地方。这条倒霉的河流在几英里以外的上游依然是很美丽的，两岸绿树成荫，

① 田德文、靳雷等：《为什么偏偏是英国》，世界知识出版社 1995 年版，第 21 页。
② 梅雪芹：《环境史学与环境问题》，第 153—154 页。

河边灌木丛生，但当它流经工厂和染坊时就完全丧失了原来的风光。无数的脏东西都在河里洗，整车整车从染坊和漂白工场里出来的有毒物质都往这条河里倒，蒸汽锅炉把沸腾的废水，连同它们发臭的杂质，全部排到河里，让它们自由流去，东闯西撞，有时流经又黑又脏的河岸，有时流经红砂岩的悬崖峭壁之下，简直不是一条河，而是一条污水明沟。”[①]另一条流经曼彻斯特市的艾尔克河，情况甚至更为糟糕。它是“一条狭窄的、黝黑的、发臭的小河，里面充满了污泥和废弃物，河水把这些东西冲积在右边较平坦的河岸上。天气干燥的时候，这个岸上就留下一长串龌龊透顶的暗绿色的淤泥坑，臭气泡经常不断地从坑底冒上来，散布着臭气，甚至在高出水面四五十英尺的桥上也使人感到受不了。”[②]

河流污染造成的结果是显而易见的，它最为直接的是造成河内各种水生生物的稀少甚至绝迹。例如，流经毛纺业城市威克菲尔德的卡尔德河，在19世纪中叶遭到严重污染，河内鱼类逐渐减少。据一名垂钓者记载，1852年时，他全年十多次垂钓中，还能收获80磅鱼；1853年收获量减少到48磅，1855年则只有14磅，1856和1857年，他在垂钓中几乎一无所获。[③] 显然，卡尔德河已经遭到严重污染，当时一份调查报告指出，卡德尔河水简直可以直接用来制作灰色墨水，污染如此之严重，生物自然无法生存。流经伦敦的泰晤士河污染则更为严重。1858年夏季，污染的河水发出的臭气变得实在

① 刘易斯·芒福德：《城市发展史：起源、演变和前景》，第340页。
② 恩格斯：《英国工人阶级状况》，第88页。
③ B. W. 克拉普：《工业革命以来的英国环境史》，第74页。

令人难以忍受，以至于发生“国会迁移会址的问题”[①]；为抵御臭气，在开会时，国会大厦的窗子上甚至不得不挂起一条浸过消毒药水的被单！

河流污染有时还造成致命后果。工业化时期，河流既是各种污水的排放场所，同时也是饮用水的主要来源，遭到污染的河水被人们饮用后，必然会诱发疾病，造成各种流行病的滋生。与水源污染最为相关的疾病是霍乱。19 世纪英国共发生四次霍乱，夺去 40 000 余人的生命。1831—1832 年，英国首次暴发霍乱，这场致命瘟疫在一年多时间内造成 22 000 人死亡，而当时人们还未意识到这是水源污染的结果。[②] 1848—1849 年和 1853—1854 年，霍乱再次袭击英国，这两次霍乱造成上万人死亡，一些科学家通过实地调查研究，终于发现霍乱的源头在于水源污染。这样，当 1866—1867 年霍乱再次发生时，市政官员们迅速加强对饮用水的管理与控制，使得霍乱蔓延范围受到限制，死亡人数也大大降低。虽说如此，对河流污染的治理仍迟迟未起步，泰晤士河的污染依然严重，而河水的毒性在 1878 年一次灾难中得到验证。当年“爱丽丝公主号”游船在泰晤士河沉没，结果造成 640 人死亡，事后的调查表明，许多人并非溺水而亡，乃因中了污染河水之毒才命丧黄泉。[③]

第四，日益受到社会关注的噪音污染。

---

① 克拉潘：《现代英国经济史》，中卷，第 560—561 页。

② 德雷克·弗雷泽：《英国福利国家的演进》（Derek Fraser, *The Evolution of the British Welfare State*），贝辛斯托克 1997 年版，第 59 页。

③ 梅雪芹：《环境史学与环境问题》，第 90 页。

噪音污染及其对人类健康的危害是20世纪人们关注的热点问题之一，不过，这并不意味着噪音污染是20世纪的产物。实际上，伴随着工业革命的进行，噪音污染开始产生，并成为困扰人类健康的一个难题。工业化时期，几乎没有人意识到噪音是一种污染，也没有人去特别关注它，因此对噪音污染的记载并不多见，我们只能从相关材料中窥见一斑。

从来源方面看，噪音污染大致可分为两类：其一是铁路列车运行产生的噪音污染。蒸汽机车发明后，英国很快进入铁路时代。据统计，1825年时，英国铁路还只有82英里，到1871年时，却高达15 736英里。① 铁路在改变英国社会的同时，也给英国人带来严重的噪音污染。一方面，蒸汽机车发出的尖叫声、轰鸣声以及机车运行发出的咔哒咔哒声，是一种典型的噪音污染，对铁路沿途居民的生活会造成一定影响；另一方面，出于对铁路的极度崇尚和空前热情，人们对于铁路进城持积极支持态度。在许多城镇，无论是市政当局还是普通市民，都允许甚至“欢迎”铁路直接进到城里，直达市中心，城里最宝贵的地方往往成为货场和铁路编组场。这样一来，无论是乡村居民，还是城市居民，只要住在铁路沿线，或者住在铁路车站附近，就必然不分日夜、不分季节地常年与铁路噪音相伴，长久下去，身心健康就会受到影响。

其二是工厂里各类运转的机器所发出的噪音。工业化是一个

① 弗里曼、阿德克罗夫特：《维多利亚时期英国的交通》(Freeman and Aldcroft, *Transport in Victorian Britain*)，曼彻斯特1988年版，第57页。

机械动力代替人力、畜力和水力的过程，机器被时人誉为“现代普罗米修斯”[①]，它的使用大大提高了劳动生产率，但也带来严重的噪音污染。19世纪中叶，在工业城市伯明翰，有人曾这样记载道：“城里各处机器都在发出震耳的噪声：铁砧不断发出的当啷声，发动机不断发出的轰鸣声，火焰沙沙，沸水嘶嘶，水蒸气在咆哮，实验室里不时发出雷鸣般的声音（那里在试验火器）。人们生活在一片喧闹声中，真好像他们的乐趣也赶上了时代的总调子，变得像他们发明的东西那样喧闹了。”[②]其他工业城市的情况也基本类似，哪里有工厂，哪里就成为噪音的源头，工厂几乎成为噪声的天下：清早工厂的汽笛声，蒸汽机的当啷推进声，机轴的刺耳声，皮带呼哧呼哧的转动声，织布机的飕飕声和咔哒咔哒声，榔头落下时的砰砰声，传送带低沉的隆隆声，工人们的叫喊声，全都搅和在一起，工人们整天就在这些噪音中工作。

值得注意的是，工人们除在工作时间不得不接受噪音的折磨外，在工作之外的休息时间，也难以逃脱噪音的侵扰。这是因为，工业化时期，工厂区与居民区的设立都是随意的，市政当局没有想到将那些污染严重、噪声大的工厂专门隔离，也不会为了工人的健康而把这类工厂与附近居住地区隔离开。于是，我们通常看到的是，工业区、商业区和生活区这三者乱七八糟地混杂在一起，工厂里的噪音由此不断扩散，影响到人们的日常生活。

---

① 托马斯·麦格劳：《现代资本主义：三次工业革命中的成功者》，江苏人民出版社2000年版，第67页。

② 刘易斯·芒福德：《城市发展史：起源、演变和前景》，第349页。

噪音污染对人类身心健康的危害，直到20世纪初才被人们察觉。通过许多试验，人们发现，噪音不仅直接对人体听力器官造成损害，而且某些疾病，如高血压、眩晕、失眠症等疾病还会因噪音而加剧。今天的科技已清楚地证实，噪音能降低工人的工作效率，但不幸的是，19世纪的技术发明中，各项设备从来就没有考虑噪声问题，英国的发明家和制造商们似乎就是想让人们凭听觉来显示机器的力量，因此，无论是瓦特发明的蒸汽机，还是其他各类汽锤、机床等，其在运转过程中都无一例外地发出强大轰鸣声，似乎在向人们展示机器工业的强大威力。在这种普遍漠视的环境中，噪音污染产生就是必然的了。

环境污染的根源及治理

工业化时期的英国，城市各类环境问题的产生及其加剧，有着种种主观或客观原因，在此，我们从总体上探讨城市环境问题的几个深层次根源。

首先就是技术方面的制约。工业革命是一个技术变革的过程，而新技术在发明及推广过程中，其关注的是提高劳动生产率，而很少顾及其对环境造成的污染。不妨以河流污染为例，进入蒸汽时代以前，英国经历一个相对较长的“水力机时期”，取代人力和畜力的水力资源，是一种“自然禀赋要素”，具有易变性和地理分布上的限制，这样一来，“工厂不得不设在大流量的急流旁边”①，一些落差较

① 王觉非：《近代英国史》，南京大学出版社1997年版，第236页。

大的河流成为工厂选址的最佳选择；同时，这还有利于工厂在生产过程中各类污水及废弃物的排放。这样，工业污水和废弃物成为工业化时期河流污染的主要来源。以流经曼彻斯特市区的艾尔克河为例，在这条河流的“桥以上是制革厂，再上去是染坊、骨粉厂和瓦斯厂，这些工厂的脏水和废弃物统统汇集在艾尔克河里”①，由此造成严重的水体污染。到19世纪中叶以前，在城市污水排放方面英国依然面临很多“技术上的困难”，要求解决排水问题的国会议员和自命的改革家“被技术问题和早期专家们在排水沟的大小形状，阴沟洞、铁篦和配件等各自的价值以及实用流体动力学的奥义等方面彼此矛盾的意见，弄得如入五里雾中”②。

大气污染的产生及其加剧则更加受制于技术因素。我们知道，煤烟成为工业化时期英国大气污染的主要根源，这是因为当时英国煤的质量差，燃烧效率不高；燃煤设备和工艺落后，消除烟尘的净化装置和方法简陋或缺乏，烟尘和其他废气的排放高度普遍较低，仅在10—15英尺左右，很不利于扩散。因此，燃烧的煤炭产生的无数烟尘、二氧化硫、一氧化碳和其他有害物质便在工厂周围大量聚集，形成严重的大气污染。

毫无疑问，工业化时期的英国，技术方面的制约，必然会极大地限制人们治污的任何努力。仍以煤烟污染为例，进入20世纪后，随着煤炭质量的提高以及煤烟净化设施和手段的现代化，尽管英国煤

---

① 恩格斯：《英国工人阶级状况》，第88页。

② 克拉潘：《现代英国经济史》，上卷，第664页。

炭消耗量有增无减，但煤烟造成的大气污染，其严重程度已大大降低。

其次与人们对环境污染的漠视态度有关。工业化时期的英国，追求财富成为一种时尚，“社会各阶层都被卷进这股洪流”①。由于财富来自生产，因此在“目睹新制度初步胜利的那个时代”，人们“为了利润而去崇拜生产，这是自然的事”②。生产及其带来的财富成为整个社会的焦点，至于生产过程中产生的环境污染，几乎没有人去关注，也很少有人想到在生产过程中还要保护环境；更何况对当时英国人，乃至世界其他国家人民而言，环境污染完全是一个“新鲜事物”，很多人没有意识到环境污染会产生实质性危害，因此对各类污染听之任之，熟视无睹，这就使得当时各城市，“在每一公顷……土地上都会安装起井架和机器……没有草地，没有树木，没有花园”。一位批评家为此斥责道：“是否一切都要弄到在一大堆煤渣的顶上建立起一座帐房，把赏心悦目的东西从世界上一扫而光，才算罢休?”③

然而，极少数批评家们的呐喊却没能引起人们的重视，在当时，如果有人“提到噪声、震动、污物等就会被认为娇气”，人们似乎把环境污染视为其生活的一个组成部分，而市政当局的疏散计划也难以得到支持。“工人不愿迁出他一直住过的居住地区，除非让他也随身迁走一些他熟悉的脏物、混乱、噪声和过分拥挤。向较好的环境

① 钱乘旦、陈晓律：《传统与变革之间——英国文化模式溯源》，第111页。
② 哈孟德夫妇：《近代工业的兴起》，商务印书馆1959年版，第197页。
③ 阿萨·勃里格斯：《英国社会史》，中国人民大学出版社1992年版，第233页。

前进时，每走一步都会碰上那种阻力；这是对疏散的真正的障碍。”①面对日益恶劣的环境污染，当时的人并没有感觉到有什么异样，简直有点麻木了。对此，有人指出：“显然，有史以来从未有如此众多的人类生活在如此残酷而恶化的环境中，这个环境，外貌丑陋，内容低劣。东方做苦工的奴隶，雅典银矿中悲惨的囚徒，古罗马最下层社会的无产阶级——毫无疑问，这些阶级都知道类似的污秽环境，但过去人们从未把这种污秽环境普遍地接受为正常的生活环境：正常而又不可避免的。”②

最后，工业化时期主导全社会的“自由放任”理论，在很大程度上助长了环境污染。在工业化社会，亚当·斯密与大卫·李嘉图提出的“自由放任”理论，在社会各个领域都产生重要影响力。然而，任何事务都有两面性。……任何政策推行到极端就走向反面，“自由放任”后来发展成“放任自流”，于是不可避免地引出许多问题。环境污染就是“放任自流”产生的严重后果之一。

“自由放任”到了维多利亚时期被奉为圭臬，“没有计划”这个词在当时成为一个赞扬性的术语，达尔文的生物进化理论在社会领域得到推崇，市政官员与工业家们遵循其认为的自然界的发展道路，生产出了城镇新的物种，这种城镇是被摧毁得枯萎的、失去自然属性的、挤满人群的地方。这种地方并不适合生活的需要，而是适应那神话中的“生存竞争”；这种城镇环境的恶化与衰退，是用以证明

① 刘易斯·芒福德：《城市发展史：起源、演变和前景》，第 344 页。
② 刘易斯·芒福德：《城市发展史：起源、演变和前景》，第 350 页。

生存竞争是多么的残酷无情和剧烈；而城镇根本没有余地事先制定规划，而且也没有人认为需要规划。

“自由放任”学说的泛滥，还从根本上破坏了工业化时期市政当局仅存的一点权力。人们认为城市只是“原子的偶然的集合”，是出于寻求自我发展和个人利益的动机而暂时凑在一起的。于是，在工业化早期，“藐视市政当局和嘲笑地方利益已成为一种风气”。在当时的文学作品中，谁要描写笨蛋，他就写个市长或镇长；如果他要写一帮傻瓜开会，他就描写市议员们的开会情况。可见，“自由放任”原则，破坏了市政当局进行规划的任何努力。

由于“自由放任”之风盛行，政府的权力或职能大大地缩减了。工厂的选址，工人区的建造，铁路的建设，甚至城市的供水和垃圾的处理等，全被认为是私人的事情，政府不应干预，而要放手让私人企业来经营。“自由竞争被想象为能正确地选择工厂厂址，在建设中能按先后次序、经济合理，并能从成千上百不协调的努力中创造出一个紧凑内聚的社会模式。”①然而，其结果是适得其反。追求利润是企业主们最大的目标，没有人会想着去为自己工厂的污水或废气排放装一个净化设备，因为这样会增加成本；也没有人去热心地改造城市供水与排污管道，去从事垃圾处理，因为这样无利可图；更没有人去为自己工厂的工人建造阳光充足、远离噪音、污水、废弃物污染的舒适住所，因为这样会增加其生产成本，不利于自由竞争。这样，在主张市政当局“无为而治”、私人企业主视追求利润为第一目

① 刘易斯·芒福德：《城市发展史：起源、演变和前景》，第336页。

标的情况下，一股以牺牲环境来谋求经济发展的社会风气就形成了，这必然会导致环境污染的产生与加剧。

不难发现，作为第一个工业化国家，环境污染在英国的产生具有一定的必然性与普遍性，由此在一定程度上可将环境问题视为工业社会的伴生物。在对待环境污染问题上，英国公众的态度也逐渐经历了一个转变过程：在18世纪下半叶到19世纪初，环境污染开始出现时，除了一些有识之士表示关注并加以揭露以外，大多数人不以为然，甚至将环境污染视为工业社会的特色；到19世纪中叶后，随着环境污染愈演愈烈，特别是河流的污染以及瘟疫的蔓延，越来越多人开始关注环境污染对于国民健康以及社会发展的负面影响，进而产生了国家强化干预、治理环境污染的诉求。社会风向标的变化，为英国政府出台相关立法、整治环境污染提供了前提。

恶劣的居住条件以及公共卫生状况是城市环境问题的表现之一。从19世纪40年代起，英国政府开始通过立法形式来解决这个顽疾。1848年《公共卫生法》(Public Health Act, 1848)在这方面首开先河。法案规定，由中央卫生委员会与地方卫生委员会相互合作，着力解决公共卫生问题。中央卫生委员会负责任命调查员、卫生官，敦促法案在各地实施；地方卫生委员会负责管理下水道、排水系统、街道和道路，负责城镇的清扫工作和污物清理，提供必要的公共设施，提供公园和娱乐场所，检查屠宰场和肉类买卖，对危险交易实施监督，保证充足的供水，提供公共浴室、墓场等。如法案规定，地方委员会有权处理本地区主要下水道的扩建、修整和改道等一系列的事务，并且有义务对下水道进行及时的疏通和清理，以保证正常排水。地方卫生委员会应当及时地进行道路的铺设、清洁和洒水工作以保证道路的整洁和干净。所有的灰尘、垃圾、土壤和杂物都集中起来,统一处理。① 关于动物宰杀房,法案规定在其实施的三个月内,所有宰杀房都必须去当地的地方卫生委员会登记并编制成册,以便随时检查。如未经许可建立动物宰杀房将被处以五镑以下的罚款或者自卫生委员会发出书面通知之日起每日十先令的罚款。法案还规定,地方卫生委员会有权铺设供水管道和供气管道,铺设街道和道路,并对相关的程序和费用支出做了详细的规定。②

为适应形势的变化,1866 年,英国又颁布《卫生法》(Sanitary Act,1866),首次在农村地区建立"排污机构",并赋予其排污、排水、清洁等权力;与此同时,各地均要求成立污水管理局及秽物管理局,做好各地清洁及卫生工作。1872 年《公共卫生法》(Public Health Act, 1872)建立起全国范围内的卫生体系,将整个英格兰和威尔士地区(除首都伦敦之外)划分为城市卫生区和农村卫生区,任命唯一的卫生机构治理公共卫生。城市区的卫生机构可以是改善委员会、自治市议会,或者地方卫生委员会特殊排水区(第 5 条);不在城镇范围内的其他地区联合称为农村区,农村区的卫生管理权授予监督委员会,或是教区选举的济贫监督员。

1875 年《公共卫生法》堪称前 30 年间卫生立法的总结。法案进

---

①《1848 年公共卫生法》(1848 Public Health Act),《议会下院文件集　1847—48》(House of Commons Parliamentary Papers, 1847—48),第 V - 269 卷,第 444 页。

② 倪念念:《论英国〈1848 年公共卫生法案〉》,南京大学硕士学位论文,2012 年,第 50—51 页。

一步明确了地方卫生委员会在改善公共卫生方面的职责。例如，地方卫生机构可以制定以下相关法规：关于新街道的高度、宽度和下水管道的装置；关于新建筑的墙壁、地基、烟囱等；关于建筑空间通风装置设计；城镇卫生机构还可以下达通知，移除、改变或取消违背地方建筑法规的工程建造。城镇当局有负责区域内照明的权力，卫生机构可以与任何人签订合约，为区域内的街道、市场和公共建筑的照明提供燃气原料或灯具设施。① 法案还明文规定，除特殊情况之外，地下室禁止对外出租为居住地；地方卫生机构要对区域内一般性租房进行统一登记，包括房东姓名和住处、租房位置面积、房客数量等。地方卫生机构适时制定相关法规加以规范，包括固定租房房客数量、租房内男女分开居住、改善租房内的通风和清洁状况、流行传染病的预防等。② 随着诸多法案的颁布及实施，英国城市公共卫生状况逐步好转。

在大气污染的防治方面，英国同样经历了一个循序渐进的立法过程。19 世纪上半叶，公众对于大气污染的不满终于触发了政府的依法治理行为。1821 年政府颁布《烟尘禁止法》(Smoke Prohibition Act, 1821)，鼓励在合理的条件下对烟尘造成的公害予以起诉。19 世纪 40 年代，议会成立两个专门委员会，调查烟尘污染及其危害问题。1853 年，《伦敦法案》获得通过，该法案提出了对产生烟尘危害

---

①《1875 年公共卫生法》(Public Health Act, 1875)，《议会下院文件集 1875》(House of Commons Parliamentary Papers, 1875)，第 239 卷，第 56 页。

② 骆庆：《19 世纪英国公共卫生改革中政府职能的转变》，南京大学硕士学位论文，2014 年，第 72 页。

的蒸汽机和其他熔炉的处罚办法，此后法案的适用范围进一步扩大。随后，各地开始依据法案严厉查处相关工厂。到1861年，有数据显示，伦敦已有8 000座熔炉实现了无烟排放，但触犯烟尘法的案例也增至700起。[①] 1863年，英国议会通过《制碱法》（the Alkali Act），要求制碱业必须将其盐酸气体浓度至少压缩5%；同时要求任命制碱业巡视员，监督法案的实施。1874年，英国又颁布第二个《制碱法》，要求采取切实可行的措施来控制有毒和有害气体的排放，并且第一次制定了法定的氯化氢的最高排放量；1906年再一次颁布《制碱法》，对那些散发有毒有害气体的行业作了分类，以控制这些气体的排放。[②]

1952年伦敦毒雾事件后，英国加大了对于大气污染的治理力度，分别于1956年和1968年颁布《清洁空气法》，以立法形式对于家庭和工厂产生的废气加以严厉控制。法案主要内容为：禁止排放黑烟：主要控制对象是从房屋、工厂等的烟囱排放的黑烟。其色度是以林格曼2级为标准，对于排放超过这一浓度标准的黑烟，要全面予以禁止。防止煤烟：为防止煤烟，应当对一定规模以上的设备安装除尘装置。此外，还规定要测定排放烟量和规划烟尘污染控制区，规定要从技术上，以新科技手段来降低烟尘污染，从而鼓励工厂运用新设备、新能源来减少烟雾的排放量。[③] 在严厉的法律监管之下，

---

① 布雷恩·威廉·克拉普：《工业革命以来的英国环境史》（中译本），中国环境科学出版社2011年版，第29—30页。

② 李宏图：《英国工业革命时期的环境污染和治理》，载《探索与争鸣》，2009年第2期。

③ 许建飞：《浅析20世纪英国大气环境保护立法状况》，载《法制与社会》，2014年第5期（上）。

到20世纪70年代后，大气污染问题在英国已经得到有效治理。

河流污染对于国民健康的危害，在19世纪的几次霍乱中暴露无疑。在霍乱流行期间，流行病学家约翰·斯诺通过研究霍乱死者的日常生活情况，寻找到其共同行为模式，发现了霍乱与饮用不洁水之间的关系。斯诺认为，居民饮用水受到污染，是霍乱暴发及迅速传播的途径。尽管斯诺的观点当时远未成为社会共识，但在一定程度上推动了政府治理河流污染的相关立法。1855年，英国颁布《秽物清除法》(Nuisance Remove Act，1855)，建立清除秽物的专门机构，并授权其对那些以工业废水污染河道的制造商处以罚款，但成效有限。1865和1868年，上院成立了专门的调查委员会，对于河流污染状况及其治理途径进行调查。

1876年，英国才颁布《河流污染防治法》(Rivers Pollution Prevention Act，1876)，直到1951年仍是一部重要的法案。依据法案规定，任何个人或团体将任何固体废弃物扔进或倾入，或故意允许他人倾入河道，妨碍河流正常流动，或污染喝水，均被视为非法；无论哪个人使得或故意允许阴沟里的固体或液体物质汇入河流，均被视为非法；无论哪个人使得来自工厂或矿山的固体物质或有毒有害、造成污染的液体汇入河流，均被视为非法。[①] 法案具有一定的威慑作用，在一定程度上促进了河流水质的改善。1951年，英国又颁布了新的《河流污染防治法》。依据规定，河流管理委员会从地方部门中接管了权力，并被法案赋予更大的职权。例如，委员会有权给

① 梅雪芹：《环境史学与环境问题》，第163页。

废水制定标准,但要充分考虑到河流的特点与流量,以及使用者的利益——如工业、农业或渔业部门;在没有实施排污标准的地方也要禁止可能的污染,除非排污企业或业主已经设法采取了“所有可行的实际步骤”①。由此,到20世纪后半叶,前工业化时期河流的清澈及其风貌得以恢复。

对于工业化时期噪音污染的关注始于19世纪,人们发现,在锅炉制造、铸铁、炼铜、纺织、铁路和机械制造等行业,工人们不同程度地失聪成为普遍现象,噪音对于身心健康的危害逐渐为人熟知。但直到第二次世界大战结束后,对于噪音污染的控制才提上议事日程。1959年,英国民间出现了一个反对噪音的组织——噪音控制协会(Noise Abatement Society)。同年11月,鲁伯特·斯皮尔向议会提交一份控制噪音的议案,在几乎无一人反对的情况下,于次年夏天成为法律。根据法案规定,过高的噪声在法律上属于侵权行为,因此地方政府可以依此代表受害公民向检方提起诉讼;法案还提出噪音控制区概念,而地方政府有权根据需要建立噪音控制区。② 法案的颁布及推行,虽然不可能从根本上清除噪音污染,但其实际成效还是值得关注的:一些企业开始认真着手降低噪音的困扰,他们甚至愿意投入巨资来避免滋扰市民,如战后30年间,喷气式飞机的噪音水平已经下降了大约20分贝。

综上所述,在工业化时期,英国人在创造并享受着辉煌的现代

① 布雷恩·威廉·克拉普:《工业革命以来的英国环境史》(中译本),第81页。
② 布雷恩·威廉·克拉普:《工业革命以来的英国环境史》(中译本),第123页。

工业文明的同时，也在默默地承受着城市环境污染带来的各种后果。城市环境问题的产生及其加剧，不断侵蚀着转型中的英国社会以及生活在这个社会中的每一个人。英国的经历表明，工业化进程与环境污染之间，确实有着一定的必然联系，但这并不能成为人们漠视环境污染的理由，也不能成为后发展国家推行“先污染、后治理”工业化模式的借口。

亡羊补牢的启示

在世界现代化潮流中，英国是领头羊。由于没有先例可循，英国在现代化进程中，难免会踏入各种误区或“陷阱”，这也就意味着，威胁国民健康的环境污染，其在英国的产生具有一定的必然性，这在某种程度上可以看作是现代化所要付出的代价。当时，这种必然性还与时代背景有关。这一方面体现在工业化时期英国推行的自由放任政策，因而缺乏对于工厂排污的监管，人们对于市场过于崇信，对于任何来自政府的监管都加以怀疑与抵制；另一方面，这些“杀手”的存在，也与技术方面的限制有关：只有当人们深入认识到环境污染的危害之后，治理污染技术的发明与推广才会提上议事日程。

尽管这些问题的出现及蔓延有一定必然性，但我们并不能听之任之。就英国而言，环境污染给国民健康带来的后果，到 19 世纪后半叶越来越成为社会关注的热点。这促使政府与社会去反思，由此推动相关立法出台，对于环境污染的治理成为一种常态。值得注意的是,在这一过程中,民间力量与政府之间形成了良性互动。在实现国家干预之前,诸多有识之士以及民间力量,通过各种途径,揭露环境污染的恶果,在很大程度上唤醒了民众意识,形成了立法干预的社会共识。由此,议会成立相关的专门委员会,对于环境污染进行调查取证,并依据委员会报告而出台相关法案,对于危害国民健康的恶疾加以限制或清除,促使现代化朝着"以人为本"的目标迈进。

耐人寻味的是,英国在19世纪的经历,在20世纪甚至21世纪的今天,依然在不少追求现代化的发展中国家不断重演着。在唯经济发展马首是瞻、利润成为唯一追求的潮流中,一些国家放松甚至放弃了现代化进程中的监管责任,放任环境污染的蔓延,国民健康由此受到侵害,极易引发社会矛盾或危机,造成现代化的中断或挫折。前车之覆,后车之鉴。如何化解现代化进程中的类似问题,相信英国的经历能给现代化后来者提供一些启示。

第十二章　艰难的依附性发展

以古巴和加纳为例

依附论与单一经济

第二次世界大战结束后，随着亚非拉民族解放运动的高涨，殖民体系土崩瓦解，一大批原殖民地国家获得独立，走上了民族自立的发展道路。然而，纵观战后几十年来这些国家的现代化历程，我们可以发现，尽管不少国家寻求发展的努力取得了成功，但大多数第三世界国家在现代化道路上举步维艰。总体而言，第三世界贫困、落后的状况没有实质上的改变，在有些国家甚至还加剧了。

如果我们把这些国家独立前的贫穷、落后归咎为殖民主义的统治，那么在殖民统治崩溃、它们获得独立后，为什么它们的现代化事业依然屡遭挫折呢？换言之，第三世界持续落后的原因何在呢？这是困扰第三世界、也是困扰整个世界的一个难题。

20世纪五六十年代，世界上许多国家的学者开始关注这一问题，并掀起一股研究第三世界发展与现代化问题的热潮。各国学者站在不同的立场上，从不同的角度、以不同的方式对第三世界的现代化困境做出不同的解释，从而出现了形形色色的理论，“依附论”是其中影响最大的理论之一。

“依附论”最早由德国经济学家安德烈·弗兰克提出。弗兰克把第三世界国家对资本主义世界体系的依附看作它们不发达的根源，他明确指出：“我坚决认为，资本主义既是世界性的，也是民族性的，它过去造就了不发达，现在仍然造就不发达。”[①]弗兰克认为，以“中心—卫星”结构为特征的资本主义世界体系决定了第三世界的不发达，因为在世界经济体系中，“中心国”（发达国家）的垄断地位使其能够剥削和占有“卫星国”（发展中国家）的剩余价值，因而使“卫星国”永远处于依附地位，这是“卫星国”不发达的根源。

埃及经济学家萨米尔·阿明继承和发展了弗兰克的“依附论”。阿明认为，在资本主义世界体系中，“中心国家”（发达国家）与“外围国家”（发展中国家）联系的主要纽带是国际贸易。国际贸易促使“外围国家”从传统社会向“外围资本主义”过渡，这种过渡必然会使外围经济产生外向性和依附性的特征，“外围”便沦为为“中心”服务的农业国和原料国，从而造就了它们的不发达。

阿明特别指出：“不平衡是资本主义体系的‘中心’与‘外围’国际贸易关系的一个永久性特点。”[②]阿明所说的“不平衡”，是指“中

---

① 弗兰克：《拉丁美洲的资本主义和不发达》（Andre Gunder Frank, *Capitalism and Underdevelopment of Latin America*），纽约 1967 年版，第 11 页。

② 萨米尔·阿明：《不平等的发展——论外围资本主义的社会形态》，商务印书馆 1990 年版，第 241 页。

心”与“外围”国家因不同的资本有机构成和不同的劳动生产率所造成的国际贸易中的不平等交换，“中心国家”正是依靠不平等的交换才实现了对“外围国家”的剥削。在阿明看来，不平等的交换不仅在殖民地时期存在，而且在“外围国家”独立后的工业化阶段也存在。“因为在这个阶段里，新的劳动分工仍将是以外围出口原料和廉价制成品为基础，它将使不平等交换永久存在下去，并使之进一步恶化。”①由于“外围国家”的不发达经济是外向性的，是无法脱离国际市场的，这种不平等贸易关系中的对外依附因此成为它们不发达的重要根源。

不难发现，“依附论”的学者们将第三世界的不发达归咎为不合理的资本主义世界经济体系，归咎为第三世界国家的对外依附。这种理论从一种全新的角度来探讨第三世界的不发达，尽管它并不适用于第三世界每一个贫穷国家，但对于那些具有单一经济结构的第三世界国家来说，“依附论”倒是很适用的。

单一经济是指生产和出口某几种甚至一种农产品或矿业原料作为国家收入的主要来源的经济形式，这是一种畸形经济结构，它固然与某些国家特定的自然环境和自然资源有关，但从根本上说，它是殖民主义的产物。

大多数第三世界国家在独立以前都是发达国家的殖民地，在接受殖民统治时期，殖民地的发展完全受宗主国的控制。为剥削和掠夺殖民地，宗主国往往根据殖民地的自然环境和自然资源，强迫殖

① 巫宁耕:《战后发展中国家经济》，北京大学出版社 1986 年版，第 102 页。

民地种植某种农作物，或是开采某种矿物，出口到宗主国以换取当地所需的其他生活用品。殖民地于是形成单一经济结构，这使它们在经济上严重依附宗主国。

独立后，这些国家为摆脱对宗主国的依附，并谋求经济上的完全独立，就企图打破过去的畸形单一经济结构。然而，由于主客观种种原因，这些国家所做的努力大多以失败而告终。因此，在今天的第三世界国家中，单一经济仍很普遍，由此产生的对外依附也并不罕见。单一经济必然导致依附，而依附又必然影响这个国家的正常发展，使其现代化之路障碍丛生，许多国家都曾经历或正在经历这一过程。

古巴——以蔗糖为中心

1. 革命前的古巴

古巴是中美洲加勒比地区的一个岛国，以盛产蔗糖闻名于世。近一个多世纪中，无论从产量还是从出口量方面说，古巴的糖都占世界第一位，古巴一向被誉为“世界糖业大王”。

蔗糖在古巴经济生活中的地位极其重要，它是古巴国民经济的主要命脉。这种以蔗糖为中心的畸形单一经济结构是西班牙殖民主义统治的产物，它的存在和延续则是古巴对外依附的最主要原因。

16 世纪初，古巴沦为西班牙殖民地。西班牙为牟取巨利，在古巴推行单一产品制的经济政策，咖啡、烟草、甘蔗等种植业得到优先发展。甘蔗在16世纪中叶由欧洲传入古巴，但直到19世纪，蔗糖业才迅猛发展起来。18世纪下半叶，古巴的产糖量还比较低，不仅无法与世界最大产糖国海地相比，甚至连邻国牙买加也赶不上。可是到19世纪，古巴蔗糖产量就稳步上升，1840年超过英属西印度群岛产糖量的总和，1860年产量突破50万吨，占世界总产量的1/3，此时，古巴取代海地成了世界上最大的产糖国。① 同时，在古巴经济结构中，蔗糖已超过咖啡和烟草，成为最重要的农产品。此后，蔗糖就成为古巴的经济基础，古巴也变成了以糖为主的单一经济区，单一经济结构在古巴正式形成。

19世纪中叶后的一个世纪中，古巴蔗糖业有长足的发展。1891—1895年间，蔗糖产量连续5年突破100万吨，令世界其他产糖国望尘莫及。进入20世纪，蔗糖业的发展更令人瞩目。1900—1925年间，蔗糖产量年增长率为12%，即从年产30万吨猛增至450万吨，到1929年大危机前又达到了535万吨。② 从"二战"后开始的十年间，蔗糖业的发展又经历一次高潮，蔗糖产量接近世界的20%。这种不断增长的势头到革命前几年才有所减缓。

作为国民经济的龙头，蔗糖业带动了古巴经济发展，同时也使这个岛国在单一经济的道路上越走越远。蔗糖的重要性可以从以下这组数字得到说明：在古巴经济生活中，蔗糖及其副产品的出口

---

① 莱斯利·贝瑟尔主编：《剑桥拉丁美洲史》，第四卷，社会科学文献出版社1991年版，第199页；斯基德莫尔、史密斯：《现代拉丁美洲》，世界知识出版社1996年版，第304—305页。

② 莱斯利·贝瑟尔主编：《剑桥拉丁美洲史》，第四卷，第218页；斯基德莫尔、史密斯：《现代拉丁美洲》，第308页。

额占国家出口的80%,占国内生产总值的20%—30%;制糖公司控制了全国70%—75%的可耕地,拥有全国2/3以上的铁路线;绝大部分港口及许多道路都是糖厂的附属财产;各糖厂所雇佣的劳工占全国的25%左右。[①] 由此可见,蔗糖业在国家经济中的地位举足轻重,古巴经济也几乎围绕着蔗糖业运转,比如,古巴的劳动力供需状况就受到蔗糖业影响。甘蔗的收割需要大批劳动力,每到这个时候,劳动力就供不应求;收割完毕后,大批劳动力又无事可干。这样,古巴的劳动力利用率极低,据"二战"中古巴经济恢复与上升时期的官方统计数字表明,该岛50%的农业劳工每年只有4个月充分就业。[②] 古巴的大部分铁路、公路是为蔗糖的运输而修建的,港口装卸最多的货物就是蔗糖。蔗糖成了古巴社会生活中不可缺少的东西,以至于人们把古巴称为"世界上最甜的国家",是"世界的糖碗"[③]。

单一经济的特点之一,是生产与消费的严重脱节,产品自己不消费或者少量消费,通过出口这些初级产品来换取外汇,以进口自己所需的工业制成品和农产品。生产与消费脱节的情况把国家经济与国际市场紧紧拴在一起,随时受国际市场供求关系和价格变动的影响,这使得单一经济国家在世界经济体系中处于初级产品供应地和商品市场的地位,经济上不能真正实现独立。古巴的情况正是

① 布尔斯廷:《古巴的经济转型》(Edward Boorstein, *The Economic Transformation of Cuba*),伦敦1969年版,第2页。

② 莱斯利·贝瑟尔主编:《剑桥拉丁美洲史》,第四卷,第219页。

③《拉丁美洲百科全书》(*The Encyclopedia of Latin America*),纽约1917年版,第43页。

这样，作为世界头号产糖大国，古巴的糖除约 10%供本国消费以外，其余都通过出口来换取外汇。为尽量减少国际市场的波动对国家经济的影响，古巴在向外出口其蔗糖时，往往要依靠一个相对固定的买主，从 19 世纪中叶到 20 世纪中叶这一个世纪的时间里，这个大买家就是美国。

美国早在 19 世纪中叶就成为古巴蔗糖的最大买主，并控制了它的销售市场。1850 年，古巴还是西班牙的殖民地，但它向西班牙的出口额仅为 700 万比索，向美国的出口额却为 2 800 万比索；1860 年，对西班牙出口额是 2 100 万比索，对美国的出口额却达到 4 000 万比索。① 19 世纪末古巴从西班牙统治下获得独立后，出口市场对美国的依赖更深。根据 1903 年的古美互惠贸易条约，古巴蔗糖在出口到美国市场时可获得 20%的关税优惠；1934 年美国国会的一项立法确立了古巴蔗糖在美国市场上的固定配额为 28%，这一比重一直延续到 60 年代初。固定配额的确立，为古巴蔗糖的出口提供了稳定而广阔的外部市场，据估计，从 19 世纪末至 1959 年古巴革命爆发的 60 余年间，美国购买的蔗糖占古巴出口总量的 75%—80%，离开美国市场古巴蔗糖就几乎无处可去。②

出口贸易对美国的严重依赖导致古巴进口受到美国的控制。根据贸易对等原则，美国在承诺以高于国际市场的优惠价格进口古巴蔗糖的同时，也要求古巴在进口美国商品方面给予优惠，比如在

① 莱斯利·贝瑟尔主编：《剑桥拉丁美洲史》，第五卷，社会科学文献出版社 1992 年版，第 247 页。

② 斯基德莫尔、史密斯：《现代拉丁美洲》，第 310 页。

1903年的古美贸易互惠条约中，古巴承诺对美国商品提供20%—40%的进口关税减免。这项条约大大提高了美国商品在古巴市场上的竞争力。1914年，在古巴的进口商品中，有51%来自美国，1915年这一比例高达83%。① 1934年，古巴又被迫提高对进口美国商品的优惠率，扩大准予免税的商品范围，从而使美国商品在古巴进口中的比例进一步上升，古巴对美国的商品依赖也进一步加深。对此，巴西学者塞尔索·富尔塔多评论道："古巴的经济又在已证明完全行不通的原来基础上朝着更加依附于美国经济的方向迈出了新的步伐。"②

由于古巴的进出口贸易几乎为美国所垄断，古巴的经济基础十分薄弱，在总体上严重依附美国经济。经济上的依附体现为美国对古巴经济的控制，具体表现为以下两个方面：

一、美国资本家直接在古巴经营糖厂，从而实现了对古巴经济命脉的控制。美国资本家大举涌入古巴经营糖厂是从古巴沦为被保护国开始的。1898年古巴刚独立时，全国93.5%的糖厂属于古巴人和西班牙人，仅有6.5%属于包括美国在内的外国人，美国人在古巴占有糖厂的比重很小。③ 古巴取得名义上的独立后，美国对古巴蔗糖业的控制迅速加强。1906年，美国人拥有的糖厂所生产的糖仅占古巴产糖总量的15%；1928年，这一比重猛升至75%；"二战"以

① 莱斯利·贝瑟尔主编：《剑桥拉丁美洲史》，第五卷，第267页。
② 塞尔索·富尔塔多：《拉丁美洲经济的发展》，上海译文出版社1981年版，第265页。
③ 莱斯利·贝瑟尔主编：《剑桥拉丁美洲史》，第四卷，第205页。

后，这一比重虽有下降，但到 1950 年时仍保持在 47%左右。①

二、美国资本渗透到古巴，使古巴经济受美国的操纵。由于在古巴经营蔗糖业能获得丰厚利润，美国资本大量涌入。1911 年，美国在古巴的投资总额为 2.05 亿美元；到 1924 年就增加到 12 亿美元；1925 年又达到 13.6 亿美元。② 美国资本的涌入填补了古巴资本不足的空缺，但同时也加深了古巴经济对美国资本的依赖。

古巴在经济上对美国的依附造成极为严重的消极后果。美国人不仅控制了古巴的进出口贸易，而且由此控制了古巴的银行系统，古巴经济完全丧失自主性，正如富尔塔多指出："没有一个（国家）像古巴那样严重地依附于别国的经济，甚至连独立的货币体系都没有……在这种情况下，古巴的经济活动看起来所有的支付手段都是由外汇构成的，总的说来，当时古巴连最起码的自主权都没有，不能自己做出决定，而这正是开始建立一整套民族经济体系所必需的条件。"③

由于依附，古巴经济就经常受到美国经济政策的影响，例如在 1929 年世界经济大危机爆发后，美国为转嫁危机而通过"斯穆特-霍利关税法"，向古巴蔗糖征收新的关税，迫使古巴将大量蔗糖推向国际市场，造成糖价暴跌。1928 年，糖价为每磅 2.18 美分；到危机末期的 1932 年，暴跌到每磅 0.517 美分的最低点。糖价的下跌反过来

① 斯基德莫尔、史密斯：《现代拉丁美洲》，第 309 页。
② 莱斯利・贝瑟尔主编：《剑桥拉丁美洲史》，第 4 卷，第 205 页；李春辉等主编：《拉丁美洲史稿》，下卷，商务印书馆 1983 年版，第 522 页。
③ 塞尔索・富尔塔多：《拉丁美洲经济的发展》，第 264 页。

又影响到蔗糖的生产，使古巴糖产量急剧下滑，1929 年古巴产糖 5 352 585吨；1932 年跌至 2 073 055 吨，下降幅度达 61%。[①] 古巴经济由此遭受灾难性的打击：工人工资水平下降，失业率急剧上升，暴力冲突不断，经济濒临崩溃。其实，如果古巴建立了独立的经济体系，对美国的依附不是那么深的话，它所遭受经济危机打击的程度就不会如此之深。

经济上的依附必然导致政治上的依附。通过各种势力的不断渗透，美国最终全面控制了古巴的内政和外交。

政治上的依附是从古巴独立后开始的，1901 年，美国以帮助古巴获得独立为由，强迫古巴接受美国的“普拉特修正案”，并作为附录载入古巴宪法。“修正案”规定：美国有权在古巴建立“煤站”和“航站”，古巴承认美国在占领期间的一切特权，允许美国为“维护古巴的独立”以及为“保护生命、财产和个人的自由”而进行干涉；未经美国同意，古巴不得与外国订立“有损古巴主权”的条约，不能以任何方式把领土割让给外国政府，不得向他国举债。可见，古巴不仅内政受到美国的控制，而且外交上也失去主权，古巴事实上成了美国的被保护国。该修正案虽在 1934 年被废除，但并不表明古巴已摆脱美国的控制，相反，因为美国势力在古巴政治中已站稳脚跟，所以不需要这块“遮羞布”了，况且美国还控制着关塔那摩海军基地。

美国还通过直接操纵总统选举的方式来控制古巴政坛。1933 年，美国驻古巴大使韦尔斯曾毫不掩饰地说：古巴总统应具备六个

① 塞尔索・富尔塔多：《拉丁美洲经济的发展》，第 265 页。

条件，其中包括："第一，他要彻底了解美国的愿望……第六，他要顺从可能向他提出的建议和劝告。"[①]也就是说，担任古巴总统的人必须能代表美国利益。事实也正是这样：古巴首任总统帕尔玛曾在美国居住二三十年，对古巴事务几乎一无所知，但对美国旨意却言听计从；1924 年 11 月"当选"的总统马查多是在美国大财阀的支持下上台的，他对内实行独裁统治，对外奴颜婢膝屈从于美国；革命前的最后一位独裁者巴蒂斯塔是美国在古巴的代言人，一方面残酷镇压反美的民族主义运动，另一方面又出卖国家主权，1952 年他与美国签订了"军事互助协定"，古巴军事由此受到美国控制。实际上，历任古巴总统都只不过是美国的傀儡。正如美国学者罗伯特・史密斯所说："在卡斯特罗崛起以前，美国对古巴的影响是如此之大……以至于美国大使成为古巴的第二号人物，有时候甚至比古巴总统还重要。"[②]

对美国的依附使美国实现了对古巴的全面控制，这是革命前古巴面临的最大问题，后来担任古巴外贸部部长的爱德华・布尔斯廷曾说："古巴的所有问题——它的低度发展，它的贫困，它的缺乏独立性——不是来源于某种政策，或是源于某种政策的失误。……这些问题是由于帝国主义所造成的。帝国主义不是一种政策，而是一个体系。帝国主义是古巴所有事物的框架——不仅仅是经济，还包

① 李春辉等主编：《拉丁美洲史稿》，下卷，第 521 页。
② 罗伯特・史密斯：《古巴发生了什么？一部实录史》（Robert Smith, *What Happened in Cuba? A Documentary History*），纽约 1963 年版，第 273 页。

括政治和社会结构。”①然而,古巴之所以无法摆脱美国的控制并长期依附于美国,其根源就是以蔗糖为中心的单一经济结构,美国学者 R. M. 菲茨吉本为此指出:“毫无疑问,蔗糖是一个把古巴与美国连在一起的枷锁,它使古巴在经济上和政治上都成为美国的卫星国;从这一点上说,邻邦对于这个岛国有着极其重要的影响力。”②

正是对美国的严重依附,再次唤醒了古巴人的民族意识,卡斯特罗领导的人民革命正是在这一背景下爆发的。古巴学者为此指出:“正是在帝国主义统治下,古巴的民族特性开始流露出来。如果认识不到这一点,我们就无法理解古巴革命。”③1959 年卡斯特罗领导了一场对内反对独裁政权、对外反对美帝国主义的武装革命,革命的成功使古巴摆脱了美国的控制,同时也宣告了对美国依附的正式结束。

2. 革命后的古巴

1959 年革命胜利后,以卡斯特罗为首的古巴领导人为实现古巴经济和政治上的彻底独立,在国内推行了诸如土地改革与国有化、制糖工厂收归国有等一系列措施,这大大触犯了美国资本家在古巴的利益,美国政府恼羞成怒,不仅单方面取消了古巴蔗糖在美国市场上的份额,而且宣布对古巴实行“贸易”禁运。失去依靠的古巴经济顿时陷入混乱之中,尤其是数百万吨蔗糖因失去市场而大量积

① 布尔斯廷:《古巴的经济转型》,第 11 页。
② R. M. 菲茨吉本:《古巴与美国　1900—1935》(R. M. Fitzgibbon, *Cuba and the United States 1900 - 1935*),威斯康辛 1994 年版,第 3 页。
③ 布尔斯廷:《古巴的经济转型》,第 1 页。

压。就在古巴经济陷入困境之时，以中国、苏联为首的社会主义国家及时伸出了援助之手。根据1960年11月的古中协议，中国答应于1961年从古巴购买蔗糖100万吨，并提供6 000万美元贷款用于古巴的设备和技术改造；在12月中旬的古苏贸易协定中，苏联表示将在1961年用每磅4美分的高于国际市场的价格，从古巴购进蔗糖270万吨。[①] 这使古巴经济暂时摆脱了困境。

古巴革命政府领导人早就认识到，以蔗糖为中心的单一经济结构是造成古巴对外依附的根源所在。为避免产生新的依附，从1961年起，古巴政府开始尝试突破畸形的单一经济结构，这主要是从两个方面来进行的：一是在农业上实行多种经营，减少国民经济对蔗糖的依赖。1960年11月8日，卡斯特罗在古巴五个产业工业大会上表示："明年我们要在甘蔗合作社里减少甘蔗的种植面积以便实行多种经营，我们要给各合作社规定生产马铃薯、西红柿、棉花、大米等的定额。"[②]二是迅速实行工业化，建立包括钢铁、冶金、纺织、化工、石油在内的工业部门，以减少对外国工业品的依赖。在1961年2月的一次工业会议上，国家工业部部长格瓦拉表示："在未来5年时间内，我们将在工业方面投资10亿比索——6亿用于机械设备的进口，4亿用于工业生产，其中60%的资金将主要依靠社会主义国家的贷款……预计到1965年，我国的工业状况将大有改观。"[③]

古巴农业多种经营和工业化发展战略实施了近3年，在改变单

---

① 休・托马斯：《卡斯特罗与古巴》，下册，上海人民出版社1975年版，第597页。
②《卡斯特罗言论集》，第一册，人民出版社1963年版，第329页。
③ 布尔斯廷：《古巴的经济转型》，第185页。

一经济结构方面确实取得了一定的成就。从农业方面看，由于种植面积及资金投入的增加，菜豆、大米、谷物、烟草、西红柿等农作物的产量大幅度增长；与此同时，种植面积的减少使蔗糖产量持续下降。1961 年，古巴产糖 690 万吨，1962 年降为 480 万吨，1963 年再降为 380 万吨，两年内下降幅度达 45%。[①] 到 1964 年时，古巴蔗糖出口额在物质总产值中的比重下降到 15.5%，大大低于革命前的水平。[②] 从工业方面看，在苏联等国的帮助下，古巴引进了大量的机械设备，钢铁、冶金、化工等生产资料部门逐渐建立起来，为以后的工业化奠定了一定的基础。

然而，从总体上说，古巴政府打破单一经济结构的努力还是失败了。古巴经济的基础是蔗糖业，蔗糖产量的下降使古巴的对外贸易形势不断恶化。1960 年，古巴外贸顺差 2 840 万比索；1961 年出现外贸逆差，为 1 230 万比索；1962 年外贸逆差达 2.37 亿比索；1963 年上升到 3.22 亿比索。[③] 严重的贸易逆差使古巴的外汇储备急剧减少，这造成了古巴经济形势的急剧恶化，正如当时主管经济的部长布尔斯廷所说："平衡赤字成为古巴最关键的经济问题，它反映并加剧了古巴经济的困境。"[④]这种困境主要表现为因资金短缺而引起的种种困难：农副产品因进口压缩而供不应求，不得不实行配给制；许多新建的工厂因无资金进口工业原料而出现开工不足或被迫停

---

① 休伯曼、斯威齐：《古巴的社会主义》，第 72 页。

② 肖艳华：《古巴的经济及其对外经济关系》，载《拉丁美洲丛刊》，1982 年第 1 期。

③ 卡梅洛·梅萨-拉戈：《社会主义古巴的经济》(Camelo Mesa-Lago, *The Economy of Socialist Cuba*)，新墨西哥 1985 年版，第 81 页。

④ 布尔斯廷：《古巴的经济转型》，第 132—133 页。

产，国内轻工业品严重短缺。这样，到1963年，古巴经济增长率仅为1%，成为革命以来的最低点。

经济上面临的困境使古巴领导人认识到：放弃原有的经济优势，压制蔗糖生产，以图在短期内改变单一经济结构的做法是不切实际的，为摆脱经济困境，唯一的出路在于重新发展蔗糖业，卡斯特罗为此提出一项宏伟目标：1970年，古巴蔗糖产量应打破历史纪录，达到1 000万吨。为实现这一目标，从1964年起，古巴放弃了原来的经济发展战略，提出了发展经济的新方针，其主要内容是：充分利用古巴在蔗糖生产方面的"相对优势"，集中力量发展蔗糖业，增加外汇，以便为工业化提供资金，购买建设和消费所需的物资。

巴西学者富尔塔多认为：古巴新经济方针的出发点是"恢复和扩大糖的生产，使国家的进口能力有一个基础，有活动的余地来改变经济结构"①。尽管古巴领导人的最终目标还是想改变单一经济结构，但这种饮鸩止渴的做法在一定时期内只会加重国民经济对蔗糖的依赖，古巴新经济方针标志着它开始重蹈单一经济的老路。

这以后将近30年时间，蔗糖业一如既往地得到发展，糖产量稳步上升。1964年，古巴生产447.5万吨糖，比上一年增长15%；1965和1966年，蔗糖产量分别为615.6万吨和623.6万吨；1968和1969年，因受干旱气候的影响，蔗糖产量分别下降到516.5万吨和445.9万吨；到1970年时，尽管古巴几乎调动了全国的人力、物力投入生产，蔗糖产量也达到创历史纪录的853.8万吨，但与1 000万吨的目

① 塞尔索·富尔塔多：《拉丁美洲经济的发展》，第275页。

标相比仍有一段距离。[①] 此时,古巴政府大力发展蔗糖生产的方针仍旧不变,1971年8月30日,卡斯特罗在全国糖业生产会议上强调说:“糖业过去是,现在是,将来也是国家首要和主要的工业。”[②]正是在这一方针指引下,此后20余年古巴在以蔗糖为中心的单一经济道路上走得更远。1971—1975年间,古巴蔗糖平均年产554.8万吨,1976—1980年间增加到692.9万吨,1981—1985年间又增加到777.7万吨,1986—1990年间略有下降,为758.2万吨。[③] 80年代末90年代初的苏东剧变对古巴蔗糖生产有很大影响,由于苏东市场萎缩,古巴蔗糖产量因销路受阻而急剧下降,1991年产量为760万吨,此后几年连续下滑,到1995年降至330万吨;1996年略有回升,达到445万吨。在20世纪的最后几年中,由于国际市场对蔗糖等初级产品的需求不大,预计古巴糖产量虽可能回升,但幅度不会太大。

随着蔗糖生产的发展,古巴经济对蔗糖业的依赖程度也进一步加深。1959—1976年间,蔗糖出口额在外贸出口中的比例从74%上升到90%,平均比例为82%,这比革命前1920—1950年的平均比例81%还要高。[④] 此后的一段时间内,蔗糖出口在外贸出口中的比例分别是:1979年为84%,1980年为86%,1981年为79%,1982年为77%,1983年为74%。[⑤] 不难发现,尽管从总体上看其比重呈下降

---

① 霍罗威茨编:《古巴的共产主义　1959—1995》(Irving Louis Horowitz, *Cuban Communism 1959 - 1995*),新泽西1987年版,第225页。

② 肖艳华:《古巴的经济及其对外经济关系》,载《拉丁美洲丛刊》,1982年第1期。

③ 霍罗威茨编:《古巴的共产主义　1959—1995》,第225页。

④ 卡梅洛·梅萨-拉戈:《社会主义古巴的经济》,第183页。

⑤ 津巴利斯特:《古巴的政治经济》(Andrew Zimbalist, *Cuban Political Economy*),科罗拉多1988年版,第142页。

趋势，但蔗糖在外贸出口中所占的比例仍相当大，它在国民经济中的主导地位并没有改变。据统计，直到80年代末，蔗糖在古巴外贸出口中的比例仍保持在75％左右。以蔗糖在国内物质总产值中所占的比重来看，1976年为29.8％，80年代初降为25％，此后一直保持在这样的水平，这表明蔗糖仍然是古巴国民经济的主要命脉。正如美国学者哈格伯格所说的那样："在革命前，古巴流传着一个总结蔗糖业重要地位的格言：没有蔗糖，就没有古巴这个国家。同20年或50年前的情况一样，这个格言对今天的古巴也非常适用。它表明：在由古巴革命所造成的所有变化中，这句格言所描述的事实却具有历史的延续性。"①

由于以蔗糖为中心的单一经济结构在革命后的几十年内并没有改变，这就使古巴对外的依附状况也难以改变，单一经济必然产生依附性，对古巴这样的小国来说尤其如此。美国学者梅萨-拉戈曾一针见血地指出："古巴是一个缺少许多重要资源而发展程度又低的岛国，它一贯要在经济上依赖另一个国家。"②的确，在革命前古巴依附的是美国；革命后古巴摆脱了美国的控制，却由于单一经济结构的原因越来越依附于苏联。

古巴对苏联的依附首先是在经济上，主要表现为古巴的对外贸易受苏联制约。革命后，由于美国实行经济封锁，古巴的外贸出口逐渐转向以苏联为首的社会主义阵营。从60年代初开始，苏联逐渐

① 哈格伯格：《古巴的糖业政策》，载霍罗威茨编：《古巴的共产主义　1959—1995》，第236页。

② 卡梅洛·梅萨-拉戈：《七十年代的古巴》，商务印书馆1980年版，第199页。

取代美国成为古巴蔗糖的最大买主,但同时也形成了对古巴出口市场的全面垄断。据统计,1961—1976年间,古巴年平均有60%以上的蔗糖出口到社会主义国家,其中约45%出口到苏联。[①] 此后,古巴出口市场更加依赖苏联等国,比如1976—1980年间,古巴对社会主义国家的出口贸易比例平均为73.3%,1982—1984年间又上升到86%—87%,其中大部分是同苏联进行的。[②]

苏联在以优惠价格从古巴大量购买蔗糖的同时,也要求古巴从苏联进口其所需商品,再加上古、苏之间进行的一般是以货易货,这就使古巴的进口市场也形成对苏联的依赖。从古巴革命到苏联解体的40余年时间里,苏联成为古巴所需工业品及农副产品的供应大户,据统计,在苏联解体前,古巴的石油、煤炭、生铁、棉花、新闻纸、木材、谷物、面粉的90%—100%来自苏联,各种肥料、卡车、小汽车、拖拉机、修路机械的70%—90%来自苏联,还有其他许多商品也基本依靠苏联的供应。[③] 古巴经济对苏联的依附程度之深,由此可见一斑。

尽管古巴出口到苏联的蔗糖不断增加,而且苏联还提供援助性的价格补贴,但通常古巴的蔗糖出口仍不足以抵消从苏联的进口。巨大的贸易赤字使古巴欠下苏联的巨额外债。有材料显示,1960—1989年间,古巴年平均同苏联的贸易赤字达85亿卢布,如果苏联不

---

① 卡梅洛·梅萨-拉戈:《社会主义古巴的经济》,第185页。

② 津巴利斯特:《古巴的政治经济》,第140页。

③ 由利·帕夫洛夫:《苏联-古巴同盟 1959—1991》(Yuri Pavlov, *Soviet-Cuban Alliance 1959-1991*),迈阿密1994年版,第76页。

对古巴蔗糖、镍等初级产品进口实行价格补贴，这一数字将会扩大3倍。此外，苏联对古巴的各种援助也不断增加，1959—1979年间，古巴累计接受苏联有偿和无偿的经济援助共166.64亿美元，其中1/3是需要偿还的。80年代，苏联平均每年对古巴援助5亿至6亿美元，占苏联对外援助总额的35%—40%；另据美国学者估计，这些援助约占古巴国民生产总值的20%。[①] 严重的贸易赤字和各种援助使古巴欠下苏联大笔巨款，1972年为40亿美元，1985年达到75亿美元。这些外债对经济基础极为薄弱的古巴来说无疑是沉重的负担，它使古巴丧失了经济上的独立性。

由于严重依附于苏联，古巴经济表现出明显的脆弱性，这一点在苏联解体后得到充分的体现。1991年苏联解体后，俄罗斯立即废除了同古巴的易货贸易和价格优惠政策，并要求古巴在双边贸易中支付硬通货。俄罗斯不仅大大减少了进口古巴蔗糖的数量，而且一再压低糖价，从而使古巴蒙受巨大损失。古、俄贸易由此锐减，1989年，古巴对苏联的外贸出口为61.41亿美元，而到1991年骤减到18.29亿美元。[②] 同时，俄罗斯还大幅度削减对古巴的出口，尤其是石油出口，致使古巴在1991年爆发了一次严重的能源危机，因缺少石油，古巴大部分工厂倒闭或半倒闭，汽车停开，交通瘫痪，政府在号召节约能源的同时，从中国紧急购进了75 000辆自行车，以代替

---

① 由利·帕夫洛夫：《苏联-古巴同盟　1959—1991》，第76—77页；李春辉等主编：《拉丁美洲史稿》，下卷，商务印书馆1993年版，第309页。

② 宋小平、毛相麟：《世界新格局下的古巴：形势和对策》，载《世界经济与政治》，1994年第8期。

停驶的公共汽车和小汽车。[①]

苏联市场的丧失沉重地打击了古巴的蔗糖业，外贸出口持续下降；再加上俄罗斯的援助锐减甚至停止，古巴经济陷入了前所未有的困境。从 90 年代初开始，古巴经济连续出现负增长，1990 年经济增长率为－2.9％，1991 年猛降至－10.7％，1992 年为－11.6％，1993 年达到最低点，为－14.9％。1994 年才开始回升，经济增长率为 0.7％。[②] 90 年代初古巴经济的恶化是它长期依附苏联的结果，也是其依附型经济弱点的明显暴露。

经济上的依附也导致政治上受苏联的制约，这主要在以下两个方面表现出来：

第一，苏联依恃对古巴经济的控制，对古巴内政指手画脚，并直接干预古巴的内部事务，强迫古巴按“苏联模式”建设社会主义。古巴政治生活中缺乏民主、党政不分、以党代政等现象，都是照搬苏联模式的结果。经济上，古巴也模仿苏联体制，实行高度集中的计划经济，“计划”渗透到古巴经济生活的方方面面，而“计划经济”的一切缺陷也在古巴经济中充分体现，比如劳动生产率低下，企业缺乏活力、亏损严重，经济发展缺乏后劲等等。1988 年 7 月，卡斯特罗公开承认，照搬苏联模式在古巴已产生了消极后果，并表示：“我们必须寻找我们的道路和运用我们的经验”，但他承认现在“我们仍处在一个探索的过程中”。

---

① 卡多索、黑尔韦格：《共产主义之后的古巴》(Eliana Cardoso & Ann Helweg, *Cuba After Communism*)，马萨诸塞 1992 年版，第 38 页。

② 毛相麟：《苏东剧变后古巴的形势及内外政策》，载《拉丁美洲研究》，1996 年第 5 期。

第二，在外交上，古巴自革命以后，特别是1972年加入“经互会”以后，就开始执行苏联的外交政策，不由自主地成了苏联同美国抗衡以争夺世界霸权的工具。比如1968年，苏联武装入侵捷克，此举遭到了世界上大多数国家的谴责。曾一向主张捍卫第三世界国家主权和独立的古巴政府对苏联的侵略行径却公开予以支持。1968年8月23日，卡斯特罗在电视讲话中宣称：苏联入侵捷克是因为它“滑入了帝国主义的怀抱”，因此他表示：“我们认为，社会主义阵营有权用这种或那种方式来阻止这一态势……我们了解到，形势的紧迫性确实到了需要派兵进入捷克的地步，我们不会谴责做出这项决定的社会主义国家。”①

70和80年代，同苏联结盟成为古巴外交政策的核心。正是在这种外交方针的指引下，古巴多次参与了与本国利益毫不相干的军事行动，其目的仅仅是为苏联争夺世界霸权。1975—1976年安哥拉战乱期间，古巴按照苏联意图向安哥拉派出2万名的军队，帮助内战中亲苏的一方。② 一年以后，在苏联要求下，古巴又派两万多名的军队赴埃塞俄比亚作战。70年代末苏联入侵阿富汗时，古巴又在外交上积极支持。这一系列军事与外交行动，使古巴在第三世界国家中声望低落，大大损害了它的国际形象。

总而言之，古巴从经济上的依附开始，发展成在内政、外交上对苏联的全面依附，从而影响了古巴在革命以后独立自主的发展。全

---

① 由利·帕夫洛夫：《苏联-古巴同盟　1959—1991》，第90—91页；

② 科尔·布莱齐尔、卡梅洛·梅萨-拉戈：《世界中的古巴》(Cole Blasier & Carmelo Mesa-Lago, *Cuba in the World*)，匹兹堡1979年版，第63页。

方位的依附造成深远后果，冷战结束后，古巴仍低度发展，长期的依附是其最主要的原因。

加纳——以可可为中心

加纳的前称是“黄金海岸”，它位于非洲西海岸，是一个发展中的低收入国家。加纳的经济基础是农业，有60%至70%的人口靠农业为生。在农业生产中，最为重要的是可可业。有材料表明，加纳国民生产总值的相当一部分来自可可业。加纳曾经是世界上最大的可可生产与出口国，今天已降至世界第三位，次于象牙海岸和巴西。长期以来，可可的地位在加纳举足轻重，人们常把加纳称为“可可之国”。

可可的种植在加纳由来已久。早在18、19世纪，可可就盛产于斐南多波岛和圣多美岛等地。19世纪中叶，黄金海岸有许多人到斐南多波岛的种植园做工，由此了解到可可的种植技术。1879年，一个名叫特提·克瓦希的铁匠将一些可可种子带回黄金海岸，并种植在阿克瓦皮姆的曼蓬附近。[①] 由于土壤和气候条件适宜，可可种植很快就在黄金海岸的森林地带推广开来。这以后，可可产量迅速上升，黄金海岸也成为主要的可可生产和出口国。据记载，1891年，黄金海岸第一次出口可可豆，数量只有80磅，但到1899年出口量已达

① 瓦利、怀特：《加纳地理》，商务印书馆1973年版，第112页。

324 吨，到 1901 年则上升为 536 吨。[①] 黄金海岸的出口项目开始由传统的黄金变为可可，可可逐渐成为主要的出口产品。

可可业的特色在于它几乎完全是小农经营，可可农场的面积一般只有 2.5 至 6.5 英亩，黄金海岸当时正是一个以小农为主体的社会，可可的种植因而大受欢迎。加上政府政策的鼓励与帮助，可可业很容易在黄金海岸得到发展。起初，大部分可可种植在森林地带的东南部，以阿克瓦皮姆和新朱阿本为最重要产区。后来，可可种植向四周扩散，到 1910 年，内陆的阿散蒂也引进可可。20 世纪 20 年代以后，可可的种植已扩展到东南阿散蒂的整个森林地带，从库马西辐射而出的新公路网两旁和从卡德到胡尼瓦利的新建铁路两侧都种满了可可。可可种植已遍及全国，可可也成为黄金海岸最重要的农作物。1935 年，黄金海岸种植可可的面积已达到 95 万英亩，远远超出了其他农作物的种植面积。[②]

可可业的发展不仅表现为种植面积的扩大，而且表现为产量的攀升。1901 年，黄金海岸的可可出口为 536 吨，1914 年增加到 5 万吨，此后到 1926 年为止，出口量每 5 年增加一倍。20 年代，黄金海岸已经成为世界上最大的可可生产和出口国。1927 年，黄金海岸出口可可 18 万吨，占该年世界总消费量的 40%；1931 年，这一比例上升到 42%。[③] 1936 年可可大丰收，出口量升至高峰值即 311 000 吨。此后直到独立时的 1957 年，出口量虽有所减少但仍维持在很高的水

① 瓦利、怀特：《加纳地理》，第 113 页；瓦德：《加纳史》，商务印书馆 1972 年版，第 664 页。
② 瓦德：《加纳史》，第 664 页。
③ 瓦利、怀特：《加纳地理》，第 113—114 页。

平上,1939 年为 280 709 吨,1950 年为 267 401 吨,1952 年为 212 005 吨,1954 年为 214 148 吨,1956 年出口量略有回升,达到 234 406 吨。[①] 出口量有所下降,这主要是由产量下降造成的,产量下降又因为一种名叫“枝条肿瘤病”的病害所造成。尽管如此,可可种植却愈演愈烈,成为黄金海岸的经济支柱。

可可种植之所以在黄金海岸迅猛发展,除适宜的自然环境外,更重要的是英国殖民当局在政策上的全面扶持。英国当局认为:利用黄金海岸的优越自然条件来发展可可业非常有利,一方面,可以把可可豆直接销往宗主国,使黄金海岸成为宗主国的原料产地;另一方面,可可业又排挤了传统的农作物,使黄金海岸不得不从宗主国进口粮食及其他农产品,殖民地因此又成了宗主国的商品销售市场。正是因为英国当局的这种经济政策,黄金海岸很快就成了以生产和出口可可为中心的单一经济国家,这对黄金海岸的发展是不利的。

可可成为黄金海岸的经济支柱,这可以从可可的出口创汇能力上看出来。请看下表关于黄金海岸的可可出口量与出口值的统计[②]。

从表中可以看出,可可的创汇力逐年增加。在正常年份,可可出口值约占出口总值的 2/3 左右。对于像黄金海岸这样一个小国家来说,其举足轻重的地位可见一斑。可可业的重要性还在于它的发展解决了相当一部分农民的生计问题。据估计,在独立以前,黄金

① 博滕:《加纳地理》,河北人民出版社 1975 年版,第 121 页。
② 瓦德:《加纳史》,第 676—677 页。

时间(年)	出口量(千吨)	出口值(百万英镑)
1918	66	1.787
1919	176	8.279
1920	125	10.056
1921	133	4.764
……	……	……
1949	263	34.018
1950	267	54.604
1951	230	60.101
1952	212	52.533
1953	237	56.143
1954	214	84.599

海岸有16.2万名可可农,他们连同家庭一起构成了人口的很大比例。加上其他直接或间接依赖可可为生的人及其家庭(比如在可可出口中从事收购和分等的职员,运输可可的卡车驾驶员、铁路员工和码头工人,向可可农提供商品的零售商人等等),其数量就很可观。而且,可可出口税是政府税收的最大来源,政府的许多教育和医疗事业项目就是靠可可的税收开办起来的。在黄金海岸,只有很少一部分人,其福利可以与可可完全无关,正如英国学者瓦利和怀特所说:黄金海岸的"社会经济发展水平能比大部分热带非洲高那么多,几乎完全是可可生产的不断增长和兴旺的结果"①。

① 瓦利、怀特:《加纳地理》,第111页。

可可业的发展刺激与带动了黄金海岸经济的增长，使其在独立前成为非洲经济水平最高的国家之一。英国作家布莱恩·拉平说："可可贸易使上流社会受到全非洲独一无二的良好教育，它给数十万农场主带来财富，使黄金海岸成为英国的模范殖民地。"[①]但是，这种得到英国殖民当局支持与鼓励的以种植可可为中心的经济是一种畸形的单一经济，它对国家的长远发展极为不利。有一位美国学者说："加纳（黄金海岸）所有的内部问题都来自现存的有害的经济——同许多第三世界国家一样，这种经济与殖民遗产的罪恶、低度发展和依附性紧密联系在一起。英国当局以并不适合于加纳自身需要的方式为它创立了一种经济，英国人把加纳纳入了世界资本主义体系，并以此廉价地扼杀了其追求自治的潜力。"他还说："由于重视出口行业，英国人建立了一种单一作物经济。"[②]

1957 年，黄金海岸在以恩克鲁玛为首的人民行动党的不懈努力下摆脱英国的殖民统治获得独立，并改称加纳。新政府领导人恩克鲁玛认识到经济独立的重要性。他曾说："只有政治上的独立，没有经济上的独立，是假独立，也就是全无独立可言。没有经济上的独立，国家会成为殖民主义者的附庸国。这样的国家不能为自己的政治和经济利益服务，而仅能为帝国主义和新殖民主义的政治和经济利益服务。"[③]他认为，要想谋求经济上的独立，就必须打破单一经济

① 布莱恩·拉平：《帝国斜阳》，上海人民出版社 1996 年版，第 439 页。

② 德博拉·佩洛、内奥米·蔡让：《加纳：应付不稳定》（Deborah Pellow and Naomi Chazan, *Ghana: Cope with Uncertainty*），科罗拉多 1986 年版，第 165—166 页。

③ 克拉福尼：《克瓦米·恩克鲁玛的最后遗嘱》，载《西亚非洲》，1982 年第 5 期。

结构。他曾指出:“重要的是保证我们的后代不再像我们这样一直单单依靠可可作为生活的唯一来源。”①在这种思想指导下,国家开始把可可出口换来的外汇用于发展工业,创建一批新兴工业部门。然而几年下来,国家外汇储备减少了,工业未能发展,可可业反而因为人为的限制而大受影响。经济上的困境迫使加纳领导人重新走上老路,恢复以可可为中心的传统经济政策。

从60年代至80年代中期,可可业在国家的保护下得到恢复。可可产量尽管受气候、国际市场价格等因素的影响而不断波动,并且呈下降趋势,但可可业在外贸出口及整个国民经济中的中心地位却并未受影响。请看以下各年度的可可产量表:②

年份	产量(千吨)	年份	产量(千吨)
1960—1961	430	1971—1972	454
1961—1962	409	1972—1973	407
1962—1963	413	1973—1974	340
1963—1964	428	1974—1975	376
1964—1965	538	1975—1976	396
1965—1966	401	1976—1977	320
1966—1967	368	1977—1978	271
1967—1968	415	1978—1979	265
1968—1969	323	1982—1983	180
1969—1970	403	1983—1984	155
1970—1971	413		

①《恩克鲁玛自传》,世界知识出版社1960年版,第222页。

② 德博拉·佩洛、内奥米·蔡让:《加纳:应付不稳定》,第138页。

表中表明：在整个60年代可可产量的波动都不大。当时的加纳是世界上遥遥领先的可可生产与出口国，比如1964年，加纳的可可产量为55.7万吨，比当时居第二位的尼日利亚的产量高出近一倍。但70年代后加纳的可可产量开始呈下降态势，1978年，象牙海岸和巴西的可可产量超过了加纳，加纳作为世界上第一大可可生产和出口国的地位从此失去。80年代初，加纳的可可产量更是下滑，到1982年，只达到象牙海岸的一半，或者说只相当于自己18年前产量的1/3。[①] 经历了1983—1984年的低谷后加纳可可产量又开始回升，据有关资料显示，1983—1990年间，加纳可可产量每年平均增长3.4%，七年间共增长了26.1%。[②] 此后直至现在，加纳的可可产量基本上都保持稳定，维持在世界第三的水平上。

尽管从产量上说可可业在独立后的40年中有很大起伏，但它在国家经济中的首屈一指地位却没有改变。瓦利和怀特对50年代的加纳曾作过这样的论述："可可对于加纳来说是最重要的，它所面临的一切问题和机会都影响整个国家的经济生活和社会进步。"[③]

而到60年代时，有人曾对可可业的地位作过这样的描述：

1960年代的经济结构仍然反映着1900年代早期的模式，然而是一个更高层次上的结果。对可可出口的依赖仍然是货币经济的主要特征。人们认为，在丰收的年份，可可将直接创造大约15%的

① 孙声：《加纳经济改革的成就和前景》，载《西亚非洲》，1989年第5期。

② 艾沙恩·卡珀、M. T. 哈吉米切尔：《加纳：调整与发展》（Ishan Kapur, M. T. Hadjmichael, *Ghana: Adjustment and Growth*），华盛顿1991年版，第12页。

③ 瓦利、怀特：《加纳地理》，第130页。

国内生产总值。根据1960年的统计，可可业的就业人数占总登记就业人数的20%，它解决了全国1/3人口的生计问题。可可的出口创汇占整个国家外贸出口总额的60%—65%，60年代政府税收的6%—23%来自可可业。在过去，加纳是非洲人均收入最高的国家之一，60年代晚期的年人均收入约为242美元，可可的出口是造成高收入的最主要原因。①

1972—1974年，可可出口占外贸出口总额的60.8%，此后虽逐年下降，但直到1990年为止，仍保持在40%左右。② 1971年，可可的出口创汇占国内生产总值的16.3%，1983年为7.8%，1990年为6.8%，对加纳来说这是一笔大收入。③

总之，独立后的几十年中，可可仍是加纳的支柱产业，从而使以可可为中心的单一经济在加纳一直延续下来。单一经济的一个主要特点就是国家将发展的命运放在某几种甚至一种出口产品上，这样做固然是充分利用了当地的资源，在某些特定时期也可能带来某种程度的经济繁荣。然而，要想依靠这种畸形经济来获得长期稳定的发展则几乎是不可能的。以加纳为例，可可是国民收入的主要来源之一，可是在国际市场价格等因素变幻莫测的情况下，可可的价格波动很大，加纳的经济因此变得很不稳定：当可可丰收或国际市场可可价格上扬时，加纳经济就会出现短暂的繁荣；当可可歉收或

---

① 艾文·卡普兰：《加纳区域手册》(Irving Kaplan, *Area Handbook for Ghana*)，伦敦1971年版，第291页。

② 德博拉·佩洛、内奥米·蔡让：《加纳：应付不稳定》，第151页；艾沙恩·卡珀、M. T. 哈吉米切尔：《加纳：调整与发展》，第12页。

③ 艾沙恩·卡珀、M. T. 哈吉米切尔：《加纳：调整与发展》，第12页。

国际市场价格下跌时，加纳经济又跌入低谷。正如博滕所指出的："可可对于加纳经济是如此重要，以至于可可业的运气好坏和世界可可的价格直接影响到全国经济的好坏。"[①]总体而言，近几十年来国际市场上初级农产品价格呈下降趋势，因此像加纳这样一味地依靠可可出口来维持经济的做法，只会加深本国对国际市场的依赖，其后果通常是：当薄弱的经济基础受到国际市场上不利因素的冲击时，国家经济就不可避免地陷入困境。

加纳的外汇储备主要来自可可出口，而发展经济又有赖于外汇储备，故此，可可出口直接影响国民经济的盛衰，并有可能影响到政治局势。60 年代中期国际市场上可可价格下跌对加纳造成的灾难性影响就是一个很好的例子。1965 年，国际市场的可可价格下降到每吨 138 美元，而 1958 年曾经是 985 美元，下降幅度达 86%。受价格下跌影响，加纳的黄金和外汇储备急剧下降，从 1957 年的 5.46 亿美元下降到 1961 年的 1.26 亿美元。此后几年中仍持续下降，到 1966 年加纳的外汇储备就几乎耗尽。[②] 外汇储备的枯竭造成经济形势的恶化，国内的不满情绪随之增强。在这种形势下发生了一场军事政变，独立时期的老资格领导人恩克鲁玛被推翻。在这场政治危机中，可可价格下跌显然起了诱发作用，单一经济的脆弱性表现得一览无余。

国际市场价格的波动时常对加纳经济造成危害。70 年代以后，

---

① 博滕：《加纳地理》，第 122 页。

② 艾文·卡普兰：《加纳区域手册》，第 282 页。

可可价格持续下跌，使加纳经济不断恶化。1973 到 1983 年，加纳国内生产总值年平均下降 1.3%，其发展状况居全世界倒数第四位。价格下跌反过来又影响到可可的生产，到 1981 年，可可产量已比 60 年代中期下降了大约一半。在国际市场上，70 年代初期加纳的可可生产约占世界总产量的 1/3，1982—1983 年度已下降为 12%。① 可可价格的下跌及产量的下降使国民生产总值连续几年出现负增长。1981 年为－3.8%，1982 年为－6.4%，1983 年为－7.2%，而当年的通货膨胀率高达 123%。② 此时，加纳政府财政拮据，人民生活困苦，国内一片败落景象，加纳成了非洲经济最困难的国家之一。

80 年代后期，国际市场上可可价格又一次下跌，加纳也蒙受更大的损失。1986 年，国际市场上可可价格每吨为 2 400 美元，1987 年降为 2 300 美元，1988 年降为 1 800 美元，1989 年降为 1 045 美元。加纳政府宣布，仅 1989 年可可出口就损失了 2 亿美元。③

不难发现，国际市场上的可可价格波动时常使加纳经济陷入困境。为了摆脱这种困境，从 80 年代初起，加纳政府开始实施经济调整与改革计划，尽管这些措施在促进经济增长、降低通货膨胀、改善人民生活水平方面取得了一些成效，但总体来看，加纳仍未能突破持续了百年以上的以可可为中心的单一经济结构。加纳的经历充分表明：不打破畸形单一经济结构，国家就不可能获得长期、稳定的发展。

---

① 陈宋德：《加纳实施经济复兴计划以来的变化和经验》，载《西亚非洲》，1989 年第 1 期。

② 钟伟云：《加纳经济调整与政治改革浅析》，载《西亚非洲》，1992 年第 5 期。

③ 陈才林：《加纳经济调整和改革初见成效》，载《西亚非洲》，1991 年第 5 期。

单一经济的教训

从古巴的经历可以看出，它在接受殖民统治时期形成的以蔗糖为中心的单一经济对它后来的现代化进程产生了极为深远的消极后果。单一经济必然产生对外依附，古巴的经历充分说明了这一点。独立之前，古巴受宗主国西班牙的控制；独立后的60余年间，古巴转而依附美国；20世纪50年代末，古巴发生革命，但由于主客观种种原因，古巴又陷入对苏联的依附之中。这种依附的后果是显而易见的：古巴不仅在经济上受到别国的控制，而且在政治上，尤其是内政、外交上也相当程度地受到别国的制约。这种情况不仅使古巴的现代化与发展受到影响，而且其民族权益也受到损害，对一个拥有独立主权的国家来说，这是极不应该的。

其实，由单一经济导致的依附并非古巴所特有，在整个第三世界，这一现象相当普遍，它是发展中国家独立后现代化进程中的一个重大难题。

在亚非拉地区，许多国家的经济发展依靠一种或几种农矿产品出口。拉丁美洲的牙买加、海地、危地马拉、哥伦比亚等国就是以出口蔗糖、可可、咖啡等农产品为主要经济来源的；在非洲，这种单一经济国家甚至更多，在长期殖民主义统治下，非洲形成了所谓的“花生之国”“棉花之国”“可可之国”“咖啡之国”“铜矿之国”“黄金之国”等等；亚洲的单一经济国家也不少，如“橡胶之国”“棕榈之国”“石油之国”等等。

单一经济形成于殖民主义统治时期，非洲学者沃尔特·罗德尼曾说："单一经济是殖民主义者的发明。"[①]殖民主义者之所以要在殖民地发展单一经济，是因为他们可以借此在政治、经济、外交上来控制殖民地，使殖民地离不开宗主国，从而形成对宗主国的全面依附。

独立以后，原殖民地单一经济的格局没有发生多大改变，对宗主国的依附虽没有了，新的依附却很容易产生。有时，它们所依附的对象可以不是某个特定的大国，而是受到发达国家控制的整个国际市场。国际市场上的价格波动成为影响这些国家经济稳定的重大因素：当某种农矿产品在国际市场上供不应求、价格不断上扬时，某个单一经济国家会大受其惠；然而一旦相反的情况出现，这个国家的经济形势必然恶化。因此，这些国家的经济发展很容易出现波动，经济基础十分脆弱，这正是单一经济所造成的恶果。

例如，有"铜矿之国"之称的赞比亚是一个以生产和出口铜为主的单一经济国家，铜的产值占出口总值的 90%以上，占国内生产总值的 25%和国家收入的 33.3%左右，铜是赞比亚的经济支柱。[②] 60 年代，国际市场上铜价上扬，赞比亚经济由此突飞猛进，成为当时非洲人均收入最高的国家之一。但随着 1974 年国际市场上的铜价暴跌，赞比亚的经济每况愈下，外汇锐减，财政连年发生赤字，外债则急剧增长，国内大批工厂开工不足，工人失业，工资下降，社会矛盾激化，人民生活受到很大影响。类似赞比亚的情况在许多单一经济

① 张同铸主编：《非洲经济社会发展战略问题研究》，人民出版社 1992 年版，第 189 页。

② 世界银行：《撒哈拉以南非洲的加速发展：1981 年行动方案》（World Bank, *Accelerated Development in Sub-Saharan Africa, Agenda for Action 1981*），第 29 页。

国家都出现过，如“可可之国”加纳、“橡胶之国”马来西亚等，国际市场上的价格波动对它们的影响都曾经很明显。

前任联合国拉美委员会执行秘书格特·罗森塔尔在总结与展望世纪之交的拉美国家贸易进程时指出：“看来，国际市场对初级产品需求的减少，并不单单是周期性的下降，而是反映了这一需求的结构性变化。”[①]这表明单一经济国家今后面临的形势会更加严峻。

单一经济国家对于国际市场的严重依赖导致它们的长期依附性发展，并且很容易由依附国际市场转变为依附一个超级大国，依附性发展成为它们贫穷、落后的根源所在。因此，单一经济国家要摆脱贫穷、落后而获得真正的发展，就必须进行改变单一经济结构的努力，实行经济多元化和工业化，以增强国家的经济应变能力。但是，正如古巴的经历所揭示的那样，这一任务本身就非常艰巨。要改变单一经济结构必须付出巨大的努力，而这一努力的过程随时都会出现挫折。

① 罗森塔尔：《拉美和加勒比地区 80 年代的发展和 90 年代的展望》，载《世界经济译丛》，1990 年第 7 期。

第十三章　构筑畸形的繁荣

以哥伦比亚和泰国为例

畸形的发展

“二战”以后，随着殖民主义的崩溃，绝大多数第三世界国家获得了独立地位。从50年代开始兴起的以原子能、空间技术和电子计算机等为特征的现代科技革命，给包括第三世界在内的世界各国的发展带来了一次契机。不少第三世界国家抓住了这次百年良机，依据各自的国情，通过各种手段，企图实现经济“起飞”。这样，在世界范围内掀起了“现代化的第三次浪潮”。

“现代化的第三次浪潮”是“现代化”向第三世界急剧扩张的一个过程。事实证明，任何一个国家要想追赶历史潮流，现代化是一条必经之路。现代化带来的经济增长是每一个第三世界国家梦寐以求的，因此，在这股“第三次浪潮”兴起之际，几乎每个国家都成了“弄潮儿”。为追赶现代化目标，各个国家纷纷依据自身优势，八仙过海，各显神通，为达到经济发展的目标而不惜采用各种手段。

但是，现代化是一个经济、社会、政治、文化等各方面全方位发展的过程，它不仅包括工业化带来的经济增长，还包括制度、道德、文化等各方面的更新以及全面的社会变革。然而，在通常情况下，第三世界国家在追求现代化的过程中，往往只注重经济增长，并把它作为唯一目标，从而忽视了社会、道德等方面的建设。

将现代化过程片面理解为经济增长，从而忽视法律、道德等社会因素的做法，其实是对现代化的一种曲解。在第三世界现代化的实践过程中，它时常表现为以不合法或非道德的方式来发展经济，即纵容和利用非正规的"地下经济"来带动经济增长。"地下经济"的内容主要包括贩毒、赌博、卖淫、非法军火交易等带来的非法收入，它在一些发展中国家成为国民经济的重要补充。发展"地下经济"是一种"为达目的，不择手段"的短视做法，是现代化进程中的一个严重误区，对于任何国家而言，一旦步入这一误区，后果将是长久而深远的。

本章我们将以哥伦比亚和泰国为例，对此进行具体阐述。

哥伦比亚的毒品经济

哥伦比亚位于南美洲西北部，东面与委内瑞拉、巴西为界，西北角与巴拿马接壤，南部与厄瓜多尔、秘鲁相邻，长达 6 300 千米的边境线多为人烟稀少的山区；哥伦比亚北邻加勒比海，与美国隔海相望，西濒太平洋，海岸线长达 2 900 多千米。特殊的地理位置、漫长的海岸线以及独特的自然环境使哥伦比亚与毒品结下了不解之缘。

自70年代初毒品种植在哥伦比亚北部山区出现以来，在短短的20余年时间内，以种毒、制毒和贩毒为中心的哥伦比亚毒品经济迅速发展起来，成为拉丁美洲、乃至全世界有名的“毒品帝国”。

哥伦比亚原来是西班牙的殖民地，1819年摆脱西班牙的统治获得独立。从独立到20世纪70年代毒品经济兴起前的一个半世纪里，哥伦比亚的经济同独立前相比尽管有一定程度的发展，但总体而言，其贫穷、落后的状况没有多大改变，经济发展水平相当低下。

在整个19世纪，哥伦比亚的经济一直以生产和出口某几种初级农产品为主，这些农产品包括烟草、奎宁和咖啡等。19世纪70年代，哥伦比亚每年的出口总值始终维持在1 000万至1 500万比索之间。以人均额计算，独立以来收入的增长微不足道，人口的增长甚至加剧了哥伦比亚社会的贫困面貌。

进入20世纪以后，哥伦比亚的工农业生产有了一定的增长，比如咖啡的生产和出口增长较快，并取代烟草成为最主要的出口创汇产品。1930年，哥伦比亚的咖啡出口超过300万袋，成为仅次于巴西的世界第二大生产和出口国。[①] 此时，咖啡出口占国家出口总值的一半左右；而到1950年，这一比例上升到76.6%。与此同时，石油、采矿、机械等工业部门也逐步建立起来，据统计，1949年全国有工矿企业7 963家。然而，工业的发展水平是比较落后的，比如300年前采煤用的原始工具，在各煤矿中仍非常流行。

总之，在70年代以前，由于国家工业化尚未启动，经济的主要来

① 李春辉等主编：《拉丁美洲史稿》，下卷，第665页。

源仍以咖啡等农产品的出口为主，这使得哥伦比亚经济处于一种低度发展状态。无论是城市，还是乡村，贫困现象都比较普遍。为缓解经济危机，政府时常大举外债，但经济形势的恶化又使它难以正常地还本付息，哥伦比亚于是成为拉丁美洲地区一个灾难深重的债务国。

正是在这种情况下，北美的黑帮将毒品种植引入哥伦比亚的北部山区，并逐渐向全国各地蔓延开来。

最早在哥伦比亚种植的毒品是大麻，它主要的种植地是北部的拉瓜希腊省，后来蔓延到整个北部山区。由于利润丰厚，大麻逐渐取代了传统的粮食作物，成为北部山区最主要的农作物。1974—1978年间，大麻种植出现了空前的繁荣，哥伦比亚由此成为世界上最大的大麻生产基地。据估计，1980年，哥伦比亚大麻种植面积约为30万公顷，大麻走私出口收入达16亿美元，占当时整个“地下经济”收入的25%左右。①

大麻的种植及泛滥逐渐引起了政府的注意，70年代末，在国内外反毒势力的压力之下，图尔瓦伊总统派遣10 000名军人进入拉瓜希腊省扫毒。大麻种植遭到一定程度的打击，但并没有被完全摧毁，而是相对分散开来。也就在这个时候，一种新的毒品原料——古柯的种植在哥伦比亚发展起来。从古柯叶里提炼出来的可卡因是一种在欧美市场上颇为畅销的新毒品，巨额利润促使古柯种植以惊人速度发展。从1979年起，在哥伦比亚的纳里尼奥、考卡、乔科、

① 徐宝华：《全球毒品蔓延与哥伦比亚的扫毒战》，载《拉丁美洲研究》，1992年第5期。

卡克塔以及东部热带平原区，一个又一个古柯种植基地先后建立起来。据统计，80 年代末期，哥伦比亚古柯种植面积约为 2.5 万公顷，年产古柯叶 3 万余吨，仅次于玻利维亚和秘鲁，居世界第三位。尽管如此，哥伦比亚却是世界上最大的可卡因加工基地。1978 年，哥伦比亚向美国市场提供了 15 吨可卡因；1988 年就猛升到 270 吨，同时还有 40 吨销往欧洲市场。另据估计，世界市场上销售的可卡因中，有 70%—80%来自哥伦比亚。

毒品经济在短期内之所以在哥伦比亚迅速发展，除了哥伦比亚独特的地理位置和地理环境以外，还有以下几方面的原因：

一、巨额利润刺激了毒品生产、加工和贩运活动的蔓延。与其他农作物相比，毒品种植的利润是非常惊人的。比如在哥伦比亚的安第斯山区，种植 1 公顷柑橘年收入仅 500 美元，而如果改种古柯，年收入可达 12 000 美元，相当于前者的 24 倍。[①] 如此丰厚的利润促使山区农民不顾政府禁令，大肆种植古柯。同毒品种植相比，加工和贩运毒品的利润更为惊人。比如 1 公斤古柯叶价值 800 美元，当经过加工、提炼变成可卡因成品后，价值达 4 000 美元；当它被贩运到消费国时，价格又猛升到 12 000 至 15 000 美元；最后，当这些可卡因分成小包出售给吸毒者时，价值又达到 50 000 美元。[②] 可见，通过加工和贩运，其利润可上升到原来的 62.5 倍。如此高额的利润回报，自然会驱使许多人去铤而走险，干起这种非法的勾当。

---

① 吴德明：《当前拉美经济发展进程中的毒品问题》，载《拉丁美洲研究》，1996 年第 2 期。

② 珍妮·皮尔斯：《迷宫中的哥伦比亚》(Jenny Pearce, *Colombia Inside the Labyrinth*)，伦敦 1990 年版，第 112 页。

二、毒品的种植、加工和贩运成为哥伦比亚许多穷苦人的谋生途径，为他们解决了就业、生活等方面的问题。正如哥伦比亚本国学者格雷格所说的那样："由于经济上的需要，数百万哥伦比亚人发现，种植、贩运和销售毒品能为他们提供一条活路，而这正是充满不平等和贫困的社会所不能给予的。"[①]在哥伦比亚，从事毒品种植的多为边远山区的贫苦农民，从事毒品加工和贩运的也多为城市平民和失业者。众多穷人被贫困、失业所困扰，为谋求生路走上了从事非法毒品活动的道路。毒品经济为成千上万的人解决了生计问题，给他们的生活提供了保障。据统计，哥伦比亚全国 1 300 万公顷可耕地中，约 100 万公顷被贩毒集团购买，分给农民种植毒品，从事古柯种植的有 12 万人，从事大麻种植的有 6 万人，从事制毒、贩毒以及充当贩毒集团保镖、杀手等职业的约 1 万人，毒品业总计解决了 19 万人的就业问题，占全国劳动力总数的 2%至 3%。[②]

三、国际市场上对毒品需求的增加大大刺激了哥伦比亚毒品业的发展。哥伦比亚大毒枭罗德里格斯在展望贩毒业的前景时曾夸口说："经济有其自然规律，供应取决于需求。"[③]近 20 年以来，欧美国家的吸毒问题日益突出，对毒品的需求与日俱增，这极大地刺激了毒品生产的发展。1976 年，哥伦比亚生产的可卡因仅 20 吨，到 1980 年就增加到 50 吨，1985 年再增加到 130 吨，1989 年又增加近

---

① 格雷格：《古柯与可卡因》(F. M. Gregor, *Coca and Cocaine*)，格林伍德 1993 年版，第 49 页。

② 格雷格：《古柯与可卡因》，第 61—62 页。

③ 周本寅等：《走私贩毒面面观》，河南人民出版社 1993 年版，第 28 页。

一倍，达 250 吨。[①] 毒品产量的上升，在很大程度上是需求刺激的结果。

在以上诸多因素的综合作用下，哥伦比亚的毒品经济迅速发展起来。与此同时，以麦德林和卡利两大城市为中心，在哥伦比亚和全世界都很有名的贩毒组织——麦德林集团和卡利集团先后组建。这两大贩毒集团不仅从事毒品种植和贩运，更重要的是从事毒品加工，于是，在南美“银三角”中，哥伦比亚一直充当毒品的“厨房”和“实验室”。哥伦比亚是南美最大的毒品加工和走私贩运中心。据统计，南美毒品总量的 70％以上是经哥伦比亚加工后再贩运到欧美各国的。[②]

毒品业带来的收入十分惊人，在哥伦比亚外贸出口中，非法毒品贸易额长期排在前三位。毒品交易额的具体数字为：1976 年 13.1 亿美元，1980 年 23.5 亿美元，1985 年 34.8 亿美元，1989 年 46.65 亿美元。可见，在短短的十多年时间里，毒品交易额竟增长了 3.56 倍，这远远高于其他经济部门的增长速度。[③] 非法毒品贸易的发展为贩毒集团带来了无穷的财富，没有人能准确说出麦德林集团和卡利集团到底拥有多少财产，但毒枭们个人的富有程度已令人咋舌。1987 年，麦德林集团头号毒枭埃斯科瓦尔拥有个人财富 40 亿美元，二号毒枭奥乔亚拥有个人财富 20 亿美元，这两人当年 10 月份进入美国《财富》杂志所评出的世界 20 巨富之列。

---

① 格雷格：《古柯与可卡因》，第 60 页。

② 崔庆森等主编：《中外毒品犯罪透视》，社会科学文献出版社 1993 年版，第 48 页。

③ 格雷格：《古柯与可卡因》，第 60 页。

贩毒资金进入哥伦比亚，对哥伦比亚的经济起到了巨大的推动作用，事实上，毒品经济成了哥伦比亚经济发展的起动器，直到现在仍然是国家正规经济的一个重要补充部门。

哥伦比亚政府对毒品资金采取睁一只眼闭一只眼的态度，为改变国家资金不足的状态，政府总是有意无意地吸收和利用毒品美元。为招商引资，政府实行一律不查问资本来源的政策，这就为毒品美元的回流与合法化大开方便之门。1981 年，有 15 亿毒品美元回流到国内，占国民生产总值的 4.1%；1982 年回流额为 25 亿美元，所占比例为 6.4%；1983 年回流 15 亿美元，占 3.9%；1984 年回流 10 亿美元，占 2.6%，1985 年回流 9 亿美元，所占比例为 2.6%。① 大量毒品美元的流入，增加了哥伦比亚的外汇储备，也增强了国家经济的应变能力，这显然对稳定经济有利。80 年代初，拉美国家因债务危机而经济形势恶化，大部分国家出现零增长或负增长，但哥伦比亚却一枝独秀，其经济增长率仍保持在 4.5%左右，成为拉美地区唯一没有进行延期付债谈判并能够按时还本付息的国家，这其中，毒品经济的作用不可忽视。1987 年，国际市场上咖啡等初级农产品的价格下跌 40%，这对于以咖啡为主要出口产品的哥伦比亚来说，无疑是一个重大打击，然而，由于当年毒品出口量增加、价格上扬，该国的外贸出口额却扶摇直上，对外贸易额达 317 亿美元，实现顺差 23 亿美元，哥伦比亚的外汇储备也增加到 33 亿美元。② 由此可见，

---

① 索普：《秘鲁和哥伦比亚的经济管理和经济发展》(R. Thorp, *Economic Management and Economic Development in Peru and Colombia*)，麦克米兰 1991 年版，第 181 页。

② 张祖谦译：《哥伦比亚经济奇迹的两大支柱》，载《国际展望》，1988 年第 8 期。

毒品经济已经成为哥伦比亚经济中不可缺少的支柱。

大批资金进入国内各经济部门，这一方面能使贩毒集团的“地下收入”合法化，另一方面也促进了国家经济的发展。毒枭们不仅购买土地，开发房产，而且还通过投资入股方式控制工矿企业以及金融、保险等部门。据哥伦比亚房产机构联盟的估计，1979—1988年间，贩毒集团仅在房地产方面的投资就达数百亿美元。通过金钱开道，贩毒集团成功地实现了对经济部门的渗透，以至于大毒枭罗德里格斯·加查狂傲地宣称，有70％的哥伦比亚人在从事与毒品行业直接或间接相关的工作。毒品美元的出现为哥伦比亚带来了一种表面的繁荣。以麦德林集团的大本营麦德林市为例，80年代初，纺织工业的衰落使该市呈现萧条状况，失业率高升，贫困严重，城市一片破败的景象。但随着麦德林集团的崛起以及毒品美元不断涌入，麦德林市一改衰败之象，很快变成一个现代化城市，不仅有繁华的商业街道和豪华的私人住宅，还有世界上第一流的娱乐中心。在毒品美元的作用下，高档公寓、摩天大楼、游乐中心等拔地而起，城市规模不断扩大，麦德林成为全国第二大城市，原先就业紧张的状况缓解了，工人的生活水平也大大提高。据估计，麦德林市1/3的工人可以直接或间接地从“毒品经济”中得到好处。与此相仿，全国第三大城市卡利和南方名城圭维阿雷也是依靠毒品经济发展起来的。

毒品经济推动了哥伦比亚经济的平稳增长，国家经济实力也不断增强。据统计，1970—1994年，哥伦比亚经济增长184％，年平均增长率为4.4％，高于拉美地区的平均经济增长率；其人均国内生产总值增长75％，年增长率为2.4％，在拉美地区仅次于厄瓜多尔，位居第二。1993—1995 年,哥伦比亚经济年平均增长率为 5.5%,是拉丁美洲经济增长率较高的国家之一。经济的发展带来了财富的增长,据统计,1994 年,哥伦比亚的国内生产总值达 592.58 亿美元,已超过委内瑞拉,跃居拉美第四位。[①] 近几年来,哥伦比亚的经济增长率在拉美各国中居于前列,成为该地区经济最繁荣的国家之一。显然,无论国家还是个人都从毒品经济中受益匪浅,从某种程度上说,哥伦比亚就是依靠毒品经济发展起来的。

但是,毒品经济毕竟是一种非法、不道德、畸形的经济,尽管在短期内它会促进经济发展,但从长远和整体的角度看,它给国家带来的危害无可挽回,从某种意义上说超过了它所带来的益处。随着毒品经济的发展,毒品对于国家政治、经济和文化等方面的渗透已经到了惊人的地步,导致整个社会的腐化。有人因此说:哥伦比亚是个"被毒化了的国家"。

毒品经济带来严重的社会后果,它对社会生活造成巨大伤害。这主要表现在以下几个方面:

一、作为毒品的生产、加工和贩运基地,哥伦比亚的毒品大部分销往欧美市场,但也有一部分在国内销售,哥伦比亚是拉丁美洲吸毒问题最严重的国家之一,吸毒问题的泛滥不仅使国民的身心健康受到损害,而且还容易引起各种犯罪,从而危及社会治安。

在哥伦比亚,毒品的买卖十分猖獗,几乎到了半公开的地步,吸毒现象也因此十分普遍。据 1987 年哥伦比亚埃菲社的报道,全国

① 徐宝华:《哥伦比亚经济持续稳定发展的启示》,载《拉丁美洲研究》,1996 年第 6 期。

3 000万人口中，吸毒者占25%左右，仅首都波哥大一地就有50万人吸毒。[①] 尤为严重的是，近年来妇女和学生吸毒者越来越多，比如在12—20岁的青少年中，吸毒者的比例高达40%。吸毒者往往身体瘦弱、疾病缠身，精神十分颓废、萎靡不振，国民的体质因此而严重受损。

染上毒瘾的人常常失去工作，离散家庭。当他失去经济来源而又无法满足其毒瘾时，就很容易走上犯罪道路。妇女们往往去卖淫，出卖肉体以满足她们对毒品的要求；男子则去偷窃、抢劫，通过各种形式的犯罪来获取毒品。据哥伦比亚国家警察总署1988年的报告，在当年全国发生的212 144起犯罪案中，排在首位的是盗窃和抢劫，为69 701起，其中绝大部分是吸毒者为满足毒瘾而干出来的。[②] 由吸毒引发的犯罪对哥伦比亚的社会治安已构成极大的威胁。

二、贩毒分子组成势力庞大、组织严密的犯罪集团，倚恃其雄厚的经济实力建立“毒品王国”，公然与国家对抗，严重地威胁到政府的权威和国家主权。

在贩毒分子控制的地区，政府的权威事实上已不存在。贩毒集团不仅控制了当地的农业、工业和商业，而且建立私人武装，与政府力量抗衡。麦德林集团的准军事组织MAS(意为“处死绑架者”)就是一支2 000余人的军队，分为150个行动小组。贩毒集团出高价

---

① 徐宝华:《全球毒品蔓延与哥伦比亚的扫毒战》，载《拉丁美洲研究》，1992年第5期。
② 格雷格:《古柯与可卡因》，第92页。

从英国、南非和以色列等国请来军事教官和顾问，并为这支部队配备了世界上最先进的武器装备，同政府进行公开对抗。

毒枭们还试图进行公开的政治活动，以保护毒贩的利益。1982年，麦德林集团头目埃斯科瓦尔以金钱为后盾建立“自由选择党”，并以该党名义当选为众议院候补议员。不久，该党并入国内较有实力的“新自由民主党”，埃斯科瓦尔居然联合一部分议员向政府提出“毒品交易合法化”和“反对向美国引渡贩毒分子”的要求，此举遭到新任司法部长拉腊和自由党总统候选人加兰的严厉斥责。埃斯科瓦尔恼羞成怒，居然率领数十名荷枪实弹的保镖闯入议会，恫吓议员。尽管事后他因此被取消候补议员资格，但其活动之猖獗，已到了令人难以容忍的地步。

还是埃斯科瓦尔，在因涉嫌制造多起命案而遭政府通缉时，竟然毫不在意。他公然蔑视政府权威，试图以对等身份同政府进行谈判。他联合其他贩毒分子向政府提出：只要政府答应撤销对贩毒分子的起诉，释放被监禁者，并允许其财产合法化，他们甘愿替政府偿付110亿美元的外债。这一要求被拒绝后，他们公然宣称要同政府对抗到底，并在全国范围内制造了一系列暴力活动。由此可见，贩毒集团的所作所为，对哥伦比亚的国家主权和政府权威，已经构成了严峻的挑战。

三、贩毒集团为使其制毒、贩毒渠道更加通畅，或逃避政府发动的扫毒斗争及法律严惩，经常以巨额资金向军队、警察、法官、海关官员等行贿，使其包庇、纵容甚至支持贩毒活动，由此而滋生出许多腐败现象，严重地侵蚀了哥伦比亚的政治肌体。

据透露，在哥伦比亚，贩毒集团最大的一项开销就是贿赂，有人估计回流到国内的毒品美元中，约有一半用于行贿。贩毒集团的行贿是在暴力威胁的阴影下进行的，因而屡试不爽。正如一位毒枭所说：当一名警官或法官面临全家被杀得鸡犬不留或是一夜之间成为百万富翁这两种选择时，绝大多数人会选择后者。

事实正是这样。在贩毒集团的老巢麦德林市，有90%以上的警察与贩毒集团有牵连。从全国来看，在1989年的警察整肃行动中，共查出877名警察与贩毒集团有染，因此被解除了职务。从前任国家警察总监麦丁纳·桑切斯开始，到各级警官，再到数百名普通警察，都不同程度地接受过贩毒集团的贿赂，实施过渎职行为。[①] 贩毒集团的行贿对象还有海关官员、法官，甚至还有政府高官。在由卡利集团召开的一次毒贩碰头会上，贩毒集团就曾这样说："我们必须用金钱来资助政治家的竞选，以使他们站在我们一边。"[②]毒品美元涉足政治在哥伦比亚已无人不知，在1995年一场全国性的反腐败运动中，国家检察长瓦尔德维索公布了涉嫌接受毒品美元贿赂的23名政府要员的名单，他还下令逮捕了前参议院梅斯特雷和著名记者阿尔贝托，并要求立案侦察执政的9名自由党议员。总统桑佩尔也公开承认，在250名国会议员中，将近20%的人与贩毒集团关系密切。但美国驻波哥大的扫毒官员认为，这一比例可能高达50%—70%。[③]由此可见，贩毒集团对哥伦比亚政治肌体的腐蚀已经到了何等惊人

① 格雷格：《古柯与可卡因》，第85页。

② 珍妮·皮尔斯：《迷宫中的哥伦比亚》，第192页。

③ 赵念渝：《哥伦比亚新总统的"最后一战"》，载《国际展望》，1994年第17期。

的地步！

贩毒集团对政府各部门的贿赂为腐败的滋生创造了条件，而腐败反过来又促进了贩毒活动的蔓延。在金钱的驱使下，哥伦比亚的许多政府官员和缉毒人员贪赃枉法，包庇、纵容贩毒活动，甚至故意透露扫毒计划，致使毒贩们逍遥法外，变本加厉地进行贩毒活动，使贩毒屡禁不绝。1989 年 9 月，哥伦比亚一政府官员在解释扫毒行动不力、收效甚微的原因时指出："毒枭们总能顺利逃避搜捕的原因，并不是我们的军事力量不够，也不是他们的部队坚不可摧，而是因为在每一次大规模的搜捕行动前，军队和警察内部总是有知情者为他们通风报信。"①大毒枭们即便不慎被捕，也可用金钱铺路，顺利逃脱。比如 1987 年，麦德林集团花了 170 万美元买通有关司法官员，使其头目奥乔亚顺利越狱出逃。一些政界人士在接受贿赂后，往往按贩毒集团的意愿行事，从而严重干扰国家机器的正常运转。1989 年，在贩毒集团的腐蚀与压力下，哥伦比亚参议院不顾政府和一些政党的反对，决定把"向美国引渡毒品走私犯"问题提交全民公决。政府中的自由党和保守社会党领导人因此提出辞呈，致使哥伦比亚陷入多年来最严重的政治危机。

四、面对政府的扫毒行动，贩毒集团还进行"以牙还牙"的暴力反抗，如绑架、暗杀、丢炸弹等，致使哥伦比亚社会处于长期动荡之中，国家为此付出巨大代价。

恐怖活动的主要对象是主张打击毒品活动的军警、记者、司法

---

① 珍妮·皮尔斯：《迷宫中的哥伦比亚》，第 267 页。

人员、政府官员和左派人士，上至总统候选人，下至平民百姓，只要对毒贩的贩毒活动构成威胁，就几乎难以逃脱他们的魔掌。试举数例：

1984 年，新任司法部长罗德里戈·拉腊下令逮捕一批应引渡的贩毒分子，并领导破获了一批重大贩毒案件，贩毒集团由此怀恨在心。不久，拉腊接到多封死亡恐吓信，他为此深居简出，但仍难逃厄运。两个月后，两名骑着红色雅马哈摩托车的年轻枪手，在首都的大街上尾随拉腊的奔驰轿车，伺机将 7 颗子弹射入这位年仅 38 岁的部长身上，年轻的拉腊惨死街头。

哥伦比亚第二大报《旁观者报》多次发表文章和社论，揭露和抨击麦德林集团的贩毒活动，要求政府采取更严厉的镇压行动，结果大难临头。1986 年 12 月 17 日，该报总编辑吉勒尔莫·卡诺在回家的路上遇刺身亡。不仅如此，该报办公大楼也屡遭贩毒分子的袭击。1989 年 9 月 2 日，恐怖分子在大楼前制造了一起汽车炸弹爆炸事件，造成数十人伤亡，其中不少是无辜平民。

1988 年被提名为自由党总统候选人的卡洛斯·加兰，是一位主张严厉缉毒的政治领袖，他将贩毒集团比作“国家灭亡之祸根”，因此在人民中享有威望。贩毒集团认识到如果加兰当选，他们的处境将极为不妙，于是开价 50 万美元悬赏加兰的人头。加兰对此嗤之以鼻，并幽默地说：“我对这个数字感到失望。”但仅过了 11 天，悲剧就发生了。8 月 18 日，加兰去参加波哥大郊区一个群众性政治集会。正当他准备登台演说时，周围一阵枪响，尽管得到上百名保镖的保护，加兰还是难逃厄运，他在 5 万名与会者的众目睽睽之下痛苦地死去，年仅 46 岁。贩毒集团得知暗杀计划成功后，大摆筵席，弹冠相庆。

此类例子已举不胜举。据统计，1982—1988 年间，贩毒集团制造的暴力犯罪案件达上万起，造成 8 935 人死亡，其中政治家 108 人，法官 157 人，记者 17 人，警察 1 536 人，禁毒官员 3 491 人，士兵 408 人，游击队员 118 人，普通市民 3 100 人。① 贩毒集团的暴行已经到了令人发指的地步，曾担任美国毒品管制局局长的威廉·尤特对哥伦比亚贩毒集团做过这样的评论："他们是世界上有史以来最罪恶、最危险、最残暴、最大胆，但也是最有钱的一个犯罪组织；与这个组织相比，美国的黑手党就像小学里的学生，日本的山口组就像教堂里的唱诗班。他们的所作所为正危害着全世界人民的健康和幸福。"②

贩毒集团的暴力犯罪活动，不仅危及正常的社会生活，也在经济上给国家带来了损失。据哥伦比亚经济部门统计，在过去 20 年中，贩毒集团的暴力活动对工农业生产和商业发展产生了不可低估的消极影响，损失达 1 750 亿比索，相当于国民生产总值的 1%。③ 由此可见，日趋严重的毒品犯罪问题已经对哥伦比亚经济发展形成障碍。

五、毒品问题在外交上成为哥伦比亚同西方国家、特别是同美国关系的一个摩擦点，并严重影响到哥伦比亚的国际形象。

---

① 倪寿明等:《毒品面面观》，东方出版社 1992 年版，第 130 页。
② 倪寿明等:《毒品面面观》，第 130 页。
③ 格雷格:《古柯与可卡因》，第 66 页。

在西方国家中，美国是世界上最大的毒品消费国。出于地利之便，美国市场上的可卡因80%以上来自哥伦比亚。在吸毒问题日益严重、禁毒斗争收效甚微的情况下，美国开始对哥伦比亚的毒品生产和贩运问题严加关注，并强烈要求哥伦比亚在禁毒方面进行国际合作。美国前总统布什曾指出：根除毒品问题的"逻辑是简单的，最方便和最安全的办法是在其来源地摧毁它们"①。但哥伦比亚却认为应从消除毒品需求来着手解决毒品问题。桑佩尔总统1995年7月在答记者问时说："贩毒活动看来永远也不会从世界上消失，因为一个简单的市场法则在起作用，即有需就有供。"②

围绕在禁毒斗争中哪一方应负主要责任的问题，美国和哥伦比亚不时产生外交摩擦。美国总是把对哥伦比亚的援助同其扫毒成果联系在一起，并经常以"完不成扫毒指标"或"扫毒合作不力"为由减少甚至冻结对哥伦比亚的援助。哥伦比亚对于美国以援助为要挟干预其内政的做法极为不满，1994年底，针对美国声称要冻结4 000万美元扫毒援助的威胁，哥伦比亚外长诺埃米·萨宁表示："我们绝不接受单方面的观点，不允许别人指手画脚来说我们应该如何去领导我们的反毒斗争。"③

目前，围绕毒品问题的哥美争执不断升级，尽管有不少拉美国家站在哥伦比亚方面谴责美国干涉别国内政，但大部分国家，尤其是深受毒品之害的发达国家都支持美国的立场，要求哥伦比亚加大

① 吴德明：《当前拉美经济发展进程中的毒品问题》，载《拉丁美洲研究》，1996年第2期。
② 吴德明：《当前拉美经济发展进程中的毒品问题》，载《拉丁美洲研究》，1996年第2期。
③ 徐宝华：《毒品问题引发的哥、美外交冲突》，载《拉丁美洲研究》，1996年第2期。

扫毒力度，并对哥伦比亚国内的毒品腐败问题加以严厉谴责。由此可见，毒品问题已不仅影响到哥伦比亚的内政，也日益为整个国际社会所关注。历届哥伦比亚政府在扫毒斗争中收效甚微，很难遏制毒品泛滥。这对哥伦比亚来说，已严重损害了它的国际形象。

现在可以对哥伦比亚的毒品经济作一个总结了。从纯经济的角度说，毒品经济似乎起过某种积极作用，它带动了国家的经济发展，把哥伦比亚从一个贫穷、落后的国家推进到某种“小康”状态。然而，它带来的负面影响却正在起更为长远的作用，哥伦比亚社会的“毒化”现象已经根深蒂固，很难加以铲除了。一种畸形的经济造就了一个畸形的社会，国家的政治和社会生活已很难恢复正常。这就向人们提出一个问题：为了发展经济，是否宁愿以构筑一个畸形的社会为代价？是否在其初始阶段可以不顾道德与价值的规范？为了短期的经济利益容忍一枝有毒的幼芽出土，这枝幼芽到它成熟后就会攀附于整个社会——而在这时再去清除它，似乎为时已晚了，它的毒汁可以轻易地毁掉任何企图清除它的人。

泰国旅游业中的色情问题

泰国位于亚洲南部，是东南亚地区一个传统的农业国家。泰国原名暹罗，从 16 世纪起先后受葡萄牙、荷兰、英国、法国的殖民统治，1941 年又遭受日本帝国主义的占领，直到“二战”结束后，泰国才真正获得独立，并于 1949 年定名为泰王国。

“二战”以前，泰国是一个落后的半殖民地半封建国家，在经济方面表现出单一经济结构的特征，大米、橡胶等初级产品的出口成为国家最主要的经济支柱。“二战”以后，泰国政府同其他发展中国家一样，致力于发展独立的民族经济。从50年代中期开始，泰国政府推行了进口替代工业化和大力发展第三产业的经济发展战略。经过40多年的努力，泰国经济实现了突飞猛进的发展，并成为东南亚地区发展最迅速的国家之一。从国内生产总值的增长率来看，1950—1960年平均为5.6%，1960—1970年平均为8.4%，1970—1980年平均为7.2%，1980—1990年平均为7.6%。① 特别是1988—1990年间，年平均增长率连续三年突破10%，1991年以后，虽说政府对经济“过热”进行控制，但仍保持年平均8%的增长率。泰国的发展奇迹令世界各国瞩目，即便与韩国、新加坡、中国台湾、中国香港相比也毫不逊色，因此有人把崛起中的泰国称为“亚洲第五龙”。

随着泰国经济的发展，其经济结构也发生了重大变化，这主要表现在：过去的主导产业农业在国民生产总值中的比重迅速下降，而工业、服务业(第三产业)在国内生产总值中的比重急剧上升。比如1970年，泰国的农业、工业、服务业在国内生产总值中的比重分别为28%、25%和46%；到1990年，农业所占比重下降到12%，工业所占比重上升为39%，服务业所占比重达到了48%。② 从以上数据可

① 贺圣达等：《战后东南亚历史发展——1945—1994》，云南大学出版社1995年版，第481页。

② 马德希·克龙乔：《泰国工业化及其后果》(Medhi Krongkaew, *Thailand's Industrialization and its Consequence*)，纽约1995年版，第86页。

以看出，服务业在国内生产总值中的比重接近一半，服务业已成为泰国经济中最重要、最有活力的一个部门。特别是在80年代末90年代初的几年间，由于政府大力扶植，服务业出现了惊人的增长。从服务业的总产值来看，1987年为107.19亿铢，1988年为150.34亿铢，1990年为216.72亿铢，1991年为243.06亿铢，1992年为260.07亿铢。[①] 在短短的6年间，服务业的产值增长达143%，远远高于其他部门。

在泰国服务业中，最重要的行业就是近几十年来蓬勃发展的旅游业，旅游业不仅是服务业的支柱，而且成为整个国民经济的龙头。

旅游业的发展是从60年代起步的。1960年，泰国成立了国家旅游局，指导开发全国的旅游资源。在政府大力扶持下，泰国旅游业逐渐发展起来，从抵达泰国外国游客人数来看，1960年为8万人，1964年猛升至21.2万人，1970年为63.7万人，1975年为110.7万人，1978年为137万人，1980达到了185万人。[②] 在20年时间里，外国游客人数竟增长了22倍。进入80年代以后，泰国政府更加重视旅游业的发展，将其置于优先考虑地位。1982—1986年间，政府实施第五个国家经济社会开发计划，旅游业成为重要的发展目标。5年间，抵泰游客分别达到222万、219万、235万、243万和262万。[③] 从1987年起，政府结合泰国的民族特色，连年开展“泰国旅游年”活

---

① 马德希·克龙乔：《泰国工业化及其后果》，第86页。

② 帕苏克·蓬派集：《从农家女到曼谷按摩女郎》(Pasuk Phongpaichit, *From Peasant Girls to Bangkok Masseuses*)，日内瓦1982年版，第5页；翁琳：《泰国是如何发展旅游业的》，载《东南亚研究》，1987年第4期。

③ 翁琳：《泰国是如何发展旅游业的》，载《东南亚研究》，1987年第4期。

动。政府一方面投入巨资进行旅游宣传，另一方面简化游客的入境手续，从而大大促进了旅游业的发展。90 年代后，旅游业在泰国的地位更加突出。1992—1996 年，政府对旅游业提出具体规划，要求其年收入增长率不低于 13%，年游客增长率不低于 8%。为实现这一目标，政府采取了种种措施，取得明显效果。1992—1995 年，抵泰的外国游客分别为 514 万、576 万、617 万和 695 万，世界各国、尤其是亚洲各国掀起一股“到泰国去旅游”的热潮。[①] 近两年来，受金融危机的影响，泰国货币大幅度贬值，到泰国旅游的费用相对降低，这刺激了更多的外国游客来泰国，旅游业的热潮久盛不衰。

旅游业对泰国经济发展的推动作用主要表现在以下两个方面：

一、为泰国赚取大量外汇，使之成为工业化资金的重要来源。

从 60 年代开始，旅游业逐步发展，但在当时，泰国的出口创汇主要依靠大米、橡胶和纺织品等，旅游业所占的比重不大。80 年代以后，旅游业的发展突飞猛进，大大提高了其出口创汇能力。1982 年，泰国传统产品大米的出口额为 235 亿铢，而旅游业的创汇达到 238 亿铢，第一次取代大米跃居第一。此后的几十年间，作为创汇能力最强的部门，旅游业的地位更加巩固。1982—1984 年间，旅游业年平均创汇 254 亿铢，占服务业总收入的 35%；1985 和 1986 年，创汇分别为 317 亿铢和 370 亿铢，1989 年达到 963.86 亿铢，1990 年 1 105.72亿铢，1992 年则为 1 231.35 亿铢。[②] 在 90 年代中期掀起的

---

① 李延凌：《泰国旅游业的回顾与展望》，载《东南亚研究》，1997 年第 2 期。

② 翁琳：《泰国是如何发展旅游业的》，载《东南亚研究》，1987 年第 4 期；《泰国工业化及其后果》，第 91—92 页。

旅游热中，创汇水平又大有提高，比如 1995 年泰国旅游业创汇达 1 988亿铢(合 79.5 亿美元)。[①] 作为一个发展中国家，泰国需要大量资金实行工业化，旅游业创汇能力的大幅度上升，为国家建设积累了资金，从而在很大程度上缓解了资金不足的状况。

二、解决了大批农村剩余劳动力的就业问题，打开了庞大的就业市场。

工业化意味着从农业社会向工业社会的转化，这一过程中将出现大批农村剩余劳动力，如何解决这些劳动力的就业问题，既关系到国家的政治稳定，又关系到国家的经济发展。泰国在 1987—1994 年期间，农业所占用的劳动力从 66%减少到 58%，平均每年递减 1%。[②] 这些多余劳动力除了相当一部分转移到工业生产方面以外，还有一部分即被新兴的旅游业所吸收。景点开发与维修、旅游饭店与商店、导游、娱乐等吸收了大批劳动力。根据泰国旅游局统计，1987 年，旅游及相关行业共提供了 458 825 个就业机会，其中饭店、旅馆、娱乐三方面的就业比例分别为 30.6%、29%和 15.1%。到 1992 年，在旅游及相关行业的就业人数又翻了一倍多，达到了 930 911人。[③] 旅游业的发展缓解了泰国劳动力剩余、就业形势严峻的状况，比如 1994 年，旅游业从业人数占全国劳动力的 27%，旅游业成为农业、工业以外的第三大劳动就业部门。

旅游业的兴盛推动了泰国经济发展，同时它也是泰国经济发展

① 李延凌:《泰国旅游业的回顾与展望》，载《东南亚研究》，1997 年第 2 期。
② 杨锐:《泰国旅游业及其发展趋势》，载《东南亚南亚信息》，1997 年第 11 期。
③ 马德希 · 克龙乔:《泰国工业化及其后果》，第 93 页。

的一个具体体现。泰国旅游业之所以能在短短的二三十年间得到迅速发展，主要归功于以下几个原因：一是旅游资源丰富，吸引了大量游客；二是政府和民间对旅游业的高度重视，不断加大资金投入；三是交通设施以及服务质量不断改善，利于吸引大批游客；四是东南亚经济的强劲发展为泰国旅游业提供了客源，比如1995年抵泰旅游的外国游客中，有400万来自东亚，只有170万来自欧洲。①

然而除了以上几个因素外，还有一个重要因素不容忽视，这就是泰国旅游业带有浓厚的色情色彩，使之对游客具有特别的吸引力。色情包括异性按摩、妇女甚至幼女卖淫等，此外还有泰国所特有的人妖表演，这使泰国旅游业别有特色。同旅游业一样，色情业也是从60年代开始起步的，经过70年代的大发展，80和90年代进入全面的繁荣期。色情业的兴起与旅游业的发展相辅相成，旅游业为色情业创造契机，色情业则反过来大大刺激旅游业的发展。下面我们就对与旅游业有关的色情行业进行具体考察。

首先涉及的是泰国旅游业的一个特色项目——人妖表演。泰国首都曼谷和著名海滨城市帕塔雅，就以独特的人妖表演闻名于世。凡去泰国旅游的人，一般都不会错过看人妖表演的机会。有人说："没看人妖歌舞就不能说到过泰国。"由此可见泰国人妖对游人的吸引力。

"人妖"起源于新加坡，它指一种在心理和生理上都具有女性特征的男子。1975年在泰国出现，后来被泰国旅游界看中，并加以利

① 李延凌：《泰国旅游业的回顾与展望》，载《东南亚研究》，1997年第2期。

用，培养成能歌善舞的人，让他们进行歌舞表演，吸引游客，立刻就取得了显著的效果。

人妖表演在一般城市都能见得到，不过最负盛名的还是帕塔雅。帕塔雅位于曼谷东南125千米，在60年代，它还只是一个小渔村，今天已成为具有“东方夏威夷”之称的国际旅游城市。其发展如此迅速，最主要的原因在于这里有世界上绝无仅有的泰国最早和最大的歌舞班子——帕塔雅海滨剧场的“蒂芬尼”人妖歌舞团。每当夜幕降临，在帕塔雅的人妖剧院门口，游客云集，摩肩接踵地等候入场观看人妖表演。帕塔雅共有两个人妖剧场，每晚有5场演出，每场能容纳500人左右，但仍场场爆满。人妖表演每场票价约380至520铢，以每晚2 000名观众计算，收入可达上百万铢。难怪人们会说：“人妖起舞，财源滚滚！”

人妖不仅参加歌舞演出，还通过与游客合影等方式来赚取钱财，有一些人妖还被用来进行色情活动。据说在曼谷某条街上开设的酒吧和按摩院中，有不少就是以人妖来招徕顾客的。外国的一些同性恋者和性变态者对泰国人妖情有独钟，不惜千里迢迢、漂洋过海来与人妖厮混，以寻求心理和生理上的刺激。

除人妖以外，各旅游景区内的酒吧、浴室、夜总会里的异性按摩以及无处不在的妇女卖淫等色情活动泛滥，这也是促进泰国旅游业发展的一个重要因素。

从60年代开始，随着旅游业的兴盛以及外来游客的增加，泰国的色情服务业如雨后春笋般地发展起来。旅游业发达的地区，一般就是色情业泛滥的地区。据泰国政府公布的数字，80年代初，仅首都曼谷就有 18 000 名妇女从事按摩或卖淫等色情服务，但这肯定是一个比较保守的数字，不少人认为这一数字应在 10 万人左右，有人甚至认为接近 20 万。虽然泰国全国从事色情服务的妇女人数因缺乏资料而无法确知，但据泰国学者蓬派集的估计，总人数在 50 万左右，其中 14—24 岁的妇女占了 10%。①

随着旅游业的发展，为游客提供色情服务的场所相继涌现。据马希德大学贴帕农博士调查，80 年代初，在曼谷就有 119 家按摩院、119 家茶馆和浴室、97 家酒吧、248 家变相妓院和 394 家歌舞厅，所有这些场所都直接或间接地为游客提供色情服务。② 贴帕农博士还特别对按摩院中的从业妇女进行调查，发现这些按摩女不仅提供按摩、三陪服务，还可以应客人要求提供进一步的性服务。常规的按摩、三陪服务收费在 40 至 60 铢之间，如果客人要求提供性服务，收费就会高达 220 至 350 铢，钱的多少依据妇女的色相而定。调查还表明，在接受卖淫的人中，有 30%是本地暴发户，50%以上是来此观光的外国游客。③ 五花八门的色情服务已成为泰国旅游业招徕外国游客的一种重要手段。

在接受贴帕农博士调查的 48 名按摩女中，年龄层次分布如下：12—13 岁的 4 人，14—15 岁的 5 人，16—17 岁的 5 人，18—19 岁的 10 人，20—21 岁的 9 人，22—23 岁的 10 人，24 岁以上的 5 人。其中，18 岁以下的未成年女性有 14 人，占被调查总数的 28%。在世界

① 帕苏克・蓬派集：《从农家女到曼谷按摩女郎》，第 7 页。
② 帕苏克・蓬派集：《从农家女到曼谷按摩女郎》，第 9 页。
③ 帕苏克・蓬派集：《从农家女到曼谷按摩女郎》，第 11 页。

各国中，泰国的“雏妓”特别多，这也是那些寻求刺激的游客对泰国趋之若鹜的重要原因。我们不妨再看看这50名按摩女的收入情况：月收入1 000—2 000铢的2人，占4%；2 000—3 000铢的6人，占12%；3 000—4 000铢的10人，占20%；4 000—5 000铢的3人，占6%；5 000—6 000铢的15人，占30%；6 000—7 000铢的4人，占8%，7 000—10 000铢的8人，占16%；10 000—15 000铢的2人，占4%。按摩女的月平均收入在3 000—6 000铢之间，这远远高于当时泰国的平均工资水平。因此，到大城市充当按摩女，对于贫穷的农村妇女来说，是一项报酬丰厚的颇有吸引力的工作。实际上，这些按摩女，大多数来自泰国北部或东北部的贫困山区，为了使自己和家庭摆脱贫困，为了维持基本的生存，这些妇女被迫来到大城市，靠出卖色相来改变自己的命运。随着越来越多的农村妇女涌入城市，吸纳这些妇女的色情场所也越开越多，而日益增加的外国游客对这些场所的光顾更使得色情服务业经久不衰。

色情行业的发展与泛滥不仅违背了传统的道德标准，而且是违反国家法律的。根据泰国政府1960年颁布的一项法律，像卖淫这类色情服务被认为是非法的，卖淫者及容留卖淫者将处以3个月至1年的监禁，或被处以1 000—2 000铢的罚金。可是事实上，这一法律在各地都难以实施，色情行业早已泛滥成灾，如果真的严格执行法律，那么大量的酒吧、按摩院等场所就要关门。色情服务对旅游业的推动作用是人所共知的，政府在打击色情业方面有投鼠忌器之虑，生怕此举会影响旅游业的发展，从而影响到旅游业的创汇水平。因此，政府在一定程度上默许甚至暗地里支持色情行业，这成为色情业久“打”不衰的主要原因。正如澳大利亚学者沃尔所说的那样：“泰国内政部有责任禁止妇女卖淫，但众所周知，卖淫早已成为吸引游客的一种手段；实际上，如果没有内政部心照不宣的保护，泰国色情业大规模地存在简直是不可能的。”①

事实也正是如此。在泰国，几乎所有的色情场所都是以按摩院、酒吧、歌舞厅或饭店等名义注册的，在得到一定的保护费以后，当地警方对色情活动听之任之，很少会突击搜查这些娱乐场所。即便偶尔为之，也是由于在保护费问题上同业主产生了纠葛而有意作梗，这一点几乎人人都清楚，连地方警察自己都承认。

不可否认，人妖表演、异性按摩和妇女卖淫等色情服务确实为泰国旅游业注入了强心剂，在东南亚各国都积极开发旅游资源、争取游客的时候，泰国却自觉或不自觉地将色情业同旅游业结合起来，取得了十分显著的效果。赴泰国的游客人数连年上升，旅游创汇逐年大幅度增加，与色情业对旅游业的刺激作用是分不开的。

然而，这种做法是以牺牲道德和摧残人性为代价的，其价值取向并不可取。此外，它将对社会造成长久深远的影响，危害到民族的正常发展。

拿参加歌舞表演的人妖来说，尽管他们收入丰厚，其人性却遭到摧残，心灵上的辛酸可想而知。一位泰国人在向其中国朋友介绍“人妖”时说：“他们长期服用女性荷尔蒙激素，完全变成了变态人，

---

① P. G. 沃尔：《泰国经济的转变》(Peter G. Warr, *Thai Economic Transition*)，剑桥 1993 年版，第 164 页。

已不能过正常人的生活了。经过多年的物质训练,他们变成献媚于众人专为老板赚钱的重要工具。他们的生活较为单一,白天练功,晚上粉墨登场献艺,陪客留影。由于终日在生理和心理上付出过量劳动,致使他们寿命十分短暂,一般为30至40岁之间。”[①]人妖以向游客展示自己扭曲的身体和人性来换取生存,这无疑是文明社会中一个不和谐的音符。

同样,从事异性按摩、卖淫的妇女,往往因为贫困而用自己的青春和肉体去换取金钱,她们每个人的经历都是一部充满辛酸和血泪的故事。有一个来自泰国北部贫困山区的少女,因家庭欠下15 000铢的债务,为抵债而被债主带到曼谷的按摩院。为尽快还债赎身,也为了使家庭走出贫困,她不但从事按摩服务,还时常出卖肉体。为了赚钱,这位少女的卖淫几乎到了疯狂的地步,有时一天“接客”达十余人。长期过度的色情服务使她的身体每况愈下,更糟糕的是,一年以后她不幸染上了艾滋病。她因此而被老板辞退,不久就因无法医治而过早地断送了年轻的生命。像这样的情况在从事色情业的妇女中是屡见不鲜的。

色情业的泛滥不仅败坏道德、摧残人性,而且还给泰国带来了吸毒、性病等诸多社会问题。据80年代的调查,在从事色情服务的妇女中,有1/4以上经常吸毒;在今天的泰国,吸毒现象更是严重,90年代初的统计表明,全国的吸毒人员已超过30万。[②] 不正当的性关

---

① 美艺:《人妖——泰国奇妙一绝》,载《东南亚研究》,1995年第1期。

② 贺圣达等:《战后东南亚历史发展——1945—1994》,第401页。

系和吸毒加剧了泰国艾滋病的迅速蔓延。从 1984 年泰国发现第一个艾滋病人，到 1992 年底，全国艾滋病毒感染者已达到 30 万；有人估计，到 20 世纪末，泰国艾滋病毒感染者可能超过 430 万。[①] 这样，泰国将成为亚洲艾滋病毒感染者人数最多的国家。艾滋病的蔓延对国民健康造成巨大威胁，显然这将是泰国面临的一个严重的社会问题。

因此，尽管色情业大大提高了泰国旅游创汇的能力，但它给社会带来的消极后果是非常明显的。在追求经济发展的同时，如果政府不正视并着手解决色情业泛滥的问题，其结果必将是因小失大。用这种牺牲道德的方法来发展经济，必然会使泰国现代化步入歧途。

经济发展与道德建设

从哥伦比亚和泰国的经历可以看出：非法的“毒品经济”和非道德的色情行业在一定程度上曾促进过所在国经济的发展，但这种只图眼前不顾长远、只算经济账不顾社会后果的做法，在哥伦比亚和泰国都已经产生消极影响，成为国家社会经济发展的重大障碍，因此是不可取的。

像这样不择手段发展经济的做法，在后发展国家中很容易出

---

① 《曼谷邮报》，1993 年 10 月 6 日；转引自贺圣达等：《战后东南亚历史发展——1945—1994》，第 401 页。

现，后发展国家为了追赶先行国家的经济发展水平，很愿意采纳一些短视的做法。这种现象不仅在第三世界国家中存在，即便在一些发达国家的历史上，也不同程度地出现过，日本就是一个典型的例子。

明治维新以后，日本开始追求经济发展。为了积累资本，日本政府不惜“牺牲一代妇女”，大力发展卖淫业。当时的启蒙思想家福泽谕吉就曾大力鼓吹以卖淫发展经济的观点，他在1896年1月18日的《时事新报》上发表过一篇题为《人民的移居国外与妓女的出国挣钱》的文章，反复强调“妓女之于人类社会的必要性”。他认为，既然政府承认公娼在国内的合法性，就应该允许女人在国外以此为业，女人出国以色相挣钱与人民的移居国外是相辅相成的，应该加以鼓励，这才是经世济民之道。这一观点被日本官方默许并采纳，从此日本不仅国内卖淫业盛行，而且日本妓女还远渡重洋，异地卖身，日本也得到了“卖淫王国”的称号。

1880年代至20世纪初，日本卖淫业最为繁荣。据统计，1884年全国登记在册的公娼有2 896人，1900年前后猛升至38 725人，1904年更达到50 182人。[①] 这仅仅是官方公布的数字，其中还不包括无处不在的暗娼。

明治维新后，日本卖淫业向海外急剧发展，日本妓女以东南亚为中心，遍布世界各地。海外卖淫业为日本引回了大量资金，据统计，1900年前后，仅在俄国西伯利亚地区的5 000名日本妇女中，有

① 张萍:《日本卖淫问题与对策》，群众出版社1992年版，第13—14页。

80％从事卖淫业，当年在海参崴等西伯利亚地区的日本人送回国内的汇款达100万日元，其中63万日元是妓女所汇的卖身钱。[①] 东南亚各国是日本妓女的集中地，她们汇往国内的钱就更加可想而知了，中国观众熟悉的电影《望乡》说的就是这时的事。

卖淫业为日本积累了工业化的资本，但它在日本的民族心理上留下伤痕，至今记忆犹新。

资本主义国家当初在资本原始积累时，都不同程度地出现过道德败坏、伦理沦丧的现象，这给马克思提供了严厉批判的素材。马克思曾说："资本来到世间，从头到脚，甚至每一个毛孔，都滴着血和肮脏的东西。"[②]他感叹道："资产阶级……使人和人之间除了赤裸裸的利害关系，除了冷酷无情的'现金交易'，就再也没有任何别的联系了。……资产阶级撕下了罩在家庭关系上的温情脉脉的面纱，把这种关系变成了纯粹的金钱关系。"[③]

马克思是一个严厉批判资本主义的思想家，他对资本主义的批判当然不足为奇。但站在马克思对立面的德国社会学家马克斯·韦伯也对牺牲道德来发展经济的方式提出批评，认为这样做不能产生出"合理的资本主义"。他认为，资本主义的产生与发展，不仅依赖于"合理的劳动组织形式"，还"依赖于一种可靠的法律制度和一种依据于正式规章的行政管理制度对经济活动所起的规范作用"，在这里，"必然补充的因素是理性精神，对生活普遍指导的合理性以

① 张萍：《日本卖淫问题与对策》，第21页。
②《马克思恩格斯全集》，第二十三卷，人民出版社1965年版，第829页。
③ 马克思和恩格斯：《共产党宣言》，载《马克思恩格斯选集》，第一卷，第253—254页。

及合理性的经济伦理”①。韦伯将资本主义的源起归结为一种被“伦理认可的确定生活准则”之内的“合理谋利”精神，他尤其强调经济活动的“合理性”与“规范性”，认为这种精神和道德力量“比单纯鼓励资本积累重要得多”②。

发展中国家追求现代化、谋求发展的迫切愿望是可以理解的，但为了“发展”而不择手段，以经济统计数字为中心追求“发展”，这种发展难免会走弯路。美国学者托达罗指出：“发展应该被理解为包括重新改组整个经济和社会体制、调整整个经济和社会体制的方向的多方面的过程。典型的发展，除了增加收入和产量外，还包括制度、社会和行政结构的迅速改变。”③英国学者凯恩克劳斯也说：“我认为发展并不仅仅是国民生产总值的增长，而是经济的一种转变，它可能包括态度、习惯、价值以及更重要的是知识和技能的变化。”④

不难体会到，发展不仅意味着收入的增长，还包括道德、伦理和价值等各方面的全面平衡。唯经济统计数字是瞻的“发展”只会造成畸形的人和畸形的社会，许多国家中出现的畸形经济发展，正说明这一危险的误区将造成多大危害。

---

① 转引自陈勇、胡正强：《经济伦理引论》，载林德宏编：《经济哲学研究》，南京大学出版社1996年版，第395页。

② 马克斯·韦伯：《新教伦理与资本主义精神》，生活·读书·新知三联书店1987年版，第163页。

③ M. P. 托达罗：《第三世界的经济发展》，上册，中国人民大学出版社1988年版，第85页。

④ 阿列克·凯恩克劳斯：《经济学与经济政策》，商务印书馆1990年版，第155页。

第十四章　侵袭全球的“瘟疫”

现代化与腐败问题

腐败——全球“瘟疫”

在人类社会的各个发展阶段上，始终存在着一种危害巨大的现象，这就是腐败。腐败被称为“政治肌体上的毒瘤”，或“全球性瘟疫”，它是古今中外几乎一切政治实体所面临的真实威胁，犹如一个幽灵，困扰着世界各国。对当今那些正在追求发展的国家来说，腐败更是严重问题，构成对现代化进程的重大障碍。世界经济论坛一份有关1997年全球竞争的报告指出：“腐败将在未来的时间里成为全世界共同面临的最大挑战”①，可见腐败的负面影响有多大。

在腐败向全球急剧扩张之际，其严重性引起了政治家和学者们的普遍关注，于是在世界范围内掀起了对腐败问题的研究高潮，而对腐败的概念做出准确的界定，则是研究腐败的基本前提。那么，

① 梁昊：《全球反腐逐浪高》，载《法制日报》，1997年12月18日。

什么是腐败呢？国外学者从不同的角度对腐败提出了如下三种解释：

第一种定义从公职理论出发，以亨廷顿、内伊和麦克缪兰为代表。亨廷顿认为："腐化(败)是指国家官员为了谋个人私利而违反公认准则的行为。"①内伊则指出："腐败是因考虑(家庭、私人团体)金钱或地位上的好处而偏离公共角色规范职责的行为；或者违背某些规范而以权谋私的行为。这些行为包括贿赂(运用报酬改变处于委托职务上的人的判断)、裙带关系(以亲疏关系而非功绩用人)和不正当的占有(非法占有公共资源以供私用)。"②麦克缪兰的定义是："如果一位公职人员接受钱款或某种价值而做了他的职责允许他做或不允许他做的什么事，或者出于不正当的理由做了合法的处置，他就是腐败的。"③

第二种定义是从市场行为出发，以克拉弗伦为代表。克拉弗伦认为："腐败，在日常生活中意味着一名文官为从公众中获取额外收入而滥用其权威。……一个把他的公职看作一种经营的文官，在极端的情况下，将会寻求其由之而得的收入的最大化。于是，官职变成了一个'最大化单位'。"④

第三种定义主要从公益出发，其代表人物是卡尔·弗里德里

---

① 亨廷顿：《变化社会中的政治秩序》，第 54 页。

② 德利翁：《对政治腐败的思考》(Peter Deleon, *Thinking About Political Corruption*)，纽约 1993 年版，第 24 页。

③ 季正举、陈德元主编：《他山之石：海外反腐肃贪要览》，北京出版社 1994 年版，第 3—4 页。

④ 克拉弗伦：《腐败的概念》，载《腐败与反腐败——当代国外腐败问题的研究》，上海人民出版社 1990 年版，第 110—111 页。

希。弗里德里希认为:“不论何时,作为负责某项工作或负有某项责任的职员或官员的掌权者,受非法提供的金钱或其他报酬引诱,做出的有利于提供报酬的从而损害公众和公众利益的行为,腐败就可以说存在了。”①

不难发现,国外学者虽说从不同角度出发看问题,但对腐败的界定仍有共同之处,归结起来,我们大概可以作这样的理解,即:腐败是一种与公共权力紧密结合的政治—经济行为,它使公共权力从原本纯洁的状态中发生蜕变,被政府职员或官员以非法或非道德的方式加以滥用,以便谋取个人私利,这些私利最通常表现为获取金钱,但也包括精神享乐、职位升迁、荣誉等。

腐败在不同领域有不同表现。在政治生活中可以表现为滥用权力、敲诈勒索、失职渎职、官僚主义等;在经济生活中则可以表现为任人唯亲,以亲族或血缘关系来选拔人才等。在不同的国家和地区,腐败的类型、形式和程度也不会相同,但无论如何,腐败在 20 世纪末呈愈演愈烈之势,这对于世界各国,尤其是广大发展中国家的政治、经济和社会文化的发展构成了严峻的挑战,腐败的危害也日益显露,成为这些国家现代化的重大障碍。对此,曾获诺贝尔经济学奖的瑞典学者冈纳·缪尔达尔指出:“腐败的行为对任何实现现代化的理想的努力都是十分有害的,腐败的盛行造成了发展的强大

① 转引自海登海默:《对腐败性质的分析》,载《腐败与反腐败——当代国外腐败问题的研究》,第 18—19 页。

障碍和限制。”①

腐败之风肆虐亚洲

尽管腐败是一个全球现象，但它在亚洲似乎特别触目，这也许与亚洲战后经济发展特别快有关，另外亚洲的历史传统似乎也特别滋长腐败。

“二战”后，许多亚洲国家依据有利的国内外形势，迅速推进现代化，在经济发展方面取得令世人瞩目的成就。但与此同时，腐败现象也愈演愈烈，尤其是那些经济发展特别快的国家，腐败的程度似乎与发展的速度成正比。

韩国的经济发展相当快，但腐败问题也越来越严重。早在朝鲜战争结束后的李承晚时期，腐败现象就大显端倪；1960 年继任的张勉内阁在反腐败方面无所作为，致使国内矛盾日益尖锐。1961 年 5 月，以朴正熙为首的少壮派军官发动政变，发誓要整顿吏治，清除腐败，建立廉洁政府。尽管执政初期朴正熙确实做过一些努力清除腐败，但很快自己也走向腐败，政权基础逐渐削弱。1979 年底，陆军保安司令全斗焕发动政变，“反腐败”又成了新政府的口头禅。全斗焕上台后，同样以“刷新政治，净化社会”为口号，惩处了一批贪官污吏，赢得了一些民心，被人们称为“廉洁总统”。然而他在 1988 年 6

① 冈纳·缪尔达尔：《亚洲的戏剧：对一些国家贫困问题的研究》，北京经济学院出版社 1992 年版，第 147 页。

月下台后，其家族腐败丑闻就被揭露出来了。仅一年之后，其胞兄、胞弟、堂兄、妻弟等 7 名权贵就被判刑并罚以巨款。1996 年底，全斗焕本人也受到审讯，被判无期徒刑，罚款 2 205 亿韩元(约合 2.76 亿美元)，罪名中包括向企业索取贿赂、非法筹措政治资金和任人唯亲等。

据揭露，东亚集团为承揽原子能发电站等国家项目，曾向全斗焕行贿 180 亿韩元；国际集团为取得一批项目的优惠建设权，向总统行贿 40 亿韩元；某企业集团为取得税金减免，“主动”向总统献上 70 亿韩元的“好处费”……有人统计，全斗焕接受或索取企业贿赂有数千亿韩元之多。全斗焕还成立了自己担任董事长的“日海财团”智囊组织，以各种方式向企业募集政治资金，总数达 9 500 亿韩元，其中有 598 亿韩元落入全斗焕的私囊。全斗焕的家族成员也依仗权势大发横财。其弟全敬焕任“新村运动委员会”会长的 7 年期间侵吞公款 173 次，数额达 78 亿韩元；其兄全基焕贪污 11.9 亿韩元，偷税漏税 3.7 亿韩元；堂弟全禹焕任大田水产株式会社总经理期间，共贪污受贿近 10 亿韩元；妻弟李昌锡在 1983 年垄断浦项钢铁公司经营权时，一年贪污便达 29.07 亿韩元，偷税漏税 17.7 亿韩元……全斗焕家族成了韩国最出名的“贪污舞弊家族”。

全斗焕的继任者、1988 年 2 月登上总统宝座的卢泰愚并未从“前车之鉴”中吸取教训，相反他以更加赤裸裸的方式进行权钱交易，他曾公开宣称：“从经济界收取资金已是最高当权者的惯例。”①

① 权赫秀：《世纪大审判》，中央编译出版社 1997 年版，序言。

为此，他总是用大型建设项目的招标和各种优惠政策的实行来诱使大企业来向他行贿。如三星集团为承揽开发军队新型战斗机项目和商用汽车生产而向卢泰愚行贿20亿韩元，大林集团为承揽火力发电厂工程而“酬谢”总统20亿韩元，东亚集团和双龙集团在得到总统亲信的暗示后向卢泰愚进献20亿韩元……据统计，卢泰愚在任期间，接受10亿韩元以上的贿赂有36次。卢泰愚还利用权势征集政治资金，在1988—1993年当政的6年间共筹措5 000亿韩元。后来他接受调查时说：“这些钱的绝大部分是我以企业捐献的名义筹划的；其中大部分用于我的政治活动，包括对政党运作的支持。”①1996年，卢泰愚因贪污受贿、非法聚敛政治资金等罪名受到起诉，随后被判处有期徒刑17年，罚款2 826亿韩元。卢泰愚与其前任一样，落得个身败名裂的下场。

1993年民选总统金泳三上台执政，他宣称要建立一个“新韩国”，实行“透明政治”，特别是要“清除腐败”，并且说：“清除不正腐败，是新政府的首要任务，决不能半途而废或放慢速度。”②他在韩国掀起一场“不流血的革命”，对政府官员滥用职权、行贿受贿、侵吞国家财产、营私舞弊等行为进行严厉惩处。不幸的是，金泳三政权自身不久也陷入腐败丑闻中：先是国防部长李养镐因购买军用直升飞机接受巨额贿赂而辞职，然后是保健部长李圣洁因受贿丑闻而下台，随之是国会议长朴浚生因从事非法不动产交易和虚报财产总数

---

① 桑玉成：《韩国政坛内幕》，载《国际展望》，1996年第2期。

② 曹丽琴：《韩国的政治改革和肃贪倡廉风暴》，载《东北亚论坛》，1993年第4期。

而离职，最后是所谓“韩宝事件”，即韩宝集团为谋取贷款而向 33 名政界要员行贿送礼，连金泳三的儿子金贤哲也被卷入其中……严重的腐败事件不仅给金泳三的清廉形象抹了黑，而且造成人们对执政党的不信任。1997 年大选中，金泳三领导的“新韩国党”被金大中领导的反对党击败，腐败是其中的重要因素之一。

1998 年当政后，金大中总统郑重承诺：“我要提高透明度，向国民公开国政，彻底清除腐败，要使政治和经济完全脱钩。”①但不久，金大中内阁及其亲属相继卷入腐败丑闻之中：金大中的政策企划首席秘书朴智元，被控从韩国现代集团受贿 150 亿韩元(合 1 260 万美元)并在银行向该集团的放贷问题上施加影响而被捕；总理朴泰俊因收受贿赂、逃税、私置房产而被迫引咎辞职；金大中的两个儿子也因受贿和逃税被判刑：身为亚太和平财团副理事长的次子金弘业被判入狱两年并处以 6.6 亿韩元(约合 56 万美元)罚款，三子金弘杰被判处两年徒刑并处以 2 亿韩元(16.7 万美元)罚款。在腐败丑闻的困扰下，金大中曾多次向国民公开致歉。

2003 年执政后的卢武铉，高举“实现新旧交替，打破旧政治和特权政治”的大旗，猛烈抨击“弥漫腐败之风的特权阶层”，并一度赢得“清廉总统”称号。但卸任后不久，卢武铉的亲信和亲属就因陷入“朴渊次门”腐败事件遭调查。泰光实业总裁朴渊次曾向卢武铉身边的 20 多名亲信行贿，尤其是在 2005—2006 年间，朴渊次还通过青瓦台前总务秘书官郑相文向卢武铉家人送去 600 万美元。卢武铉的

① 王泠一：《金大中：新时期铸造新韩国》，载《文汇报》，1998 年 2 月 18 日。

妻子默认收了钱，但否认这是一桩贿赂，而仅仅涉及“对子女的生活资助及投资”，卢武铉则称自己对此毫不知情。尽管卢武铉本人曾为家人的不良行为公开道歉，但韩国大检查厅持续不断的调查给卢武铉造成巨大的心理压力，由此酿成了跳崖自杀的惨剧。

韩国的腐败体现出官商勾结、权钱交易等高层权力型腐败的典型特征，腐败丑闻困扰着历届韩国政权，成为韩国社会挥之不去的一颗毒瘤。

菲律宾的腐败现象也很严重。“二战”之后，菲律宾的工农业生产有了较快发展，人民生活水平也有一定提高。然而腐败现象也随之突出，这导致 1965 年军人出身的费迪南德·马科斯上台执政。他以反腐败为号召建立了独裁政权，此后对菲律宾实行铁腕统治。然而铁腕统治并没有清除菲律宾的腐败，反而给马科斯的大发横财开了方便之门。

早在当国会议员期间，马科斯就有一个“百分之十先生”的绰号，意思是让他办事，都要收百分之十的回扣。当上总统以后，马科斯明目张胆地接受贿赂，同时还利用职权侵吞公款。据有案可查的报道：日本一些公司曾先后向马科斯行贿 450 万美元，以便顺利地在菲律宾投资办厂。越南战争期间，美国国防部曾拨款 2 200 万美元用于菲律宾的新兵培训，马科斯把这笔巨款据为己有，然后要国会另行拨款培训新兵。马尼拉建造国家文化中心时，马科斯曾亲自出马向企业界募捐，预算为 1 500 万比索，结果捐款达 4 500 万比索，而超过的部分就被马科斯私吞了。马科斯侵吞的公款还包括：财政部拨款、退伍军人福利金、情报基金、美国经济援助、日本战争赔款以及世界银行开发计划贷款等。有人估计，马科斯夫妇在外国银行存款额有 15 亿—40 亿美元，国内持有现金则达 10 亿美元，此外他们还有散布在国内外的多处动产和不动产，价值不计其数。

总统的行为为各级官员树立了“榜样”，菲律宾政府上行下效，腐败盛行。这最终导致马科斯下台。1986 年 2 月大选时，一场名为“人民权力”的抵抗运动爆发了，马科斯夫妇逃亡美国，一个独裁政权的腐败者得到了应有的下场。

印尼的历史重演了菲律宾的事件。印尼是东南亚一个落后的农业国，20 世纪 50 年代苏加诺执政时期经济开始好转。1966 年苏哈托发动政变上台，经济开始快速发展。这为苏哈托赢得了威望，他因此被称作是印尼的“发展之父”。

然而，也正是在印尼经济高速增长过程中，腐败问题，尤其是以苏哈托家族为典型的腐败现象开始滋生并且蔓延开来。这种腐败主要表现为：第一，苏哈托在政府部门以及军队的要职中任人唯亲，大搞裙带关系。印尼国会议长、内阁主要部长、军队高级将领，大多是苏哈托一手培植起来的亲信。战略后备部队司令的比安托将军是苏哈托的女婿，苏哈托的女儿哈迪扬蒂是专业集团的七名副主席之一，有权选举产生总统的最高权力机关人民协商会议组成人员大多数也是由苏哈托指定的。[①] 在印尼议会和人民协商会议这两个主要的政治权力机构内，超过一半的名额控制在苏哈托手上。苏哈托把他信得过的人安排到了“两会”，而这些人反过来又一次次地投票

① 王保山：《苏哈托下台原因与印尼局势展望》，载《东南亚纵横》，1998 年第 3 期。

让他连选连任。

第二，苏哈托家族利用权势窃取国家钱财，损公肥私，建立起家族帝国。苏哈托家族控制着印尼的金融业、汽车业、电力、建筑业、交通运输业、森林、矿山、新闻媒介和房地产业，可以说控制了印尼的经济命脉。媒体透露，在印尼几乎所有的大项目里，苏哈托家族都占有股份，一般在20%左右，因此有人把苏哈托家族称为"20%家族"。有人估算，苏哈托家族聚敛的财富高达400亿美元，占印尼GDP的40%左右，足够支付印尼拖欠国际货币基金组织和世界银行的所有债务。苏哈托家族贪污手段令人发指，比如"香港百富勤"在清盘时发现在借给印尼的4亿美元贷款中，竟然有2.65亿美元为苏哈托家族所侵吞！上梁不正下梁歪，苏哈托家族如此，政府各级官僚纷纷仿而效之。在中央和地方政府层面，腐败比比皆是，以致影响到各级行政部门的管理层，从最高层到最底层概莫能外。[①] 印尼重要的经济部门，如石油、天然气、钢铁、水泥、纸浆、化工等均被大小官僚或与官僚有关系的极少数人所垄断。经济垄断已成为印尼严重的社会积弊，垄断控制，滥用职权，裙带关系，贪污腐败成为印尼官场的一大特色，其严重程度堪称世界之最。整个国家贪污横行，正如印尼前副总统哈达所说："贪污是印尼生活的一部分，苏哈托则把贪污扩大化、合法化了。"[②]

---

① 巴哈鲁丁·尤素夫·哈比比：《决定命运的时刻——印度尼西亚走向民主之路》，世界知识出版社2008年版，第7页。

② 王俊生：《苏哈托——国家蛀虫不再微笑》，载《新世纪周刊》，2008年第4期。

"一个腐败的政府将导致另一个政府的诞生。"[①]由腐败带给印尼社会的种种积弊,终于在1998年亚洲金融危机中成为大规模抗议示威运动的导火索。在人民的抗议声中,苏哈托被迫下台,其独裁统治的坚冰被打破了,随着1999年瓦希德的当政,印尼历史进入到一个向政治民主化转型的新时期。瓦希德时期,多党制开始出现,总统由直接选举产生,非中央集权化进程开始,军队职能非政治化也逐步实现等。[②]

民主化的推进,虽然在一定程度上推进了印尼的反腐进程,但对于作为印尼社会痼疾的腐败,新政权也难以彻底根治,尤其是对前总统苏哈托贪污一案的审判最终不了了之,这是对全国最大腐败分子的公开纵容,由此使得腐败活动变得更加肆无忌惮。据印尼财政审计局报告,1999—2000财政年度贪污挪用公款等腐败行为造成国家财政损失达270万亿印尼盾,而印尼公共政策研究机构主任努尔斯认为实际数目远大于此,应该高达165 850万亿印尼盾。让人吃惊的是,数额如此触目惊心的腐败,有关部门却没有进行进一步的查处。[③] 瓦希德内阁也爆出两宗腐败丑闻:一是瓦希德和他的前按摩师苏宛多涉及贪污国家粮食储备局350亿印尼盾金钱丑闻,二是瓦希德私下贪污了文莱苏丹对亚齐省200万美元的人道主义援助。[④] 瓦希德涉嫌贪污案件在印尼引起轩然大波,并在很大程度上

---

① 曹云华:《一个难以割治的政治毒瘤——论第三世界国家的政府腐败》,载《东南亚研究》,1990年第1期。

② 张洁:《腐败问题与印尼执政党的更迭》,《当代亚太》,2005年第5期。

③ 王辉:《印尼:惩治腐败 任重道远》,载《东南亚纵横》,2001年第3期。

④ 贾都强:《印尼执政党转型中的腐败之患》,载《领导之友》,2006年第4期。

导致了政权的垮台。

在2001年大选中,梅加瓦蒂以副总统身份参选并就任总统。但梅加瓦蒂执政三年间,原有腐败问题非但没有得到遏制和解决,新的腐败问题却层出不穷,这尤其体现在腐败问题从原来集中于少数上层官僚集团开始向地方一级扩大和蔓延的发展趋势。[①] 许多省份开始设立名目繁多的条例增加税收,通过实行地方垄断强征高额贿赂。此外,高层官员的腐败丑闻从未消弭。2004年5月19日,印尼西苏门答腊省55名议员中,包括议长在内的43人集体贪污达64亿盾(约合72万美元),这成为轰动一时的立法机关集体腐败案。[②] 虽然腐败案件层出不穷,但审结数量却很有限,致使大量贪官逍遥法外。如专业集团主席阿巴丹戎涉嫌非法挪用政党基金,被判处三年刑期,但他仍担任专业集团主席,甚至还能够在2004年总统大选前与梅加瓦蒂政府达成交易,得以顺利参选。[③]

2004年苏西洛上台后,曾颁布了八项清廉举措,并表示:"反腐必须先从总统府及副总统府开始,然后是内阁秘书处和国务秘书处及其属下的基金会。""不论是谁,犯法一律处理。"[④]苏西洛的反腐决心取得一定成效,但腐败丑闻仍不时发生。2008年4月,印尼央行以前行长布尔汉丁·阿卜杜为首的多名印尼央行官员被捕,罪名是从2004年起,他们把1 100万美元资金转账至多名国会议员名下;

① 张洁:《印尼廉政建设中的文化因素》,载《当代亚太》,2006年第8期。

② 贾都强:《印尼执政党转型中的腐败之患》,载《领导之友》,2006年第4期。

③ 张洁:《腐败问题与印尼执政党的更迭》,载《当代亚太》,2005年第5期。

④《苏西洛反腐"灭亲",竞选关头"抢手"》,载《新京报》,2009年6月28日。

11月27日,印尼反腐机构以涉嫌腐败为由拘捕了总统苏西洛的亲家公奥利亚,奥利亚被指控为保护涉嫌贪腐丑闻的央行官员而非法转移资金。"透明国际组织"以清廉指数(10分为最廉洁,0分为最腐败)来衡量一国的腐败程度,据其2008公布的清廉指数排行榜,印尼在所调查的180个国家中位列126位,尽管这一排名较2007年的第143位有些许提高,但仍处于"最严重腐败国家"之列。由此看来,反腐肃贪仍是苏西洛政府面临的艰巨任务。

泰国也是个腐败严重的国家,而它的腐败是与军事独裁政权联系在一起的。20世纪的泰国充满了军事政变,在1932—1992年的60年时间里共发生17次政变,而每次政变的借口几乎都是"清除腐败"[①]。军人上台后,往往和文官一样利用权力谋取私利,比如1957年上台的沙立将军就设法控制了最有利可图的亚洲银行、彩票局、力士达有限公司、东方有限公司和许多工矿企业,一个人担任大约21个公司的董事长,其个人资产达到1.4亿美元。沙立的后继者他侬、巴博在捞取钱财方面也毫不逊色,他侬控制着泰华农民银行、吉滴卡宗公司等,巴博则插手于盘谷银行、大成银行、泰商银行、府郡银行和猪业联营机构。他侬、巴博和纳隆三人开办和参股的公司有60多家,资产达上亿美元。在泰国,军官介入国民经济、大量侵吞国家财产的现象非常普遍,对此,美国学者威尔逊指出:"没有任何迹象表明,军队领导有什么愿望要使国家的社会制度或经济制度革命

① 刘明波:《外国监察制度:外国是怎样反腐败的》,人民出版社1994年版,第283页。

化。一般来说,他们的观点是保守的,在某些方面是反动的……”① 执政对军官来说已成了一种既得利益,因此军官团作为整体而言要维护军人执政的制度,政党只是他们之间不同派别的利益再分配而已,谈不上什么制度更新。

印度虽是民主国家,却也是腐败丛生,对此许多人深表忧虑,有的学者甚至说:“腐败已经成为印度民主制度唯一的最大的威胁。”② 缪尔达尔则说:“如果要同殖民时代的情况作一比较,南亚和西方观察家的一般看法是,腐败现象比殖民时代更普遍。尤其有人相信,它已在较高级官员和政治家中间建立了基础。”③

高层腐败在印度政界毫不罕见,早在尼赫鲁当政时就有两名内阁部长因贪污受贿而被解职;此后,政府高级官员的腐败丑行时有所闻。进入 90 年代,高层腐败明显增多,比如 1996 年初的一桩丑闻就震动了印度社会。当年 1 月 17 日,人力资源开发部内阁部长辛迪亚、水利资源和议会事务部内阁部长维迪亚·舒克拉、农业部内阁部长巴尔拉姆·贾尔卡因等人,因卷入一桩 6.5 亿卢比的特大受贿案而向拉奥总理和夏尔马总统递交辞呈。经印度中央调查局追查,发现有 36 名政界人物涉嫌这桩“简恩贿赂案”,其中辛迪亚接受贿赂 750 万卢比,舒克拉受贿 658 万卢比,贾尔卡因受贿 610 万卢比,人民党主席阿德瓦尼得到 600 万卢比,前总理拉·甘地也收取“回扣”

① 威尔逊:《军队在泰国政治中的作用》,第 275 页,转引自格·伊·米尔斯基:《“第三世界”:社会、政权和军队》,商务印书馆 1980 年版,第 293 页。

② 卡尔·弗雷德里克:《政治病理学》(Carl J. Friedrich, *The Pathology of Politics*),纽约 1972 年版,第 148 页。

③ 冈纳·缪尔达尔:《亚洲的戏剧:对一些国家贫困问题的研究》,第 145 页。

2 000万卢比。这桩丑闻在印度掀起轩然大波，政府一度陷入危机之中。

腐败在印度社会根深蒂固，不搞腐败就办不了事。政府各部门约定俗成都要收取一定好处费，被称作是“速度钱”：给钱的马上就办，不给钱一拖再拖。工商领域中的权钱交易十分猖獗，不少官员迅速暴富。1962 年，印度专门从事反腐败调查的桑塔纳姆委员会在一份报告中称：“通过欺诈和其他不正当途径获得价值 2 382 亿卢比的许可证的这一事实，就清楚表明了政府在发放许可证的活动中存在的问题达到何等程度。一张许可证，如果出售，将获得其面值100％至 500％的价值，这是常识。如此不劳而获的巨额利润——可以从 2 卢比到 10 亿卢比不等——会在交易中被人攫取，人人都在猜测究竟有多少钱落入了政府官员手中。”[①]由此可见，腐败现象对印度社会的侵蚀已经到了什么程度。

无须再举更多的例子了，我们已经深切体会到：腐败之风在亚洲肆虐！腐败是亚洲国家现代化进程中的巨大挑战，它正吞噬着亚洲国家现代化的成果。

腐败的成因及危害

腐败是人类社会各发展阶段都存在的一种普遍现象。在前现

① 约翰·蒙泰罗：《印度社会中腐败的取向》，载《腐败与反腐败——当代国外腐败问题的研究》，第 239 页。

代社会中，官商勾结、以权谋私、任人唯亲等腐败现象早已司空见惯。但就同一个国家而言，在不同历史发展阶段，腐败程度并不一样。美国学者亨廷顿通过研究发现："18 世纪和 20 世纪美国政治生活中的腐化现象好似就没有 19 世纪美国政治生活中的腐化现象那么严重。英国亦是如此，17 世纪和 19 世纪末英国政治生活看上去就比 18 世纪的英国政治廉洁些。"①亨廷顿据此认为，腐败的高发与经济社会现代化有关，在大多数国家，现代化进程的最激烈阶段，腐败问题也最为严重。那么，在现代化进程中，腐败现象为什么会蔓延和加剧呢？换言之，现代化为什么会滋生与助长腐败呢？我们认为，这与现代化所造成政治、经济和社会价值观等方面的剧烈变化有关。

一、在现代化过程中，大多数国家的政治体制没有发生变化，传统的权力过分集中，旧的政权形式依然保存下来。在这种体制下，权力运作过程得不到有效的监督，因而时常被滥用，这就为腐败提供了滋生的土壤。

19 世纪英国的阿克顿公爵说过：权力导致腐败，绝对的权力导致绝对的腐败，这个论断是有道理的。权力与腐败有密切关系，当权力被用来谋取私利时，腐败就会产生。正如孟德斯鸠所说："一切有权力的人都容易滥用权力，这是万古不变的一条经验。"②而要想让权力不被滥用，不被谋取个人私利，就必须建立一种有效监督和

① 亨廷顿：《变化社会中的政治秩序》，第 54 页。
② 孟德斯鸠：《论法的精神》，上册，商务印书馆 1982 年版，第 188 页。

制约机制，这就要求某种相对独立（或至少是开放）的政权形式。然而在多数发展中国家，政权形式却是个人独裁、军人当政，或一党专政。在这类政权下，权力集中于一人或少数人之手，缺乏监督制约机制，而一旦统治者发生蜕变，腐败行为就会发生。

比如说，在韩国，全斗焕和卢泰愚建立的都是军人政权，他们大权独揽、不受约束，结果成了全国最大的腐败分子。菲律宾的马科斯自 1965 年执政以来，不顾宪法规定，连任三届总统，从 1972 年起又开始了长达 10 年多的军事管制，依靠军队实行独裁。这样，他在绝对权力的帮助下，开始肆无忌惮地聚敛财富，成为菲律宾头号腐败者。印尼的苏哈托 1966 年通过军事政变上台，建立军事独裁统治。他把权力当作“聚宝盆”，在 30 多年中，建立了一个以家族为中心的“商业帝国”。

由此可见，权力过于集中就容易引发腐败，特别是国家高层领导人蜕变时，腐败就蔓延开来。

二、在现代化过程中，大多数发展中国家为加快经济发展，加强了政府对经济的指导与干预，政府职能因此扩大，这就为“权钱交易”的出现提供了空间。

亨廷顿指出：现代化，特别是处于后期现代化之中国家里的现代化，涉及政府权威的扩大和各种各样受制于政府的活动的增加。后发展国家推行的现代化，不可能仿效英美等现代化先行者的自由放任模式，而大多推行政府主导型的发展模式，强化政府在经济发展中的作用。政府对经济的干预，意味着政府权威的扩大，这在一定程度上的确能推动经济的发展，但其负面作用也相当大，最主要的表现是官商勾结、权钱交易等腐败现象的蔓延。美国学者阿瑟·刘易斯曾说：在现代化过程中，“由于经济系统充满缺陷，因此人们总有强烈的欲望以（政府）管理来弥补其不足……这就为各种形式的腐败打开了方便之门，行贿受贿和效率低下等问题会比企图解决的问题更严重”①。

韩国就是以政府干预为主导的现代化模式的典型。政府对许多经济资源的分配拥有控制权，如许可证、产品补助、投资与贷款、进出口补贴等等。一些著名大企业，如三星、现代、大宇和韩宝等集团的发展，无不得益于政府的倾斜与优惠政策。各大企业为争得资源的优先分配权，也就无不争相向有关政府官员行贿，“权钱交易”由此产生。这正如美国学者奈杰尔·哈里斯所说：“政府官员在工业部门中的巨大权力，不可避免地会导致腐化。”②

“韩宝丑闻”就是一个例子。1997 年 1 月，韩宝集团因无力偿还 2 000 多亿韩元贷款而宣告破产，公众认为，凭韩宝集团的实力，它不可能获得如此巨额的贷款。检查机关调查后认定，韩宝集团为获得贷款曾向十多名政界、金融界要员行贿，其中韩国第一银行行长申光提和朝兴银行行长禹赞穆各受贿 4 亿韩元，金泳三身边的实权人物——新韩国党国会议员洪仁吉和郑在哲分别接受 8 亿和 2 亿韩元，身居国会财经委员会委员长的黄秉泰和国会“元老”权鲁甲分别收取了 2 亿和 2.5 亿韩元。金泳三总统认为，这起官商勾结的贿赂

① 转引自刘明波：《外国监察制度：外国是怎样反腐败的》，第 283 页。
② 奈杰尔·哈里斯：《第三世界的裂变》，改革出版社 1991 年版，第 176 页。

案是韩国"腐败之风的代表";诺贝尔经济学奖得主戈里·贝尔则指出:"因政府介入了经济,才衍生了腐败。限制越多,贪污贿赂就越严重,哪个国家都如此。"[①]这一评论果然是一针见血。

三、现代化带来社会价值观的逐步更新,社会主体成员开始抛弃旧的价值判断而逐步接受新的价值标准;于是,有些按照传统价值观被认为是合理的东西,现在却成了众人唾弃的腐败行为。

腐败是一个与价值相联系的概念,同一种行为在不同价值判断下可以有截然不同的认定。在现代化过程中,传统的价值观被打破了,但在一定时期内仍可影响人们的行为方式,而传统价值观主导下的一些行为,在现代价值观判断下就成了腐败的东西。这正如亨廷顿所指出的:"处于现代化之中的社会中的腐败现象,在某种程度上,与其说是行为背离了公认的规范,还不如说是规范背离了公认的行为方式。"[②]

英国学者保罗·哈里森指出:传统社会的一个重要特征是,个人"对家庭、村社或者部落的忠诚超过对现代国家这样一个怪诞实体的忠诚"[③]。在这种氛围中,任人唯亲、裙带关系、私相授受、谋取私利等是司空见惯的事,而现代化开始以后的一段时期它们仍然反映在人们的行为方式中。瑞典学者缪尔达尔对60年代南亚各国进行考察后也得出同样的结论:"南亚各国传统上是'复合'的社会,那里,基本忠诚是对家庭、村社或基于宗教、语言、种族起源或社会等

① 转引自麦凯尔·埃里奥特:《"好处费"腐蚀着世界》,载《编译参考》,1995年第5期。
② 亨廷顿:《变化社会中的政治秩序》,第55页。
③ 保罗·哈里森:《第三世界:苦难·曲折·希望》,新华出版社1984年版,第431页。

级所组成的集团，而不是对整个社会。”[①]这种残留的旧价值体系影响到掌权者，就使他们恪守“一人得道，鸡犬升天”的行为准则，为家族亲朋、好友部下等谋取私利。

但新的价值观念已经在社会传播，当权者搞裙带关系，搞营私舞弊，在许多人看来就成为不可容忍的腐败丑闻。亚洲国家当权者的家族舞弊丑闻是不胜枚举的：韩国的全斗焕家族，菲律宾的马科斯家族，印尼的苏哈托家族，巴基斯坦的贝布托家族……这些家族依仗权势，升官发财，窃国窃民，损公肥私，在国民中造成公愤，表现了社会价值观的变化。

现代化过程中腐败的滋长及其蔓延具有一定的必然性。从某种程度上而言，腐败是几乎所有国家现代化进程中都存在的一种普遍现象，彻底根除现代化进程中的腐败行为是不切实际的。不过，现代化进程中腐败现象的必然性，并不能成为政府和社会纵容与漠视腐败现象的理由，这是因为，如果不加控制地任其滋长、蔓延与加剧下去，那么腐败问题将对国家与社会的发展构成威胁和挑战，特别是对现代化本身造成巨大危害，这主要体现在以下几个方面：

一、腐败过盛会造成政府的合法性危机，从而引发政治动乱，引起政权非正常更迭，阻碍政治现代化进程。

每一个政权的存在都有赖于其合法性，而这种合法性又来源于人民的支持和信任。一旦当权者失去这种信任时，其政权的合法性基础必将削弱。一位美国学者指出：“腐败可能会侵蚀重要的政治

---

① 冈纳·缪尔达尔：《亚洲的戏剧：对一些国家贫困问题的研究》，第146页。

财富——合法性。对于任何政府来说，建立和维护其自身的合法性，都是一项极为关键的政治任务。政治合法性是一笔巨大的资源，有了它，政府在进行建设和发展时能够更容易获得公众的支持和帮助；反之，政府的威望就会在人们心目中大跌。"[①]

由于腐败侵蚀着政权合法性的基础，人民对政权的不满和敌对情绪会不断增强，当这些危险因素积累到一定程度时，冲突和动乱就不可避免了。马科斯在菲律宾统治20年，由腐败引发的政治动乱持续不断。早在1970年，就有一批游行者闯入马拉卡南宫，烧毁两辆小轿车，以宣泄对政府的不满。此后，马科斯实行的军事管制并未缓解社会冲突。到1986年大选时，全国性的反对现政权的游行、示威不断，在镇压无效之际，马科斯夫妇仓皇出逃。而印尼的苏哈托政权，其家族腐败早已使人民丧失了对它的信任。乘亚洲金融风暴冲击之机，人民终于一举将苏哈托赶下台。根据历史的经验，实行现代化要有相对稳定的政治局势，政权腐败很容易引发政治动乱，给国家现代化带来一个非常危险的破坏因素。

政权腐败还常常引发军事政变，导致军人专政的出现，有时还会造成一个国家政治现代化进程的中断。据国外学者统计，从1945年到1972年间，发展中国家共发生147次成功的和137次不成功的军事政变。[②] 这些政变的口实大多是：清除腐败。正如美国学者内

① 王列编译：《印度尼西亚的腐败：传统与变迁》，载《经济社会体制比较》，1993年第6期。
② 何增科：《政治之癌：发展中国家腐化问题研究》，中央编译出版社1995年版，第57页。

伊所说:"在不发达国家,政变领导人对前政权的首要指控就是'腐败'。"[①]亚洲的韩国、菲律宾、泰国等就多次发生军事政变,其中泰国是军事政变最频繁的国家。军人政权不仅违背世界发展的民主潮流,而且新的政变因此也就有理由产生。这样,在一些发展中国家,腐败与政权的更迭成正比,腐败—政变—又腐败—又政变……如此反复,形成恶性循环。

二、腐败表现为政府官员利用职权谋取私利,不仅造成不合理谋利的歪风劲吹,而且使国家资产流入个人腰包,严重阻碍了经济的正常发展。

腐败使一部分人暴富,另一部分人却因可供分配的资源的减少而陷入贫困之中,贫富差距由此加剧。英国学者保罗·哈里森说:腐败是"造成、扩大不平等的又一契机"[②]。比如在印尼,苏哈托家族聚敛的财产达400亿美元。如此巨额的财富中饱私囊而无法进入分配领域,使原有的由分配不均造成的贫富差距进一步加大,社会不平等由此加剧。印尼的贫富悬殊是惊人的,它成为1998年5月全国总危机爆发的一个重要因素。

腐败给国家带来巨大的经济损失,国家的发展由此受到很大影响。比如在菲律宾,当政的20余年间,马科斯夫妇用各种手段攫取的财富多达100亿美元,这个数字相当于菲律宾三年的财政预算,或外债的40%。由于上层的示范作用,中、下层官员中的腐败现象也

① 内伊:《腐败与政治发展:成本—效益分析》,载《腐败与反腐败——当代国外腐败问题的研究》,第340页。

② 保罗·哈里森:《第三世界:苦难·曲折·希望》,第424页。

极为严重，国家财富因此大量流失。据有关专家估计，菲律宾每年的国民生产总值中，约有 40%要被各级官员贪污掉。① 这在很大程度上造成菲律宾经济形势的恶化。70 年代，菲律宾经济的年增长率为 6.4%，到 1982 年降为 2.2%，1984 年出现负增长，为－5.5%，1985 年又是－4%。经济衰退带来严重后果。1985 年，菲律宾通货膨胀率为 63.8%，工厂开工率仅为 40%，1 000 多万人失业或半失业，外债高达 256 亿美元，全国约有一半人口生活在贫困线下。② 这导致 1986 年反对马科斯的人民运动的总爆发，《纽约时报》曾经载文说：“马科斯一家已成为菲律宾人的沉重负担。”

腐败不仅会阻碍经济的发展，而且会改变物质财富的分配状况。英国学者保罗·哈里森说，腐败是“造成、扩大不平等的又一契机”③。在财富不断增长的现代社会中，一部分人利用权势疯狂聚敛财富，大部分人却因可供分配的资源的减少而陷入贫困之中，贫富差距由此加剧。如在 1996 年的“世纪大审判”中，韩国检察机关调查发现，除了秘密政治资金以外，全斗焕与卢泰愚这两位腐败总统，个人贪污受贿的金额都高达 2 000 多亿韩元。腐败总统造就了腐败内阁，政府官员的贪污受贿等现象极为普遍。大量财富通过非法手段中饱私囊而无法进入分配领域，使原有的由分配不均造成的贫富差距进一步加大，社会不平等由此加剧。以国际上通行的基尼系数为例，韩国 1997 年为 0.28，2002 年为 0.31，2004 年为 0.344，2005 年

---

① 李琮：《第三世界论》，世界知识出版社 1993 年版，第 431—432 页。

② 林存柱等编著：《世界政坛丑闻内幕》，山东人民出版社 1996 年版，第 105 页。

③ 保罗·哈里森：《第三世界：苦难·曲折·希望》，第 424 页。

为 0.348,上升趋势较为明显。贫富差距的加大,一方面造成富豪阶层的增长,据美林证券公司 2006 年发布的世界百万富翁报告书,按除住宅外的净金融资产在 100 万美元以上的富翁统计,2004 年韩国有 7.1 万名,2005 年有 8.6 万名,一年间激增 21%,远高于韩国 4% 的经济增长率;另一方面造成贫困问题的加剧,2005 年韩国贫困阶层达 716 万人,占总人口的 15%,这一比例在经合组织 30 个成员国中排在第 8 位。共同富裕是现代化所追求的重要目标,而腐败造成的社会不平等显然与现代化的目标背道而驰。

三、腐败导致社会道德沦丧,从而在整体上败坏社会风气和毒化社会生活,国家和民族的凝聚力因此丧失,在这样一个社会中,实现现代化的前景是令人忧虑的。

在任何国家,政府官员的所作所为都会成为社会的表率。当政府官员利用职权搞腐败活动时,民众首先的反应是极其愤慨;一旦他们发现这些行为得不到遏制时,其愤怒就逐渐变成麻木不仁,继而把它作为某种既成事实接受下来,这时他们对社会的责任心就丧失了,对国家也就不承担义务了。在印度,"给'麦米儿'(一种惯常的贿赂)的做法非常普遍,以至行贿者和受贿者都认为它算不上道德腐败"[①]。《印度时报》就此发表评论说:"公民把腐败作为生活的事实来接受,他们普遍的沮丧失望应当首先加以解决。"[②]更重要的

① 约翰·蒙泰罗:《印度社会中腐败的取向》,载《腐败与反腐败——当代国外腐败问题的研究》,第 240 页。

② 大卫·贝莱:《发展中国家的腐败效应》,载《腐败与反腐败——当代国外腐败问题的研究》,第 311 页。

是,民众不仅把腐败作为事实加以接受,他们自己也开始仿效那些腐败的官员,作为对官员腐败的一种报复。正如美国学者戴维·巴利所说:“公职人员乃是社会的精英阶层,如果他们之中盛行腐败之风,那么平庸之辈会认为他们更有理由为自己和亲属谋取私利。”①于是,上层的腐败波及下层,最终使整个社会腐化。印度就经历了这样一个过程,塞利格·哈里逊曾有过精彩的描述:“昨日的梦想破灭了,没有迹象表明代替它的、全新的共同目标的精神即将来临。人人为己的时尚日盛一日,这可以从以下状况中感觉到:每个人都试图突破国家总体计划的约束。这样,尽管印度政府一再恳求,有余粮的农民仍比过去任何时候都更坚决地去囤积居奇……商人和中间人人为地制造地区性短缺,引起近期粮食价格危机,从而哄抬粮价,并巧妙地把投机活动从一个地区转移到另一个地区……人们第一次表现出一种对抗心理,甚至蔑视现存权威。”②

腐败现象的滋生反映出法纪的无能和松弛,腐败越猖獗,人们对于法纪的权威就越蔑视。当腐败行为在一定范围内形成风气时,法纪就失去了其权威性和约束力,政府对于社会的控制力也就大大削弱了,民族的凝聚力由此而遭到削弱。有学者为此指出:“当公职人员不再关心国家目标和公共利益的实现而一心谋取私利的时候,当社会各阶层都只关心一己之私而对国家和民族的前途漠不关心

---

① 戴维·巴利:《发展中国家的腐败现象》,载《国外社会科学》,1989 年第 9 期。

② 大卫·贝莱:《发展中国家的腐败效应》,载《腐败与反腐败——当代国外腐败问题的研究》,第 314—315 页。

的时候，整个社会就会丧失它的凝聚力。”[①]同亚洲其他国家相比，韩国是一个民族凝聚力较强的国家，这与韩国曲折的历史进程有关。但愈演愈烈的腐败现象正在对韩国的民族凝聚力构成挑战。政治腐败，尤其是以总统或其家族为代表的腐败，使得韩国民众对于国家的未来多了一分忧虑。1996 年 7 月 14 日，李成春在《韩国日报》上撰文，概括出十种韩国政治病，其中最为典型的就是政治腐败，政治腐败已经成为韩国现代化进程中的顽疾，它深深地渗透到社会各方面。学者们普遍认为，政治腐败不仅会阻碍韩国政治民主化进程，而且对政府的威信以及民族凝聚力构成严峻挑战。对于包括韩国在内的后发展国家来说，现代化不仅需要政府的引导，而且需要社会全体成员的凝心聚力、精诚协作，在一个政府威信扫地、民族凝聚力瓦解的社会中，推进现代化的任何努力都将变得渺茫。

新加坡的反腐经验

腐败给现代化带来严重危害，但腐败是可能制止的。下面我们以新加坡为例，对此略加分析。

新加坡是一个以华人为主的小国，腐败之风也曾长期盛行。1959 年 6 月新加坡独立后，以李光耀为首的“人民行动党”以“铲除贪污”为口号赢得大选，这以后就大张旗鼓地开展反腐败运动。政府成立了专门的反腐败机构——贪污调查局，多次修订《防止贪污

① 何增科：《政治之癌：发展中国家腐化问题研究》，第 81 页。

法令》,将“严厉惩处”与“高薪养廉”同时并举,使腐败之风被及时刹住。到80年代末,新加坡已由一个贪污舞弊成风的社会转变为一个基本上清正廉洁的社会,正如乔治·奎赫所说:在新加坡,“腐败只是生活中的一个事实而不是一种生活方式。换句话说,新加坡确实还存在腐败现象,但这个国家并不是一个腐败的社会……(腐败)事件只是例外而不是通例,只是个别的事例而不是系统的腐败。”[①]90年代初,《远东经济评论》曾以“腐败:亚洲诸国的润滑剂”为题做过一个专题报道,该报道对10个国家的腐败问题进行了调查,结果表明“新加坡是亚洲各国中腐败程度最低的国家”,并因此而赢得了亚洲的“清廉先生”的称号。[②] 新加坡之所以在反腐败方面能取得明显成就,在于它执行了有效的反腐败措施,这无疑值得其他国家借鉴。具体来说,新加坡的反腐败措施有以下几点:

一、政府领导人不仅有坚定的反腐败决心,而且以身作则,为全社会树立榜样。

作为政府领导人,李光耀的反腐败决心和诚意可以从“铲除贪污”的竞选纲领中体现出来。李光耀上台后,不遗余力地倡导廉政,要求所有政府官员必须“两手干净”。他特别强调指出:“一旦主要的领导人廉洁程度不够,他们在对高水准的要求上就会不够严格,从那个时刻起,整个行政的廉洁机构,就会软化而终于崩溃。”[③]为此,李光耀带头廉洁奉公,他从不贪图私利,连汽车和住房都是自己

① 乔治·奎赫:《反腐败:新加坡的经验》,载《经济社会体制比较》,1993年第5期。

② 转引自季正举、陈德元主编:《他山之石:海外反腐肃贪要览》,第213页。

③ 畅征:《小国伟人——李光耀》,学苑出版社1996年版,第176页。

花钱买的。李光耀对自己的家族成员要求十分严格，执政以后，所做的第一件事就是召开家庭会议，明确表示要实行廉政，提醒父母兄弟等不要指望依仗他的权势得到任何“特殊关照”。的确，李光耀的家族成员并未因他当总理而沾什么光，父亲一直做钟表生意，没有一官半职；几个弟弟或当律师或经商，其地位并未因哥哥当总理而发生变化；妹妹嫁了一个富商，但也未依仗权势谋得好处。30多年中，李光耀家族从来没有传出过什么丑闻。

由于李光耀以身作则，各级官员就不得不纷纷自敛。60年来，新加坡文官队伍基本上能保持廉洁，腐败案件的发生率极低。1993年1月，《联合早报》自豪地宣称：“新加坡廉政建设抓得紧，这是远近闻名的。虽然有时也会出那么几个贪官污吏，但那只是大树的几片败叶，不足以使整棵大树枯萎凋零。”①

二、对于政府官员，一方面“高薪养廉”，另一方面加强思想教育，以从根本上杜绝腐败动机。

政府官员的工资水平在很大程度上影响着腐败行为的发生。新加坡政府认为：要保持官员的清正廉洁，就必须给他们以合适的工资，使“薪酬”与“职务”相称。李光耀说：“为党付出辛劳的党员应该付给他们可观的薪水，以俸养廉。”这样，从60年代起，随着经济的增长，新加坡官员的工资水平也不断提高。到90年代初，总理的月薪已达5万新元（约合3万美元），部长月薪为3万新元，高级公务员月薪为1.2万—2万新元，普通公务员的月薪也在1万新元上下。

① 畅征：《小国伟人——李光耀》，第175页。

这样的工资水平，不仅在亚洲，而且在世界也是相当高的。高薪使官员获得相对稳定且舒适的生活，他们一般不愿冒风险去搞腐败。

腐败的减少还有赖于官员素质的提高，政府十分重视加强对公务员的思想教育。李光耀多次强调说：政府公务员要具备优良的素质，也就是要有牺牲精神和奉献精神；当公务员的收益可能不如进私人企业或者经商，但在政府部门工作是一种荣誉，为了这种荣誉就必须有奉献精神；要想赚钱，就去经商，而当公务员就必须在收益方面做出一些牺牲，官员利用职权谋取经济利益的做法是绝对不允许的。思想教育起到了一种潜移默化的作用。如今，新加坡的公务员大多能主动做到克己奉公、不谋私利，保持清正廉洁，从而使腐败现象大大减少。

三、建立相对独立、拥有实权而且自身廉洁的反腐败机构，全面、有效地打腐败行为。

为制止官员腐败，必须设立专门的反腐败机构。早在 1952 年，新加坡就成立了贪污调查局。起初，该局处于政府有关部门的管辖之下，由于没有独立地位，又得不到实权，因此不能有效地工作。1970 年，该局被直接置于总理办公室领导下，成为一个与政府各部平行的机构，它不仅有权调查，而且有权执法。贪污调查局地位的上升使反贪实效大为提高。今天，在新加坡，官员们对贪污调查局有“谈虎色变”之感，因为任何官员的腐败行为几乎都逃不过调查局的眼睛。几十年中，调查局不仅查处了一大批普通公务员的贪污受贿案，而且查处了多起高级官员腐败案，在反腐败斗争中发挥了中流砥柱的作用。

调查局自身保持廉洁。“正人先正己”,前任调查局局长杨温明曾这样说:“几乎每个人都虎视眈眈地盯着我们,随时随地都在注意我们的行动。稍有不慎,就会有人告我们。一旦贪污调查局的人有不轨行为,其他部门的人会写信给总理,或者向总检察长投诉,总检察长就会命令执法机构调查我们。因此,贪污调查局的工作人员总是小心翼翼。”[①]事实正是这样,调查局工作人员行为略有不检点,就会被毫不留情地清除出去。比如,有人曾写信告发调查局一名官员参与非法赌马活动。尽管这只是一个小小的过失,但在调查核实之后,这名官员就被勒令提前退休了。可见,调查局自身的廉洁是新加坡反腐败工作能够顺利开展的重要保证。

四、有法必依,对贪污腐败行为严惩不贷,从而对政府官员形成威慑,以减少腐败行为发生的机会。

新加坡建立了严厉的反腐败惩罚制度,早在 1937 年的《防止贪污法令》中就规定贪污罪将被判处 3 年监禁或 1 万新元以下罚款。1960 年该法令作了较大修改,监禁期延长到 5 年,最高达 7 年,罚款也增加到 10 万新元。1963 年,该法令又作了一项重要修订,规定一个人即使事实上没有接受贿赂也可被指控犯有贪污罪,只要他表现出受贿的意图就可以定罪。这在世界上可能是独一无二的,可见新加坡对腐败的惩处是多么严厉。1981 年,律政部长巴克再提一项修正案,要求那些被判有贪污罪的人除接受刑法处罚外,还要偿还所有贿款,未能偿还者将受到更严厉的处罚。所有这些条款都不只是

① 刘国雄:《新加坡的廉政建设》,人民出版社 1994 年版,第 42 页。

说说而已，执行起来是相当严格的，比如有一个狱吏因为帮犯人买香烟收受了15元钱，被查出后就以受贿罪被判刑。在这种情况下，有腐败意图的人就会因为风险太大、代价太高而不愿轻易为之，所以在一定程度上减少了腐败现象。

贪污受贿不仅将受到法律严惩，还会使当事人蒙受巨大的经济损失。自1955年起，政府建立中央公积金制度，供每个职工在买房、养老时使用。所有职工，资历越老，公积金越多，有的甚至高达上百万新元。然而，一旦某人被定为贪污罪，其公职将被开除，公积金全部没收，这无疑是一笔巨大的损失。杨温明局长为此指出：“一个被定贪污罪的官员除了被罚款外，还要丧失工作，这是为了使干部明了贪污是不划算的。”①这样，经济上的损失与法律上的惩处相结合，对政府官员形成了强大的约束作用。

新加坡对腐败的惩罚十分严厉，“王子犯法，与庶民同罪”，郑章远受贿案就是一例。郑章远是新加坡的建国功臣，与李光耀私交甚密。1979年起担任国家发展与建设部部长，在实现“居者有其屋”方面功劳显赫。1986年底，郑章远因贪污受贿50万新元被调查局查出，面临法律制裁。此时，他托人向李光耀求情，但李光耀不徇私情，事后他发表评论说：“如果总理出面进行非正常的干预，以使一名和他关系密切的高层人士免受法律制裁，这样的事绝对保不住密。其实由于他身居要职，罪更严重。因此，不管如何困难，我还是

① 刘国雄：《新加坡的廉政建设》，第31页。

交给法律去处置，不去阻止。"[①]由于李光耀不肯干涉，绝望中的郑章远畏罪自杀。这一案例充分体现了"法律面前，人人平等"的原则，在政府官员特别是高层官员中引起巨大震动。

综上所述，作为传统社会向现代社会转变中的必然产物，腐败已成为现代化进程中一种无法避免的"副产品"，为此，在社会转型过程中，彻底清除腐败的想法是不现实的。然而，腐败在现代化过程中蔓延的必然性并不能成为其存在的合理性，也不能成为我们对其听之任之的任何借口。这是因为，正如亚洲多国的经历所揭示的，作为现代化伴生物的腐败，已经对现代化进程及其成果构成了巨大威胁和挑战，甚至造成政治现代化的中断。在韩国，腐败与现代化几乎如影随形，但这并不是因为腐败促进了现代化，恰恰相反，是因为韩国历届政府开展的轰轰烈烈的反腐败运动及其对腐败的遏制，才保证了现代化的正常推进。新加坡的经验表明："即使不能完全消除腐败现象，也可以把它减少到最小限度。"[②]新加坡在现代化过程中取得的成就在很大程度上表现为它建立了一个清正廉洁的社会。事实证明，反腐败越彻底，现代化进程就越顺利。因此，对于后发展国家而言，要走现代化之路就必须坚定地反腐败，以尽力扫除前进道路上的这个危险障碍；反之，对腐败的漠视或纵容只会使现代化走入死胡同。

---

① 刘国雄：《新加坡的廉政建设》，第 19 页。

② 乔治・奎赫：《反腐败：新加坡的经验》，载《经济社会体制比较》，1993 年第 5 期。

第十五章　文明社会的毒瘤

现代化进程中的犯罪问题

现代化与犯罪

在不少国家，现代化造成许多问题，其中最为严重的问题之一是犯罪的蔓延。犯罪以不可遏制的势头迅猛扩展，如毒瘤一般，不仅吞噬正在进行现代化的发展中国家，而且威胁已经实现了现代化的发达国家。

犯罪是对社会规范的严重背离，从人类社会形成起，犯罪就与社会共生共灭。但在人类社会早期，犯罪只是局部现象，它发展成为一种普遍的社会问题，是与现代社会的出现相联系的。工业化开始之前，西方各国的犯罪问题已初露端倪，比如德国，“在16和17世纪，惯窃的数量大体和今日差不多”①。在英国，“伊丽莎白时代的伦

① 西奥多·汉普：《德国的犯罪与惩治》(Theodore Hampe, *Crime and Punishment in Germany*)，伦敦1929年版，第50页。

敦可能……比我们今日所有的城市……都更危险"[①]。在同一时期，法国、俄国乃至美国的犯罪问题都已程度不同地表现出来。

18世纪下半叶，英国开始了人类历史上第一次工业革命。城市化与工业化同时进行，农村人口于是向城市流动，经济发展带来了社会结构的急剧变迁，这都引发了犯罪现象的急剧增加。恩格斯在《英国工人阶级状况》一书中曾对英国当时的犯罪状况做过如下描述："随着无产阶级人数的增长，英国的犯罪数字也增加了，不列颠民族已成为世界上罪犯最多的民族。从内务部每年公布的'犯罪统计表'中可以看出，犯罪的数字在英国是以不可思议的速度增加着。……1805—1842年的37年中，因刑事犯罪被捕的数字增加了6倍……在苏格兰，犯罪的数字增加得更快。在这里，1819年当事人因刑事罪被捕的只有89件，到1837年已经有3 176件，到1842年甚至增加到4 189件。"[②]

这种伴随着城市化、工业化出现的犯罪增长后来被证明是一个普遍现象。法国、比利时、德国和美国都出现犯罪高潮。比如在比利时，"赤贫现象以加速度产生着赤贫现象。犯罪行为也随着赤贫现象的增长而增长，人民生命的源泉——青年日益堕落"[③]。

进入20世纪，特别是第二次世界大战结束后，那些已完成工业

① 甘米尼·萨尔加多：《伊丽莎白时期的黑社会》(Gamini Salgado, *The Elizabethan Underworld*)，伦敦1977年版，第15页。

② 恩格斯：《英国工人阶级状况》，载《马克思恩格斯全集》，第二卷，人民出版社1957年版，第416—417页。

③ 马克思：《"模范国家"比利时》，载《马克思恩格斯全集》，第五卷，人民出版社1958年版，第368页。

化并向后工业社会过渡的发达国家经历了新技术革命推动的经济新增长，然而犯罪浪潮非但未减退，反而更加激烈。从西欧、北美等国的情况看，“自 1946 年以来，总的犯罪率或多或少已经加倍”①。而对于那些为数众多的发展中国家来说，“随着现代化的开始，这些原来犯罪率很低的国家突然受到了惊人的犯罪增长的痛苦折磨，犯罪已成为城市秩序和社会发展进程本身的严重威胁”②。

不难发现，无论是在欧美发达国家，还是在广大发展中国家，犯罪随着经济的发展呈现出日益增长的趋势。对于经济发展与犯罪现象之间的关系，国外学者进行了广泛深入的研究，具有代表性的观点有以下三种：

一、“同步增长论”，这种观点认为，犯罪现象的变化随着经济的增长而相应增长。

二、“相对增长论”，这种观点认为，经济发展伴随着相应的犯罪增长，在经济发展中犯罪现象呈现总的增长趋势；但经济增长未必引起犯罪的必然增长，相反，经济停滞、萧条乃至衰退也有可能导致犯罪增长的趋势。

三、“未必增长论”，持此种观点的少数研究者认为，经济发展过程中，无论是经济增长还是下降，犯罪均呈总的下降趋势。即使在经济发展过程中有时会增长，那也不过是暂时的情形，并不影响犯罪呈总的下降趋势。③

① 陈显容、李正典：《犯罪与社会对策》，群众出版社 1992 年版，第 153 页。

② 路易丝・谢利：《犯罪与现代化》，群众出版社 1986 年版，第 52 页。

③ 王智民、黄京平：《经济发展与犯罪变化》，中国人民大学出版社 1992 年版，第 4 页。

需要特别指出的是，美国学者路易丝·谢利对近200年来世界各国的犯罪现象加以探讨，结果发现：无论是18、19世纪的英、法、美等国，还是20世纪中下叶的发展中国家，尽管它们在政治、经济、社会和文化方面千差万别，但“几乎没有一个国家能够避免作为这种发展进程最显著的特征之一——犯罪的增长”。世界上的大多数国家，在经济增长的现代化过程中，犯罪现象的增长几乎是不可避免的。谢利指出：

“两个世纪以前在英国看到的由于工业革命的到来而引起的犯罪的变化，在其他国家同样经历向现代化的转变时曾经多次重复出现。促进流动和交往的现代技术使当今世界的社会转变在质量上不同于19世纪上半期的西欧国家。但是这种技术上的区别并没有改变社会发展进程中看来是不可避免地造成犯罪方面的后果。”①

谢利得出的结论是：现代化不仅造成了犯罪的增长，而且使犯罪这个“曾经是一度影响城市居民生活的局部问题变成影响现代生存性质和阻碍许多国家未来发展进程的问题，犯罪已成为现代化方面最明显和最主要的代价之一”②。

本章我们将以美国为例，对现代社会中的犯罪问题加以具体分析。

---

① 路易丝·谢利：《犯罪与现代化》，第158页。
② 路易丝·谢利：《犯罪与现代化》，第158页。

美国社会中的犯罪

美国的工业化和城市化经历了三个阶段:第一阶段是18世纪末19世纪初的起步期;第二阶段是从南北战争结束不久到19世纪末的高涨期;第三阶段是第二次世界大战结束后由新技术革命引发的完成期。与这三个阶段相对应的是,美国的犯罪增长也经历了三次高潮,其时段与工业化三个阶段大致吻合。

18世纪末,即独立后不久,美国工业革命就开始了。工厂吸引了大批农村劳动力,城市化由此开始。1790—1810年,纽约人口从33 000人增加到96 000人;费城人口也从42 000人增加到91 000人;巴尔的摩是全国第三大城市,人口为35 000人;查尔顿是第四大城市,人口为33 000人。① 人口的集中造成犯罪问题日益严重,抢劫、斗殴、凶杀开始泛滥,纽约被说成是世界上最罪恶的城市,费城、巴尔的摩和查尔顿的情况也好不了多少。在城市里,成群结队的"坏小子""偷窃者""歹徒""没出息的家伙"在大街上游荡,他们袭击行人、抢劫斗殴,还时常纵火打劫。② 这就是美国历史上第一次犯罪高潮。

南北战争结束后,美国经济进入高速发展时期,城市化也相应发展。1904年,美国的国民财富达1 071亿美元,相当于1870年的

① 纳尔逊·布莱克:《美国社会生活与思想史》,上册,商务印书馆1994年版,第298页。
② 纳尔逊·布莱克:《美国社会生活与思想史》,上册,第301页。

4.45倍，远远超过德国和英国。美国已成为世界上最富有的工业化国家，而其城市规模也不断扩大，城市人口不断增加。在南北战争前的1860年，全国8000人以上的城市只有141个，总人数5072256人，占全国人口的16.1%；到1900年，这样的城市增加到547个，总人数30797185人，占全国人口的40.5%。[①] 在这种情况下，美国的犯罪现象也出现惊人的增长，各种因素造成城市管理的混乱，城市成为犯罪的渊薮，帮派斗殴、偷窃抢劫、卖淫、杀人等犯罪现象肆虐，不可遏制。1881年，每百万城市人口中，平均有25人被杀害，到1898年这个数字竟增加到107人！[②] 1880年代的10年中，美国监狱的囚犯增加了50%，其中青少年罪犯占20%左右，这形成美国历史上第二次犯罪高潮。

在路易丝·谢利看来，美国历史上第一、二次犯罪高潮的产生，是“经济发展带来的变化”造成的必然结果。谢利认为：

“迅速城市化的结果是成千上万的流动人口从农村转入迅速扩大的城市中心区。这些城市没有做好安排越来越多的居民的物质准备，也不可能把这些人力都变成城市工人，因而，在这两个历史时期都出现了贫民窟，这些城市贫民窟是犯罪行为的主要根源。在这些条件下成长的年轻一代，越来越多地走上犯罪道路。既把犯罪作为谋生的手段，也把它作为消除身体紧张的途径。”[③]

---

① 波加特等：《美国经济史文献》(Ernest L. Bogart, *Readings in the Economic History of the United States*)，波士顿1919年版，第781—782页。

② 杨生茂、陆镜生：《美国史新编》，中国人民大学出版社1990年版，第254页。

③ 路易丝·谢利：《犯罪与现代化》，第79页。

第二次世界大战后，特别是从五六十年代起，美国工业化进入第三个阶段，即高科技、新产业阶段，美国开始向后工业社会过渡。这时，城市化也出现新浪潮，其特点是城市的扩散，即市郊化。战后25年中，美国经济以每年3.5%的速度递增，国民生产总值从1946年的2 000亿美元增加到1970年的近1万亿美元。与此同时，市郊化倾向日益明显，比如1950—1960年，城市中心人口增加10.7%，市郊人口则增加48.6%；这一趋势一直延续到80年代，1970—1980年，城市中心人口增加0.6%，市郊人口则增加17.4%。①

在这种背景中，新的犯罪高潮开始形成，从60年代起，社会上的杀人、抢劫、偷盗、斗殴等等犯罪现象急剧增加，并达到有史以来的最高水平；70年代，发案数量的增长率有所下降；但80年代各类案件又开始回升；90年代初继续回升，出现了暴力案件居高不下的局面。犯罪的持续高发使得美国人人自危，个个害怕，犯罪已威胁到几乎每个居民的日常生活。1994年的一项民意调查表明，几乎所有的美国人都认为犯罪是最严重的社会问题，只有1%的人例外。②

确定一个社会的犯罪率及犯罪的严重程度需要有比较精确的数据统计，在美国，最权威的数据是司法部联邦调查局每年发布的"正式犯罪报告"。"正式犯罪报告"特别关注以下七种犯罪，即杀人、强奸、重大人身攻击、抢劫、偷窃、夜盗和偷盗汽车，1988年以后又增加了纵火这一项。这些犯罪可以分为两类，即暴力犯罪（包括

① 李庆余、周桂银等：《美国现代化道路》，人民出版社1994年版，第115页。
② 托尼·博萨：《美利坚帝国的衰落》，江苏人民出版社1998年版，第213页。

杀人、强奸、重大人身攻击、抢劫)和财产犯罪(包括偷窃、夜盗和偷盗汽车)。"正式犯罪报告"所列的七项犯罪指数被认为是一切犯罪的风向标,能较为准确地反映出社会的犯罪情况。本文在论述美国的犯罪问题时,就以"正式犯罪报告"所列的七项犯罪为列举对象,而不涉及职业犯罪(白领犯罪)、有组织犯罪(集团犯罪或团伙犯罪)、经济犯罪、政治犯罪和高科技犯罪等。

根据联邦调查局公布的"正式犯罪报告",1960—1991 年美国发案数字如下表①:

年份	案件数	年份	案件数
1960	1 861 261	1976	11 304 788
1961	1 926 119	1977	10 935 777
1962	2 048 341	1978	11 141 334
1963	2 259 081	1979	12 152 730
1964	2 604 426	1980	13 295 399
1965	2 780 015	1981	13 290 256
1966	3 243 400	1982	12 857 218
1967	3 802 273	1983	12 070 213
1968	4 466 573	1984	11 881 800
1969	4 989 747	1985	12 430 000
1970	5 568 197	1986	13 210 800
1971	5 995 211	1987	13 508 700
1972	5 891 924	1988	13 923 100
1973	8 638 375	1989	14 251 400
1974	10 192 034	1990	14 475 600
1975	11 256 566	1991	14 872 883

① 南希·马里恩:《联邦政府犯罪控制史 1960—1993》(Nancy Marion, *A History of Federal Crime Control Initiatives 1960 - 1993*),韦斯特波特 1994 年版,第 261 页。

由此可以看出：30 年中美国的发案数增加的速度何其惊人！

另一项统计数字表明：1966—1971 年间，美国人口仅增长 5%，但暴力犯罪增长 90%，财产犯罪增长 82%。[①]

尽管“正式犯罪报告”的数据已揭示出美国社会惊人的犯罪状况，但官方资料的局限性还是难免。“正式犯罪报告”是根据已到警察局报案的犯罪数统计出来的，可实际上由于种种原因，并非所有的受害者都去报案。为了更全面地了解犯罪的真实情况，从 1972 年起，美国司法部人口统计局开始一年一度的“全国犯罪调查”，这项调查涉及 6 万个家庭。由于不把犯罪限制在向警察局报案的范围内，这些调查获得了与联邦调查局非常不同的结果。调查表明：全国实际犯罪数量比官方的数字要高得多，下面就是 1988 年“正式犯罪报告”和“全国犯罪调查”的数据[②]对比：

案件类型	“正式犯罪报告”数字	“全国犯罪调查”数字
	暴力	犯罪
杀人	20 675	——
强奸	92 486	127 000
抢劫	542 968	1 048 000
重大人身攻击	910 092	4 734 000
	财产	犯罪
夜盗	3 218 077	5 777 000
偷窃	7 705 872	14 056 000
偷盗汽车	1 432 916	1 634 000

---

① 弗·斯卡皮蒂：《美国社会问题》，中国社会科学出版社 1986 年版，第 289 页。

② 弗兰克·施马尔拉奇：《今日刑事司法》(Frank Schmalleger, *Criminal Justice Today*)，新泽西 1991 年版，第 54 页。

可以看出：与“正式犯罪报告”相比，“全国犯罪调查”中的强奸罪多37.3%，抢劫罪多93%，重大人身攻击罪多420%；夜盗罪多79.5%，偷窃罪多82.4%，偷盗汽车罪多14%。由于“全国犯罪调查”的对象是受害者，而且调查面广，因而它的统计数字更能反映美国社会的犯罪实况。

实际上，从司法部联邦调查局每年定期公布的犯罪率统计数字中，也可以看出犯罪的严重程度。请看下表[①]：

1960—1987年每10万人的犯罪数统计

年份	总数	暴力犯罪数	财产犯罪数
1960	1 870	160	1 710
1965	2 423	198	2 224
1970	3 985	364	3 621
1975	5 282	482	4 800
1980	5 950	597	5 353
1985	5 208	557	4 651
1987	5 550	610	4 940

表中数字说明，1960年后的近30年间，美国社会的犯罪率一直稳步上升，如此高的犯罪率，无论与发达国家相比，还是与新兴国家相比，都是绝无仅有的。

根据联邦调查局公布的数字，1988年度，全国平均每2分钟就

① 西奥多·卡普劳、霍华德·巴赫：《近来美国社会趋势 1960—1990》(Theodore Caplow & Howard Bahr, *Recent Social Trends in the United States 1960 -1990*)，蒙特利尔1990年版，第501页。

有一起犯罪发生，其中每25分钟发生一起凶杀案，每6分钟发生一起强奸案，每1分钟发生一起抢劫案，每35秒钟发生一起重大人身攻击案，每4秒钟发生一起偷窃案，每10秒钟发生一起夜盗案，每22秒钟发生一起偷盗汽车案。① 可以毫不夸张地说，如此高的犯罪率，使美国变成一个名副其实的"犯罪王国"。

从60年代开始兴起的第三次犯罪高潮，在今天的美国社会仍方兴未艾。与此前的两次相比，这一次犯罪高潮来势更猛，持续时间也较长。第三次犯罪高潮产生于向后工业化过渡的现代社会中，因此更加引人注目。这次犯罪高潮表现出以下两个突出的特点：

一是低龄化，青少年犯罪严重。从1960—1970年，青少年犯罪被捕人数翻了一番以上，而同期各年龄层总被捕人数只增加了31%。具体来看，在此期间，18岁以下青少年犯罪率的上升幅度为10—18岁这个年龄段人口增长率的4倍；尤其令人关注的是，15岁以下青少年犯罪人数出现了剧增现象。比如1958—1967年，10—14岁的青少年斗殴案增加了300%，抢劫案增加了200%。② 1971年，因犯罪被捕的总人数中，10%是15岁以下的少年，26%是18岁以下的青少年，21岁以下的青少年罪犯占了总被捕人数的51%。到1975年，25岁以下的青少年占犯罪被捕总人数的75%，15岁以下的少年占偷窃、夜盗被捕者的20%，抢劫被捕者的1/3和夜盗、偷窃、偷盗汽车被捕者的一半是18岁以下的少年。从犯罪类型来看，25

① 弗兰克·施马尔拉奇：《今日刑事司法》，第38页。
② 弗·斯卡皮蒂：《美国社会问题》，第290页。

岁以下的人占以下各类犯罪被捕者的比例分别是：凶杀的 50%，强奸的 58%，抢劫的 77%，夜盗的 85%，偷窃的 75%，偷盗汽车的 85%。[①]

八九十年代，青少年犯罪的增长引起美国公众的极大关注。有一项统计表明，因持枪行凶而被捕的 18 岁以下青少年的人数，已从 1976 年的 19 649 人上升为 1989 年的 31 577 人；该年龄段青少年持枪行凶案，也从 1984 年的 444 起上升为 1989 年的 952 起。[②] 1996 年，全国青少年犯罪 96 022 起，与 1970 年相比上升了 75%，其中 2 074人犯杀人罪，3 768 人犯强奸罪，37 414 人犯抢劫罪，52 766 人犯重大人身攻击罪。[③]

第二个特点是恶性犯罪持续攀升。60 年代一份官方文件曾这样说："美国社会的暴力已经增长到令人惊讶的高水平，无论是凶杀、集团暴力，还是个人暴力行为，与此前几十年相比，60 年代的情况都更为糟糕，而成为有史以来暴力最为剧烈的时期。从凶杀、强奸、抢劫和重大人身攻击等的犯罪率来看，美国在现代民主国家中是当之无愧的佼佼者；至少在凶杀和集团暴力方面，其犯罪率是最高的。"[④]请看部分年份的暴力犯罪统计表[⑤]：

---

① 乔恩·谢泼德等：《美国社会问题》，山西人民出版社 1987 年版，第 30 页。

② 戈登·威特金：《美国：杀人的孩子们》，载《政党与当代世界》，1991 年第 11 期。

③ 马平：《他们为什么成了少年杀人犯？》，载《美国大观》，1998 年第 7 期。

④ 帕维茨·桑尼：《美国的犯罪与文化》(Parviz Saney, *Crime and Culture in America*)，纽约 1986 年版，第 16 页。

⑤ 参见陈显容、李正典：《犯罪与社会对策》，第 157 页；乔恩·谢泼德等：《美国社会问题》，第 291 页；弗兰克·施马尔拉奇：《今日刑事司法》，第 40 页。

年份	杀人	抢劫	强奸	重大人身攻击	总计
1972	18 520	374 560	46 430	374 560	814 070
1975	20 510	464 970	56 090	484 710	1 026 280
1977	18 764	410 016	62 720	536 434	1 027 934
1981	22 516	574 134	81 536	643 720	1 321 906
1988	20 675	542 968	92 486	910 092	1 566 221

到 1990 年，全国暴力犯罪总数达到 190 多万起，与 1988 年相比，又多了 20 多万起。可这还是较为保守的数字。根据司法部人口统计局对普通市民的调查，包括未报案的暴力犯罪在内，1993 年的暴力犯罪大约有 660 万起。① 可见，暴力犯罪在社会上的蔓延，已经到了极其惊人的地步。

在暴力犯罪中，最引人注目的是凶杀罪。据统计，1960 年全国凶杀案件为 8 464 起，1965 年为 9 850 起，1975 年跃居到 20 510 起，1981 年为 22 516 起，1990 年达到 24 000 起。其中无辜受害者的比例大幅度上升，比如 1989 年元旦刚过，一个手持自动武器的人闯进洛杉矶一所中学开枪杀人，打死 5 名学生，打伤 30 多人，引起全国震惊。又如 1992 年元月中旬，一名恶贯满盈的杀人魔王在密沃尔基被捕。这名凶犯叫达默尔，因心理变态而对屠杀金发少女有着“浓厚的兴趣”，三年来死在他手下的共有 15 名少女。美国凶杀率是全世界最高的，1991 年全国发生的凶杀案相当于英国、法国、加拿大和日本四国总数的 2.5 倍。

① 特德·杰斯特:《美国社会的暴力犯罪及其反犯罪战略》，载《编译参考》，1994 年第11 期。

家庭暴力犯罪越来越引起人们的注意。最近一项调查表明，在接受调查的 2 000 多个家庭中，1/6 的夫妻在一年里至少有一次暴力冲突；在整个婚姻过程中，多于 1/4 的夫妻有一次以上的暴力行为。同一项研究还发现，父母对孩子的暴力行为比例更高，被调查的 2/3 的夫妻承认他们至少有一次针对孩子的暴力。全国防止虐待儿童委员会则报告说，从 1986—1993 年，虐待儿童的案件在 7 年中跳升了 4 倍，从 143 900 起增至 569 900 起。[①] 更新的调查则说明，目前美国每年大约有 65 万 18 岁以下的孩子受到虐待，其中 20 多万名孩子成为重大人身攻击的对象，1 000 名孩子直接致死，13.7 万名孩子严重受伤。[②] 到 90 年代末，美国每年发生的家庭暴力事件超过 80 万起。家庭暴力已发展成为严重的社会问题。

犯罪高发的原因

在一个经济繁荣、物质丰裕的现代社会里，为什么出现犯罪现象居高不下的局面，甚至是经济越发展、犯罪现象越严重呢？总括起来，大致有以下几个原因：

一、犯罪与城市化、工业化进程中出现的畸形社会发展有密切联系。

首先，畸形城市发展是犯罪的渊源之一。20 世纪五六十年代，

---

① 马平：《他们为什么成了少年杀人犯？》，载《美国大观》，1998 年第 7 期。

② 埃·卡瑞等：《星条旗下的阴影》，东方出版社 1994 年版，第 204 页。

美国出现以市郊化为特征的城市化浪潮，当时有钱的上、中阶层大举前往市郊，造成城市规模的扩大和市郊人口的激增。城市中心区因这种迁徙而受到损害，许多地区衰落了，而且管理混乱，出于对自治传统的尊重，联邦政府对这种情况并不干预，而是任地方政府自行处理。这样一来，城市人口外迁所留下的“真空”很快由穷人来填补，不少美国大城市“充满了来自南方的黑色农村工人和来自阿巴拉契亚山脉的白色农村工人”。然而城市对这些人来说并非天堂，当这些“外来者”的梦幻被贫困、失业等所打破时，他们就试图用暴力来发泄不满，城市暴力因此比农村高得多。同时，城市太大，管理不善及人群过杂也给城市治安带来困难，造成犯罪在城市更容易得逞。路易丝·谢利对此概括说：“暴力犯罪既是城市生活的症状，又是与城市生活的调节相联系的各种问题的标志。”①

其次，由贫困引起的对抗心理构成犯罪的另一个诱因。美国学者夏普指出：“当贫困和高层次的社会期望联姻时，就产生犯罪行为，这尤其是抢劫和进行非法交易的温床。”②从五六十年代起，经济的迅猛增长使美国社会走向空前的富裕和繁荣，但与此同时，贫富差距却不断扩大，社会紧张程度也随之加强。美国政府一项报告说，1960 年，20％收入最低家庭的收入占国民总收入的 4.8％，1966 年占 5.6％，1972 年占 5.4％；而同期 20％收入最高家庭的收入则分别占国民总收入的 41.3％、40.5％和 41.4％。③ 1977—1989 年，1％

① 路易丝·谢利：《犯罪与现代化》，第 50 页。

② 安塞尔·夏普等：《美国社会问题经济观》，航空工业出版社 1992 年版，第 128 页。

③ 乔恩·谢泼德等：《美国社会问题》，第 30 页。

收入最高家庭的税前收入上升了77%,年收入增加到56万美元,而普通家庭的这两组数字分别是4%和3.6万美元,处于社会底层40%的美国家庭的收入实际上下降了。[①] 巨大的贫富差距使不少美国人处于贫困之中。1964年,占总人口19%的3 600万人生活在政府规定的贫困线下;1969年,还有占总人口12%的大约2 400万人生活在贫困线下;到1979年,穷人比1969年还增加了200万人;80年代,穷人数量又急剧增加。1979—1985年,穷人又增加了700多万,贫困率上升了20%。[②] 由于这种贫困处于物质十分充裕的现代社会中,更容易引发穷人的不满行为,犯罪由此而产生。正如美国学者杰克逊·托比所说:“贫困不会产生犯罪,但是因贫困而不满却会而且奇怪得足以产生犯罪,在富裕国家的相对被剥夺的人们中间比在贫困国家的真正被剥夺的人们中间更有可能因贫困而不满。部分原因是因为富裕的工业国家也并非天堂;财富和各种公共设施的分配在此岸比对永恒的拯救的关注更重要。大量的宣传工具……在所有人中间激起了对奢侈豪华生活方式的欲望,所有这些都说明为什么社会经济的被剥夺,对于富裕国家的穷人比对于穷困国家的穷人具有更大的刺激性。”[③]

再次,失业是发展中的又一个畸形现象,它成为犯罪的又一诱因。美国的失业率一直很高,即便在经济迅猛增长的六七十年代,失业率也保持在5%左右,其中多数是黑人或有色人种。失业者很

---

① 陈显容、李正典:《犯罪与社会对策》,第354页。
② 埃·卡瑞等:《星条旗下的阴影》,第95页。
③ 路易丝·谢利:《犯罪与现代化》,第100—101页。

容易走上犯罪道路，社会学家们普遍认为，城市少数民族青年中灾难性的高失业率对犯罪有着重要影响。有调查表明，美国监狱里的犯人，大部分来自失业群体和准失业群体，比如加利福尼亚州被关押的重罪犯中有50%是失业者。美国学者哈维·布伦纳曾对失业与犯罪的关系进行量化研究，他得出结论说，国家失业率每上升一个百分点，就可能使年入狱率上升4%，其中抢劫案可以增加6%，重大人身攻击案可以增加9%，凶杀案可以增加4%。[①]

最后，作为美国社会重大畸形现象的种族歧视，它与犯罪之间也有密切关系。近几十年来，尽管黑人等美国各少数民族的政治、经济地位有了很大提高，可是在现实生活中，无形或有形的种族歧视仍然存在，使少数民族在心理上感到压抑，同时有可能诱发他们对整个社会产生不满。这种情绪积聚到一定程度，就会通过包括犯罪在内的各种方式加以发泄。美国社会中少数民族、特别是黑人犯罪率特别高，除自身素质等原因外，种族歧视是原因之一。1975年，占总人口11%的黑人占了当年因凶杀被捕者的54%、因抢劫被捕者的58%、因强奸被捕者的45%、因偷窃、夜盗和偷盗汽车被捕者的30%。[②] 1985年，占总人口仅6%的西班牙语裔美国人却占因凶杀被捕者的16%、抢劫被捕者的14%。[③] 少数民族犯罪与深埋于美国社会之中的种族歧视并非没有关系。

二、犯罪与美国的司法制度有关。在美国，惩治犯罪的法律过

---

① 埃·卡瑞等:《星条旗下的阴影》,第321页。

② 乔恩·谢泼德等:《美国社会问题》,第293—295页。

③ 埃·卡瑞等:《星条旗下的阴影》,第317页。

于宽容,同时还存在着相当程度的不公正现象,这两点加在一起,会纵容与助长犯罪现象的发生。

执法松弛在美国是一个突出的问题,比如“全国民意研究中心”曾对某城市的案件处理情况进行调查:在实际发生的 2 077 起案件中,受害者向警方举报了 1 024 件,约占发案的一半。警察到现场调查或受理 787 件,其中 593 件被认定属于刑事犯罪。在这 593 件案子中,只有 120 件案子的嫌疑人被捕;而在这 120 件案子中,正式起诉和交付法庭审判的只有 50 件。受害者认为,这 50 件被审判的案子里,只有 26 件使罪犯得到了适当的惩罚,其余的被告被无罪释放,或过分宽大处理了。可见,在美国,罪犯真正被绳之以法的只占极小一部分,80 年代末的一项民意测验表明,大多数美国人认为法律对罪犯太宽容;大约有 3/4 的黑人和 4/5 的白人认为,法庭对某些犯罪的处理不够严厉。法律的宽容在很大程度上降低了犯罪成本,犯罪即使败露,其代价也相对较小。这就鼓励了一些人去犯罪,从而推动了犯罪率上升。

司法不公正也是常有的现象,虽说“法律面前,人人平等”,但在现实生活中却时常得不到体现。财富、权势和种族歧视对司法产生了影响,对于同样的罪行,穷人或少数民族可能被重判,有钱有势者或白人则可能被轻判,或干脆无罪释放。不公正的司法实际上会助长犯罪,对有钱有势的人来说会使他们肆无忌惮,对感到不公正的人来说则有可能使他们置法律于不顾,以自认为合适的手段去进行报复。美国学者托尼·博萨曾痛斥道:“生活中有公平可言吗?这个社会在向财产和权势倾斜,在这个社会里弱者不管有多高的德行都会受到损害。法庭与生活的其他方面不相上下，我们不能保证法庭不受财富和权势的影响。"①

三、美国的家庭环境，特别是单亲家庭和充满暴力的家庭在很大程度上助长了犯罪，尤其是助长了青少年犯罪。

社会学家们发现："家庭是一个儿童社会化的早期基本结构单元，在形成守法或犯法、暴力或友善等行为方面具有相当的重要性。"②然而近几十年来，父母和子女生活在一起的传统核心家庭受到很大冲击，出现了许许多多支离破碎的单亲家庭。据统计，1974年，全美大约有1 180万儿童和18岁以下的青少年生活在单亲家庭里，比1965年增加了250万。③ 单亲家长忙于生计，无暇来照顾和教育孩子，更重要的是，社会对单亲家庭缺少支持——包括就业、教育和社会保障都支持不够。生长在此种家庭里的孩子很容易结交危险的朋友，最终走上犯罪道路。1989年，罗得岛上一青少年帮派团伙中，一名16岁的来自单亲家庭的青少年，仅仅为了向同伙显示自己的能力而持枪行凶，杀死了两名妇女和两名女孩（一名8岁，另一名10岁）。这名青少年为此受到监禁5年的惩罚。

除单亲家庭外，那些长期生活在充满敌意、任意惩罚、倍受虐待、缺少爱抚，特别是暴力不断的家庭里的孩子也很容易成为罪犯。调查表明，大多数青少年罪犯在成长过程中没有受到家庭观念和家

---

① 托尼·博萨：《美利坚帝国的衰落》，第232页。

② 埃·卡瑞等：《星条旗下的阴影》，第323页。

③ 利奥纳德·萨维茨：《社会中的犯罪》（Leonard Savitz, *Crime in Society*），纽约1978年版，第407页。

庭约束的教育，他们成天见到的只是家庭暴力，或者成为家庭暴力的牺牲品。美国家庭预防基金会在1991年的研究报告中称，犯罪少年是“家庭战争的隐性受害者”，79%的犯罪少年幼时曾目睹父母间的暴力行为，还有相当一部分幼时受到父母的虐待。据估计，现在美国每年大约有25万到40万虐待孩子的案件发生。专家分析说，受到虐待或在暴力影响下的儿童经历了恐惧、愤怒、绝望和毁灭的感觉，长期受压抑的情绪累积到一定程度就会爆发，而且往往用他们所熟悉的暴力方式加以发泄。有调查表明，实施暴力犯罪的青少年中，来自暴力家庭的是来自非暴力家庭的4倍。美国犯罪学家奥尔巴尼通过研究发现，在成年罪犯中，有23.6%的人儿时遭受过虐待或被遗弃，而在青少年罪犯中这种情况占26%。联合国社会发展研究所的一份报告说：“在单亲家庭、寄养家庭或社会公共机构中长大的儿童，以及在家里倍受虐待的儿童，的确更有可能去犯罪。”①

四、大众传媒不负责任的误导，在一定程度上加剧了青少年犯罪倾向。

所有大众传媒中影响最大的是电视，但电视节目却充满了暴力镜头。美国的全国暴力原因与预防专门委员会在研究报告中曾指出：“电视经常描绘暴力，没有反映人与人之间真实的情况，而是用虚构的暴力情节去煽动人们热衷于暴力的情绪。”②美国电视节目中

---

① 联合国社会发展研究所：《全球化背景下的社会问题》，北京大学出版社1997年版，第63页。

② 邢贲思主编：《大洋的彼岸——当代西方资本主义世界现状》，光明日报出版社1992年版，第289页。

充斥暴力，这不仅包括电视对重大暴力犯罪案件的追踪报道，更重要的是在各种娱乐节目中涉及众多的暴力情节。据估计，美国青少年的业余时间中，有一半左右花在电视上，暴力情节对青少年的影响是显而易见的。有人统计，美国的动画片节目中平均每小时有20个暴力动作，戏剧节目中平均每小时有6个，电视剧中的暴力镜头更多。有暴力情节的节目没有或很少强调暴力的不足取，故事情节以实施暴力行为者被捕或受审为结局的只占总数的20%，说明暴力会造成痛苦和伤害的只占25%。于是，本应成为青少年精神食粮的电视节目反而对他们起误导作用。在青少年心目中，暴力是英雄手段，可以成为他们实现目标的方法。这使青少年模仿犯罪，为暴力犯罪开拓了市场。

五、美国社会中对枪械的管理过于松弛，这也会助长犯罪，致使枪案发案率特别高。

由于宪法允许个人拥有枪支，因此枪支在美国社会泛滥成灾。1989年据《美国新闻与世界报道》估计，全美大约有7 000万人持枪，其中来福枪1.4亿支，手枪0.6亿支，一人拥有多支枪的情况很普遍。1991年的一项统计表明，美国公民手中持有1.5亿至2亿支枪，平均每5个人中就有近3人持枪。① 如今，在美国这个有2亿多人口的国家里，几乎是人手一枪。

枪支是一种携带方便、威胁性大、杀伤力强的作案工具，因而在凶杀、强奸、抢劫、重大人身攻击等暴力犯罪中，持枪作案的比例很

① 戈登·威特金:《美国:杀人的孩子们》，载《政党与当代世界》，1991年第11期。

高。拿凶杀案来说,60 年代末的一项调查显示,持枪行凶占总凶杀案的比例在罗得岛是 24%,在纽约是 31.8%,在马萨诸塞是 35.5%,在亚利桑那是 66.4%,在得克萨斯是 68.7%,在密西西比是 70.9%。[①] 枪支管理越松的地方,持枪行凶的比例越高。1988 年,全美暴力犯罪中,持枪杀人案占总凶杀案的 60.7%,持枪抢劫案占总抢劫案的 33%,持枪攻击案占总攻击案的 21.1%。[②] 持枪行凶经常在美国造成大案,比如 1987 年 4 月 23 日,在佛罗里达州的帕姆贝小城,一个名叫威廉·普赖恩·克鲁茨的 59 岁的人,带着高性能的来福枪、猎枪和手枪全副武装地出现在“车辆不得入内”的繁华商业区,开枪袭击了超级市场和珠宝店,并挟持人质达 7 个半小时。此案造成 6 人死亡,14 人受伤,社会反响强烈。持枪犯罪已成为美国暴力犯罪的发展趋势。

犯罪的消极影响

从以上分析中不难发现,严重的犯罪现象是多种因素造成的。在现代化过程中,犯罪率上升几乎是一个普遍现象,任何国家都难以避免。但是犯罪对社会的消极影响是十分严重的,有时还威胁到现代化的整体成就。具体到美国来说,犯罪的危害性主要表现在以下几个方面:

---

① 拉姆齐·克拉克:《美国的犯罪》(Ramsey Clark, *Crime in America*),纽约 1970 年版,第 104 页。

② 弗兰克·施马尔拉奇:《今日刑事司法》,第 43—46 页。

一、犯罪蔓延给美国带来巨大的经济损失。

犯罪，特别是财产犯罪给受害者带来的经济损失十分惊人。美国司法部司法统计局的资料表明：1980年，由抢劫、偷盗等造成的私人财产损失达95亿美元，由已报警的商业抢劫、商店里的扒窃行为等造成的损失则超过10亿美元。[①] 1988年，各类犯罪对个人造成的损失高达130亿美元，其中偷窃和夜盗造成的经济损失在60亿美元左右。[②]

犯罪还带来隐性经济损失，包括受害者住院治疗、损失工作日以及为加强防范所花的经济代价等等。美国私人每年在这方面的支出高达数十亿美元。隐性经济损失还包括各级政府为治理犯罪而用于刑事司法方面的开支，包括增加警员、新建监狱等等。近几十年来，政府用于这方面的开支上升很快，比如1960年为122亿美元，1965年上升为156亿美元，1970年达到238亿美元，1975年增长到346亿美元。此后增长速度虽减慢，但总的增长趋势仍不变，1982年达到347亿美元，1983年为397亿美元，1985年是456亿美元，1988年则增长到565亿美元，占当年政府各项开支总和的5%。[③]

---

① 陈显容、李正典：《犯罪与社会对策》，第344页。

② 司法统计局：《关于犯罪与司法向全国的报告》(Bureau of Justice Statistics, *Report to the Nation on Crime and Justice*)，华盛顿1988年版，第25页。

③ 西奥多·卡普劳、霍华德·巴赫：《近来美国社会趋势　1960—1990》，第505页；安塞尔·夏普等：《美国社会问题经济观》，第129页；克莱门斯·巴托拉斯、洛拉斯·耶格：《美国刑事司法导论》(Clemens Bartollas & Loras Jaeger, *American Criminal: An Introduction*)，纽约1988年版，第21页；弗兰克·施马尔拉奇：《今日刑事司法》，第60页。

二、犯罪，尤其是暴力犯罪，给受害者带来严重的肉体和精神伤害。

暴力犯罪对于受害者造成的肉体伤害是显而易见的，凶杀是最为严重的一种。美国的凶杀率是世界上最高的，1990 年，全国有 23 万人被谋杀，高居世界榜首。至于其他暴力犯罪，如强奸、抢劫和重大人身攻击等也对受害者造成肉体上的伤害，对于受害者而言，轻则住院治疗，重则留下残疾，严重影响正常的生活。

暴力犯罪还会给受害者带来心理和精神上的伤害，正如美国学者杰拉尔德·卡普兰所说："犯罪受害者在心理上所遭受的打击，绝不亚于经历了一场灾难或者一次战争。"[①]事实也正是这样。调查表明，心理或精神伤害的程度因犯罪类型的不同而有所不同。钱物被窃造成的心理伤害程度最低，毕竟钱财乃身外之物；持械抢劫和重大人身攻击造成的精神伤害相对较大，因为它对个人安全构成威胁；而强奸、尤其是暴力强奸被认为是一种精神或心理伤害最大的恶性犯罪，因为使用暴力手段来胁迫妇女与之发生性关系，是一种严重违背妇女个人意愿的行为，它对妇女造成的心理伤害是长久的。有证据表明，不少妇女被强暴以后，在心理或精神上存在着程度不等的障碍。

"全国受害者调查中心"的材料表明，大多数犯罪受害者，在其肉体伤害完全消除后，在心理或精神上都会经历一段时间较长的消沉期，他们的人生道路由此而受到影响。

---

① 克莱门斯·巴托拉斯、洛拉斯·耶格：《美国刑事司法导论》，第 20 页。

三、犯罪现象猖獗，扰乱了社会秩序，对人们的日常生活造成严重伤害。

犯罪活动使每一个美国人都受到威胁，1988 年的统计材料显示，每 1 000 美国人中，平均每年有 242 人受到不同程度的犯罪伤害，其中在家遭到伤害的 79 人，在工作场所遭到伤害的 58 人，有 72 人钱物遭窃，24 人受到重大人身攻击，6 人遭抢劫，2 人遭强奸；相比之下，平均每年死于心脏病的只有 4 人，死于癌症的 2 人，自杀的仅 0.2 人。[①] 如此之高的犯罪受害率使美国人产生强烈的恐惧感，80 年代末的民意测验表明，对犯罪极为恐惧的人，在大城市占 52%，在小城市占 41%，郊区占 39%，乡村占 31%。[②] 对犯罪的恐惧感可能破坏人与人之间的信任关系，比如 80 年代初堪萨斯州霍尔科姆小镇发生一起凶杀案，一家四口包括两个孩子在内惨遭杀害。事后小镇上人心惶恐，居民间互相猜疑，极大地破坏了原有的平静，有两家人甚至搬离了小镇。90 年代一项民意测验显示，有 40%的美国居民因害怕犯罪而改变自己的生活方式。在犯罪率高的地区，不少人不敢外出工作，或不敢参加娱乐消遣活动，他们待在防盗装置齐全的家里，与外界的正常交流大为减少。

针对犯罪对美国人正常生活的影响，美国学者萨缪尔·沃克尔曾这样写道：

“对于犯罪，我们该怎么办？犯罪已经超越了我们自己。犯罪如瘟

① 司法统计局：《关于犯罪与司法向全国的报告》，第 24 页。

② 陈显容、李正典：《犯罪与社会对策》，第 159 页。

疫一般折磨着我们，渗透到我们生活的方方面面，这已是日常的现实。犯罪影响到我们的思维、我们的行动和我们对于他人的所作所为。对犯罪的恐惧感已经腐蚀到人与人之间的正常关系，并时刻提醒我们不要对陌生人表示出哪怕是丝毫的友善之举。正如那些生活在严重污染的湖泊里的鱼儿一样，美国人对于这种环境已经习以为常。”①

四、犯罪蔓延污染了社会风气，加速社会公德的沦丧，给社会带来潜在的危害。

在美国，犯罪的结案率并不高，据联邦调查局的“正式犯罪报告”，1988 年全美各类犯罪的结案率为：凶杀案 70%，强奸案 52%，抢劫案 26%，重大人身攻击案 57%，偷窃案 20%，夜盗案 13%，偷盗汽车案 15%。② 各种案件的总结案率是 36%，犯罪情节越严重，结案率越低。但结案还不是定案，结案只意味着警方掌握了一定的证据，可以提出起诉，起诉的结果是不少罪犯都会被开释。这种情况冲击到普通公民的守法观念，“善有善报，恶有恶报”的伦理道德无形中被动摇。结果，不法分子认为犯罪成本不高，因此有恃无恐，不惜铤而走险。在这方面，受腐蚀最严重的是青少年。青少年在未走上社会或刚刚走上社会时，人生观还不稳定，自制能力弱，模仿能力强，他们会被犯罪分子的逍遥法外现象所迷惑，自觉或不自觉地走上犯罪之路。这样造成的社会危害是深刻的，并不知不觉地瓦解了社会公德。

---

① 萨缪尔·沃克尔：《关于犯罪的常识与误解：政策导向》，第 3 页。

② 弗兰克·施马尔拉奇：《今日刑事司法》，第 40 页。

总之，犯罪蔓延给美国带来严重的消极影响，犯罪已经成为美国社会的“头号公敌”，并且越来越引起社会各界人士的关注。

针对这种情况，美国历届政府采取了一系列的措施，企图更为有效地打击与治理犯罪。

早在1964年，约翰逊竞选总统时就提出“法律与秩序”的口号，许诺上台后解决日益严重的犯罪问题。就职后仅两个月，约翰逊就发起一场“向犯罪宣战”的运动，特别对当时势头正猛的青少年犯罪和毒品犯罪进行严厉打击，受到公众的欢迎。1968年尼克松上台后继续打击犯罪，他强化司法力量，制定了严厉的反犯罪法规。福特和卡特当政时期，重点对毒品犯罪和团伙犯罪进行打击；里根和布什则对日益高涨的暴力犯罪采取措施。克林顿入主白宫后，更是信誓旦旦地要打击暴力犯罪，并为此专门成立了“八人反犯罪工作组”。总统顾问布鲁斯·里德说：“总统认为，目前对‘应该先抓预防犯罪还是先抓治理犯罪’的有关讨论已经误入歧途。我们应该双管齐下，在预防犯罪的同时严厉打击各种犯罪。”[①]在近两届任期内，克林顿政府在打击与治理犯罪方面取得了可喜的成绩。1998年，美国司法部宣布，暴力犯罪自1993年以来下降了21%，1997年达到25年以来的最低水平。[②] 世纪末的美国，犯罪增长的势头有所减缓。

尽管如此，政府的努力与公众的要求仍相去甚远，公众普遍认为，自60年代以来，美国的犯罪率一直稳步上升，犯罪问题变得越来

---

① 特德·杰斯特：《美国社会的暴力犯罪及其反犯罪战略》，载《编译参考》，1994年第11期。
② 张焱宇：《种族噩梦》，载《南方周末》，1999年3月5日。

越严重，政府在“向犯罪宣战”的运动中只是一个失败者，正如一位美国学者所说的那样：“不幸的是，社会还没有找到解决犯罪这个老问题的良策。在过去几十年中，美国一直在寻求解决犯罪问题的灵丹妙药，并几次发起‘向犯罪宣战’运动。为了取胜，保守的政客一再向公众保证说，现存体制绝不允许再纵容犯罪，他们的强硬政策将使犯罪得到控制。但问题的实质是，他们许诺的能降低持续高犯罪率的切实可行的政策是不存在的；事实上，一切政策都不奏效。更糟糕的是，有些政策是绝对危险的。况且公众对刑事司法体系越来越失望，结果人们便采取这样的防范行动，即自己运用司法武器来惩治那些冒犯他们的人。”①

纵观几十年来美国政府的反犯罪战略可以发现：其之所以收效不大，并不在于完善司法体制、惩治犯罪方面还做得不够，关键在于政府在解决与犯罪相关的社会问题时办法不多。犯罪与许多社会问题密切相关，反犯罪战略因此也就必须考虑从根本上解决各种社会问题。正如美国学者谢泼德所指出的那样：“作为一个社会问题，犯罪是与其他社会问题密切相关的。与犯罪作斗争的努力是成功是失败，还要看与失业、与贫穷、与种族偏见歧视等社会问题作斗争的努力能取得什么成就，达到何种理想的程度。”②

美国的经历表明，犯罪有可能成为工业化社会中一颗巨大的毒瘤，对那些有意无意以美国为榜样进行现代化建设的后发展国家来

---

① 萨缪尔·沃克尔：《关于犯罪的常识与误解：政策导向》，第 3 页。

② 乔恩·谢泼德等：《美国社会问题》，第 318 页。

说，如何在发展过程中避免出现如美国那样严重的犯罪问题，将是一个极为严峻的现实考验。但愿美国走过的路能为它们提供某种前车之鉴。

结　语

本书写到这里，便打算告一段落。现代化过程中可能出现的失误，当然远远不止这些。存在上述种种失误的，也不限于书中所列举的国家——列举这些国家并不等于否定它们现代化的努力和成果。事实上，每一个国家在其现代化过程中都曾犯过错误，失败和挫折不可避免。问题是，人们对现代化的失误是否有清醒的认识？是否意识到正因为挫折和失误难以避免，才格外需要小心谨慎？

现代化是一个复杂的过程，它包含着社会的整体变化。如果现代化只包含某一方面的内容，比如只包含经济发展，事情也许就简单多了。但现代化恰恰不是这样，整个社会都因为“现代化”这样一个过程而变动起来，牵一发而动全身，改变一面而影响其他，这使现代化这个过程很容易顾此失彼，从而引起发展不平衡。许多问题都是由这种不平衡造成的，一个方面发生变化，其他方面跟不上，失误就形成了。

问题的复杂性还不仅于此。现代化是一个加速发展的过程，越早进入现代化的国家，其变化速度就相对越慢；后进入现代化的国家为追赶先行国家，不得不实行“赶超战略”，这就对国家的作用提出要求，越晚进入现代化，国家的作用越明显。这样，人们就会发现：早期现代化的国家可以经历一个“自然”的过程，而越到后来，现代化就越具有人为的因素，历史发展的方向可以由“人为”来扭转，人有意识地指导历史进程。既然如此，人造成的失误也就不可避免了。失误不仅由指导现代化的人造成，也由抗拒现代化或反对现代化的人造成，在文化的惰性中漠不关心本身就可能是现代化的重大障碍。总之，人为的因素在后发的现代化过程中越来越明显，这就使后发展国家更容易出现失误。

最后，作为人类社会的一个历史阶段，“现代化”发展到现在，其总体指向是否已出现偏差？“现代化”到底要把人类引向何处？现代化过程中的某些问题，到底只是执行者的失误，还是在其指向上就已经发生偏差？这些问题显然带有更根本的性质，也影响着我们对“现代化失误”问题的讨论。

无论如何，有许多失误应该可以避免。尽管其出现有历史的、文化的、现实的根源，因而含有某种必然的因素，但如果人们对现代化有比较全面的认识，特别是认识到存在着失误的可能性，以及失误会造成的巨大损害；如果人们抱着对社会的深切责任感来推行现代化，而不掺杂个人和集团的私利动机，那么，现代化的失误就会大大减少，现代化的代价也能够大大降低。这是我们研究现代化中的失误问题的基本出发点，我们希望前人的失误能为后人提供借鉴，别人的失误能为自己提供借鉴，“前事不忘，后事之师”。如果说现代化是一个不容选择的历史趋势，无论你喜欢不喜欢都必须接受，那么现代化的失误大多是可以避免的，特别是后发展国家，认真观察先行者的足迹，就有可能绕过许多误区。

借鉴别人的经验是重要的，警惕别人的失败更为重要。一个好的赛车手，更要当心的是什么地方最容易翻车。现代化也是这样，它的路上随时有障碍，随时有可能翻车。我们这本书提供的就是别国的一些教训，尽管尚未全面，却仍希望对读者有所启发。

本书具体分工如下：第一章至第八章由钱乘旦撰写，第九章至第十五章由刘金源撰写。